读史观天下·廿五史解读

唐史解读

（上）

華齡出版社

前　言

中国的历史记载从先秦时代萌芽、发展，此后历代不绝，犹如一条长河，奔流不息。中国是世界上最早用文字记载历史的国家，“唐虞三代，《诗》、《书》所及，世有史官，以司典籍”[①]。从殷商时期的甲骨文到周代的金文，历史记录逐渐发展。西周共和（前841）开始，我国历史有了明确的纪年。春秋以后，不仅周王朝有史官史书，各诸侯国也有自己的史官史书。《春秋》、《左传》、《国语》等历史著作相继问世。《春秋》一字褒贬，寓意深刻，对后来的史书产生了深远影响。《史记》的出现，无论从史学意识、史学目的、史学编纂，还是史学规模、史学语言等，都是对先秦史学的一次系统总结，同时又开辟了史学的新道路，是中国史学史上的一次革命。而后来的史学，基本都是沿着司马迁开创的史学道路继续前进，所谓“二十四史”、“二十五史”，就是以《史记》为代表的纪传体形式的不断发展。正如黑格尔所说：“中国历史作家的层出不穷，继续不断，实在是任何民族所比不上的。”[②]

“历史是现实的一面镜子”，阅读史书，以史为鉴，可以鉴往知来。司马迁曾指出历史的“自镜”作用：“居今之世，志古之道，所以自镜也。”[③]唐太宗李世民更是重视历史著作的认识作用，曾提出著名的“三镜”说法：“以铜为镜，可以正衣冠；以古为鉴，可以知兴替；以人为鉴，可以明得失。”[④]生活在当代的人们，不可能割断与历史的联系。在认识历史的同时，提高自己认识社会的能力。从自己民族的早期经典中寻找可依靠的东西，不断校正前进的方向，故而史籍中记载的先民的生活智慧、精神信仰、价值原则就是中华民族走向未来的宝贵的精神财富和凭借。

历史具有劝善惩恶的榜样作用，同时也是一个民族精神的集中体现。唐代史学理论家刘知几在《史通·史官建置篇》论述历史的作用时说：“史官不绝，竹帛长存。则其人已亡，杳成空寂。而其事如在，皎同星汉。用使后之学者，坐披囊箧，而神交万古，不出户庭，而穷览千载，见贤而思齐，见不贤而内自省。”史书中记载了大量的历史人物，他们所体现出的人性的善恶、美丑，无疑成为后人的警示牌。“富贵不能淫，贫贱不能移，威武不能屈”是我们民族人性的精华所在。这是一种根植于现实人生社会、却又超越一般生命意义的道义精神。

历史具有重要的人生教育价值。李大钊说：“吾人浏览史乘，读到英雄豪杰为国家为民族舍身效命以为牺牲的地方，亦能认识出来这一班所谓英雄所谓豪杰的人物，并非有与常人有何殊异，只是他们感觉到这社会的要求敏锐些，想要满足这社会的要求的情绪热烈些，所以挺身而起为社会献身，在历史上留下了可歌可泣的悲剧、壮剧。我们后世读史者不觉对之感奋兴起，自然而然的发生一种敬仰心，引起‘有为者亦若是’的情绪，愿为社会先驱的决心亦于是乎油然而起了。”[⑤]历史如同一部百科全书，教人如何处世、如何做人，一个具有丰厚历史知识的人，才有可能成为一名真正的智者。

阅读史书，是传承中华民族优秀文化的重要途径。特别是我国当前正处于大变革、大转型时期，同时又受到全球化浪潮的冲击，继承优秀文化传统的意义更显深远而重大。我们要从史籍中汲取精华，建设和谐社会。“修己以敬”，实现个人身心和谐；“亲亲”，实现家庭和谐；“仁者爱人”，实现群体和谐；“天下为公”，实现社会和谐；“不违农时，……斧斤以时入山林，数罟不入洿池”，实现人与自然的和谐。

阅读史书，我们还可以清楚地看到，社会历史是不断发展变化的，尽管有时出现曲折乃至于暂时的分裂，但它的总趋势是朝着统一的方向前进；尽管有时有外敌入侵，但志士仁人不屈不挠，保家卫国。经历了许多磨难的中华民族始终屹立在世界的东方。

中国的史书浩如烟海，有正史、杂史、野史等，有编年体、国别体、纪传体、纪事本末体等。如何去读史书？我们认为首先读正史，从纪传体入手。它们是中国历史记载的主体和主流，可以从整体上认识中国历史发展的基本线索和脉络，认识古今之变的基本规律。第二，读史要善于发现问题，思考问题，并且解决问题，从而达到思想的觉醒和提高、精神的陶冶和升华。孔子曰：“学而不思则罔，思而不学则殆。”第三，读史要有史学意识。我们应把它们放到中国史学发展的历史长河中去认识，以历史的眼光去挖掘历史典籍的思想意义，去认识历史典籍的作用和价值。第四，读史要有现代意识。历史已经过去，成为一种传统，但它并没有凝固，而是一个继续流淌着的跨时间的文化流程，对今天和未来发生重要作用。读史就是要立足现实，审视历史，继承优秀的传统，以史为鉴，为今天的现实服务，把握好历史传统与现实社会的关联。开卷有益，我们都能从丰富的历史典籍中得到教益，得到启迪。

本丛书首先从“二十五史”入手，因为它们是中国历史著作的代表，也是中华民族文明进程的直接记录。本书以历史事实为依据，采用答问的形式，从典籍中提炼出有代表性、有价值的问题，并用原典中所载内容进行了简明扼要的回答，以期达到“原汤化原食”的目的，赋予死的冷冰冰的资料以活的热乎乎的生命。其内容涉及政治、经济、文化、社会生活各个方面；在语言上，采用明了易读的白话文，既避免了一般史书的枯燥，又无随意发挥“戏说”之嫌。真实的故事、精彩的解读将把你带进中华历史的悠悠长河，让你感受朝代交替的残酷无情，领略帝王将相的雄才大略，惊叹古代文化的灿烂不息，使你了解中国历史的大略，深刻体会读史的乐趣。

坐观千年风云之变幻，笑谈古今世事之沉浮！

编　者

2006年5月

---

①《后汉书·班彪传》

② 黑格尔:《历史哲学》中译本161页，三联书店1956年

③《李大钊史学论集》第247页，河北人民出版社1984年版

④《史记·高祖功臣侯者年表》

⑤《旧唐书·魏征传》

新、旧唐书简介

《唐史解读》主要参考“二十五史”中的《旧唐书》和《新唐书》。有唐一代，自 618 年建国，至 907 年灭亡，历时 290 年，其影响所及，旁及周边国家，左右中国后世。《旧唐书》为五代后晋刘昫等撰，是现存最早的系统记录唐代历史的一部史籍，原名《唐书》，宋代欧阳修、宋祁等编写的《新唐书》问世后，为区别于后者，才改称《旧唐书》。新、旧唐书各有优略，彼此不能相互取代，只可相互补充，因此后世二者并行。

《旧唐书》共二百卷，其中本纪二十卷，志三十卷，列传一百五十卷。《旧唐书》撰修于五代时期的后晋高祖天福六年（941），当时后晋之君石敬瑭命修唐史，宰相赵莹奉命负责监修，参加者有史官张昭远、贾纬等人，至运二年（945），全书修成，历时仅四年多，由继任宰相刘昫领衔奏上。刘昫此时只领职七个月，他未曾执笔，也没有做监修综理之事，在表奏此书时，领衔具名而已，而后世竟然将《旧唐书》署名为刘昫等撰，所以《五代史》在他的传记中不言其修《旧唐书》一事，实在是暗含微辞。

编撰《旧唐书》所依据的主要史料，一是唐代实录，一是唐代国史。唐代二十帝，武宗以前十五帝均有实录，宣宗以后，实录就不存在了。按照唐朝的制度，实录修好以后，就总辑其内容编为国史。由于肃宗以后的国史尚未编出，再加上安史之乱使唐代很多文献散失毁弃，所以唐代晚期可供参考的史料相当缺乏。加以成书仓促，编撰者对于史学又没有出色的见解和才能，所以《旧唐书》对于唐代晚期史事的记述显得粗糙，在材料的整理与剪裁、体例的完整、文字的概括等方面，都存在不少缺点，甚至大量袭用唐代史料原文而不加修改。因此《旧唐书》前半部分颇为详明，后半部分则大不如前。具体说来，叙述代宗以前的历史多有条理；叙述德宗至武宗时期的历史，还尚简明；叙述宣宗以后的历史，则疏漏谬误，不一而足，尤其列传中的内容，多为职务官衔，缺少事实。但由于去唐未远，《旧唐书》在保存唐代史料方面，尚颇有可取之处。

《新唐书》共二百二十五卷，其中本纪十卷，志五十卷，表十五卷，列传一百五十卷。当时，记载唐代历史的史著已有《旧唐书》，但是宋仁宗认为其过于浅陋，于是下诏重修。其中列传主要由宋祁负责，本纪、志、表主要由欧阳修负责，欧阳修还对列传的文章进行了刊正，所以《新唐书》署上这两个人的名字。

宋祁（996—1061），其辈分略长于欧阳修，在文坛亦有名声，曾官任知制诰、翰林学士等职。宋仁宗庆历五年五月，由贾昌朝倡议正式设立史局编修新的唐史，宋祁历时十余年完成列传，于嘉嵎三年（1058）交齐一百五十卷列传的稿子。欧阳修（1007—1072），北宋著名的文学家，擅长古文，为“唐宋八大家”之一。至和元年（1054），朝廷任命欧阳修为翰林学士，主持修史工作，负责完成本纪、志和表的编撰，至嘉嵎五年（1060），《新唐书》全部完稿。

《新唐书》与《旧唐书》相较，自有其优点。用宋人表奏的原话说，就是“其事则增于前，其文则省于旧”。也就是说，《新唐书》的史料比《旧唐书》有所增加，叙事详尽，克服了《旧唐书》前密后疏的缺点，而文字又很简洁。比如在志的撰写中，增加了以前各史所没有的《仪卫志》、《兵志》和《选举志》，其他各志也增补了新的资料，文献价值多在《旧唐书》之上。另外，《新唐书》还恢复了《史记》、《汉书》所开创的本纪、表、志、列传合一的体裁完整性，以后的官修史书多遵循此规。

当然，《新唐书》也有不足之处。首先，由于宋祁和欧阳修分头编撰此书，但又非有计划的分工，以致列传与本纪、志、表合在一起后，矛盾脱节之处甚多。其次，在本纪撰写方面显得过于简略。最后，由于宋祁和欧阳修都推崇古文，反对骈体文，所以唐代很多用骈文写成的诏表都被舍弃不用或被强行删改，损害了史料的固有价值；他们行文简洁，常忽略历史著作中的一些重要因素，如时间、地点、数量等，使有关事实显得晦涩不清。

目　录

1. 唐朝最盛时的疆域到底有多大?

经过唐太宗、唐高宗两代皇帝大规模的对外战争，至高宗时期，唐朝的疆域东至今朝鲜半岛、库页岛，北达今蒙古及其以北西伯利亚高原，西到今中亚一带，南抵今越南及南海诸岛，成为当时世界上罕有其匹的庞大帝国，使大唐声威远播，在世界上产生了广泛而深刻的影响。

高宗总章（668～669）初平高丽，设安东都护府，治所在平壤（今朝鲜平壤市），统高丽、百济、新罗及靺鞨诸部，辖境相当于今辽宁、吉林及朝鲜半岛一带。

高宗调露元年（679），改交州都督府为安南都护府，治所在宋平（今越南河内市）。统南海诸国及境内诸羁縻州。辖境相当于今越南及南海诸岛。

唐贞观十四年（640）灭高昌国（今新疆吐鲁番地区），置安西都护府于西州（今新疆吐鲁番东高昌故城）。显庆（656～660）、龙朔（661～663）期间平定西突厥并招抚原西突厥诸部落、属国后，移安西都护府于龟兹（今新疆库车县），统安西四镇（龟兹、疏勒、于阗、焉耆）。长安二年（702）分安西都护府天山以北置北庭都护府，治所在庭州（今新疆吉木萨尔县西北破城子）。安西、北庭两都护府所辖之地相当于今新疆天山南北、葱岭及其以西直至中亚一带。

贞观二十年（646）灭薛延陁汗国，漠北铁勒诸部降服。次年置燕然都护府以统之，治所在西受降城（今内蒙古杭锦后旗乌加河北岸）东南四十里。龙朔三年（663），燕然都护府与瀚海都护府合并，仍称瀚海都护府，统一管理碛北铁勒、突厥诸羁縻府州，治所在漠北回纥牙帐（今蒙古国及俄罗斯西伯利亚南部一带）。总章二年（669）改称安北大都护府，治所在金山（今蒙古国科布多境内）。安北大都护府辖境相当于今蒙古国及其以北直至西伯利亚高原一带。

2. 唐代中外文化交流的特点是什么?

唐代是我国历史上最为开放的一个历史时期，中外文化交流非常频繁，与其他历史时期相比，唐代中外文化交流具有非常明显的特点，主要表现在如下几个方面：

一、从中外文化交流的方向来看，最主要的方向应该是西北，即通过通常所说的丝绸之路与中亚、南亚各国乃至欧洲、北非进行交流。中国的丝绸、陶瓷、茶叶等传统产品通过这条线路大量西运，同时又引进了大量物品进入中国。当然这一广大地区的乐舞、医药、宗教和其他科学技术，也是通过这条线路进入中国的。至于海路交通，自汉代开始我国人民就已打通了从今天的广东到印度的航路，人们称之为海上丝绸之路。至唐代时这条线路仍然继续存在，并且在中外文化交流中发挥了一定的作用，但是它毕竟不是主要的交通线路，更多交流还是通过陆上丝绸之路进行的。

二、从中外文化交流的内容看，在唐代通过陆上丝绸之路传入的外来文化曾对中国产生较大的影响，极大地丰富了我国人民的物质文化生活，关于这一切在我国文献及考古发现中都有大量的记录。当然文化交流总是双向的，我国文化也对中亚、西亚、欧洲产生了一定的影响，比如造纸术、印刷术的西传，对这些地区文化的发展曾产生了巨大的影响，极大地促进了其社会进步与发展。不过从目前掌握的资料看，在唐代我国文化对这一地区的影响似乎远不及其对中国的影响。之所以出现这种情况，除了这些国家或地区疏于对历史资料的记录和保存外，地理的隔绝与交通上的险阻也是一个重要的原因。

三、唐代对外的影响主要在东亚地区，如日本、高丽、新罗、百济及东南亚一带。在这些地区，唐文化的影响几乎是全方位的，从文字、饮食、服饰、音乐、儒学、绘画、宗教、法律、建筑、书法、文学、习俗以至于政治制度等各个方面，无不深刻地受到中国的影响。由于当时的中国是世界上文化最发达、最文明的国度之一，长安又是当时世界最大的都市之一，集中了全国各地的大量高素质人才，文化高度发达，因此吸引了东亚各国许多留学生来到长安进行学习，日本除了派遣留学生、学问僧学习中国的优秀文化和先进的生产技术外，还多次派遣唐使出使唐朝。在他们回国时，就把中国的天文、历法、音乐、美术、建筑、雕刻等介绍到日本去。至今在日本的正仓院还保存着唐代的一批乐器，成为日本的国宝。今天日本的所谓茶道、书道，都是在唐代时从中国流传过去的，经过日本人民的改造从而最终形成今天这个形式。日本历史上著名的大化革新，在政治制度上学习中国，在中央建立了二官、八省、一台的机构，在地方设立了国、郡、里的行政区划。日本的法律也是参照唐律而制定的，其户籍制度、军事制度、赋税制度等的制定，无不参照了唐朝的制度。

四、中外文化交流途径的多样化。除了上面已经提到的各国派遣留学生、学问僧、遣唐使等进入中国学习先进文化外，还存在多种不同的形式，如商人的积极的作用、传教士的作用等，都是不可忽视的。此外，中国的使者奉命出使外国时，往往也起到了文化传播者的作用。中国的僧人在这方面也发挥了不小的作用，如玄奘的西行，引进了不少印度文化；而鉴真的东渡，则将中国文化东传到了日本。另外，战争有时也发挥了文化传播的媒介作用，如在著名的怛（dá）罗斯战役中，唐军战败，不少唐军兵士被俘，其中就有一些手工业工匠出身的兵士，他们后来在文化传播方面就发挥了重要的作用，从而对世界文化的发展做出了重要的贡献。

3. 唐代文化的特点是什么?

灿烂辉煌的唐文化，是秦汉、魏晋南北朝文化的继续和发展，在我国文化史上占有非常重要的地位。任何一种文化都是一定历史时代的产物，因此它也必然反映一定历史时代的特征，唐文化也不例外。由于各个历史时代所具有的不同的社会特点，所以其文化也必然具有不同于其他时代的特点，那么唐代文化具有什么特点呢？总的来看，可以分为以下几个方面：

一、唐文化反映了长期分裂后再统一的历史背景。我国自东汉末年分裂为三国以后，虽然中间有过西晋的短暂统一，但很快又陷入分裂动乱，一直到公元589年隋朝灭陈，才实现了统一。长期的分裂，尤其是南北朝的分裂，使得不同地区之间的思想、宗教、学术等均带有程度不同的政治色彩，并且形成了一些流派。自从隋朝统一中国后，政治上的统一必然要求思想文化观念上的统一，于是便开始清理各地文化上的这些差异，从统一的角度重新整合各种文化内涵。由于隋朝统治短暂，这种整合远远没有完成，而是由唐朝最后完成的。正因为如此，在唐文化中尤其是唐前期的文化中，这种整合的力度和痕迹处处可见。

二、反映了各民族文化融合的内容。我国古代自西晋以来，大量的少数民族迁入中原地区，与此同时，也带入了各个民族的物质文明和文化内容。长期交错杂居的共同生活，再加上互相通婚，到南北朝后期时，民族的界限就逐步缩小以至于消失。也就是说，此后中原的文化不再是单纯的汉文化，而是在传统的汉文化中融入了许多少数民族文化的内容。在唐文化中，各少数民族的文化内容是非常丰富的，不仅在文学、宗教、教育、礼俗、乐舞等方面，即使在日常生活中也有不少地方可以看到这方面的影响，比如饮食、服饰、化妆等，就非常明显地不同于汉魏时期。就连唐太宗也被称为天可汗，而可汗则是北方少数民族对其君长的称呼，唐太宗能够欣然接受这种称呼，反映了民族融合进程中，人们思想意识领域中产生的变化。

三、带有佛教文化的色彩。佛教自东汉传入中国后，魏晋南北朝时期有很大的发展，而且和中国固有的文化相互影响，使佛教逐渐走上了中国化的道路，同时也使中国文化带有佛教文化的色彩，而这一点在唐文化中体现得最为明显。佛教对唐文化的影响不仅体现在乐舞、美术、建筑、文学、语言等方面，而且对人们的思想观念也产生了较大的影响。《太平广记》中记载的许多故事，都可以说明这个问题。因此，可以说佛教文化与唐文化有着不可分割的关系。从魏晋南北朝发展起来的佛教文化，至隋唐时期已经成为中国传统文化的一个组成部分，离开了佛教文化则不可能全面地认知唐文化。

四、体现了开放的社会风气。唐文化不再是单纯的华夏传统文化，而是在原有的文化基础上，融合了许多民族与外国文化的新型文化。这种新型文化，是由来自四面八方的各种文化因素逐步汇集融合而成的。唐文化之所以具有这样的特点，与这一历史时期开放的社会风气密切相关。唐朝的统治者既善于吸收外来文化，也注意弘扬传统文化，从而促成了唐文化这一特点的形成。比如在宗教政策方面，唐朝就实行了“兼容并蓄”的方针，除了佛教、道教得到更快的发展外，其他外来宗教如火祆教、摩尼教、景教、伊斯兰教等，都允许在中国境内自由传教，从而满足了唐朝境内各民族的宗教信仰。此外，唐朝还允许各国商人在中国自由经商，接受了大批外国留学生到中国学习，有些人还长期留居中国，甚至在唐廷中做官，至于外来的科学技术、乐舞、物种，更是不计其数，从而使中国的文化内容大大丰富起来。社会风气开放的另一方面，就是当时的中国文化对外国，尤其是东亚各国产生了巨大的影响，这些国家对中国发达繁荣的文化十分向往，大量吸收了中国的优秀文化。不论外国文化向中国传播，还是中国文化向外国扩散，都是唐代社会风气开放的反映。开放的社会风气既是唐文化迅速发展的重要原因，同时又促进了各国之间的相互交往，加快了各国之间的文化交流，使唐文化的影响进一步扩大。

4. 唐朝为什么要追尊老子为“太上玄元皇帝”?

唐朝近三百年的统治中，道教始终得到唐皇室的扶植和崇奉。主要特征是尊崇老子，神化老子。老子不仅被尊为唐皇室的“圣祖”，而且先后被册封为“太上玄元皇帝”、“大圣祖高上金阙玄元天皇大帝”等。事实上，老子成为唐朝的护国神，道教获得了前所未有的发展。

唐代崇奉道教有明显的政治目的，它利用道教来制造皇权神授的舆论，神化唐皇室。隋末动乱，社会上广泛流传着“杨氏将下，李氏将兴”、“天道将改，将有老君子孙治世”（相传老子姓李，意为李氏将得天下）的政治谶言。李渊父子巧妙利用这些谶言，收服人心，发展势力，取得了军事政治上的巨大好处。建唐以后，更是有计划、有目的地利用老子编造神话，自称是老子后裔，以抬高唐皇室的社会地位。不过，唐高祖和唐太宗虽然抬高道教地位，但并不十分崇道，他们只是巧妙利用道教服务于其政治目的。他们不仅没有在全国大力推行道教，而且对道教的发展还予以适当的控制。

唐高宗比较崇道，亲至亳州谒太上老君庙，封老子为“太上玄元皇帝”，老子之母为“先天太后”；命王公百僚与举子皆习《老子》；又敕道士隶宗正寺，道士行立序位在诸王之次。道教在全国有了较快的发展。

唐代崇道的另一个原因是利用道教来抑制佛教的发展。随着佛、道二教在我国的发展和流传，统治者如何对待佛、道二教逐渐成为必须考虑的国策之一。对统治者来说，尊道抑佛或尊佛抑道的原因并不在于二教本身的优劣，而主要出于政治上的考虑。以唐初尊道而言，其中除唐皇室需借吹捧老子来神化唐朝和抬高皇室地位外，主要的原因是当时佛教的盛行直接损害国家的利益。佛教在隋末战乱之机，大量剃度僧尼和搜敛民财，形成庞大的寺院经济，直接影响国家的财政收入和士兵来源。唐初在抑制佛教的过程中充分利用了道教的作用。唐廷通过抬高道教的地位来达到贬低佛教的目的。

总之，唐代崇奉道教具有十分明显的政治意图，而道教则利用唐帝的尊崇获得了巨大的发展。

5. 所谓“八柱国家”是怎么回事?

“八柱国”是我国古代府兵制组织系统中最高统帅的称号。府兵制初建于西魏大统（535～551）年间，创建者是宇文泰。其最初的核心力量是进入关中的鲜卑军人，人数不超过三万人。宇文泰任命十二个将军分别统领，称为十二军。大统八年（542），宇文泰仿周礼六军之制，把十二军改为六军。在府兵制的创建过程中，宇文泰广泛招募关陇豪族的地方武装力量，使得府兵得以大大扩充。

作为府兵组织系统中最高统帅的八柱国，在形式上是模仿北魏早期鲜卑部落兵制中的八部之制。宇文泰自己任柱国大将军，都督中外诸军事，为实际最高统帅，位在其他柱国之上。后又任命西魏宗室广陵王元欣为柱国大将军，不过只是个虚名，没有实权。其他六个柱国大将军分别为赵贵、李虎、李弼、于谨、独孤信、侯莫陈崇，当时人称其为“八柱国家”，也是当时最有权势的人家。“八柱国家”是关陇军事贵族集团中的最上层，属于关陇士族，也是西魏、北周、隋、唐四个王朝的建立者和支柱。

李虎是李渊的祖父，位居八柱国之一，是李渊家族得以飞黄腾达的关键人物。

6. 李唐皇室真的是凉武王李暠的子孙吗？

据史书所载，李渊自称是西凉武昭王李暠（hào）后裔。李暠生十子，次子李歆为西凉后主。李歆生八子，其第三子李重耳在亡国后投奔南朝宋，任汝南太守。北魏攻宋，李重耳以城归降，遂入魏为官。李重耳生子李熙，任金门镇将，后改镇武川（今内蒙古武川西）。李熙生子李天赐，天赐生三子，即李起头、李虎、李乞豆。李虎生李昞（bǐng），李渊即李昞之子。

以上所述李唐皇室的家族世系情况，是出自唐代官修史书的记载，并不完全可信。著名史学大师陈寅恪先生认为：李渊自称西凉李暠之后乃是伪托，不足为信。李熙以来的世系情况基本真实，但其镇守武川的说法又不太可靠。李唐皇室自称是西凉李暠之后，其郡望就被视为陇西李氏。这一点经陈寅恪先生考证，李唐可能是赵郡李氏徙居柏仁（今河北隆尧西南尧山镇）之“破落户”的后裔，或广阿（今河北隆尧东）庶姓李氏之“假冒牌”。这样看来李唐为陇西李氏的说法亦靠不住。西魏宇文泰入关中时，曾令诸功臣自撰家谱，当时许多人都以关中、陇右诸州为其籍贯，大约李唐在这种风潮下才改郡望为陇西李氏。

实际上，李唐皇室还具有一些少数民族血统。陈寅恪先生考证：李唐的男系祖先为纯粹汉人，但就其“女系母统言之，唐代创业及初期君主，如高祖之母为独孤氏，太宗之母为窦氏，即纥豆陵氏，高宗之母为长孙氏，皆是胡种，而非汉族。”李渊及其子孙具胡族血统成分为不争之事实。实际上，在民族大融合时期，此类情况非常普遍，很难说哪一个家庭是纯粹的汉族血统。

7. 李唐祖先为什么在北周被赐姓“大野氏”?

李虎被赐姓“大野氏”，是宇文泰整合关陇集团的手段之一。

关陇集团是西魏、北周、隋、唐四个朝代的建立者，而宇文泰则是这个集团的缔造者。宇文泰，字黑獭，代郡武川（今内蒙古武川西）鲜卑宇文部人。他早年曾置身于反魏起义军中，成为威震北方的著名军将。后来他投靠北魏王朝，参与镇压各族人民起义和统治集团的内部争斗。永安二年（529），宇文泰追随贺拔岳西入关中，被贺拔岳倚为心腹。贺拔岳死后，宇文泰便成为关陇地区最具实力的军团首领。为了同洛阳的高欢竞争，宇文泰深知必须在关陇地区建立一个既能代表鲜卑贵族意志①，又能兼顾关陇地区汉族地主阶级利益的联合体，这样，历史上赫赫有名的关陇集团便应运而生了。

为了有效团结关陇集团，宇文泰采取了多种措施来达到目的，其中的措施之一就是通过赐姓改易郡望的办法来泯灭鲜卑人与汉人之间的界限。为此，关陇集团中的一些重要人物均被赐予了鲜卑姓。李渊的祖父李虎因追随宇文泰入关中立有大功而被赐姓“大野氏”；杨坚之父杨忠被赐姓“普六茹氏”；李弼（八柱国大将军之一）被赐姓“徒河氏”等。宇文泰还规定凡入关中的代北重要人物一律改易郡望为关中、陇右，这就密切了入关的代北贵族和关陇豪族之间的联系。凡是赐姓的将领，即作为这一姓的“宗长”，也就是一部落的酋长，还撰写谱录，以表示他们都是鲜卑部落的子孙。他们所统帅的士兵，则皆以他们主将的鲜卑赐姓为己姓。宇文泰用落后的氏族关系来组织士兵，硬把毫无血缘关系的鲜卑、汉族士兵合在一起。这样做对于泯灭鲜卑、汉族之间的民族界限，起到了较大的作用，极大地增强了关陇集团凝聚力。

---

① 因当时宇文泰手中所掌握的部队大部分士兵是来自代北的鲜卑族人。

8. 李唐皇室与北周皇室有何种亲属关系？

西魏、北周、隋、唐四个政权均是以关陇集团为核心建立起来的，李唐皇室是关陇集团中的首要成员之一。这些首要成员之间存在着复杂的婚姻关系。

李渊的祖父李虎为西魏八柱国大将军之一，其子李昞娶另一八柱国大将军独孤信第四女，生唐高祖李渊，后被唐追尊为元贞皇后。独孤信的长女嫁宇文泰的长子周明帝宇文毓（557～560在位），后被立为周明帝皇后。所以李昞与周明帝是连襟关系。李渊娶北周上柱国窦毅之女窦氏为妻，生唐太宗李世民。而窦氏之母为宇文泰之女，周武帝的姐姐襄阳长公主，则窦氏是周武帝的外甥女，李渊为周武帝的外甥女婿。李渊之妻窦氏是个见识不凡的奇女。隋文帝取周而代之，窦氏曾愤怒地说："可惜我不是男子，不能帮助舅父以成大业。"嫁给李渊后，对李渊在政治上的发展起了重要的作用。大业九年（613），窦氏在涿郡（今北京西南）去世。李渊称帝后，追封窦氏为太穆顺圣皇后。

9. 唐朝的国号是怎么来的？

唐朝的国号源于李渊的祖父李虎的爵位唐国公。李虎是李氏家族飞黄腾达的关键人物。李氏家族在北魏时地位并不高，李虎的祖父李熙是北魏武川镇（今内蒙古武川西南）镇将；李熙子李天赐则为幢主，地位还有所下降，为中级领兵军官。李虎时李氏家族地位迅速上升，成为当时的显贵家族之一。李虎追随宇文泰入关中开拓局面，战功赫赫，在西魏时官至太尉，为八柱国大将军之一，是当时重要的军事领导人之一。李虎初封赵郡公，后改封陇西公，赐姓大野氏。北周取代西魏统治后，因李虎有佐命之功，追封唐国公。李渊称帝后遂取"唐"为国号。

10. 李唐皇室和杨隋皇室有何亲属关系？

同为关陇集团首要成员的李唐皇室和杨隋皇室存在着较密切的亲属关系。

李渊的祖父李虎和隋炀帝杨广的祖父杨忠同为西魏时柱国大将军。李渊之父李昞的妻子独孤氏乃八柱国大将军之一独孤信的第四女；杨忠之子杨坚（即隋文帝）娶独孤信的第七女独孤伽罗，生隋炀帝杨广。故李昞和杨坚是连襟，而李渊和杨广是姨表兄弟关系，杨广是李世民的姨父。

11. 每当关中发生灾荒时，唐朝的皇帝为什么多驾幸洛阳？

唐朝政治中心所在的长安（今陕西西安）面临着粮食供应的巨大压力，造成此状况的原因是多方面的：

首先，长安所处的关中平原地域狭小，资源有限，产出十分有限。其次，当地气候变化无常，多有荒年，且当地大部分农户在府兵制下服役，负担很重，都影响到粮食产量。再次，通向长安的运输供应系统不便利，运粮费用居高不下。最后，京畿地区官僚、军事编制日益庞大，人口日益增多，也是加重供粮负担的一个重要原因。

上述原因使得长安的供粮问题长期以来困扰着唐廷。每到灾荒之年时，朝廷总是迁往供应远比长安方便和经济的洛阳（今河南洛阳）避难。这种东西往返的特殊情况在唐高宗、武则天、唐玄宗三朝表现得尤为明显。朝廷的迁徙不定不仅严重影响了政事，而且由于规模浩大，管理日趋复杂，迁徙的费用也越来越高，耗费了国家的大量资源。为彻底解决这个问题，太宗以后历朝都采取过相关的措施，但直到玄宗时才算比较彻底地解决了。

开元中后期，由于西北地区农业的发展与"和籴"[①] 的实行，关中地区粮储丰富。加之任江淮、河南转运使的裴耀卿大力改革漕运，采用分段运输的方式，极大地降低了向关中运粮的成本，因此，在玄宗中后期，长安的粮食供给和储备一度比较充足，所以即使遇到荒年，也无需再向东都洛阳迁徙了。不过在唐朝中期以后，长安的粮食供给又趋于紧张，直到唐末也未能彻底解决。

12. 为什么唐朝皇帝服食丹药求长生者颇多？

中国的道教奉李耳为教主，唐朝皇室亦为李姓，故从唐初起，统治者就非常尊崇道教，甚至规定道教地位居于佛教之上。唐朝大多数皇帝均崇奉道教，唐玄宗尤为突出，在他执政时道教势力达到了最高峰，全国道观总计一千六百八十七所。当时，道教有清经法派和正一

---

① 一种稳定粮价的政策。

派，各有不少经戒符箓传世。重要的道教人物有王远知、潘师正、司马承祯、吴筠及张果等。有的道士重丹鼎，善金丹黄金之术，唐朝不少皇帝因信仰道教，从而追求长生之术，导致因服金丹而丧生，道士亦往往因骗术败露而遭贬逐。所以说唐朝的皇帝中服食丹药求长生者多，是有其客观的社会原因的。

13. 唐高祖李渊是怎样积聚和壮大实力的?

大业（605～617）末年，因隋炀帝的暴政，引起天下大乱，农民军遍地而起，统治集团内部也开始离心离德。李渊在此时暗中积聚和壮大自身实力，待时机成熟便公开打出反隋旗号。

大业九年（613），李渊担任弘化镇（今甘肃庆阳）留守，兼领关西诸军事，此时他看到天下大乱，于是便暗中交结豪杰。大业十一年，李渊任山西（今太行以西）、河东（黄河以东）抚慰大使，率部镇压山西、河东农民起义军。李渊击溃了绛郡（今山西绛县）的农民军，收降了数万之众加入他的部队。大业十二年，李渊被任为太原留守。李渊对这个任命十分满意，更加积极地做反隋的准备。当时太原的形势比较严峻，北有突厥虎视眈眈，南有历山飞（即魏刀儿）率领的农民军正在迅猛发展。针对此种形势，李渊制定了北和突厥，南击历山飞，稳固太原的战略方针。这年底，突厥南下侵扰，李渊虽然击败了突厥的进攻，但他仍对突厥采取谦恭甚至屈辱称臣的办法尽力和突厥保持友好关系。北和突厥的同时，李渊击溃了历山飞农民军，收降了大量溃散的农民军，进一步壮大了自己的实力。

李渊本来就喜欢交结人物，任太原留守后，更加留意网罗人才，积极进行组织准备。李渊还指使远在河东的长子李建成“潜结英俊”，近在身边的次子李世民“密接豪友”。李渊父子结纳的关陇士族和英俊豪杰主要有下列一些人：裴寂，时任晋阳宫副监；刘文静，时任晋阳县令；刘世龙，时为晋阳县晋阳乡乡长；赵文恪，任鹰扬府司马；张平高，鹰扬府校尉；李思行，避罪居太原；李高迁，隋末客居太原；许世绪，鹰扬府司马；钱九陇，原为官奴隶，投靠李渊；唐俭，劝李渊父子创“（商）汤、（周）武（王）之业”，受到李渊器重；长孙顺德，避辽东之役逃匿太原；刘弘基，避辽东之役，亡命太原；殷峤，隋末任太谷（今属山西）县长；刘政会，太原鹰扬府司马。上述诸人在晋阳起兵和定鼎关中的战斗中，起了举足轻重的作用并建立了赫赫战功。唐朝建立后均被称为“元从功臣”。

经过多年暗中积累和壮大实力，当隋朝在各地农民起义军的猛烈冲击下即将分崩离析之际，李渊于大业十三年七月在太原起兵，公开打出了反隋旗号。

14. 唐高祖是否曾向突厥称过臣?

隋朝初年，北方游牧民族突厥兴起并强大起来。他们时常南下侵扰中原，掠夺大量人畜，破坏边境安宁。为有效地防御突厥，隋朝末年，隋炀帝杨广任命李渊为晋阳留守，率领隋朝精锐部队驻守北疆。

隋末农民起义爆发后，坐镇太原的李渊胸怀大志，面对如此有利形势，手握重兵的他岂能坐失良机？李渊几次打算起兵南下，但都终因一事困扰而不敢妄动。原来，北方强大的突厥时刻虎视中原，如果此时起兵，就会给突厥以可乘之机，造成后方不稳。此时，李渊的谋士刘文静仔细分析了局势，并认真制定了一系列方案。他向李渊建议由他出使突厥，以争取突厥的支持。刘文静来到突厥之后，代表李渊向突厥称臣，并约定一旦事成，突厥将获得丰厚的报酬，子女玉帛都归突厥，人口土地归李渊。始毕可汗欣喜应允，并派骑兵两千和战马一千相助。李渊对这样的结果非常高兴，他在写信给突厥可汗时都用以下称上的尊称“启”字，而不用“书”字。李渊在排除了后顾之忧后，才全力南下以逐鹿天下。

旧史家有“为尊者讳”的原则，在修史时多不愿写李渊称臣于突厥这件事，此事虽然听起来有失李唐王朝的颜面，但也正体现了李渊志向非凡、韬光养晦的谋略。

15.《旧唐书》是如何赞扬唐高祖的皇后窦氏的?

唐高祖的皇后窦氏，京兆始平（今陕西兴平东南）人。她是隋朝定州总管、神武公窦毅之女，她的母亲是北周武帝的姐姐襄阳长公主。《后妃传》称赞她自幼聪明过人，性情贤淑，深明大义，且有远见卓识。她不仅是个贤妻良母，还是一位女中豪杰。

窦氏是周武帝的外甥女，很受舅舅喜爱，所以从小就生活在宫中，受到了公主的待遇。据说她出生时就发长过颈，三岁时头发就长得和她身体一般长了。她聪明好学，又受到了良好的教育，知书达理。

北周武帝也是一位很了不起的政治家，当时出于政治目的，娶了突厥族女为皇后，但并不宠爱她，皇后一度遭到冷落。窦氏年纪虽小，却意识到这件事的严重性。有一天，她悄悄地对其舅说："您作为天子，应该以天下苍生为念。现在突厥很强大，如果我们能得到他们的帮助，江南的南朝和关东的齐朝就威胁不了我们了。希望陛下能多关心关心皇后。"武帝听后，恍然大悟，直夸窦氏见识不凡。

对于窦氏的婚嫁，父亲窦毅和母亲襄阳长公主十分重视，为了给她找到一个才干出众的女婿，他们就想出了一个选婿的好主意，在府门的屏风上画了两只孔雀，然后让来求婚的贵族子弟以此为箭靶，凡能射中孔雀双眼的，就把女儿嫁给他。来了数十人都没射中，后来李渊（即后来的唐高祖）两箭各中一目，于是就把窦氏许配了他。周武帝亲自为他们主持了婚礼。窦氏过门后，与李渊相敬相爱，生活很和谐，连她写的字也和李渊写的很相像，其他人根本就分辨不出来，而且她还写得一手好文章。

公元578年，周武帝去世，窦氏悲痛欲绝。公元581年，隋文帝代周建隋。窦氏对此非常不满，曾经说过这样的话："恨我不为男，以救舅氏之难。"英雄气概如此。

隋炀帝即位后，喜好声色犬马。当时任扶风太守的李渊，正好有几匹骏马，窦氏就劝他献给隋炀帝，还说："这样的好马留在身边，被小人报告了恐怕会坏事。"但李渊舍不得。后来果然因此遭到了处罚，李渊这才想起窦氏的话，于是便搜求良马鹰犬献给皇上。隋炀帝很高兴，很快就提升他为将军。这时年仅四十五岁的窦氏已经去世了，李渊十分悲痛地对儿子们说："如果早按你母亲说的办，我早就坐到这个位置上了。"高宗上元元年（674），给窦氏上尊号为太穆顺圣皇后。

16. 唐太宗为何诛杀李建成、李元吉及其诸子？

唐高祖武德九年（626）六月四日，秦王李世民在与府僚房玄龄、杜如晦、长孙无忌等密议策划之后，采取先发制人的断然措施，率长孙无忌、尉迟敬德等伏兵玄武门（即长安宫城北门），李世民射杀太子李建成，尉迟敬德射死了支持建成的齐王（李世民弟）李元吉，并奋力抗击和瓦解了东宫和齐王府的卫队。唐高祖遂被迫立李世民为太子，不久又传位于李世民。历史上将这场斗争称之为"玄武门之变"。其实质是一场政变，是李唐皇室内部骨肉相残争夺最高统治权的斗争。

李世民在政变胜利之后，又残酷地杀害了其兄李建成与其弟李元吉的全部儿子，并将其弟媳妇强行纳入宫中，成为自己的妃嫔。李世民之所以要杀害他的这些侄子，目的就是要斩草除根，确保自己的统治地位不受威胁。至于他纳弟媳之事，虽受到了人们的嘲笑，但考虑到唐朝皇室的少数民族血统，以及一些民族风俗的影响，这种事也就无可非议了。

17. 唐朝宗室中有哪些人是功臣?

隋朝末年，天下大乱，农民起义蜂起，群雄割据。晋阳留守李渊趁机在太原起兵南下，大兴义师，逐鹿天下。李渊家族是当时望族，其宗族兄弟见此，纷纷在各地起兵响应李渊，参与了反隋建唐的斗争。据记载，宗室兄弟中成为唐朝开国功臣的有五人：

第一位是淮安王李神通。他在李渊起兵时，最先在关中聚众万人响应，所以有首倡之功。后他又协助李渊一举攻克了长安。此后，李神通又先后参与了讨伐宇文化及、窦建德和刘黑闼（tà）的战争，军功赫赫，为唐朝的统一和安定做出了很大贡献。他虽然也吃过败仗，而且后来居功自傲，但仍不失为唐宗室中一位有才能的开国功臣。

其次是长平王李叔良。他在武德初年奉命镇守泾州，以防御割据金城的薛举。在讨伐薛举的过程中，李叔良虽然中计被薛举打败，但在关键时刻，他分私财给将士，率领部下齐心合力守住了泾州。武德四年（621），李叔良又受命征伐突厥，结果战死于沙场。

在唐初宗室中，功劳最大的是河间王李孝恭。他在建唐伊始就以收复巴蜀等西南地区的三十余州而立下大功。武德二年，他作为军事统帅率领十二总管，统兵讨伐割据江陵的萧铣。在这次战争中，他采用李靖之计，将战舰弃之水中，使其顺江而下，以此来迷惑萧铣，争取了宝贵的进军时间。平定萧铣后，他又极富远见地派使者招降了岭南四十九州。不久他又作为行军元帅，率军平定割据江南的辅公祐势力，收复了淮河流域、长江中下游的广大地区，为唐王朝一统天下立下了汗马功劳。

第四位是淮阳王李道玄。他十五岁就跟随李世民征讨介州的宋金刚。在战斗中，他身先士卒，奋勇杀敌，为李世民大加赞赏。后来他又参加平定王世充的战争，他先率军成功伏击王世充，然后又冒着箭雨率先登城，攻克洛阳，封洛州总管。武德五年，李道玄在征讨刘黑闼的一次战斗中，恃勇冒进，副将史万宝没有给予及时援助，导致兵败被俘，最终遇害。

最后一位是江夏王李道宗。他十七岁就跟随李世民讨伐刘武周，并和李世民设计坚守不战，截断敌粮道后，一举击溃了刘武周。此后，他先后参加了讨伐窦建德、王世充、梁师都等割据势力的战争，功勋卓著。贞观元年（627），李道宗奉命和名将李勣征讨突厥，大败颉利可汗，拓地千里。在吐谷浑犯边时，他又统军长途奔袭，大破吐谷浑，威震边塞。贞观十七年（643），唐太宗亲征高丽，他作为前锋，陷阵立功，为太宗赞誉。

18. 唐高祖共生几子？其结局如何？

根据《旧唐书》记载，唐高祖李渊共有二十二个儿子。其中太穆窦皇后生四子，即隐太子建成、唐太宗李世民、卫王玄霸、巢王元吉。其他妃嫔又生有十八子，分别是楚王智云、荆王元景、汉王元昌、酆王元亨、周王元方、徐王元礼、韩王元嘉、彭王元则、郑王元懿、霍王元轨、虢王凤、道王元庆、邓王元裕、舒王元名、鲁王灵夔、江王元祥、密王元晓、滕王元婴。

隐太子李建成，是唐高祖李渊的嫡长子。在起兵反隋和建唐之始，建立了大功，被立为太子。后他在和李世民争夺皇位的斗争中失败，在“玄武门之变”中被杀，死后，追封息王，谥号“隐”，故又称隐太子。

唐太宗李世民是高祖次子，公元626～649年在位。在唐朝的建立和平定天下的过程中，李世民作为主要的军事统帅，东征西讨，削平海内，功勋卓越，威望极高。他在位期间，以隋亡为鉴，虚怀纳谏，任人唯贤，注重吏治，使社会安定，经济复苏，文化繁荣，疆域扩大，史称“贞观之治”。

卫王玄霸是高祖三子，自幼聪慧，但早年夭折。建唐后，追封为卫王，谥号“怀”，史又称卫怀王。

巢王元吉是高祖第四子。他为人骄奢，好游猎，在建唐之初，曾丢失太原，致使刘武周进逼关中。后随太宗平王世充、刘黑闼等有功。但他嫉妒李世民，联合隐太子建成多次想谋害李世民。后在玄武门之变中被杀。死后，追封海陵王，谥号“刺”，又改封巢王，故史又称巢刺王。

楚王智云是高祖五子，本名稚诠。李渊太原起事后，李建成以智云年幼，遂转托他人抚养。后他被隋朝官吏捕获处死，时年十四岁。建唐后，追封为楚王。

荆王元景是高祖第六子。武德三年（620）封赵王，后迁荆王。永徽四年（653），因与房遗爱谋反被赐死。

汉王元昌是高祖第七子。他从小好学，勇武有力，善于骑射，精通书画。武德三年封鲁王，后改封汉王。他兼任梁州都督时，在地方多为不法，被太宗斥责。后与太宗之子太子承乾图谋造反，被处死。

酆王元亨是高祖第八子。武德三年封酆王。贞观年间，累迁散骑常侍、金州刺史。贞观六年（632）病死。

周王元方是高祖第九子。武德四年受封。贞观二年，授散骑常侍。次年病死。

徐王元礼是高祖第十子。他从小知书达理，善骑射。武德四年封郑王，贞观六年任郑州刺史，转封徐王。十七年转任绛州刺史，政绩斐然。永徽四年，授司徒，兼任潞州刺史。咸亨三年（672）病逝。

韩王元嘉是高祖第十一子。其母宇文昭仪，即隋朝武卫大将军宇文述之女，生前很受高祖宠爱。元嘉从小好学，工书画，藏书万卷。武德四年封宋王，后又迁徐王、韩王。武则天把持朝政后，封元嘉为太尉，历任定州、绛州刺史。后韩王联络越王李贞等宗室密谋起兵反武，被武则天处死。

彭王元则是高祖第十二子。武德四年封荆王，贞观十年改封彭王。他历任豫州、遂州、澧州等州的刺史和都督，颇有政声。高宗永徽二年病逝。

郑王元懿是高祖第十三子。他自幼好学，武德四年封腾王，贞观十年改封郑王。历任郑州、潞州等地刺史，多次审断大狱，处理公允，声誉很高。高宗咸亨四年病逝。

霍王元轨是高祖第十四子。他自幼多才多艺，为高祖所疼爱。武德六年封蜀王，两年后转封吴王，贞观十年改封霍王。他历任寿州、绛州、徐州等地刺史，入朝供职，多次上书针砭时弊，为高宗所重。武则天把持朝政后，他因参与越王李贞等密谋起兵，被流放到黔州，在途中病死。

虢王凤是高祖第十五子。武德六年封豳王，贞观年间改封虢王。贞观时他历任邓、虢、豫等州刺史，高宗时转任青州刺史。上元元年（674）病逝。

道王元庆是高祖十六子。武德六年封汉王，八年改封陈王，贞观十年改道王。他历任赵、豫、滑、徐、沁、卫等州刺史，政绩显著。高宗麟德元年（664）病逝。

邓王元裕是高祖十七子。贞观五年封郐王，十一年改封邓王，历任邓、梁、黄等州刺史。元裕好学，善讲名理，常与卢照邻等名士交往。高宗时他又历任寿、襄两州刺史和兖州都督。麟德二年病逝。

舒王元名是高祖十八子。贞观五年封谯王，十一年改封舒王，历任寿、滑、许、郑等州刺史。他性情高远，为人庄重，门庭清净，家教谨严。高宗多次想任命他为大州刺史，他都坚决不受。垂拱（685～688）年间，他历任青、郑两州刺史，为政清明，政绩显著，被加授司空。永昌（689）初，被酷吏丘神勣陷害致死。中宗神龙初年（705），追封司徒，恢复爵位。

鲁王灵夔是高祖十九子。他擅长音律，工于书法，聪颖好学，享有美誉。贞观五年封魏王，十年改封燕王，任幽州都督。十四年改鲁王，任兖州刺史。后历任隆、绛、滑、定等州刺史。垂拱四年，他与韩王元嘉等密谋起兵反武，响应越王李贞，事情泄露后被发配振州，自缢而死。

江王元祥是高祖二十子。贞观五年封许王，十一年改封江王。后历任苏、金、鄜等州刺史，为政贪婪不法，喜聚敛钱财。永隆元年（680）病死。

密王元晓是高祖二十一子。贞观五年封王。九年任虢州刺史，后历任泽、宣、徐州刺史。上元三年（676）去世。

滕王元婴是高祖第二十二子。贞观十三年封王。十五年任金州刺史。永徽年间元婴骄奢放纵，行为不检，多次被高宗警告。后又任苏州刺史、洪州都督，因数次违犯法律被削夺爵位封邑。后又起任为寿州刺史、隆州刺史和梁州都督。文明元年（684）去世。

19. 李建成在争夺皇位的斗争中失败的根本原因是什么?

在李渊起兵反隋、夺取天下初期，李建成和李世民一起率军东征西讨，都建有军功。武德元年（618），李建成被立为太子后，便很少统兵出战。在文才武略上他确实不如李世民，所以建唐之后李世民担当了平定天下的重任。这样就使李世民建立了极高的威望，把握了军权，还培植了自己的势力，觊觎太子之位。太子建成本来就对李世民非常嫉妒，在感到威胁后，担心太子之位不保，于是就联合四弟齐王李元吉，共同对付李世民。他们多次密谋，想杀害李世民，但没有成功。最后，李世民经过周密准备，在玄武门发动军事政变，李建成死于弟弟李世民的箭下。

分析李建成失败的原因，除了自身才力不如李世民外，李世民潜在的军事实力也是李建成集团所不能比拟的。但是就京城内的军事力量来说，李建成一方还是占有优势的，除了太子东宫本身的军事力量外，还有齐王府的军事力量支持，而李世民一方只有秦王府的兵力可以动用。这就是当政变爆发以后，秦王府的军队在战斗中节节败退的根本原因。

李世民深知自己的弱点，因此抢先发动政变，夺取斗争的主动权。这种先发制人的策略，使李建成缺乏准备，事出仓促，因而在玄武门授首。李建成、李元吉被杀后，群龙无首，虽然兵力占优势，但当这些士卒知道首领已经被杀后，马上作鸟兽散，完全丧失了继续战斗的勇气。

李建成之所以失败，还有一个十分重要的原因，即听不进去正确的意见。事后，魏征曾经对李世民说过，如果先太子早听我的话，就不会有今日之祸了。可见，魏征在政变前曾向李建成提出过具体建议，但被李建成所拒绝。此外，在政变前夕，宫中的张婕妤也向李建成通报了李世民将要发动政变的消息，也没有引起重视。同时，李元吉也建议在这关键时刻，应该勒兵不出，以观局势的变化，但李建成自以为兵力雄厚，加之玄武门守将也是他的人，所以拒绝了这些正确的建议。所以说李建成个人素质不如李世民，也是其失败的一个重要原因。

20. 隐太子李建成的才干如何？在创建唐朝中有何贡献？

李建成（589～626）为唐高祖李渊的长子。李渊建唐后，他被立为太子，后来由于和李世民争夺皇位，在玄武门政变中被杀，贞观年间，被追封为息王，谥号“隐”，故历史又称隐太子。

李建成的才能虽不如李世民，但也是一个能文能武之人。在随父起兵反隋，建立唐王朝的过程中，他与李世民一样，为李唐王朝的建立和巩固做出了很大贡献。隋大业十三年（617），时任太原留守的李渊起兵反隋，李建成被任命为左领军大都督，封陇西郡公，与李世民分别统领左右两路大军南下。一路上，李建成指挥有方，作战得力，很快就率军攻下西河，破霍邑，并在围攻京师的战斗中，展示了卓越的军事才华，一举攻克长安，为大唐的建立立下首功。义宁初，李渊自任相国，封唐王，李建成被立为唐王世子，并开府置官属。随后，李渊又任命建成为抚军大将军、东讨元帅，率领十万大军征讨盘踞在东都的王世充。回师后，充任尚书令。

武德元年（618），唐朝建立，李建成作为长子，理所当然地被立为太子。次年，他率军削平割据在司竹园的祝山海势力，又统兵到原州接应前来投降的凉州兵众。武德四年，北方胡人部落几万人南侵唐北部边地，掠夺人畜，威胁北方安全。李建成奉命率军前往征讨，驻军鄜州。他一战即大败胡人，但他又释放了几十个被俘的胡人首领，授予官爵，让他们回去招降各部，充分显示了他的谋略。后李建成看胡人军队仍然很强大，担心他们会再次叛乱，就想用计将他们一举铲灭，结果被人察觉，胡人投奔了梁师都。此后，李建成又听取谋士王珪和魏征建议，主动请命讨伐二次叛乱的刘黑闼。他采用魏征的计策，赦免参与叛乱的河北义军余部，结果他很快就平定了刘黑闼的叛乱。他还广交山东豪杰，使自己的威望陡升，很好地巩固了太子的地位。

但是李建成勇武有之，而谋略才能则显不足，而且又不能检点自律，约束自己的骄奢之气，对部下也很纵容，所以才导致了他的最终失败。例如武德二年他率军到原州接应凉州投降的兵众，结果他在途中只顾游猎，不恤士卒，部队逃亡过半；武德四年，他招降北方胡人部落，不能以诚取信，导致胡人投靠了梁师都。李建成当了太子后，不能以德彰显，不以勤政爱民收取人望，巩固太子之位，反而结交小人，内通后宫，只顾与李世民争权夺势，最终在玄武门身败名裂。

21. 唐高祖第三子李玄霸在小说中的形象是什么？

李玄霸（599～614），字大德，是唐高祖李渊的第三个儿子。根据《旧唐书》记载：李玄霸幼年时聪明懂事，可不幸早年夭折了，只活了十五岁。当李渊起兵反隋，建立李唐王朝后，追封李玄霸为卫王，谥号“怀”，所以史书上也称他为卫怀王。但是在后人所写的演义和小说中，李玄霸不仅被改名为李元霸，而且被塑造成一个少年豪杰，时称“天下第一英雄”。

清人褚人乐所著的《隋唐演义》及《说唐》等小说中，李元霸是一个天生神力、有勇无谋的鲁莽英雄。他先是在太原行宫，与隋炀帝麾下号称“天下第一好汉”的勇将宇文成都比武，结果几个回合，李元霸就把宇文成都打得落花流水，从此一战成名。后来当李渊在太原起兵反隋，横扫各路割据势力和起义英雄的时候，李元霸时常作为先锋出战，以一双金锤打遍天下无敌手，是建唐的第一勇将，为李唐王朝最终夺取江山立下了汗马功劳。可是他后来逐渐骄横跋扈，目中无人，性格暴躁，杀人无数。最后他竟然以锤砸天，而惹天怒，被落下的自己的金锤击中脑袋打死了。当然，这些小说演义中的故事本子虚乌有，是为增加阅读的趣味性和生动性而后人演绎编造出来的。

22. 唐高祖第四子李元吉是什么样的人？

李元吉（603～626），是唐高祖李渊的第四个儿子，小字三胡。隋朝大业十三年（617），时任太原留守的李渊起兵反隋，由长子建成和次子李世民分统左右两路大军进军关中，而四子李元吉则留守太原。武德元年（618）李元吉被封为齐王，兼任并州总管。李元吉生性好动，喜欢狩猎，常对人说：“我宁可三天不吃饭，也不能一天不打猎。”他不爱惜百姓，纵容部下欺凌乡里，贻害民田，作恶地方，所以声誉很差，经常受到高祖的斥责。

武德二年，割据朔州的刘武周勾结突厥进攻太原，高祖派右卫将军宇文歆辅助李元吉镇守并州。但李元吉不修武备，不训练士兵，不做防御，整日只顾自己纵欲游猎，宇文歆多次规谏他也不听。结果当刘武周大兵压境时，李元吉见势不妙，就弃城而逃了，使刘武周很快就占领了河东，进逼关中。次年，秦王李世民率军打败刘武周，才收复失地，解除了威胁。自此，高祖再也不让李元吉单独领兵了。后来，李元吉跟随李世民征讨王世充、刘黑闼等割据势力，立有军功，进封为司空。武德六年被授予隰州总管。

武德九年，李元吉和李建成联合起来共同对付李世民。李元吉生性残忍，他屡次建议建成除掉李世民。于是，他们先乘高祖出外巡行的时机想发动政变，杀死李世民，结果事情泄露没有成功。后来他们又邀请李世民赴宴，在酒里下毒欲毒死李世民，又没有达到目的。

武德九年，突厥南下犯边。齐王李元吉和太子建成想乘机由李元吉取代李世民统军北上，借此削夺秦王兵权，进而杀害李世民。不料，他们的部下将计划向李世民告密，李世民先发制人，率众埋伏在玄武门，发动政变，一举击杀李建成和李元吉，夺取了帝位继承权。李元吉被杀后，被追封为海陵郡王，谥号为“刺”，又封为巢王，所以历史上通常把他称为“巢刺王”。

23.《旧唐书》为什么将平阳公主写入了开国功臣中?

平阳公主（？～623），是唐高祖李渊的第三个女儿，她是窦皇后所生，柴绍的妻子。隋末，李渊在太原将要兴兵起事的时候，平阳公主和她的丈夫柴绍当时都在长安，李渊就秘密派使者召他们前去。柴绍对公主说：“您父亲将要举义旗，为国家扫除患难，我去太原响应他。咱们不能一同去，但我走了，怕于你有后患。”平阳公主说：“你应该马上就去！我是个妇道人家，事到临头也容易躲藏，到时一定会有办法的。”于是，柴绍便偷偷从小路前往太原参加起事。平阳公主随即也离开长安，回到在鄠县的司竹园老家，大散家财，招募了一支几百人的军队，率先在关中起兵响应父亲李渊。

在司竹园当时还有一支部队，以胡人何潘仁为首。他聚众作乱，自称总管。平阳公主觉得他可以争取，就派家奴马三宝前去说服。结果何潘仁诚心归附，平阳公主收编了这支部队后声势大振，遂率领部下一举攻下了鄠县。接着，她又派马三宝游说长安附近的武装首领李仲文、向善志、丘师利等，与他们联合进攻隋军，以响应李渊入关。

平阳公主率军先后攻克了周至、武功、兴平等地。每到一地，她就发布命令，禁止士兵侵掠百姓，所过之处，秋毫无犯，所以深得民心，百姓纷纷前来投奔，很快就拥众七万。公主派人从小路报信给父亲李渊，李渊知道后十分高兴，立即率军渡过黄河，并派柴绍带领几百骑兵，赶赴华阴，到终南山脚下来迎接公主。不久，平阳公主率领一万多精兵与李世民主力会师渭北。之后，公主和丈夫各统领一支部队，建立了自己的战斗指挥机构，共同围攻长安。平阳公主率领的军队号称“娘子军”。攻克长安后，李渊建立唐朝，她也被封为平阳公主。因为平阳公主为建立唐王朝立下了汗马功劳，所以每次赏赐，都比其他公主优厚得多。

武德六年（623），平阳公主去世。高祖十分悲痛，下诏破例以军礼下葬。负责礼乐的太常以从来无用军乐为女性送葬为由表示反对，高祖说：“过去，公主在司竹园举兵起义时，曾亲自击鼓助威，为唐朝大业建立了不朽的功勋，不是一般女人能比的，为什么不可以用军乐送丧?”于是，增加军乐为平阳公主举行了葬礼，以表彰她的功勋。因为平阳公主在建唐过程中有卓越功绩，所以史臣修纂《旧唐书》时，把她列入了唐朝开国功臣之列。

24. 晋阳起兵的真相如何？李世民是否在其中发挥了关键作用？

隋末，天下大乱，各地义军风起云涌，隋炀帝的统治摇摇欲坠。此时，李渊父子起兵于太原，攻克长安，剪灭群雄，建立了唐王朝。晋阳（今山西太原）起兵是这一行动的起点，那么其真相如何呢？

有关唐朝的史书，大多说唐太宗是晋阳起兵的关键人物，其父李渊是被迫起兵，是被李世民拉上反隋的大船。根据记载：先是李世民与刘文静密谋，打算乘虚入关，号令天下，继而世民又派裴寂说服李渊，迫使李渊同意举兵。李渊被描写成一个遇事缺乏主见，胆小怕事的无能之辈。

事实并非如此，早在大业七年（611），隋末农发起义刚刚开始，李渊看到天下即将大乱，就已产生了反隋的想法。大业九年，李渊就曾与隋大臣宇文士及讨论过举兵反隋之事。李渊的妻兄窦抗曾劝李渊乘便起兵，当时李渊认为时机尚不成熟，叫窦抗慎言不要泄密。大业十一年，夏侯端也曾劝李渊起兵，李渊同意夏侯端的分析，但仍认为时机尚不成熟，不可轻举妄动。武则天之父武士彟也向李渊进献过兵书和符瑞，并劝他尽快举兵，李渊告诉他不要多言，以免泄密，如果将来起事成功，则共享荣华富贵。而且李渊在正式举兵前，一方面大量招揽人才，另一方面又收编了许多农民军。可以说李渊不但是晋阳举兵的首谋，而且为此做了十分周详的准备，这才为后来顺利进军打下了坚实的基础。

当然，李世民在晋阳起兵的过程中也起了一定的作用，他结交了一批豪杰，招募了一些士兵，在策划举兵的过程中果敢而无所畏惧。但是他并不是晋阳举兵的首谋者，其父李渊老成持重，深谋远虑，是一位富有经验、老谋深算的政治家。

为什么有关史书要把李世民写成晋阳起兵的主要决策者呢？这和后来的“玄武门之变”有关。“玄武门之变”，李世民取得了胜利，也掌握了修史的权力。在事变中，李世民杀兄戮弟，逼父让位，这种行径与封建伦理格格不入，李世民要为自己辩护，最好的办法便是颂扬自己的功绩，夸大自己在晋阳起兵中的作用。既然连晋阳起兵这样的重大功绩都是由自己做出的，加上自己在统一战争中的功绩，那么在“玄武门之变”中获取帝位也就无可指责、顺理成章了。后来的史书大都沿用了经李世民篡改史实后的说法，于是才产生了谁是晋阳起兵首谋的疑问。

25. “玄武门之变”是什么性质的事件?

“玄武门之变”是唐高祖次子李世民与长子李建成争夺皇位继承权的宫廷政变。李唐建国，根据嫡长子继承制的原则，李建成被立为太子，留在京城帮助李渊处理政务。李世民封为秦王，继续领军进行全国统一战争。由于李世民杰出的军事才能，他先后率军打败了薛举、薛仁杲父子、刘武周、窦建德、王世充等地方割据势力，在统一战争中建立了巨大的功勋，加上他在晋阳起兵中所起的重要作用，李世民的声望是无与伦比的。与此同时，秦王手下聚集了大批谋臣猛将，形成一股强大的政治、军事势力，因而逐渐萌生了染指皇权的野心。秦王巨大的声望和强大的势力，使得皇太子李建成感到皇位继承权受到了严重威胁，于是便与其四弟齐王李元吉逐渐联合起来共同对付秦王。李元吉之所以愿与太子结盟，是基于下面的考虑：先联合太子打败秦王，然后再将太子一脚踢开取而代之。这样在唐初政坛上便出现了太子（东宫）集团和秦王（府）集团两大势力，随着全国统一战争的基本结束，两大集团之间的矛盾日趋尖锐与激化。太子与齐王串通后宫张婕妤、尹德妃等，在高祖面前谗毁秦王，高祖对此则态度暧昧，左右为难。一方面，由于军事斗争的需要，他不能损害秦王的地位；另一方面，他又不能违背封建正统的嫡长子继承制，改立太子。他也曾采取措施试图调解兄弟三人之间的矛盾，但没有任何效果。由于太子与秦王的争斗，在朝臣中也形成支持太子和支持秦王的两大派。

武德九年（626）夏，突厥入寇边防，太子建议齐王率军出征，并要求调秦王府尉迟敬德等将领随行，想乘机控制秦王府精兵，然后谋害秦王。秦王在此危急形势下，决定提前下手。六月四日，通过已被收买的太子旧属常何（玄武门守将），李世民率长孙无忌、尉迟敬德等十人伏兵于玄武门（唐长安太极宫北面正门，为全城制高点），以待太子、齐王入宫。太子、齐王当时入朝行至临湖殿，察觉有变，调转马头准备返回东宫。李世民从后面追赶并喊他俩停下，元吉在马上张弓欲射秦王，但由于惊慌，三次都不能把弓拉满。秦王张弓搭箭，建成应弦落马，死于非命。元吉被乱箭射伤，尉迟敬德赶上去将他杀死。高祖当时正在宫中与萧瑀、陈叔达等划船游乐，听到“玄武门之变”的消息，大惊失色，不知如何是好。萧瑀、陈叔达劝高祖承认既成事实，立秦王为皇太子，以免祸及自身。高祖不得已，遂下诏立秦王为太子，八月传位李世民，这就是一代明君唐太宗。次年正月改元贞观。

“玄武门之变”究其实质是太子李建成和秦王李世民为争夺皇位而发生的一次宫廷政变，对双方来说并无正义与非正义之分。但是在两《唐书》、《资治通鉴》等史书中，太子被描写成一个庸劣无能，忌功妒能、好色无耻的人物。他屡次加害李世民，李世民迫不得已，在忍无可忍的情况下才举兵将其诛杀，把李世民的“玄武门之变”说成是一场正义的锄奸行动。这并不符合历史事实。唐太宗作为政变的胜利者，自然也就掌握了修史的权力，因此对自己自然要极尽美化，而对失败者则大加贬斥诬蔑。事实上李建成也是一个具有相当才能的人物，在唐朝的建立过程中也有相当的功绩。还应指出，由于李世民具有比李建成更高的才能，即位后采取一系列有力的政治、经济、军事、文化措施，使唐朝很快强盛，出现了“贞观之治”的良好局面，所以他的即位是值得肯定的。由于这个原因，唐太宗发动的这场政变历来就没有引起史家的非议。

26. 唐太宗与突厥可汗“渭水便桥之会”的真相是什么?

梁师都是乘隋末农民起义之机，称帝于朔方郡（治今陕西靖边）的一个地方割据者。从大业十三年（617）到贞观二年（628），共存在了十一年，他是依靠突厥的力量强大起来的，又借助突厥的力量不断制造事端，对唐朝形成威胁。

武德九年（626）八月，太宗刚刚登上帝位，“玄武门之变”的余波尚未平息。梁师都乘此时太宗地位尚未稳定，策动突厥颉利可汗、突利可汗合兵十余万进攻唐朝，长安戒严，形势甚危。

此时的唐政权和突厥比起来，力量是弱小的，所以颉利可汗很快进兵至渭水便桥之北（今陕西咸阳东）。同时又派执失思力入长安见太宗，观察虚实，并施加威胁。太宗怒斥突厥背约，并将执失思力羁押。

面对严峻形势，太宗决定亲自出马，只带少数人，直至渭水边，与颉利可汗隔水对话，指责其背信弃义。同时，太宗还布下疑兵。颉利见唐军军容严整，漫山遍野，心中疑惑。太宗命随从往后退，自己单独与可汗对话，严厉指责可汗背信弃义，无端挑衅。颉利可汗摸不清虚实，不敢贸然出击，又自觉理亏，便退兵了。

以上是官方史书关于此事的说法，其真相是唐太宗对突厥采取了妥协政策，送给其大批财物绢帛，与其订立盟约，约定两国和平相处。加之突厥的确摸不清唐军虚实，不敢轻易浪战，遂满载而撤去。渭桥之盟是两国力量强弱不同的情况下，唐太宗妥协的产物，应该说也是一种明智的选择。

27. 唐太宗为什么被称为“天可汗”?

贞观四年（630），唐军横扫大漠，平定东突厥，解除了来自北方最严重的威胁。这一战争的胜利，使唐朝声威远播，各族、各国纷纷遣使到长安朝贡。三月，四夷君长请求尊唐太宗为“天可汗”。此后太宗以玺书赐西北各国、各族君长时，均称“天可汗”。贞观二十一年，唐朝这时已平定薛延陁，铁勒各部皆臣于唐朝。太宗在回纥、仆骨、拔野古、阿跌、同罗、思结等诸部设羁縻府州，唐国威远播。于是诸部族共同请求在回纥以南，突厥以北开辟一条道路，叫做“参天可汗道”。太宗在我国古代历史上，在处理各国、各族关系方面所取得的成就，达到了前所未有的高度，使唐朝发展成为一个地域广大的多民族国家，太宗本人也赢得各族人民的一致尊敬，被尊称为“天可汗”。

28. 唐太宗派人编《氏族志》的目的何在?

魏晋以来的门阀制度到南北朝末期已日趋败落，然而与此相关的门第观念，直到唐代，在社会上仍有很大影响。虽然以李唐皇室为首的关陇士族在政治地位上远远高于山东旧士族，但在当时人们的观念中，以崔、卢、李、郑为首的山东旧士族在名望上要高于关陇士族。另外，唐初进入上层统治集团的一些庶族地主，尽管拥有较高的政治地位，但由于没有门第，难免心理不平衡。

李唐皇室、关陇贵族以及庶族新贵们与山东旧士族以及旧的门阀观念的这种矛盾表明，旧有的门阀观念同唐初的上层建筑是不相适应的。为提高皇室和新兴官僚地主的门望，唐太宗决定通过重修《氏族志》来解决这一问题。

贞观六年（632），唐太宗诏令吏部尚书高士廉、御史大夫韦挺、中书侍郎岑文本、礼部侍郎令狐德棻等重修《氏族志》。初稿出来后，黄门侍郎，山东旧士族崔民干被列为第一等，这令太宗大为恼火，他下令重修，并指示：不管以前的门第如何，只以当今所任官职的高低作为评定等级的标准。高士廉依据上述精神于贞观十二年重修成贞观《氏族志》一百卷，共二百九十三姓，一千六百五十一家，分为九等，崔民干被降为第三等。太宗下令颁行天下。

唐太宗通过修《氏族志》，实际上是为了借此来提高皇族、外戚、关陇士族以及庶族出身的功臣官僚的门阀地位，使他们的门望得到社会的承认。同时也是为了打击旧士族，为巩固唐朝的统治服务。但由于士族数量大大增加，实际上又使门阀越来越不值钱，等于在一定程度上把士族消化在社会中了。这个结果是唐太宗始料不及的。

29. 唐太宗欲封禅于泰山，为什么没有成行？

所谓“封”，指祭天；所谓“禅”，指祭地。“封”通常都在东岳泰山，“禅”往往与“封”同时进行，地点在泰山附近的梁父（甫）、杜首等小山。“封禅”一般是受命于天，改朝换代的新帝王和太平盛世的圣明君主祭告天地、夸示于异域的盛典。

贞观六年（632），太宗平突厥，且连年丰收，于是群臣上言请“封禅”于泰山。太宗则认为天下若太平，百姓安居乐业，则虽不“封禅”，也可以比德于尧、舜；若是百姓不足，外族内侵，那么即使“封禅”之后，亦于事无补，不同意举行“封禅”大典。到了贞观十一年，群臣又劝太宗“封禅”，并议定其具体礼仪，包括昊天上帝坛、玉策、金匮、方石再累、泰山上圆坛、圆坛上封土、玉玺、立碑、设告圣坛、废石阙及大小距石等等，太宗从其议，决定赴泰山“封禅”。至贞观十五年，太宗正式下诏决定“封禅”泰山，车驾行至洛阳宫，遇天上彗星有变，认为并非“封禅”之兆，于是又没有成行。贞观二十年，长孙无忌与百官再请“封禅”，太宗同意。于是一方面开始关于礼仪的讨论，另一方面开始着手做实际的准备，最后决定于贞观二十二年于泰山“封禅”。可是由于贞观二十一年八月泉州发生海溢，泰山“封禅”之事又停了下来。此后唐太宗的身体日渐不济，不到两年就去世，无缘于泰山“封禅”就成为他终生的遗憾。

30. 唐太宗为什么要亲征高丽？

贞观十八年（644）底，唐太宗命令张亮、李勣分率水陆大军十万远征高丽。

次年春天，太宗御驾亲征，到前线指挥战争。唐军直驱辽东城（今辽宁朝阳），一个月内攻克了这个重镇。在安市（今辽宁盖平）郊外与高丽十五万大军展开激战。歼灭了这支军队。后围攻三个月未能攻克安市，到九月因气候转冷只好撤军。此次进攻高丽，唐军共攻取城池十余座，斩杀高丽军四万人，取得了一些战果，但没有达到征服高丽的预期目的，实际上是一次失败的战争。

太宗对这次征高丽的失败并不甘心，遂又于贞观二十二年遣右武卫大将军薛万彻率军再次进攻高丽，薛万彻攻破泊灼城（今辽宁丹东）后，撤军而返，没有取得更大的战果。太宗仍不死心，又命在川蜀造大船，准备再伐高丽。由于役使民力过重，引起当地人民的反抗，太宗于是下令停止川蜀造船计划。次年太宗病逝，才使这场战争暂时平息下去。

唐太宗为什么对远征高丽念念不忘呢？其中一个重要原因是唐太宗要恢复中国旧土。朝鲜半岛上的高句丽国，趁魏晋南北朝时期中原地区战乱不休，无暇顾及东北之际，占领了辽东的大片土地，而且还企图向辽西继续扩张。隋朝建立后，隋文帝就曾发兵三十万进攻高丽，目的也是收复辽东旧土。隋炀帝三征高丽，实际上也是这个目的，因此这场战争又称“征辽战争”。唐朝建立，高丽虽对唐保持臣属关系，但唐朝君臣并未忘记辽东为中国故土，唐太宗更是念念不忘高丽在汉代曾是中国的一部分，立志要恢复汉代疆土，这是太宗征高丽的一个原因。

唐朝时朝鲜半岛上有三个政权：高丽、百济、新罗。高丽最为强大，时刻想统一朝鲜半岛。而唐朝并不愿意看到朝鲜半岛上出现一个强大的统一政权，所以太宗决定远征高丽。还有一个原因，太宗立李治为太子，但又认为李治庸懦无能，他要在自己未死之前，彻底解决边疆问题，交给李治一个完整统一的帝国。当然晚年的太宗逐渐好大喜功，听不进大臣劝谏也是一个原因，但不是主要原因。

31. 贞观之治是怎样形成的?

史书记载说，唐太宗贞观年间（627～649），“海内升平，路不拾遗，外户不闭，商旅野宿”，“米斗不过四五钱”，“民物蕃息”，“号称太平”。就是说，贞观时期，政治清明，经济发展，整个社会呈现出一派欣欣向荣的景象，史称“贞观之治”。“贞观之治”的形成并非偶然，它是唐太宗一系列开明政策的必然结果。

第一，目睹隋炀帝拒谏饰非，一意孤行，终落得身死国亡的下场，唐太宗对魏征“兼听则明，偏信则暗”的话非常欣赏。他鼓励臣下直言进谏，注意广开言路，虚纳谏言。为了兼听博采，他还在制度上做了一些改进，把封建时代“君臣相得”的现象制度化。在善于和勇于接受臣下进谏方面，唐太宗在我国封建帝王中首屈一指，堪称是“从谏如流”。

第二，唐太宗深知“为政之要，惟在得人”，把选拔优秀人才作为自己和宰相的首要职责，十分留意各种有用之才。唐太宗用人范围之广，用人之不拘一格，在封建帝王中是十分突出的。他对科举制度的进一步完备和实施，也为广选人才开辟了重要途径。贞观时期的中央与地方，可谓人才济济，文武兼备。

第三，在《武德律》的基础上，唐太宗制定了《贞观律》及其他令、格、式，立法空前完备。他注意带头执法，维护法律的划一和稳定；强调刑赏要分明，不徇私情；量刑要慎重，要经过会审和多次复奏。贞观时期几致“刑措”，犯罪分子也能自觉服刑。

第四，面对因隋末战乱所致的人口锐减、经济凋敝的情况，唐太宗继续推行有利于经济恢复和发展的均田制和租庸调制等经济制度。注意轻徭薄赋，不误农时，兴修水利，增加户口，发展生产。同时大力戒奢崇简，精简机构，以减轻人民负担，节约财政开支。因此贞观年间，经济得到迅速恢复和发展，呈现升平景象。

第五，唐太宗注意总结历史上的经验教训，妥善处理民族关系，对突厥、高昌等进行武力斗争，维护了边疆的安宁，打开了民族交往的通道，创造了民族融合的条件。在以“和亲”等友好相处方面，也取得了显著成效。贞观时期，唐朝与世界各国的交往更加扩大，影响也颇为深远。

第六，唐太宗及“贞观之治”的出现，不是偶然的。在中国古代，大规模农民起义之后，出现好皇帝，几乎是一条规律。隋朝覆亡的深刻教训，直接警戒着贞观君臣。可以说没有隋炀帝“大业暴政”的警示，就没有唐太宗“贞观之治”的出现。

另外，唐太宗个人的一些优秀素质，也对“贞观之治”的形成，产生了一些积极的影响。

32. 唐太宗为什么要将《兰亭序》真迹埋于其陵墓中?

王羲之是东晋伟大书法家，他一变汉、魏朴质书风，开妍美劲健之体，创楷、行、草之典范，后世莫不宗法。行书字帖《兰亭序》是他的代表作，被书法界誉为“天下第一行书”，千百年来倾倒了无数习书者。王羲之亦因此被后人尊称为“书圣”。李世民得到《兰亭序》后，欣喜若狂，他将这件宝贝视若掌上明珠，爱不释手，朝夕不离。曾命弘文馆拓书名手冯承素以及虞世南、褚遂良诸人钩摹数本副本，分赐亲贵近臣。他亲自为《晋书》撰《王羲之传》，搜集、临摹、欣赏王羲之的真迹。在中国书法史上，帝王以九五之尊而力倡一人之书法者，仅此而已。李世民病重去世前，还对王羲之的《兰亭序》恋恋不舍，再三叮嘱在床前服侍的太子李治，要他千万将这件墨宝与自己共葬昭陵。李治当然不负父皇临终心愿，将这件稀世珍宝放进了李世民的棺材。从那以后，《兰亭序》真迹就永远从世上消失了。

据《新五代史·温韬传》载：后梁耀州节度使温韬曾盗昭陵，说他在墓中见到许多前世的精美图书，包括钟繇、王羲之的真迹，温韬全部盗掘而出，流传于世。依此记载，则《兰亭序》真迹经“劫陵贼”温韬之手又复见天日。另外，宋代蔡挺在跋文中说，《兰亭序》偕葬时，为李世民的姐妹用伪本掉换，真迹留存人间。然此后《兰亭序》真迹消息便杳如黄鹤，其下落如何，更是谜中之谜了。近人有人认为《兰亭序》可能后来被唐高宗保存，高宗死后，又为武则天所得。因为武则天深喜书法，估计《兰亭序》在她死后可能被葬入乾陵。当然这只是一种推测。

传世本《兰亭序》种类很多，或木石刻本，或为摹本，或为临本。著名者如《定武兰亭》，传为欧阳询临摹上石，因北宋时发现于河北定武（今河北正定）而得名。唐太宗命冯承素勾摹本，称《神龙本兰亭》，由于他的摹本上有唐代“神龙”小印，所以将其定名为神龙本《兰亭序》，以区别于其他的唐摹本。此本墨色最活，跃然纸上，摹写精细，牵丝映带，纤毫毕现，数百字之文，无字不用牵丝，俯仰袅娜，多而不觉其佻，其笔法、墨气、行款、神韵，都得以体现，基本上可窥见羲之原作风貌，公认为是最好的摹本，被视为珍品。冯承素摹的《兰亭序》纸本，现北京故宫博物院收藏，高 24.5 厘米，宽 69.9 厘米，此本曾入宋高宗御府，元初为郭天锡所获，后归大藏家项元汴，乾隆时复入御府。

33. 唐太宗是怎样获得王羲之所书《兰亭序》的?

王羲之，字逸少。西晋惠帝太安二年（303）出生，升平五年（361）卒。原籍琅琊（今山东临沂），后移居会稽山阴（今浙江绍兴）。曾任秘书郎、参军、会稽内史、右军将军。人称“王右军”。他书法造诣极深，达到了时代的顶峰。东晋永和九年（353）三月初三日，他和朋友谢安、孙绰等四十一人，在山阴的兰亭举行了一次“修禊盛会”。与会者当场做诗，王羲之写了一篇序，即《兰亭序》，当时所书的底稿书法精美，便是著名的《兰亭序帖》。后又称之为《兰亭帖》、《兰亭叙》、《禊序》等。该帖英气绝伦，重字皆构别体，极尽变化，而又中规中矩，史称“天下第一行书”。

唐太宗以文武定天下，酷爱书法。对王右军的书法特加眷赏。尤其对王羲之的名帖《兰亭序》倍加推崇。自《兰亭序》流落民间后，唐太宗便派人四处打听其下落，当得知真迹落入了永欣寺辨才和尚的手中时，便委派了监察御史萧翼让他想办法从辨才和尚手中把《兰亭序》弄到手。足智多谋的萧翼打扮成了一个书生模样，从长安城涉水来到了永欣寺拜访了辨才和尚。由于萧翼谈吐高雅，举止不凡，很快得到了辨才和尚的信任，两人一见如故。交谈之际萧翼慢慢地把话题往翰墨上引。当辨才和尚也来了兴趣之时，萧翼便说：“我手头上有几副二王的墨迹，有劳师傅给学生指点一二。”说罢，便展开了长卷让辨才鉴赏评说。辨才仔细看了后直摇头，对萧说：“你这是高仿的赝品呀!”萧翼听了后，非常惊讶地说：“师傅真是好眼力，可现如今几经战乱，除了皇家有几件真品外，哪里还能找到王右军的真迹呀?”辨才和尚经萧翼的一捧一激后有些头脑发热了，便手捋胡须大笑道：“不才贫僧手中有一件至宝——《兰亭序》，愿与君共饱眼福。”辨才从屋梁上取出《兰亭序》真迹，小心地展开。萧翼仔仔细细鉴赏后确认为真迹无疑，这才亮出了自己的真实身份，并拿出了唐太宗的诏书。辨才和尚如梦初醒，方知上了当，君命难违，一下子瘫倒在地。

唐太宗如愿以偿地得到了《兰亭序》，重赏了萧翼。李世民对《兰亭序》爱不释手，命书法高手冯承素等人勾摹了数本分赐给王公大臣。在他临终前曾对太子李治说：“我欲得《兰亭序》，可与我将去!”故将《兰亭序》做陪葬品殉葬。唐太宗死后《兰亭序》真迹随葬昭陵。

34. 唐太宗为什么要将自己的陵墓置于山上?

唐太宗的昭陵位于今陕西礼泉县东北四十五公里的九嵕（zōng）山上。因九嵕山形势雄伟，唐太宗生前亲自选定为其陵址。

唐高祖的献陵是堆土成陵，即在平地上深凿墓室，堆土夯筑成高大的封土堆。而昭陵却不是如此，是“因山为陵”，即在山势险峻的九嵕山上，凿石洞为墓室，绕山筑城，建成规模宏大的陵墓。昭陵最早营建于贞观十年（636），是年长孙皇后病故，太宗命在九嵕山凿石为陵。贞观十八年太宗下诏正式营建昭陵，二十三年竣工，历时五年。

昭陵开始了唐代帝陵“因山为陵”的制度。太宗为什么要凿山为陵，而不沿袭秦汉以来的封土为陵呢？用太宗自己的说法有两条理由，其一是“今为此制，务从俭约”。就是说这种陵制比较节省人力财力。其二是殉葬之物不用金玉珍宝，可使“奸盗息心”。其实，因山为陵比封土为陵的工程更为浩大，节省之说并不成立。而后一理由才是太宗的真正目的，即深埋密封，防止盗掘。太宗自己在采用这一做法的同时，并要求子孙永遵此制，故唐代帝陵大多采用此制。

35. 唐初李世民扫平了哪些割据者?

隋大业十三年（617）五月，李渊在晋阳正式起兵，并确立了袭取关中的正确策略。李渊父子的军队势如破竹，很快进入关中，攻克长安。次年，李渊在长安称帝建唐，立李建成为太子，李世民为秦王，李元吉为齐王。李渊称帝后不便亲自出征，皇太子建成也需要留在京城协助父皇处理政务。领导和指挥统一战争的重任，就主要落在了秦王李世民身上。在历时近五年的统一战争中，李世民东征西讨，消灭了一个又一个割据势力，为建立统一的唐帝国做出了杰出的贡献，成为李唐王朝特殊的功臣。

武德元年（618）七月，李世民率军出兵征讨割据金城（今甘肃兰州）的薛举、薛仁杲父子。薛氏父子以勇猛善战著称。李世民正确分析了敌我双方的情况，确立了“坚壁不出，以逸待劳”的作战方针。经过六十余天的对峙，薛军粮尽，军心动摇，士气低落。李世民兵分两路，南北夹击，一举破敌，并身先士卒，率少数人马乘胜追击，大败薛军。随后，李渊又派人收服了武威（今甘肃武威）割据势力李轨，这样河西陇右地区全部平定，李渊向东用兵便无后顾之忧了。

武德三年，盘踞代北的刘武周勾结突厥，南下太原，留守太原的李元吉败退长安，形势异常危急。李世民率军北上，渡黄河，入山西，讨伐刘武周。刘军主力宋金刚十分勇猛，李世民仍采取坚壁不战的方针，以疲其师，经过五个多月的对峙，宋金刚粮尽北撤，李世民抓住战机，穷追猛打，大败金刚。刘武周见此惨状，自知不敌，北遁突厥，后为突厥所杀，代北平定。

平定刘武周后，李世民率军回到长安，休整两个月后，于武德四年又率军东征洛阳王世充。王世充不敌，乞河北窦建德来援。面对王、窦两大势力，李世民表现了非凡的胆略。他集中主力与前来救援的窦建德决战，虎牢（今河南荥阳西北汜水镇）一战，一举击溃窦建德，并且生擒窦建德。王世充闻风丧胆，出城投降。统一全国的战争，至此取得决定性胜利。

李世民在统一战争中表现出了高超的军事指挥艺术，从而成为我国古代著名的军事家。

36. 唐太宗共有几子？其结局如何？

据载，唐太宗李世民共有十四个儿子。其中皇后长孙氏生有三子：恒山王李承乾、濮王李泰和唐高宗李治。其他的后宫妃嫔生有十一个儿子，分别是第二子楚王李宽、第三子吴王李恪、第五子庶人李祐、第六子蜀王李愔、第七子蒋王李恽、第八子越王李贞、第十子纪王李慎、第十一子江王李嚣、第十二子代王李简、第十三子赵王李福、第十四子曹王李明。

恒山王李承乾是唐太宗的嫡长子，自幼聪颖，太宗即位后就被立为太子。贞观九年（635）唐高祖病死后，太宗居丧，承乾受命处理日常政务，颇识大体，很得太宗宠爱。之后每当太宗出游巡狩，就让承乾留守监国。但随着承乾的日益长大，开始沉迷于声色，耽于游猎，挥霍无度。并有谋反的打算，贞观十七年（643），被废为庶人，流放到黔州，不久就死了。

楚王李宽是唐太宗的第二个儿子，出生后不久就过继给叔父楚哀王李智云，但不幸童年夭折。贞观初年，追封为楚王。

吴王李恪是太宗三子。武德三年（620）被封为长沙郡王，后又迁为汉王、蜀王、吴王。李恪善于骑马射箭，又通文史。太宗认为他很像自己，对他十分疼爱，甚至在废了承乾后，一度想立他为太子，但因为长孙无忌的反对而作罢。因为吴王在宫中和朝官的心目中威望很高，长孙无忌为了巩固李治的太子之位，断绝吴王的众人之望，就诬告李恪与房遗爱等谋反，把他处死了。

濮王李泰是唐太宗第四子，也是长孙皇后嫡出的第二子。他从小聪慧机敏，写得一手好文章，历封宜都王、卫王、越王、魏王。李泰在性格举止上很有父风，倜傥不群，礼贤重士，喜好文学，在魏王府中开文学馆招纳文士，声誉很高，很得太宗的欢心。后来他自恃宠爱欲争夺太子之位，用心阴险，私自培植势力，事情败露后，被贬为东莱郡王，后又封为濮王。永徽三年（652）病死在郧乡，时年三十五岁。

李祐是太宗第五子。武德八年（625）被封为宜阳王，同年改封楚王。贞观时改封燕王、齐王，兼领齐州都督。他行为乖张，在齐州私自招募剑客，与群小为伴，田猎害民，行为不法。太宗多次下诏斥责，并派官员辅佐规谏。李祐自以为不受宠爱，又不甘心受限制，遂起兵谋反，但很快就被擒赐死。

蜀王李愔为太宗第六子。贞观五年（631）被封为梁王，后改封蜀王。他性情顽劣，行为不法，常无理殴打下官，又狩猎无度，纵欲无节，被太宗斥之为禽兽不如，贬为黄州刺史。永徽四年因受吴王李恪的牵连，被贬为庶人，徙居巴州，后改封涪陵王，乾封二年（667）病死。

蒋王李恽是太宗第七子，贞观五年封为王，后改封为蒋王，兼任夏州、相州刺史等职。高宗上元年间，有人诬告他要造反，遂惶恐自杀。死后赠官司空、荆州大都督。

越王李贞是太宗第八子，初封为汉王，后改封原王、越王。他擅长骑射，精通文史，颇有才干。武则天执掌朝政时，越王李贞与韩王元嘉、霍王元轨等密谋起兵匡复李氏江山。垂拱四年（688），联合诸王起兵，兵败自杀。

高宗李治是太宗第九子，是长孙皇后嫡出的第三子。他性格懦弱，贞观五年被封为晋王，贞观十七年立为太子，贞观二十三年即皇帝位，死后葬乾陵。

太宗的第十子叫李慎，贞观五年被封为申王，后又改封为纪王，并兼任州刺史。他为政清明，勤俭爱民，声誉很好，从小就聪明好学，经通文史，在皇族中与越王李贞同以文采出众而知名。高宗永徽年间，他历任左卫大将军、荆州都督等职。越王李贞起兵反武失败后，他也受到牵连，被流放到岭南，在途中病死。

江王李嚣是太宗第十一子，贞观五年封王，次年夭折。

代王李简是太宗第十二子，贞观五年封王，同年病死。

赵王李福是太宗第十三子，贞观五年封王。十八年被封为秦州都督，二十三年兼任右卫大将军。高宗咸亨元年（670）病死。

曹王李明是太宗第十四子，贞观二十一年封王。高宗显庆年间任梁州都督，之后又历任虢州、蔡州等州刺史，永昌元年（689），武则天以其与章怀太子李贤通谋造反为名，把他贬为零陵郡王，后被逼自杀。

37. 越王李贞为什么要起兵反对武则天?

李贞（627～688），唐太宗与燕妃所出，唐太宗第八子。贞观五年（631）封汉王，后改封原王、越王，历任徐、扬、相、安等州都督刺史。武则天临朝掌政后，加封李贞为太子太傅，转任豫州刺史。唐中宗被废，移居房陵，李贞眼见李氏江山不保，皇室危急，就积极联络韩王元嘉、鲁王灵夔、霍王元轨及其子琅琊王李冲、侄子黄国公李譔（zhuàn）等图谋匡复李唐皇室。他自己则屡次减免本州赋税，以收买人心，又招募家僮千人，准备了数千匹战马，以打猎为名暗地修武备战，以备不测。

垂拱四年（688），武则天在洛阳建成了明堂，传言将取代皇位，并大肆戮杀宗室诸王。黄国公李譔借机假传中宗诏令，召集诸王联合起兵。一时间诸王跃跃欲试，整装待发。李贞接到诏书后，更是一面命长史萧德琮招募士卒，一面写信约各王一同起兵反武。八月，李贞长子琅琊王李冲首先起兵发难，结果诸王中除了李贞之外没有一个响应的，令李贞大失所望，但既然起兵，就只能义无反顾了。李贞首先率军攻破上蔡县，而这时李冲已经失败了。越王李贞拥众七千，分为五营，李贞自己统领中营，任命女婿裴守德为中营大将军，赵成美领左营，闾弘道领右营，安摩诃领后军，王孝志领前军。李贞为了笼络人心，还滥许高官厚禄，九品以上的官就封了五百多人。即使这样，他的大多数部下也都不愿作战，斗志低落。

九月，武则天派左豹韬卫大将军麴（qū）崇裕、夏官尚书岑长倩统兵十万征讨李贞，并下诏削夺李贞、李冲父子官爵。大军一到豫州，李贞部队一触即散。李贞见大势已去，服毒自尽。李贞起兵一共才二十天就失败了。

38. 唐太宗的皇后长孙氏是如何协助他治理国家的?

长孙氏（601～636），河南洛阳（今洛阳市）人，北魏拓跋氏的后裔。其父长孙晟，隋朝的右骁卫将军，早亡，所以长孙氏和她的哥哥长孙无忌都是由舅父高士廉悉心教养长大的。她自幼好学，知书达理。十三岁就嫁给了李世民。李世民即位后，她被册封为皇后。长孙氏深明大义，富有远见。“玄武门事变”前，她一面积极在宫中活动，拉拢唐高祖的妃嫔为李世民说好话，一面参与密谋，请她的哥哥长孙无忌以及尉迟敬德等鼎力协助李世民。后来李世民一举成功，夺取帝位，真切地感到了长孙氏是一位有头脑、有能力的贤德夫人，是他的“内良佐”、贤内助。从此以后，唐太宗非常注意听取皇后的意见。长孙皇后进行规劝和进谏时，也很注意礼节和方法，因此两人的感情一直很好。

有一次，太宗与长孙皇后的亲生女儿长乐公主出嫁，太宗因为给她准备的嫁妆超过了长公主的标准，遭到魏征谏阻和批评。太宗回宫后很恼怒，说：“朕的女儿怎么能和先帝的女儿相同呢?”还要处死魏征。长孙皇后听后就正色进言说：“我以前听说陛下十分看重魏征，今日终于知道原因了。魏征敢于进谏，不徇私情，维护大义，真是社稷的忠臣啊。我们结为夫妇已这么多年了，我有时还不敢直说。魏征却敢于冒颜上谏，真是难得啊。忠言逆耳利于行，希望陛下能好好考虑。”皇后因此还特意派中使赐给魏征五百匹帛，以示奖励。

还有一次，开国元老宰相房玄龄因小过就被太宗免官归第，长孙皇后就对太宗说：“房玄龄久事陛下，屡次参与奇计密谋，为社稷立下大功，如果他没有什么大的过错，希望陛下不要轻易贬逐。”太宗听后，也为自己的冲动感到后悔了，于是马上召回了房玄龄。

长孙皇后的进谏只是对唐太宗善言规劝，她从不参与政事的决策，自己做事一向注意掌握分寸，进退得体，同时她又不许自己的亲戚入朝专权。太宗要封哥哥长孙无忌为宰相，她再三恳求太宗收回成命，还要哥哥主动推辞。她还把古代妇人的善事义举编集成了一部十卷的书，即《女则》，用来规谏后宫的妃嫔、宫人。

长孙皇后在历史上声誉一直都非常好，但不幸的是，她只活了三十六岁就去世了。临死前还一再叮嘱要薄葬，并劝唐太宗要亲君子，远小人；纳忠谏，去谗言；减劳役，少巡游。死后被追尊为文德皇后。

39. 唐太宗的妃子徐氏为什么受到史家的赞扬?

唐太宗妃子徐氏，名惠，素有才华。史籍上说她生下来五个月就会说话，四岁就通晓《论语》、《诗经》，八岁就能写一手好文章了。她的父亲把她写的文章编成集子，竟然广泛流行于世。后来唐太宗知道了徐惠的才名，便召她入宫，做了才人（唐代妃嫔，正五品）。她在宫中仍然十分好学，读书不辍，手不释卷。写起文章更是文不加点，一挥而就，而且行文流畅，辞藻华美。不久她又被册封为充容（唐代妃嫔，正二品）。

徐氏看到贞观末年对外战争频繁，太宗还大肆修建宫殿、行宫，老百姓的赋役和徭役有所加重，生活困苦，于是便以一篇非常有名的谏书，劝告唐太宗要减轻百姓负担，因此而受到了历代史家的赞扬。徐妃的谏书说："陛下东征高丽，西拓疆土，兵马损失严重，物资供给艰难，不仅造成了人口的大量减员，还直接影响了农业的发展。致使人民疲惫，军队的战斗力下降，这都是乱世的征兆啊，希望陛下慎重考虑。"又说："陛下您修建翠微、玉华等宫，虽然说是依山傍水，不用太多的建筑材料，但还是需要大量的人力，不能不说是劳民。有道是：'有道之君，以逸逸人；无道之君，以乐乐身。'"她还说："构建技巧都是丧国的工艺，金玉珠宝都是麻痹本性的毒药。这些奢侈浪费的事情不能不禁止。生于忧患，死于安乐。"整篇谏书词义精巧，用心良苦。作为后宫妃子的徐氏能关心时局，写出如此中肯的表章，非常难得。太宗看了这篇奏章后很高兴，赐给了她许多东西，以示表彰。

太宗驾崩后，徐妃哀思成疾，不肯吃药接受治疗，说："生前太宗待我恩厚，死后我应该去照顾他。"她死时年仅二十四岁，后被追赠为贤妃，并陪葬昭陵。

40. 高阳公主及其驸马为什么被处死?

房玄龄的次子房遗爱娶太宗之女高阳公主为妻。公主骄傲专横。房玄龄去世后，长子房遗直被指定为唯一继承人，高阳公主唆使遗爱与其兄分家，并在兄弟俩之间制造矛盾。房遗直向太宗诉说，太宗严厉指责公主，从此公主逐渐失宠。恰巧官府在审理一起盗窃案时获一宝枕，经讯问是从僧人辩机处偷得，而辩机的东西又是公主赠送的。原来高阳公主与辩机私通，送给他大量宝物。太宗知道此事后勃然大怒，将辩机腰斩，还诛杀了多名奴婢，并严厉训斥了公主。公主由此更怨恨太宗，太宗死时她居然毫无悲伤之情。高宗即位后，她又多次怂恿遗爱与遗直争曲直。永徽二年（652)，房遗爱又在高阳公主的煽动下与驸马都尉薛万彻等人谋反。

薛万彻娶高祖之女丹阳公主为妻，因罪贬为宁州（今甘肃宁县）刺史。他与房遗爱关系密切，并相约一旦国家有事，就共推荆王李元景为主。元景之女嫁遗爱之弟遗则，所以，元景与遗爱往来甚密。柴绍之子柴令武，娶太宗之女巴陵公主，也和房遗爱共同谋划起事。高阳公主为罢黜遗直，指使人诬告遗直对她欲行无礼之事。遗直便揭发了公主和遗爱等人阴谋谋反的罪行。高宗令长孙无忌负责调查此案，结果他们的阴谋败露无遗。长孙无忌又借此案将吴王李恪也牵连进来，称吴王也参与了谋反。最后将这些人一律定为死罪，高宗欲免吴王和元景的死罪，兵部尚书崔敦礼上书反对。次年二月下诏：房遗爱、薛万彻、柴令武斩首；赐元景、吴王与高阳、巴陵二公主自尽。平日和遗爱有来往的宰相宇文节、太常卿江夏王李道宗，驸马都尉执失思力等流放岭南，房遗直被贬为春州铜陵县尉。

41. 晋王李治被立为太子的原因何在?

依照封建法统，皇位是由嫡长子或嫡长孙承袭的，但他们是否具有政治才能，能否守住基业，这也是封建帝王所关心的，某些杰出帝王为选好继承人，可谓煞费苦心，殚精竭虑。太宗立晋王李治为太子就经历了十分曲折的过程。

太宗长孙后生有三个儿子，长子承乾有足疾，九子晋王李治为人懦弱，皆为太宗所不喜。第四子魏王李泰好文学，有才干，深得太宗宠爱。魏王因太宗宠爱而骄横无礼，并且企图夺取皇太子之位。太子承乾为了保住太子之位，与魏王矛盾很深。太宗本来对承乾抱有厚望，为他慎择师傅，加以教诫。无奈承乾并不争气，喜好声色，漫游无度，太宗知道后，深为忧虑，逐渐对他失去了信心，而越来越多地寄希望于魏王。太子因失宠而对太宗产生怨恨情绪，他便勾结汉王元昌（太宗之弟），驸马都尉杜荷等企图谋反。被人告发，太宗将他废掉。

承乾被废，最有资格做太子的是魏王和晋王。魏王为了争取太子之位，积极活动，而且还出面威胁晋王不要跟他竞争，否则后果自负。晋王受到威胁后，十分忧虑，被太宗察觉。太宗追问原因，晋王如实禀告，太宗十分震怒。

太宗召集大臣长孙无忌、房玄龄、李勣等商议立储之事，太宗十分伤心，表示立储之事扰得他十分痛苦，并且抽佩刀欲自刺，长孙无忌等冲上去，夺下佩刀，问太宗欲立谁为太子。太宗说："我想立晋王。"长孙无忌等立即表示拥护。

唐太宗之所以立晋王为太子，是经过仔细权衡的，虽然他对晋王并不满意。第一，魏王与承乾争夺皇位，结下深仇，如果魏王继位，必然会杀掉承乾，甚至连晋王的性命也不能保住。而晋王为人仁弱，又没有积极争取帝位，他继位后，承乾和魏王便无性命之忧。第二，魏王阴谋夺取太子之位，如果立了他，就会给后世子孙树立一个"太子之位可以经营而得"的先例，这是不适宜的。所以，唐太宗尽管对李治不甚满意，但也只能两害相权取其轻了。实际上，晋王李治之所以能被立为太子，完全是其兄长互相斗争，他本人坐收渔人之利的结果。当然长孙无忌等大臣的支持，也是不可忽视的。

42. 唐高宗为什么要坚持废去原配王皇后?

唐高宗原配王皇后，并州（今山西太原）人。其父亲王仁裕在贞观时任过罗山县令。她的叔祖母即唐高祖的女儿同安长公主，因王氏姿容娇美，性情贤淑，便请求唐太宗把她嫁给了晋王李治。李治被立为太子后，王氏即为皇太子妃。李治即皇帝位后，她则被册立为皇后。王皇后与高宗性情都比较平和，婚后生活还算和谐，当一个历史上众说纷纭的女人——武则天出现在高宗面前时，遂使王皇后的命运发生了根本的改变。

事情还要从太宗病危时说起。当时作为太子的高宗入宫侍候太宗起居，与当时还是才人的武则天一见钟情。太宗去世后，武则天入感业寺出家为尼，但两人仍藕断丝连，暗自来往。王皇后当时正与萧淑妃争风吃醋，知道这个消息后，遂主动提出接武则天入宫，妄想利用武则天使萧淑妃失宠，来达到巩固自己地位的目的。没想到武则天入宫做了昭仪（唐代妃嫔，正二品）后，反而利用皇后和淑妃间的矛盾，赢得了高宗的宠信，这让王皇后追悔莫及。武则天不仅在后宫大肆活动，笼络人心，还诬陷王皇后与母亲利用巫术，蛊害皇上，使王皇后在高宗心目中的地位急剧下降。但破坏高宗与王皇后的感情不是最终目的，野心勃勃的武则天还要做皇后，于是静静的宫廷中一个莫大的阴谋开始了。

大约在高宗永徽五年（654）初，武则天为高宗生下了他们的第二个孩子，是个女儿，很讨人喜欢。王皇后没有孩子，不禁前去探望逗弄一番，当时知道皇上要来，皇后就先走了。武则天遂下狠心掐死了亲生女儿，然后轻轻盖好被子，像没事一样。不多一会儿，高宗来了，武则天佯作欢笑，可是掀开被子抱起孩子一看，忍不住失声大哭。高宗一见孩子死了，大怒，马上询问情况，得知皇后刚刚来过。高宗认为是王皇后害死了自己的女儿，大怒，遂下定废除王皇后的决心。高宗先是不许皇后的母亲魏国夫人入宫，隔断了皇后与外界的联系；又罢免了王皇后的舅舅柳奭（shì）的宰相之职；然后听取李义府等人的谏议，在永徽六年十月正式下诏废皇后，并贬王皇后和萧淑妃为庶人，幽禁在宫内。

时间久了，唐高宗也觉得王皇后的事情有些蹊跷，加之毕竟是结发夫妻，于是便偷偷地去看望了王皇后。武则天知道后，妒性大发，派人把王皇后和萧淑妃的四肢都砍去，然后将她们俩放入酒坛子中，不久两人就死去了。尽管如此，武则天仍觉得不解气，下令将王皇后改姓为蟒（意为毒蛇）氏，萧淑妃改为枭姓。

43. 唐朝为什么能在唐高宗时期灭亡高丽？

唐高宗即位以后，继续了唐太宗征服高丽的政策。显庆三年（658）六月命程名振、薛仁贵率军进攻高丽，在赤峰镇（今辽宁海城）、横山（今辽宁辽阳华表山）击败高丽军。显庆五年（660）三月与高丽毗邻的百济依恃高丽为援，数次侵掠高丽的另一邻国新罗，新罗国王金春秋求救于唐。唐高宗决定先攻占百济，再征服高丽，最后灭亡新罗。命左武卫大将军苏定方率水陆军十万出兵百济，新罗派太子法敏率兵五万策应唐军行动。八月，苏定方引兵自成山（今山东荣城）渡海。百济凭据熊津江口（今朝鲜中部）相拒，被苏定方击破，直趋其都城俱拔城（今朝鲜西南部）。百济倾国迎战，苏定方大破之，百济国王扶余义慈被迫投降。唐高宗下诏，在百济设熊津、马韩、东明、金连、德安五都督府。

次年三月，唐高宗正欲亲征高丽，不料百济又发生了战斗，百济僧人道琛及故将福信聚众围攻唐军在百济的留守部队，唐高宗立即命刘仁轨赴援。七月，奉命征讨高丽的苏定方击破高丽军于浿水（今朝鲜大同江），进围其都城平壤。九月，唐将契苾何力在鸭绿江又歼灭高丽军三万人。龙朔二年（662）二月，苏定方围平壤久攻不下，又逢大雨天寒，遂撤围回国。这时，刘仁轨等仍坚持在百济境内作战。七月，刘仁轨攻克百济真岘城（今朝鲜镇岑）和支罗城（今朝鲜怀德），杀获甚众。不久，唐发援军在百济登陆，倭国（今日本）出兵协助百济抵抗唐军，刘仁轨等加紧进攻，于九月再次征服百济。

百济被征服后，高丽陷于孤立，内部又发生动乱，从而给唐以可乘之机。唐乾封元年（666）六月，唐军第五次东征，以后不断出兵支援前线，总章元年（668）九月，终于平定高丽。唐高宗将高丽分置四十二州，设安东都护府于平壤。

唐高宗之所以能征服高丽，有下面几个原因：首先，经过高祖、太宗、高宗三代几十年的时间，唐朝积聚了强大的经济力量，这是高丽完全不能比拟的。其次，高宗采取了正确的战争策略，即联合新罗，攻击高丽，然后再逐一击破。而朝鲜半岛三国本身力量就小于唐朝，又不能联合起来，反而自助攻伐，削弱了抵抗力量。最后，高丽王朝内部的权力之争，削弱了自身力量，又给唐军以可乘之机。由于上述因素的共同作用，所以唐朝成功地征服了高丽。

44. 唐军为什么会在大非川之役中失败?

咸亨元年（670），吐蕃兴盛，四月，吐蕃将论钦陵攻陷西域白州等十八个羁縻州。又与于阗联合攻陷龟兹拨换城（今新疆温宿）。当时安西都护府所统龟兹（今新疆库车）、于阗（今新疆和田）、焉耆（今新疆焉耆）、疏勒（今新疆疏勒）四个军镇相继被吐蕃攻陷。唐在西域的统治开始动摇，吐谷浑、鄯善、且末之地，也被吐蕃占据。

安西四镇失守后，唐廷决定还击。咸亨元年四月九日，唐任命右威卫大将军薛仁贵为逻娑道行军大总管，左卫员外大将军阿史那道真、左卫将军郭待封为副将，率军十余万进攻吐蕃，并援助吐谷浑返回故地。八月，唐军至大非川（今青海共和县西南切吉旷原），准备向乌海进军，薛仁贵认为乌海既险且远，行军艰难，辎重难以随军前进，便留郭待封率二万人及辎重屯于大非岭上，并嘱咐郭筑两道坚固栅栏，保护好辎重，待先遣军袭取乌海后再汇合。薛仁贵亲率轻锐部队兼程进军，趁吐蕃不备，败其于河口，进屯乌海。郭待封本与薛仁贵官位相等，此次出征为薛仁贵之副，他对此很不满，便不听调度，率士兵及辎重紧随薛仁贵之后，半途遇吐蕃二十余万众，一战大败，辎重全部落入敌手。薛仁贵失去后援，只得退守大非川。吐蕃相论钦陵率军四十余万进击仁贵，唐兵大败，全军覆没。仁贵、待封、阿史那道真向论钦陵求和，钦陵将他们以及一些残兵放回。唐高宗得到战败的消息后，异常震怒，命大司宪乐彦玮至军中调查失败原因，用囚车将三人押回长安，高宗念旧功，免三将死罪，贬为庶民。

经过此役，吐蕃占据了吐谷浑，完成统一羌族各部的大业。将帅不和是唐失败的原因之一，更主要的原因是两方力量悬殊太大，吐蕃兵力三倍于唐。唐军孤军深入，运输困难，地形不熟，也是失败原因之一。

45. 李忠是唐高宗长子且被立为太子为什么却被赐死?

李忠，唐高宗长子，其生母是后宫刘氏。李忠出生之时，高宗刚刚被立为太子。贞观二十年（646），他被封为陈王。

高宗永徽元年（650），诸位王子都受封为各地州牧，李忠也不例外，年纪轻轻的他被授予雍州（今陕西西安）牧。当时，尚为皇后的王氏没有子嗣，为巩固其后位，问计于她的舅舅、时任中书令的柳奭。柳奭极力劝说她收养李忠为子，且谋立为太子。如此一来，在后宫地位卑下的李忠生母刘氏必然会为此感恩戴德而亲附于皇后，更重要的是，因为子嗣问题的解决，后位也能够得以稳固。王皇后采纳了他的计谋，将李忠过继为己子。此后，柳奭又联合尚书右仆射褚遂良、侍中韩瑗以及太尉长孙无忌、左仆射于志宁等一班重臣，恳请高宗立李忠为太子。永徽三年，高宗下诏册封李忠为皇太子。

不久，高宗废王皇后，改立武则天为后。李忠因为不是武则天亲生子而遭百般陷害。武则天指使亲信许敬宗等人力谏高宗改立其亲子李弘为太子。高宗听从了他们的建议，于显庆元年（656）废李忠为梁王，徙为梁州（今陕西汉中）都督。当年又转为边远的房州（今湖北房县）刺史。

李忠逐渐长大成人后，内心常忧惧不自安，有时甚至穿上妇人的衣服，以防备所谓的“刺客”袭击。一到夜里，他就做一些稀奇古怪的噩梦。在这种长期的心理压抑下，他经常自己偷偷地占卜以求祸福。

消息传到宫中后，武则天借机怂恿高宗废李忠为庶人。高宗不得已，又将其幽禁于黔州（今重庆彭永）。麟德元年（664）十二月，李忠被诬告与西台侍郎（即中书侍郎）上官仪、宦官王伏胜等合谋造反，被赐死于贬所。死时年仅二十二岁，没有留下子女。中宗复位后的神龙元年（705），朝廷追赠他为燕王。

46. 武则天之子李弘是被武则天害死的吗?

李弘是武则天的长子。生于永徽三年（652），四年封为代王，显庆元年（656）立为皇太子。上元二年（675），年仅二十四岁的皇太子李弘突然死于合璧宫绮云殿。关于他的死，史籍记载不一，历来说法也不统一。

一种说法认为李弘是被武则天毒死的。原因是太子李弘性情仁孝，对大臣谦和有礼，威信较高。高宗也很喜欢太子，对他寄予厚望，并且不断地让他处理政事，学习治国本领。但武则天却不太喜欢太子。太子爱读《礼记》，信“不学礼，无以立”这一套说教，喜欢按部就班，因循守旧，缺乏进取精神。此外，他过于仁慈，性格懦弱，这都使武则天看不惯。还有，太子从封建正统思想出发，不支持母后参决朝政。随着高宗身体状况越来越差，而太子对自己又不是百依百顺，太子一旦掌权，自己将面临着丧失辅政权力的危险。权力欲望极强而又处心积虑地要实现成为一代女皇的政治宏愿的武则天，是不能容忍太子的。在强烈权势欲的驱使下，武则天终于下毒手杀害了自己的亲生儿子。这种可能性是存在的，因为当年武则天为了实现皇后之梦，就曾亲手扼杀了自己的亲生女儿。

还有一种说法是李弘死于疾病。史书称：李弘头脑聪明，小时候学习刻苦，但不知道爱惜身体，结果用功过度，伤了身体。他长大成人后，又得了重病，身体状况愈来愈差。另外，作为武则天来说，虽然不愿放弃手中权力，未必就忍心杀害自己的亲儿子。何况即使杀了一个李弘，后面还有李贤、李显、李旦三个儿子，难道都要杀掉？杀掉一个李弘并不解决问题，武则天又何必要杀害太子呢？

总之，李弘之死可谓扑朔迷离，难下结论。

47. 章怀太子李贤为什么会死于非命?

李贤，字明允，即章怀太子。唐高宗第六子，武则天所生次子。

他于永徽六年（655）受封为璐王，后先后徙封为沛王、雍王。

李贤自幼即聪明过人，雅好学问，饱读经史。待到长大成人以后，又精于骑射，尤其爱好狩猎、打马球，可谓是文武双全，英姿勃勃、深得高宗的宠爱。

太子李弘暴亡后，体弱多病的高宗于上元二年（675）立李贤为皇太子，代其监国。李贤行使监国权期间，处事干练果断，颇为人所称道。处理政务之余，他还召集当时的一流学者太子左庶子张大安、洗马刘讷言、洛州司户洛希元等人，为南朝宋时人范晔所著的《后汉书》作注，得到高宗的赞赏。

李贤的众望所归使野心勃勃的武则天感受到了威胁。当时，任正谏大夫的术士明崇俨凭着符咒幻术博得了武则天的器重，他敏锐地觉察到武后内心的不快，于是在私下里到处散布谣言，以离间武则天与李贤的母子关系，借以动摇李贤储位。李贤受困于流言，心生疑虑，与武后关系日趋紧张。

调露二年（680），明崇俨为人所杀，武则天认定是李贤派人所为，决心废掉他以扫除夺权的障碍。她借口李贤私生活不检点，逼迫高宗派大臣加以调查，结果竟在东宫的马坊中搜查到李贤私藏的皂甲数百领。李贤因此被诬以谋反罪废为庶人，幽禁于别所，后又迁禁于巴州（今四川巴中）。文明元年（684），武则天临朝称制，为永绝后患，竟不顾母子之情，派遣左金吾大将军丘神勣赴巴州，逼令李贤于贬所自尽。李贤死时年仅三十二岁。

神龙元年（705），中宗复位后追赠李贤为司徒，且令陪葬乾陵（高宗陵）。此后，睿宗又追赠他为皇太子，谥曰“章怀”。

48. 许王李素节是唐高宗的爱子，为什么却被无辜杀害？

李素节，唐高宗第四子，其生母是曾受高宗宠爱的萧淑妃。他从小就十分聪明好学，据说能日诵古诗五百多言，因此深为高宗所喜爱，于永徽二年（651）晋封他为雍王。

永徽六年，李素节生母萧淑妃为武则天所残杀，他本人也屡次被斥逐，先后被徙封为郇王、鄱阳郡王、葛王及许王，并贬谪为外州刺史。武则天还禁止他入朝觐见父亲高宗。素节在外漂泊，内心十分思念父皇，就让他的王府仓曹参军张柬之想办法将自己亲手撰写的《忠孝论》进呈给高宗。武则天知道此事后，指使爪牙诬告素节贪赃受贿，并将其终身禁锢于岳州（今湖南岳阳）。

武则天临朝称制后，为巩固手中权力，对李唐宗室大加诛杀。李素节在这场祸变中也没能幸免，载初元年（689），酷吏周兴诬告他与泽王李上金合谋造反，并将他们一并逮捕。在押赴洛阳的途中，素节被缢杀于洛阳城南的龙门驿，遇害时年仅四十三岁。其子多为武则天所杀，唯独少子幸免于难。中宗复位以后，追赠素节为许王，以亲王的礼仪规格改葬，陪葬于高宗的乾陵（今陕西乾县北）。

49. 武则天在结识高宗前有哪些经历?

唐高祖武德七年（624）正月，武则天诞生在长安城的一个官宦之家。父武士彟（yuē），祖籍并州文水（今山西文水），贞观中官拜工部尚书，封应国公。母亲杨氏，为隋宰相杨达之女。

武则天的少女时代，是随父亲在利州（今四川广元）度过的。今天广元的皇泽寺就是为纪念武则天而修建的。贞观九年（639），武士彟死在荆州都督任上。武士彟的前妻生下的两个儿子武元庆、武元爽和他们的堂兄弟武惟良、武怀运对待杨氏刻薄无礼，武则天孤女寡母四人在长安度过了极不愉快的一段日子。贞观十一年，唐太宗听说武则天容貌美丽，遂召入宫立为才人，当时才十四岁。临别，母亲杨氏非常伤心，担心女儿的前程。武则天却坦然说："见天子说不定是福气呢！何必悲伤呢?"

入宫以后，太宗赐号武媚，人称媚娘。媚娘的确妩媚动人，性格却刚强泼辣。相传，太宗有一马"狮子骢"，性暴难驯。媚娘对太宗说："妾能制服它。妾有三物：铁锁、铁鞭、匕首。"武则天入宫十二年，没有生育，并且当才人十几年没有晋升。看来，她在太宗那里是不甚得宠的，十几年的宫廷生活虚度了人生最美好的一段青春，但武则天却由此踏上了政治舞台。正是在这个时候，武则天与太子李治产生了恋爱关系，并且相恋甚深。

贞观二十三年，太宗驾崩。武则天被削发为尼，送进感业寺。次年，高宗来感业寺进香，目睹武则天哀怨的愁容，往日爱恋浮现眼前。两年后，高宗毅然摈弃礼法佛规，迎则天回宫，再续前缘。

50. 武则天是怎样当上皇后的?

贞观二十三年（649）五月，唐太宗病逝。武则天被削发为尼，送进感业寺。次年，太宗周年祭日，高宗来感业寺进香，与武则天重逢。高宗做太子时曾见过武则天，两人一见钟情。此次重逢，又勾起往日情愫。高宗答应将她迎回宫中。恰巧此时，王皇后与萧淑妃争宠，为离间高宗与萧淑妃的关系，王皇后也力劝高宗接武则天回宫，这在高宗是求之不得的好事，自然无不应允。永徽四年（653），高宗迎武则天回宫，册为昭仪。

武昭仪回宫后，百般讨好王皇后，王皇后不住对高宗夸奖昭仪。高宗也愈发喜欢武昭仪，这样萧淑妃就逐渐被冷落了，王皇后见计策得逞，很是高兴。可是高宗转而专宠武昭仪，却是她始料未及的，王皇后很后悔迎武则天回宫，于是又与萧淑妃联合起来对付武则天。

武则天的目的是取王皇后而代之。因此她亲手掐死了自己的亲生女儿，并嫁祸给王皇后。高宗本来就对王皇后不能生育很不满意，遭此变故，就决定废王立武。

围绕着皇后废立问题，宫廷内外展开了惊心动魄的斗争，朝中大臣分成两派。长孙无忌、褚遂良等顾命大臣坚决反对废王立武，理由是武则天出身寒门，又曾侍奉过太宗，立为皇后与礼不合，且有损高宗名声。即使真要另立皇后，也应另选名门，而绝不能立武则天。为此，武则天派人给长孙无忌送去重礼，恳请他支持自己，但长孙无忌不为所动。高宗几次动议，都不能获得这些重臣的支持，褚遂良并因此而罢官。而许敬宗、李义府、崔义玄等人则在朝中散布支持武则天的言论。两派相持不下之际，高宗问计于开国功臣李勣，李勣说："这是陛下的家事，用不着去征求别人的意见。"这实际上是助了武则天一臂之力，坚定了高宗立武则天为后的决心。高宗便不再顾及长孙无忌等人的反对，于永徽五年十月十三日正式下诏，废皇后王氏为庶人。十九日，立武则天为皇后。十一月一日，由司空李勣主持，举行册立皇后大典。三十一岁的武则天正式登上了皇后的宝座。

51. 武则天为何要修《姓氏录》?

唐人比较讲究门第郡望，所以唐太宗于贞观十二年（638）曾命高士廉等修《氏族志》。显庆四年（659）六月，高宗下诏改《氏族志》为《姓氏录》。

永徽六年（655），高宗废王皇后，立武则天为后。因高宗身体不好，武则天便逐渐开始参与朝政。武则天之父武士彟因建唐之功而位居太原元从功臣之列，官居三品，爵为三等，但在《氏族志》中却没有叙明武氏家族的郡望，武后深为遗憾。为武则天立后有大功而成为当朝新贵的李义府等人也被排斥在贞观《氏族志》之外，于是武则天授意李义府、许敬宗等人上表请求重新修改《氏族志》。显庆四年（659）六月，高宗下诏命礼部郎中孔志约、著作郎杨仁卿、太子洗马史元道及太常寺丞吕才等十二人参与编录，修成《姓氏录》。高宗亲自为此书作序，并制定体例。此次修订的原则是凡是当朝五品以上官员都可收入《姓氏录》。结果，皇后武则天家族被列为第一等，许多家族的等级都发生了变化。新志共收录二百四十五姓、二百八十七家，依旧划分为九等。由于一些因军功而晋升五品的人也被囊括在新志中，所以，士族、士大夫都耻于与这些庶族寒门一并录进，遂称此书为“勋格”。

《姓氏录》的产生，是提高庶族地主政治地位及社会声望的产物，以适应庶族地主经济发展的需要，是对维持数百年之久的旧门阀制度的彻底否定。

52. “天授宝图”是怎么回事?

武则天觊觎皇位，必须假借天意才能达到目的，使人们信服无疑，其侄武承嗣对此心领神会，积极筹划。垂拱四年（688）四月，武承嗣指使人在一块白石上凿刻“圣母临人，永昌帝业”八个大字，然后将此石染成紫色，用药物填充其间，他又命雍州人唐同泰上表献石，并谎称此石系从洛水中打捞出来的。武则天十分高兴，把这块石头命名为“宝图”，提拔唐同泰为游击将军。五月，武则天下诏，将亲到洛水朝拜，接受“宝图”。她先在南郊祭祀，告谢上苍，祭祀完毕，驾临明堂，这是古代帝王宣明政教的地方，在明堂举行朝会、祭祀、庆赏、选士等大典，以反映帝王的世俗权力与上天的和谐关系。以后宫室齐备，建明堂仅为保存古制。武则天于垂拱四年二月在洛阳修造了明堂。会见群臣，令各州都督、刺史及皇族、外戚必须在祭祀洛水前十天在神都洛阳会集。武则天又自加尊号为圣母神皇。七月，武则天大赦天下，改“宝图”为“天授宝图”，洛水改名永昌洛水，封洛水神为显圣，加特进。禁止在洛水打鱼垂钓。“天授宝图”发现地赐名圣图泉，泉旁置永昌县，十二月，太后来到洛水朝拜，接受“天授圣图”。皇帝、皇太子随从，内外文武百官、蛮夷首领各按所在的方位排列站立。

珍禽异兽、各种珍宝陈于坛前，礼乐仪仗之盛大为唐开国以来所仅见。

53. 武则天是怎样登上皇帝宝座的?

永徽五年（654），武则天被唐高宗立为皇后。皇后的位置，对于封建时代的一般女性来说，已经是最高目标了，然而武则天却不满足。随着她权势的日益增长，她的政治野心也随之膨胀，武则天决心打破惯例，做一个名副其实的女皇帝。

此时，以长孙无忌为首的元老重臣仍控制着朝政。回想起自己当皇后的过程中，这批重臣对她的轻视和反对，武则天便对长孙无忌等人恨之入骨。因此，她一登上皇后位置，便着手清除她的政敌，为掌握政权创造条件。武则天巧妙地利用了高宗与长孙无忌集团之间的矛盾。显庆四年（659），武则天授意亲信大臣许敬宗等编造朋党案，把长孙无忌牵连进去。结果长孙无忌被削官流放，并被迫自尽，长孙无忌集团其他成员或杀或流或贬，这个集团就这样覆灭了。武则天的亲信许敬宗、李义府则被提拔为宰相。麟德元年（664），武则天罗织罪名将不服从自己的宰相上官仪杀掉，从此朝臣中没有人敢与武则天作对了。早在显庆五年（660），高宗就因自己身体不好而让武后参决百司奏事。上官仪伏诛后，武后垂帘协助高宗理政，宫中称帝后为“二圣”。上元元年（674），高宗与武后分别称天皇、天后，武后几乎取代了高宗。

乾封元年（666），高宗“封禅”泰山，武则天利用此次“封禅”活动取得了以皇后身份继皇帝之后升坛主持亚献的殊荣，这是武后对登上最高权位的一次试探，取得了满意的效果。

武则天为实现自己雄心勃勃的政治抱负，用各种手段扩大自己对官僚队伍的影响，不断培植和更新拥戴自己的亲信班子。乾封（666～668）年间，武则天以修撰为名召入禁中将一批文人学士，称为北门学士。北门学士不仅进行修撰工作，而且倚仗武后权势，直接参与朝政，分割相权，成为武则天控制外廷的重要力量。在此后的二十多年里，武则天由皇后到临朝称制，进而造成改唐为周的形势，这些文人学士的作用是不可低估的。

任何可能阻挡武则天登上权力顶峰的人都不能为她所容忍，包括他的亲生儿子。武则天生有四子：李弘、李贤、李显、李旦。其中李弘和李贤比较有才干，而李显、李旦比较平庸。唐高宗身体每况愈下，他想把皇位传给太子李弘，这将使武则天丧失辅政的权力。李弘是用儒家思想培养起来的，对母亲干政是看不惯的。上元二年，武则天终于毒死了二十四岁的儿子。李弘之死，对高宗的打击是极为沉重的。李弘死后，李贤被立为太子，高宗对李贤寄予厚望。然而，调露元年（680）八月，在武则天的操纵下，李贤被废为庶人，贬巴州。文明元年（684），李贤神秘地死去。废掉李贤的同时，立平庸的李显为太子。李显之所以被立为太子，而且后来还继承帝位，这是因为在武则天看来，这个儿子容易控制，不会影响她继续控制朝政。

弘道元年（683）十二月，高宗病逝。遗诏皇太子继位，军国大事听从天后处理，这为武则天上台铺下坦途。嗣圣元年（684）二月，武则天借故将即位不足两个月的中宗废为庐陵王，立四子李旦为帝（睿宗），但武则天独揽一切大权，睿宗不过是个傀儡，由此武则天开始了改朝换代的准备。

她把东都洛阳改称神都，以便作为未来的京师，追赠武氏家族五世祖先，改易百官名称等。武则天的改朝换代活动，激起了徐敬业领导的反武兵变（684 年九月）。武则天镇定自若，很快就平定了兵变，并借此次兵变杀害了不忠于自己的宰相裴炎。随后，武则天又为登基大造舆论，竭力渲染秉承天意的神秘气氛。垂拱四年（688），武则天的侄儿武承嗣派人向武则天献上一块白石头，上刻“圣母临人，永昌帝业”的字样，诡称得自洛水，武则天十分高兴。为此，睿宗率群臣为武则天上尊号“圣母神皇”，并制作了作为执掌国柄象征的神皇玉玺。“神皇”之号是武则天由皇太后到女皇的过渡。此时，李唐皇室不甘沉沦，打起了“迎还中宗”的旗号反对武则天，韩王元嘉、越王贞纷纷起兵，讨伐武则天，但很快为武则天平定，从此无人敢以武力对抗武则天。

永昌元年（689）元旦，在万象神宫举行的祭祀活动中，武则天堂而皇之地充当了初献，皇帝和皇太子则悄悄跟在后面为亚献、终献。正式改朝换代，只是个时间问题了。在此前后，武则天男宠薛怀义利用当时人们对弥勒佛的信仰，和僧法明等人对《大云经》重加注解，颁行天下。薛怀义等称武则天是弥勒佛再世，应当取代唐朝为天子。从而为武则天提供了对抗儒家男尊女卑理论的思想武器，更有利于她名正言顺地登上帝位。

经过多年的苦心经营，天授元年（690）的重阳节，六十七岁高龄的武则天以前无古人的勇气登上了皇位，建立了大周王朝，成为中国历史上唯一的一位女皇帝。

54. 武则天取代唐朝以后的国号为什么称“周”?

大唐睿宗载初元年（690）九月，武则天在洛阳登基，改元天授，以洛阳为神都，改国号为“大周”，至此，“武周”取代了“李唐”。

武则天改唐为周的原因，首先，是为了显姓氏，崇本根。武氏出自姬姓，武则天亦以周氏后裔自居。显庆初，高宗曾封则天之父为周国公。所以以周为国号，显然有表明“来历”的意思。其次，是表示要效法古代盛世，创造新的奇迹。中国古代的治世，在唐人看来唯周、汉而已，唐代尤其尊崇汉制。不过武则天更推崇周朝，认为周朝的法度在汉制之上。改国号为周，表明武则天要大展鸿图，创造盛世，表现了其远大的政治抱负。其三，武则天根据阴阳五行说认为唐属土德，周属火德，天意要武则天承赤色的火德以革黄色的土德之命。以上是武则天之所以以“周”为国号的主要原因。

55. 武则天的书法水平如何? 其传世的墨迹有哪些?

武则天的书法，被认为深得王羲之的风韵，她所书写的草字，重要性仅次于孙过庭的《书谱》，而留传下来的《升仙太子碑》，则是武则天传世的唯一墨迹。《升仙太子碑》坐落在河南省洛阳市东部堰师县缑山上，为唐代女皇武则天（624～705）御书，武周圣历二年（699）六月十九日立碑。碑通高7米，宽1. 56米，厚0. 55米。上覆碑亭，下卧神龟，极为雄伟壮观。碑额及碑阳为武后御书，碑额“升仙太子之碑”六字，以“飞白体”书就，笔画中丝丝露白。碑文三十三行，每行六十六字，行草相间，近草书体。碑文上下款和碑阴是武后御制的《游仙篇》杂言诗，题名等，分别出自薛稷、钟绍京之手，两人皆是当时名书法家。

此碑是圣历二年（699）武则天从洛阳出发，赴嵩山封禅时，过缑山，游览了刚刚竣工的升仙太子庙，一时兴起撰写的。内容是关于王子晋升仙的故事和歌颂其统治下的武周社会。升仙太子，即周灵王王子乔，名晋，是道教传说中的神仙。《列仙传》记载：晋好吹笙作凤鸣，常游伊、洛之间，后来道士浮丘公接其升仙上了嵩山。三十年后，有个叫桓良的遇见他，带话给其家人，言七月七日于缑氏山头等候相见。至期，果然晋乘白鹤在山顶现身，后人因此在缑山立祠，加号“升仙太子”庙。

《升仙太子碑》的书法别具意蕴：碑文行草，且有章草遗意；其字结体敦厚，笔画流畅圆转，柔美娇艳。特别碑额书法，采用“飞白”，新奇、独特。“飞白”，是一种特殊风格的书体，其主要特点是墨笔笔画中夹白。它与枯笔书不同，枯笔书是偶见露白，而飞白则是丝丝露白。“飞白”书为东汉蔡邕所创。唐张怀瓘《书断》记载：东汉灵帝时修饰鸿都门，工匠用刷白粉的帚写字，蔡邕从而受到启发首创“飞白”书。这种书法，笔画中丝丝露白，像枯笔写成的模样，用以装饰题署宫阙，汉、魏时曾广泛采用。开始时只为楷书，白多飞少，后逐渐变为飞多白少，且各体皆备。该碑之额书，通过顿挫用力及抖动，产生舒展、飘逸的感觉，确似银帛飞动。此外，还用各种鸟的姿态，绘出每字的点划，用笔简单，却神态逼真，活灵活现。这种字体实际是一种古代美术字体，于书法中融进了绘画的笔意，表现了作者精巧的艺术构思，也通过它充分展示出丰富的内涵。

武则天的这通碑额，在字体形式上突破了古代书碑多采用篆书、隶书、楷书的传统，同时于碑文中运用了武则天独自创造的一些文字，体现了她独树一帜的“革新”精神与争强好胜、处处区别于他人的性格。这里所画写的鸟，寓意仙鹤——仙界，同时增强了碑额与碑文内容的联系：对于王子晋的驾鹤而去，于字间寄托了羡慕和向往之情。这种字体的运用，既反映出武则天作为妇女而不同于男人的纤巧，又同时展示出她的非凡才学与智慧。

史书上关于“飞白”书的记载委实不少，民间传说也颇多，但传世作品却实属凤毛麟角。因而，武则天的这通“飞白”碑额，尤显得珍贵。凡来偃师旅游的国内外游客，面对近1300年前的出自女政治家之手的“飞白”御书，莫不赞叹备至。

56. 武则天为什么要害死其兄长和姐姐?

武则天的父亲武士彟娶相里氏为妻，生两子即武元庆、武元爽。后又娶杨氏为妻，生三女：大女嫁贺兰越石，早寡，后封韩国夫人；老二即武则天；三女嫁于郭孝慎，早亡。杨氏夫人因武后之故，封荣国夫人。武则天之兄的儿子武惟良、武怀运与武元庆等对杨氏及武则天早年不敬，武则天记恨于心。其后武元庆任宗正少卿，武元爽任少府少监，武惟良任司卫少卿，武怀运任淄州刺史。一日，杨氏夫人置酒，酒酣时，她对武惟良说："你等还记得往日之事吗？今日又当如何？"武惟良回答说："我们因是功臣之子才在朝廷做官，后来因为外戚的身份而得以升官，感到忧虑而从不觉得荣耀。"杨夫人大怒，遂将此事告诉武后，不久武惟良、武元庆、武元爽等人被贬官降职，武元爽后死于振州，武元庆也忧愤而死。

韩国夫人有一女十分美丽，高宗非常宠爱，欲将其纳入宫中作为嫔妃，被武后所阻，武后内心十分嫉恨，遂设法毒杀此女，然后嫁祸于武惟良等，将他们贬死。此女死后，其兄贺兰敏之入宫吊祭，高宗为之恸哭，贺兰敏之只是痛哭，不愿回答武则天的问话。武则天认为此儿疑她！心中厌恶，后来贺兰敏之被贬而死，与此事也有很大的关系。

57. 武则天统治时期在法律上发生了哪些变化?

武则天临朝称制以来，曾命人编成了几部法律典籍。她命裴居道、岑长倩、韦方质等人，删定旧格式，加上计账式及勾账式，编成《新式》二十卷、《新格》二卷，武则天亲自为之作序。又编成《垂拱留司格》六卷。由于韦方质等人精通法理，故新编成的这几部书号称详密，受到舆论的称赞。在刑法条文方面，只改动了二十四条，其他条文基本未加改动。

武则天在徐敬业及唐朝几位宗室起兵反叛之后，认为天下人皆欲反对她的统治，于是改变了唐初省刑宽法的用法原则，实行严刑峻法，任用酷吏，滥用刑法，屠杀了大批人，使唐朝的法律发生了很大的改变。当时周兴、来俊臣等人，在洛阳丽景门内，另置推事使院，当时人称"新开狱"。他们还召集数百无赖之徒，共为罗织诬陷，致使良善之人被杀者无数。来俊臣还设置酷刑，每审问犯人，不问案情轻重，或者用醋灌鼻，或在地牢中置火于瓮中，将犯人环绕烤炙。甚至断犯人口粮，以至于有人抽衣絮而食。他们还制作了十种大枷，称之为定百脉、喘不得、突地吼、著即承、失魂胆、实同反、反是实、死猪愁、求即死、求破家。他们还在牢中犯人睡觉之处放置粪尿污秽之物，虐待残酷手法，无所不用其极。至于酌情加罪，随意改刑，轻罪重判，无罪构陷的现象，更是数不胜数，以至于囚囹如市，道路以目，一片恐怖气氛。这种情况直到武则天垮台后，即神龙元年（705）才算告一段落。

58. 武则天为什么要改诏书为制书?

载初元年（689）正月，武则天颁布新造字。最初颁行的是宗楚客建议改动的十二字，此后又陆续增加若干新字。宗楚客字叔敖，是武则天堂姐的儿子。进士及第，历任户部尚书、凤阁侍郎等职。公元689年，宗楚客将所造的十二个新字献给皇上。这些新字，笔画多，难写难认但武则天却下令推行。武则天时期推行的新字数量有多少，历代统计不同，有十四个，十六个，十九个诸说。比较常见的有："照"改为"曌"；"地"改为"埊"；"日"改为"㊀"；"年"改为"𠡦"等。新造字颇类似道家符咒之字，而且构造怪僻难辨，故传写不尽相同。武则天在这些新字中为自己造了一个字做名字，即"曌"(zhào)。为避自己的名讳，武则天下令改"诏书"为"制书"。武则天颁行新字的目的是为自己改朝换代制造声势。次年即天授元年（690）九月，武则天废睿宗自立为帝，改国号为周。神龙元年（705）唐中宗复唐国号时，停用了武则天所造之字。

59. 武则天为什么要封禅于嵩山?

"封禅"历来被认为是帝王盛典。乾封元年（666），武则天曾与高宗一起"封禅"泰山，并充当了亚献。此后，武则天又劝高宗"封禅"嵩山。高宗三次准备，但因各种原因而终未成行。天授元年（690），武则天称帝，决心登封嵩山。但因时机尚未成熟迟迟没有举行。天册万岁元年（695），武周政权业已稳固，王公百僚奏请"封禅"嵩山，她随即下诏进行各项准备工作。万岁登封元年（696）十二月，武则天率文武百官，千军万马从神都洛阳出发向嵩山进发。

嵩山乃五岳之中岳，海拔1440米，《诗经》有"嵩嵩维岳，峻极于天"之说，可见嵩山是比较险峻的。到达嵩阳之后，武则天即按仪式进行斋戒。十二月九日，祀昊天上帝于岳南之万羊冈；十一日，武则天登上中岳之巅，黄河似带，神都如烟，吊古凭今，心潮澎湃。是日大赦，改元万岁登封，改嵩阳县为登封县。十四日，祭后土于山下。至此，大礼完毕，御朝觐台，受"万国"朝贺。宴罢，追封嵩岳神祇，以天中王为神岳天中皇帝，灵妃为天中皇后，夏后启为齐圣皇帝，启母为玉京太后等、自制《升中述志碑》，立于封祀之坛。又令李峤作《大周降禅碑》，崔融作《朝觐坛碑》以记“封禅”之事。

武则天称帝，打破了千百年来男子专政的格局，也使人们的思想发生了激烈的动荡。如何巩固武周政权成为武则天首先要考虑的问题。要巩固政权，首先要统一人们的思想，这就要利用儒家思想来达到目的。武则天称帝本身与儒家思想是完全对立的，所以武则天在走向皇位的过程中无法从儒家思想中获得支持。但她称帝成为事实之后，便开始自觉利用儒家经典中有利于自己统治和巩固政权的部分。嵩山“封禅”便是利用儒家思想巩固政权的手段。

“封禅”是古来统治者十分重视的典礼。“封禅”的目的或是告诉上天已经改朝换代，新的帝王已接受天命；或是夸示皇帝的功德政绩，或是祈求长生不老，延年益寿。武则天的嵩山“封禅”正是要告诉上天已经改朝换代（“大周”取代“大唐”），她的统治是接受天命，也表明她武则天是有德之君，皇恩浩荡，普泽天下。武则天深谙封建统治之道，通过这种方式向天下人明白昭示其统治的合法性，喻其君权乃系神授。

60. 为什么《旧唐书·酷吏传》所记的酷吏多产生于武则天时期？

唐朝自唐太宗修定并颁布《贞观律》，确定了省刑恤法的方针后，有唐一代其他皇帝统治时期极少有酷吏出现，即使在政治动荡的唐后期也不例外，形成这种状况的原因就在于法律制度的制约发挥了作用。唯独武则天统治时期是一个例外，这是一个比较复杂的历史问题，导致这种现象出现的原因是多方面的，既有皇帝个人的因素，也有社会因素。概括地说，主要有以下几个方面：

其一，武则天是利用唐高宗体弱多病，不能正常处理国政的机会，逐渐掌握大权的。当她得势以后，想要当皇帝，阻力是非常大的。她本人只是李唐皇室的媳妇，皇后要垂帘听政是可以的，要想直接即位当皇帝，既缺乏法律依据，也缺乏社会的支持，反对她这样做的政治势力是非常强大的。为了铲除政敌，扫除她登基道路上的障碍，只能通过消灭政敌的肉体这一途径，除此没有别的道路可以选择。这是她不得不实行酷吏政治的一个重要原因。

其二，在消灭了浮在面上的政敌后，为了震慑那些潜在的反对者，她又必须采取暴力手段。于是她又大开告密之风，鼓励人们去寻找揭发那些胆敢反对她的人，把潜在的敌人都挖出来，只有这样她的统治才得到巩固。在这种政策的主导下，一些人为了得到政治上、经济上的好处，什么罗织、告密、连坐等现象便层出不穷了。

其三，在以上政策的引导下，法制遭到了破坏，社会风气更加败坏，国家法律无法正常执行，违法乱纪者得不到惩治。这种社会风气客观上起到了纵容坏人的作用，使不法官吏的行为得不到法律的制约，于是酷吏必然是越来越多。其四，实行酷吏政治，往往得不到正直官员的支持，这种事他们是不屑而为的。在这种情况下，武则天只能找那些胆大狂妄之徒去贯彻自己的意志，这些人大都素质很差，多出身于社会下层，对国家的法律和儒家学说了解甚少，这也是这一时期酷吏增多的一个原因。需要指出的是，武则天只不过把酷吏们作为自己的工具，当她的目的基本达到后，她就会抛弃这种工具，以安抚人心。在武则天晚年，当她已经决定再把政权交还李唐皇室时，酷吏政治便寿终正寝了。

61. 武则天为什么没有立武氏子侄为继承人？

武则天称帝后，一直被继嗣问题所困扰。作为女皇，武则天一直在立子还是在立侄问题上犹豫不决。为了使自己的事业后继有人，她对立嗣比较慎重。虽然圣历元年（698），她最终将三子李显立为皇太子，但在此之前她一度想立为皇嗣的是自己的侄子武承嗣和武三思。

武则天在立嗣问题上最初的想法是立武氏子侄。因为大周政权姓武，她本人姓武，宗庙供奉的是武氏先祖，天下最尊贵的姓氏也是武。如果以儿子为皇位继承人，则自己驾崩之后，大周政权便烟消云散了。为了保住武家天下，她只能传位给自己的侄子。为此，她将侄子提拔为宰相，交给他们朝廷大权，给予他们特殊的恩宠，一步步地培植他们，为他们奠定着继承帝位的基础。

当时，最有希望继嗣的人是武承嗣，他在武则天的临朝听政和取代李唐的过程中立下了大功。而且自己是姑母最年长的侄子，武承嗣认为皇位继承人非自己莫属。为此，他还多次指使人劝姑母“自古天子未有以异姓为皇嗣者”，希望姑母早下决心立自己为太子。

在武则天称帝之初，武承嗣立为太子的希望是比较大的，从皇室十分看重的祭祀礼仪上可以看出这种情况。在永昌元年（689）正月初一的祭拜中，武后初献，睿宗亚献，太子李成器终献。长寿二年

(693) 正月初一的祭拜中，则变成女皇初献，魏王武承嗣亚献，梁王武三思终献。可见，此时的武则天确有立武承嗣为太子的打算。而武承嗣为了实现立为太子的目的，一方面拼命讨好姑母，另一方面又背地陷害武则天的儿子李旦，必欲置李旦于死地。这又使得武则天十分担心，一旦立侄子为皇位继承人，自己儿子的命运必是十分悲惨的。况且侄子和儿子比起来，毕竟是儿子更亲。为此，她对立太子之事始终没有轻易决定。她也曾就此问题和大臣讨论过多次，而大臣中有威望者并无一人支持自己的侄子，况且武承嗣的为人和才能，武则天心里也是有数的。经过多年的犹豫，在对利弊反复权衡的基础上，武则天最终放弃了立侄为太子的打算，于圣历元年 (698) 召回庐陵王，立为太子。而武承嗣因立太子一事没有成功，竟在圣历元年八月一病而死。

62. 武则天为什么要在乾陵前立“无字碑”?

乾陵是唐高宗和武则天的合葬墓，位于今陕西乾县梁山上。在乾陵前有两块石碑，一块是武则天撰写，唐中宗书写，歌颂唐高宗文治武功的“述圣碑”。另一块是武则天著名的无字碑。千百年来，围绕着武则天立“无字碑”人们议论纷纷，莫衷一是。武则天作为我国历史上唯一的女皇帝，对她的评价历来充满争议。后人对她立“无字碑”的用意，多是根据评价其功过来推测的。大致有以下几种看法：

有人认为武则天立“无字碑”是用以夸耀自己，表示其功德大，非文字所能表达。她执政期间，发展了科举制度，扶植了庶族地主，打击了士族地主；奖励农桑，发展生产；户口大量增加；破格用人，发现和提拔了许多人才；巩固了国防，弘扬了唐朝的国威。总之，武则天上承“贞观之治”，下启“开元盛世”，其功绩难以用文字表述。

有人认为，武则天是个聪明人，立无字碑的用意无非是是非功过让后人去评论，这是最好的办法。武则天是个复杂的人物，功过都很突出。她执政期间，社会经济仍在向前发展，发现和提拔了大量人才。但是她的消极面也很突出，她任用酷吏，滥杀无度，崇信佛教，奢侈浪费，特别是她统治后期，政治败坏。武则天逝世前知道自己的一生人们会有种种评价，碑文写好写坏都不易，因此立“无字碑”，是非功过任后人评说。也有人认为武则天立“无字碑”是因为自知罪孽太大，感到还是不写碑文为好。她以阴谋手段夺得皇后之位；任用酷吏，滥杀无辜；她崇奉佛教，造成巨大的浪费，她执政时的经济发展处于贞观和开元两个高峰的低谷。因此，武则天上台是历史的一次逆转。她无颜为自己立传，只能用“无字碑”来敷衍搪塞。

63. 唐中宗贬逐“五王”的根本原因是什么?

神龙元年（705）正月，张柬之等五人以宫廷政变的方式逼武则天下台，迎中宗复位，因功皆位居宰辅之列。张柬之等杀张昌宗、张易之兄弟时，没有采纳薛季昶、刘幽求乘势诛灭诸武的建议，而寄希望于中宗能将武三思等诸武诛杀。然而中宗复位之后，韦后和武三思等相勾结，把持了朝政。韦后效法武则天，中宗每临朝听政，韦后必施帷幔坐于殿上，预闻国事。为此，桓彦范上表劝谏，希望“陛下以古今教训为戒，以国家百姓为念，让皇后专居后宫，主持内廷，不要到外朝干政。”中宗对此无动于衷，而韦后则对桓彦范、张柬之等十分嫉恨，必欲除之而后快。为了更有效地控制局面，削弱官僚集团中的反对势力，韦后和武三思将打击目标集中到试图抑制韦后和武氏家族权势、在官吏中享有威望、在中宗复辟中有功的五位主要策划者，即张柬之、敬晖、桓彦范、袁恕己、崔玄暐五人。

神龙元年（705）五月，韦后在中宗面前诬陷五人自恃功劳，专权用事，危害国家。然后采取明升暗降的方法提升五人为显赫而无实权的王爵，使他们失去执掌政事的权力，其中张柬之为汉阳王、敬晖为平阳王，桓彦范为扶阳王、袁恕己为南阳王、崔玄暐为博陵王。同年，又将五人分别贬往地方任州刺史。神龙二年，武三思又指使侍御史郑愔诬告五人与王同皎通谋。六月，再贬柬之为新州司马、敬晖为崖州司马、彦范为泷州司马、恕己为窦州司马、玄暐为白州司马，并削夺勋封。七月，武三思命人秘密写下韦后的丑闻，并张贴于天津桥，请求皇上废除皇后。中宗大怒，命人追究责任。结果武三思又诬陷是张柬之等所为，建议将五人灭九族。中宗因为五人曾受赠铁券，享有免死权，将五人长期流放岭南。

五人遭贬后，其子弟年在十六岁以上者，也全部流放岭南。中书舍人崔湜又向三思建议，假借皇帝之命处死五人，以绝后患。武三思听从，派酷吏周利用出使岭南分别将五人杀害。

武三思在秘密杀害五人后，权倾朝野，他常说：“我不知道世上谁是好人，谁是坏人；凡是对我好的就是好人，对我坏的就是恶人。”

64. 上官婉儿有什么才干？后来为什么被诛杀？

上官婉儿（664～710），陕州陕县（今河南三门峡西）人，她是唐初著名诗人上官仪的孙女。上官婉儿一生下来不久，祖、父就被武则天处死，她和母亲一起被送入掖庭充当苦役。上官婉儿从小聪明好学，长大后富有文才，精于吏事，善解上意，受到女皇武则天的赏识和宠信。有一次，上官婉儿触怒了武则天，本来应该被处死，但武则天爱惜她的才干，仅仅在她脸上刺字以示惩戒，对她反而比以前更加宠信了。从圣历年间（698～700）以来，武则天经常让她参与朝政，宠信无人能比。

中宗即位以后，上官婉儿被封为昭容，专门掌管诏书的起草。她先是勾结韦后和安乐公主，玩弄权术，卖官鬻爵，致使官员伪滥，朝政混乱。后来她又串通武三思，不仅与之淫乱，而且还利用起草诏书的权力，维护武氏的权益，贬抑皇族。当时的太子李重俊就很厌恶上官昭容，他起兵诛杀武三思后，曾专门派兵搜捕上官婉儿。上官婉儿对中宗说："看太子的用心，下一步就要杀皇后和您了。"中宗和韦后大怒，与上官婉儿一同到玄武门避难。不久李重俊起兵失败后，上官婉儿侥幸躲过一劫，但她不知收敛，反而更加有恃无恐。

上官婉儿喜欢卖弄自己的文采，不仅劝中宗置昭文馆学士，还大量引荐当朝文学之士，整天与这些人吃喝游乐，吟诗作对。她还常替中宗、韦后和长宁、安乐公主做诗，因此很得中宗的宠信。韦后政变失败之后，李隆基诛杀了韦后及其亲族和同党，上官婉儿也被处死。

上官婉儿的作品辞藻绮丽、文采斐然，广为世人传诵。开元初，玄宗把上官婉儿的诗文收集起来，编纂成文集二十卷，并命名相张说作序。这表明玄宗虽然对上官婉儿乱国弄权很是痛恨，但对她的文采还是持肯定态度的。上官婉儿的诗作，现保存在《全唐诗》中，共计三十二首。

65. 唐中宗的皇后韦氏是个什么样的人？

韦氏，京兆万年（今陕西西安）人。她出身于名门大姓京兆韦氏之后，是唐中宗的皇后，历史上称之为韦后或韦庶人。

唐中宗为皇太子时，韦氏被选为太子妃。嗣圣元年（684），立为皇后。中宗被武则天废后，夫妇俩徙居房州，过起了苦难的幽禁生活。

中宗性格比较懦弱，韦氏则很坚强，那个时候，韦氏成了中宗的精神支柱。当时中宗非常怕母亲武则天会杀害他，每当听有朝廷的使者来，他都惶恐得不得了，几次都打算自杀，在韦氏的劝阻和鼓励下才坚持活了下来。因为这个原因，两人多年以来，相濡以沫，感情一直很好。韦氏先后为中宗生了一个太子，四个公主。中宗对韦氏非常感激，曾经说："如果我们有一天能重见天日，我将好好地待你，不让你受一点委屈。"

神龙元年（705），中宗终于恢复了帝位，韦氏也重新做了皇后。这时的韦氏好像变了一个人，似乎要为以前过的苦难日子寻求补偿，开始疯狂地聚敛财富，滥用手中的权力。她欲仿效武则天干预朝政。又勾结奸臣武三思，并与之私通，日夜游乐淫乱，丑声不断。她还大封亲族，让他们把持军政机要部门，诛杀了拥立中宗复位的敬晖、王同皎等功臣。韦后还与上官婉儿、女儿安乐公主等背着中宗收受贿赂，卖官鬻爵，私度僧尼，大置员外官、斜封官，引用宗楚客、叶静能、纪处纳等小人参政，使得朝政混乱不堪，同时又加重了国家的财政负担。她们还打击排挤太子李重俊，迫使太子起兵反抗，韦后险遭杀身之祸，她非但不以此为戒，反而更加肆无忌惮。

中宗末年，韦后为了像武则天那样临朝称制，与女儿安乐公主合谋毒死了唐中宗，立小皇帝李重茂为少帝，韦后临朝称制，并使其亲族把持了朝廷的军政大权。在这紧要关头，当时的临淄王李隆基联合禁军将领起兵入宫，诛杀了韦后及其亲族，还处死了上官婉儿及韦氏同党，拥立睿宗李旦登基，唐王朝由此才得以安定，重新走上了正常发展的道路。

66. 唐中宗共有几子？其结局如何？

唐中宗共有四个儿子，他们分别是韦后所生的懿德太子李重润，后宫宫人所生的李重福、李重俊及李重茂。

长子李重润，韦后所生。本名重照，武则天称帝时给自己起名为"曌"，为避其名讳，于是改名为重润。重润生于高宗开耀二年（682），这时其父李显（即中宗）刚被立为太子。高宗对这个孙子异常喜爱，马上立他为皇太孙，并破例为之开府置官属，改年号为"永淳"。然而好景不长，李显被武则天废为庐陵王后，年仅两岁多的重润随即与父母开始了颠沛流离的放逐生活。则天圣历二年（698），李显重被立为太子后，重润被封为邵王。两年后，十九岁的他因与妹妹永泰郡主、妹夫魏王武延基私下里议论祖母武则天宠信张易之、张昌宗兄弟，被人告发。武则天于是下令将他们杖杀（一说为被迫自缢死）。这件事对李显夫妇打击很大，因此李显复位以后，下诏追赠重润为懿德太子，并陪葬于乾陵。

次子李重福，后宫宫人所生。初封唐昌王，则天圣历三年，徙封为平恩王；长安四年（704），晋封为谯王，并担任过国子祭酒、左散骑常侍等职。中宗即位后，按长幼顺序本应立重福为皇太子，但韦后十分厌恶重福，遂说当年重润等人被杀是重福向二张兄弟告的密。对韦后向来言听计从的中宗就贬重福为濮州员外刺史，并且不许他进京朝见。睿宗即位后，重福改任集州刺史、又转为均州刺史。还未赴任，就受洛阳人张灵均以及流贬在外的原吏部侍郎郑愔的蛊惑，仓促间于洛阳起兵谋夺帝位。事发后，洛州（今河南洛阳）长史崔日知、留台侍御史李邕领兵迅速平定了叛乱。李重福走投无路，投河而死。

三子李重俊，后宫宫人所生。则天圣历元年（698）受封为义兴郡王，后进为义兴王，曾担任过卫尉员外卿之职。中宗重登帝位以后，当时重俊的长兄重润已死，二哥重福被贬在外，按理说该轮到重俊担任皇太子了。但韦后因重俊不是自己亲生子，故不让中宗马上册立他为太子，只是先立重俊为卫王，兼洛州牧。

神龙二年（706），重俊被立为皇太子，由于其庶子身份，使他屡遭安乐公主（韦后女）、武三思及其子武崇训等朝廷权贵的凌辱。颇有政治野心的安乐公主甚至公然上表请废太子，立己为皇太女。气愤不过的重俊于是联络左羽林大将军李多祚等人伪造圣旨，调发禁军，诛杀了武三思、崇训父子及党羽十余人，并攻入宫中索要韦后与安乐公主。不久，禁军了解真相后倒戈，李重俊为乱兵所杀。睿宗即位后，追谥重俊为“节愍”太子，并陪葬定陵（中宗之陵）。

幼子李重茂，也是后宫宫人所生。则天圣历三年（700），被封为北海王；中宗复位后进封温王，授右卫大将军。景龙四年（710），中宗暴毙，韦后为控制朝政，立年幼的重茂为帝，而自己则学武则天搞临朝称制。韦后事败被杀后，重茂让位于其叔父李旦，是为唐睿宗。景云三年（712）他被改封为襄王，迁居集州（今四川南江）。玄宗开元二年，又转为房州刺史，不久就病死了，年仅十七岁。死后朝廷追谥他为“殇皇帝”。

67. 金城公主出嫁吐蕃有何意义?

武则天长安二年（703），弃隶缩赞（亦作尺带珠丹）即赞普位，曾多次派遣使臣到长安请求婚姻。景龙元年（707），唐中宗答应以所养雍王守礼之女金城公主嫁给他。景龙三年十一月，赞普遣其大臣尚赞咄等上千人来迎公主。次年正月，中宗亲自送公主至始平县（今陕西兴平），特赦始平大辟罪（古代刑名，指砍头）以下，百姓罢一年徭役，改县名为金城。金城公主携带绣花锦缎数万匹，工技书籍多种和一应使用器物入藏，随行的还有工匠、杂技、音乐等专业人员等，并将《毛诗》、《左传》、《文选》以及《秦王破阵乐》等汉族音乐文化典藏传入吐蕃。金城公主与弃隶缩赞的联姻，进一步密切了唐朝（中原内地）与吐蕃之间在政治、经济、文化等方面的联系。弃隶缩赞上表表示要与唐“和同为一家”，使天下百姓普遍安乐。金城公主致力于唐与吐蕃的友好关系，促成了开元二十一年（733）唐朝与吐蕃在赤岭划界立碑开展边境贸易。金城公主为汉藏两族人民之间的友谊做出了杰出贡献。

68. 武则天为什么要处死孙子李重润、孙女永泰公主?

武则天统治后期，随着年事已高，耽于游幸享乐，许多朝廷政事多交给她的内宠——张易之、张昌宗兄弟去处理。二张深处禁宫，仗势弄权，引得朝廷内外议论纷纷，于是在大足元年（701）九月发生了女皇为平息物议，处死至亲的不幸事件。事情的大致经过如下：

当时太子李显（后来的中宗）的嫡长子李重润在圣历三年（700）被封为邵王，其妹李仙蕙被封为永泰郡主。不久，武则天为缓解李武两家矛盾，命郡主与魏王武延基（武承嗣的嫡子）成婚。这虽然是带有明显政治目的的婚姻，但永泰郡主与武延基小两口婚后感情甚笃。

第二年（大足元年），邵王李重润与其妹夫、妹妹魏王武延基、永泰郡主在私下里议论祖母武则天和二张兄弟的种种秽行，还对二张把持朝政表示了极大的不满。不料走漏了风声，张易之听说这件事后，马上禀报了武则天。武则天大怒，于是将此三人分别交由各自的父母及亲属，命他们自行审问与处置。太子李显与武氏亲族迫于压力，为求自保，将此三人一并缢杀。此事还有一种说法就是三人被武则天所杀。

此事件是武周后期的一大政治事变，它严重激化了李、武宗室势力与二张兄弟的矛盾，加深了武则天的统治危机。李重润与李仙蕙直到中宗复辟后的神龙元年（705）才被追封为懿德太子、永泰公主，二人均陪葬于乾陵。

69. 皇太子李重俊为何要起兵诛杀武三思等人?

李重俊是中宗第三子，神龙元年（705）七月被立为太子。当时韦后、武三思等人专权用事，由于李重俊不是韦后所生，所以韦后很讨厌他，武三思对他也很仇视。武三思之子武崇训娶安乐公主为妻，常教唆公主凌侮太子，呼其为奴。他俩还请求中宗废除太子，立安乐公主为皇太女。中宗虽未应允，但对公主也不加谴责。由于中宗的溺爱，安乐公主卖官鬻爵，权倾朝野。武氏势力再度崛起，朝中居要位者，多为三思之党。宰相宗楚客，纪处讷等均依傍武、韦势力，导致朝政十分黑暗。对此，太子重俊愤愤不平。

景龙元年（707）七月初六，太子和左羽林大将军李多祚，将军李思冲、李承况，沙吒忠义等人伪造皇帝命令调发羽林军三百多人，杀武三思、武崇训父子于其宅第，并杀其党羽十余人。随后，率兵趋肃章门，斩关而人，欲将韦后、安乐公主、上官婉儿等全部诛杀。中宗便和韦后、安乐公主、上官婉儿登上玄武门（皇宫北门、军事制高点）躲避兵锋，并命令右羽林大将军刘景仁率领百余名禁军在玄武门楼下驻守保卫。李多祚率兵赶到玄武门楼下，欲冲上楼去，遭到抵抗，多祚和太子心中疑惑，便按兵不战，等待中宗询问。中宗凭栏俯耳对多祚所率禁军说：“你们都是我的宿卫兵，为什么跟随多祚谋反？如果能杀了反贼，荣华富贵可唾手而得。”于是这些禁军便纷纷倒戈，杀死李多祚、李承况、沙吒忠义等人。太子李重俊率领一百多骑兵逃往终南山，走到鄠（今陕西户县）西十余里处，随从已所剩无几，重俊在树下休息时，被身边的侍从所杀。中宗用其首级祭武三思、武崇训的灵柩，随后又悬首于朝堂示众。

东宫僚属无人敢靠近太子尸体，只有永利县丞宁嘉勗将衣服脱下，包住太子头，号啕大哭，被朝廷贬官。韦后及其党欲借此事大肆屠杀，大理卿郑惟忠认为：“人心尚未安定，若再大兴牢狱，势必使局势更加动荡。”中宗便只好作罢。睿宗即位，改谥李重俊为节愍太子，故此次事件又称“节愍之难。”

70. 唐睿宗李旦共有几子?

唐睿宗李旦共有六个儿子。

长子李成器，后改名为宪。其生母为肃明顺皇后刘氏，被武则天杀害。李成器出生后不久，就被封为永平郡王。文明元年（684），睿宗初即位时，曾被立为太子。及李旦被降为皇嗣后，李成器也被降为皇孙。唐隆元年（710），他又改封宋王。睿宗即位后，李成器虽为嫡长子，却以弟弟李隆基有兴复大功，深孚众望，坚持将储位让于隆基，为睿宗所允。玄宗即位后，任命他为雍州（今陕西西安）牧、扬州大都督、太子太师。后又历任尚书左仆射、太尉，改封宁王。李成器虽居尊位，却从不干预朝政，交结朝臣，以此深为玄宗所信重。死后被葬于惠陵（今陕西浦城西北），谥号曰“让皇帝”。

次子李成义，后宫宫人刘氏所生。李成义刚出生时，武则天曾把他抱给高僧万回看，万回说：“此儿是西域大树之精，长大后必使兄弟和睦友爱。”武则天十分高兴。成义起初被封为恒王，后来又被降为衡阳郡王。中宗神龙元年（705），迁为司农少卿。睿宗即位后，改封申王，迁右卫大将军。玄宗开元年间，先后历任地方州刺史、司徒。李成义身材高大，很有酒食之量，于开元十二年（724）病逝。册赠惠庄太子，陪葬桥陵（唐睿宗之陵）。

三子李隆基，即后来的唐玄宗。生母是与成器母刘氏同时遇害的昭成顺圣皇后窦氏。

四子李隆范，后因避玄宗名讳，单名范。初封为郑王，后改封卫王。武则天长寿二年（693），降封为巴陵郡王。睿宗即位后进封为岐王。玄宗先天二年（713），李隆范参与了平定太平公主的行动。后历任太子太师、太子少傅。他工于书法，雅好文学之士。开元十四年（726）病逝，追赠为惠文太子，陪葬桥陵。

五子李隆业，后单名业。生母是王德妃。垂拱三年（687），被封为赵王。长寿二年又被降封为中山郡王、彭城郡王。睿宗时，他进封为薛王，因勤于学问被授予秘书监之职。后也参与了玄宗诛除太平公主集团的行动。开元初年，历任太子少保、太子太保。玄宗以其为人孝友，颇为亲重。开元二十二年（734）去世。册赠惠宣太子，陪葬桥陵。

六子李隆悌，后宫宫人所生。初封为汝南郡王，后因病夭折。

71. 是谁铲除了韦氏乱党?

李隆基是唐睿宗李旦的第三子，因在铲除韦氏势力的过程中起了决定性的作用，所以被睿宗立为太子，后来即位，就是著名的唐玄宗。

李隆基先后受封为楚王和临淄郡王，担任过右卫郎将，尚辇奉御、潞州别驾等职，结交了一批英雄豪杰。中宗景龙四年（710）奉诏入朝，便留在了京师。他在京师又秘密聚集有才能、有智谋的人，图谋匡复社稷。李隆基尤其注意以厚礼结交禁军精锐力量万骑营中的重要将领，从而拥有了雄厚的实力。

景云元年（710）六月初二唐中宗被其妻女毒死，韦后总揽大权，临朝摄政，京城守备及禁军皆派韦氏本族子弟分领，其党羽则布满朝廷，占据要津。宰相宗楚客是韦后死党，他劝韦后革唐命，取而代之。在韦后的授意下，宗楚客还阴谋加害少帝，又和韦温、安乐公主策划杀害相王李旦和太平公主。

兵部侍郎崔日用平时依附韦、武，知道宗楚客的阴谋后，害怕受到牵连，便派人秘密报告了李隆基，并劝其先下手为强，免得遭殃。于是，李隆基和太平公主（隆基之姑母）以及公主之子薛崇暕、西京苑总监钟绍京、前邑县（今陕西大荔）尉刘幽求、利仁府折冲麻嗣宗相商，决定提前动手。万骑将领葛福顺、陈玄礼、李仙凫等人也表示愿尽死力跟随李隆基诛杀韦氏。有人建议隆基事先将此事通告相王，隆基说：“不可，我等为国家除逆，事成功归相王，事败则杀身成仁，决不能连累相王，也不能让他担惊受怕。”

六月二十日下午，李隆基和刘幽求等潜入禁苑，与钟绍京相会于官署。当时禁军屯驻在玄武门，入夜，葛福顺拔剑率众冲入禁军统帅营，杀死韦璿、韦播、高嵩等韦氏外戚和党羽，控制了整个禁军。控制禁军后，隆基与刘幽求率禁军分别进攻各处宫门，进入玄武门，守卫皇帝（中宗）棺材的卫兵也披甲随从隆基进攻韦后。韦后逃入飞骑营，被飞骑兵斩杀，献首级给隆基。安乐公主正对着镜子画眉，也被斩杀，武延秀（安乐公主夫）同时被杀。随后，又逐步肃清了韦后余党。

事成之后，迎相王辅佐少帝。六月二十三日，太平公主逼少帝让位相王。相王推辞，刘幽求、李隆基坚请，相王同意。六月二十四日，睿宗即位。不久，李隆基被立为皇太子。

72. 唐玄宗即位后为何要诛灭太平公主集团?

景云元年（710）六月，李隆基和姑母太平公主发动政变。铲平韦后势力，拥立睿宗复位，李隆基因功被立为太子。

景云年间（710～712），太子和太平公主左右朝政，睿宗对他们言听计从，决断之前，总是要向宰臣询问是否征求过两人的意见。太平公主沉着聪敏，谋略过人。睿宗因只有这么一个亲妹妹，同时又立有大功，所以对公主十分尊重。由于公主掌握了文武百官的升迁大权，所以朝中大臣依附她的很多，逐渐形成了一股强大的政治势力，公主的政治野心也随之膨胀，她想长期操纵朝政。但太平公主很快发现太子是一个强有力的竞争对手，是其长期操纵朝政的一大障碍，便在心中谋划着要削弱甚至废除太子。这样姑侄之间的矛盾变得日益尖锐和不可调和。作为皇帝的睿宗，很想调和二人之间的矛盾，但仍旧无济于事。

先天元年（712）七月，睿宗决定传位太子，自己做太上皇以防止姑侄矛盾的激化和冲突的爆发，可谓用心良苦。睿宗此项决定实际上帮助了太子，但此时他手中还保留了三品以上官员的任免权力。八月初二，玄宗即位。他即位后，太平公主依仗太上皇的权力，依旧擅权用事，和玄宗的矛盾不但没有缓和反而更加激化。当时朝中七位宰相中有五人出自公主门下，文武大臣依附公主的也不在少数。公主和宰相窦怀贞、岑羲、萧至忠、崔湜等人谋划废黜玄宗，另立新主，并企图毒死玄宗。

形势异常危急，大臣王琚劝玄宗采取果断行动，左丞张说从东都洛阳派人赠送佩刀给玄宗，催他速下决断。荆州长史崔日用上奏说："太平公主谋反已有多日，以往陛下身居东宫，犹为臣子，若要讨伐，还有顾虑。如今贵为天子，一声令下，谁人不从。万一太平公主得志，将追悔莫及。"玄宗便下决心诛灭太平公主的势力。

先天二年（713）七月，魏知古报告玄宗："公主预谋在本月初四作乱，请陛下速速行动。"于是，玄宗和岐王李范、薛王李邺、郭元振、王毛仲、高力士等商定消灭公主的计划。七月初二，玄宗对太平公主发动了突然袭击，杀其党羽窦怀贞、萧至忠、岑羲等。公主逃入山寺，三天后出来，被赐死于家中。其子与同党被杀者数十人，家产全部充公，其财产堆积如山，可比皇宫。

73. 唐玄宗封禅泰山的规模如何？留下了什么遗迹？

开元十三年（725）十一月丙戌，玄宗一行到达泰山，驻跸于山下五里，西距社首山三里处。冬至日，玄宗大备法驾，行至山下，玄宗骑马上山，众侍臣随从其后，当时决定三献于山上行事，祀五方帝及诸神座于山下行事。次日庚寅，祀昊天上帝于山上封台之前坛，高祖神尧皇帝配享，玄宗为初献，邠王李守礼为亚献，宁王李宪为终献。先将玉牒、玉策装入玉匮，束以金绳，封以金泥，皇帝用受命宝玺加印后，将玉匮置于石篋中，再加盖封泥，以“天下同文”印封好，安放于封坛之上，与以往不同的是，玄宗还将从前秘不示人的玉牒内容公布于百僚。又次日辛卯，行禅礼，享皇地祇于社首之泰折坛，睿宗大圣贞皇帝配祀，其仪式与封仪类似。

翌日壬辰，玄宗在朝覲帐殿与文武官员、诸方朝集使及儒生文士见面，参与朝见的还有突厥颉利发、契丹、奚等王，大食、昆仑、扶桑、新罗、靺鞨国侍子及使者，以及高丽朝鲜王，百济带方王，十姓摩阿史那兴昔可汗，三十姓左右贤王，日南、西竺、凿齿、雕题、牂柯、乌浒之酋长等。可见玄宗的这次封禅大典，同时也是一次国际性的盛会，其规模之大可想而知。

此外，玄宗还指定将《纪太山铭》，御书全文刻于泰山顶石壁之上，整整一千字，高十三点三米，宽五点三米，至今仍完好地保存在大观峰的绝壁上，人称“唐摩崖”。

74. 唐肃宗因何壮年而死？

玄宗共有三十多个儿子，唐肃宗李亨是唐玄宗的第三子，生于唐睿宗景云二年（711），母亲杨氏。本来太子之位是轮不到他的，而他之所以能当上太子，则是宫廷斗争的结果。

玄宗最初立的太子是李瑛。后来武惠妃得宠，生寿王瑁，为让寿王得立太子，武惠妃勾结权相李林甫设计陷害太子，导致太子被废并赐死。然而太子被废之后不久，武惠妃却得病死去，寿王的太子之梦也随之化为泡影。玄宗剩下的诸子当中，数李亨年长，遂于开元二十六年（738）被立为太子。然而，立为太子之后，李亨便卷入了宫廷斗争的险恶漩涡之中。李林甫原极力主张立寿王，见李亨得立，恐将来太子即位不利于己，于是便千方百计陷害太子，企图扳倒太子。虽然并未得逞，却把李亨吓得整日提心吊胆，精神受到巨大刺激，严重影响了身体健康。后来杨国忠为相，也与太子为敌，蓄谋陷害，而李、杨诸相之所以敢放手陷害太子，根本原因则在于玄宗对太子并不满意，当初之所以立李亨为太子，是因为实在找不出合适的人选。就这样，李亨在太子位置上苦熬了十八年。直到马嵬驿兵变（756 年 6 月），李亨借此机会离开了玄宗，即位于灵武。

肃宗即位于乱世，即位后又整日为平定叛乱殚精竭虑，还要应付宫廷内部无休止的争斗。他的身体本来就不好，在内忧外患的折磨下，更加每况愈下。终于在上元元年（760）八月，肃宗一病不起，卧倒在床。

肃宗自知将不久于世，早早便开始安排后事。宝应元年（762）四月初令太子李豫监国，随之，宫廷内部发生了争权夺利的激烈政变。肃宗张皇后原先与宦官李辅国相互勾结，专权用事。后来两人因权力之争而反目成仇，水火不容。肃宗病重，张皇后决定先下手为强，除掉李辅国。她想利用太子除去李辅国，被太子拒绝。四月十六日，张皇后在宫内埋伏甲士，矫诏召太子入宫，欲除掉太子。此事被李辅国之党程元振所知，向辅国告密。李辅国遂率甲兵突入宫内，捉拿张皇后。张皇后逃到肃宗寝宫，哀求肃宗救命。李辅国等冲入寝宫，在肃宗面前将张皇后拖走，囚禁起来。肃宗遭此变故，受到极度惊吓。只隔一天，于四月十八日便一命呜呼了，终年五十二岁。

75. 何谓开元盛世?

唐朝开元年间（713～741），玄宗励精图治，勤于政事，在政治、经济、军事、文化等方面采取了一系列措施，取得了显著成效，使得开元年间政治比较清明，经济繁荣，文化发达，国威远播，出现了中国历史上少有的盛世局面，史称开元盛世。

唐玄宗是一位极有抱负的帝王，在政治上，他选贤治国，先后提拔和使用了许多著名的宰相。开元年间的宰相队伍人才济济，数量之多，甚至超过唐太宗贞观年间。史家赞美玄宗开元年间任用的宰相说，姚崇尚通、宋璟尚法、张嘉贞尚吏、张说尚文、李元纮、杜暹尚俭、韩休、张九龄尚直，各有所长，多有政绩。玄宗不但注意任用宰相，对地方官的选任也极为重视。玄宗还重视刷新吏治，裁汰冗员，精简机构。他还恢复谏官、史官参加宰相议事的制度；建立起严格的官员考核和赏罚制度，又对王公贵族进行了约束。玄宗在政治上的一系列有力措施，很快就使开元政治出现了欣欣向荣的局面，这又为经济的发展创造了条件。

在经济上，玄宗注意减轻农民负担，支持官员惩治不法豪强。在全国开展检田括户运动，增加国家税收和劳动收入。玄宗重视兴修水利，他执政期间，全国共兴建五十个重大水利工程，占整个唐代水利工程的20%以上。玄宗还下诏裁汰天下僧尼，严禁兴造佛寺，禁铸铜像。大力提倡节俭，从宫中遣放宫女回家。

在军事上，废除了府兵制，改为募兵制。通过各种措施整顿军队：颁布《练兵诏》，提高军队战斗力，重视马政，扩大屯田。上述措施增强了唐朝的军事实力，巩固了边防。玄宗时期在与吐蕃、突厥等的军事斗争中取得较主动的地位，这使唐朝国威远播，加强了中外经济文化的交流。

开元年间唐玄宗君臣的文治武功，造成了开元盛世的出现。开元、天宝年间，唐朝的社会经济出现了空前繁荣的局面，唐人对此津津乐道。元结说：开元天宝年间，从事耕作的农民积极性很高，四海之内，无论山川沟壑，都是一派农耕兴盛的景象。杜佑说：当时一斗谷物的价格，多则二十文钱，少则只几文钱。绢一匹只有二百余文。全国各地的驿道四通八达，夹道店肆林立，准备酒食以待来往商旅。人们出门即使是到千里之外，不需要携带任何防身武器。一代“诗圣”杜甫则满怀热情地讴歌道：“忆昔开元全盛日，小邑犹藏万家室。稻米流脂粟米白，公私仓廪俱丰实。九州道路无豺狼，远行不劳吉日出。齐纨鲁缟车班班，男耕女桑不相失。”

开元盛世还表现在许多方面：天宝末年全国户数达八百九十万户，创唐代最高记录。唐长安城商业繁荣，文化发达，是当时著名的国际交流城市。开元年间，唐玄宗命人进行了大规模的图书搜集整理工作。欧阳修评价说：“自汉朝以来，史馆对图书的分类一直按照前代的六艺七略之法进行，到唐代开始按经、史、子、集四类分列。至于藏书之盛，都没有超过开元年间，当时共著录了五万余卷书，而唐朝学者又撰写了近三万卷书，这可真是空前盛举啊！”除了编修图书外，唐玄宗还重视其他艺术和科技事业的发展。唐玄宗是位高明的音乐家、戏剧家。他在宫中设立教坊，并在梨园选拔了一批人才，教授音乐、歌舞，号称“皇家梨园弟子”，后世称戏班为“梨园”，戏曲演员为“梨园弟子”，即缘于此。玄宗还邀请著名天文学家僧一行进行历法编修工作，编制出著名的《大衍历》，此历行用了将近一千年，直到西洋历传入中国。一行还主持了世界上首次子午线的实测工作。

76. 安史之乱给唐朝造成什么影响?

广德元年（763）正月，史朝义自缢而死，长达八年之久的安史之乱终告平定，但它对唐朝产生了极为深刻的影响。

首先，“安史之乱”对全国尤其是北方的经济的破坏是空前惨烈的。安史叛军所过之处，烧杀抢掠，无所不用其极。除了叛军，助唐平叛的回纥军队，进入洛阳后，肆行杀掠，洛阳大火旬日不灭。唐军也不例外，在攻占洛阳、郑州、汴州等地时，认为这都是叛军所据之地，任意掳掠达三个月之久，使所有的房屋都空空荡荡，城市百姓只好以纸当衣穿。长时间的战乱，使中国经济文化最发达的黄河流域变得凋敝不堪，满目疮痍。最具体的表现就是人口的锐减。安史之乱前的天宝十四载（755），全国户数为八百九十一万多，人口为五千三百多万。大乱之后，只剩下一百九十三万户，近七百万人，十减七八，虽不尽准确，但其损耗程度则是空前的。杜甫在《无家别》中对此有形象的描述：“寂寞天宝后，园庐但蒿藜。我里百余家，世乱各东西。存者无消息，死者为尘泥。贱子因阵败，归来寻旧蹊。久行见空巷，日瘦气惨凄。但对狐与狸，竖毛怒我啼。四邻何所有，一二老寡妻。”受战乱破坏最大的是当时经济文化最发达的洛阳周围地区、河北地区、长安周围各地。以及汴河沿岸。《旧唐书·郭子仪传》说：东周（即洛阳）之地，长期陷于叛军之手，宫室焚烧，十不存一。都城周围，人口不满千户。街道上充满荆棘，豺狼嗥叫其中。往东千里之外，都是人烟断绝，一片萧条景象。

其次，“安史之乱”后出现了藩镇割据的局面，唐中央政府的威信一落千丈。战后河北地区基本上仍由安史降将割据，他们并不把朝廷放在眼里，把自己的辖区变成了“独立王国”。而中原一带在平定叛乱过程中新设的节度使，也都各霸一方，不服从朝廷。藩镇割据的局面形成了。藩镇不但对抗中央，而且彼此之间相互攻伐，继续破坏着北方的经济。

再次，“安史之乱”极大削弱了唐朝的边防力量，导致吐蕃、南诏等少数民族不断入侵。在西北，吐蕃相继攻陷河西、陇右诸州县，其势力已进抵凤翔（今陕西凤翔）、邠州（今陕西彬县）一带。安西、北庭都护府也于贞元六年（790）落入吐蕃手中。在西南，南诏也在不断侵扰，唐文宗时，南诏甚至攻入成都，掳掠大量人口、珍宝而去。

最后，北方人口在战乱中和战乱后大量南迁。迁入的地区，首先是长江中下游地区，其次是汉水流域。这一时期的人口南移，加上东晋以来的人口南迁，进一步加快了江南地区的开发，也使中国的经济文化中心逐渐转移到江南地区，这不仅在唐朝，而且在整个中国历史上，都是一个极为重大的转折。

77. 安史叛军攻破潼关后，唐玄宗为什么要逃往蜀中避难?

天宝十五载（756）六月初九，安禄山骁将崔乾祐打败哥舒翰，攻破潼关，长安门户洞开。叛军攻克潼关时，哥舒翰麾下很快有人到长安向玄宗告急，玄宗无兵可派，派负责训练监牧兵的李福率监牧兵前往潼关，这当然无济于事。当日晚没有看到平安火（就是报告前方敌情的信号。当时，每隔三十里设一烽火台，作为报警哨所。每日早及初夜举火一次，依次传至京师，称为平安火。）玄宗大为恐惧。

六月十日，唐玄宗在兴庄宫召见宰相杨国忠，紧急商议下一步行动计划。杨国忠首先主张放弃长安，逃往益州（今四川成都）。其实，逃往四川，这是杨国忠早就打算的事。安禄山起兵，打出诛杨国忠的旗号，对此，杨国忠不能不考虑自己的退路，于是他将心腹崔圆派往四川，早做准备。如今，潼关失守，玄宗仓皇失措，完全失去了抗御叛军的信心和勇气。杨国忠提出逃往四川，玄宗立即表示同意。

六月十一日，杨国忠召集百官于朝堂，惶恐惊慌又痛哭流涕地征求大家的意见。百官面面相觑，不知所措。然后杨国忠自我表白说："大家都说安禄山必然反叛，皇上不信。出现今天这种情况，并非宰相过错。"显然，这是杨国忠为了掩饰自己的过错。百官散去时，城中一片混乱，人心惶惶。玄宗等已开始秘密准备逃跑了。

逃往四川固然是杨国忠的意见，但是，放弃长安，则是唐玄宗对形势估计过于严重的结果。此时的玄宗已是七十多岁的老翁了，已经完全失去了年轻时的英雄气概。他深怕长安失守，成为叛军的俘虏，将会成历史的笑柄，所以他不顾一切地要逃往安全而叛军不易到达的地方。四川号称"天府之国"，物产丰富，道路险峻，易守难攻，的确是躲避叛军的良好去处。

78. 唐玄宗为什么要废去王皇后?

王皇后，为太原（今山西太原）王氏之后，出身名门望族。李隆基为临淄王时娶为王妃，即位后被册立为皇后。她是唐玄宗的原配，也是玄宗唯一的皇后。李隆基谋划起兵，铲除韦氏之乱时，王皇后参与其中，出了很多力，并辅佐李隆基登上了帝位。先天元年（712），被立为皇后。其亲王仁皎官拜太仆卿。

王皇后性格贤淑，好施恩惠，所以很受宫中的爱戴。但是王皇后自结婚后，一直没有生育，在中国古代，作为皇后生儿育女是很重要的，如果没有生育，特别是没有儿子，会对皇后的声望和地位产生不利的影响。此时玄宗开始宠爱武惠妃，并在其挑拨下，也开始有了废掉王皇后、立武惠妃为皇后的意思，所以王皇后心里比较着急。王皇后的哥哥王守一见状，怕妹妹皇后的位置不保，就求助于旁门左道，要一个叫明悟的和尚设法为王皇后求子。明悟先拜祭北斗星，又用霹雳木刻符并写上玄宗的名字，说："只要皇后身上带上它，不仅会生个儿子，还能像武则天一样主政。"开元十二年（724），皇后求子的事情败露。唐玄宗在核实无误的情况下，将王守一赐死，又以此为借口废掉了王皇后，贬为庶人。同年十月，王皇后病死。

王皇后死后，后宫上下无不思念悲痛，唐玄宗自己也后悔不已。后来唐玄宗接连欲立武惠妃和杨贵妃为皇后，都遭到了大臣的反对。因此自王皇后以后，玄宗再也没立皇后。宝应元年（762），唐代宗恢复了其皇后的名号。

79. 唐玄宗在杨贵妃入宫前最宠爱的妃子是谁?

武惠妃是杨贵妃入宫前唐玄宗最宠爱的妃子。她是武则天的侄儿恒安王武攸止的女儿，自幼入宫，唐玄宗李隆基即位后，她逐渐赢得了宠爱。王皇后被废后，她更是得到了唐玄宗的专宠。其母被封为魏国夫人，她的弟弟武忠、武信也做到了国子祭酒、秘书监这样的高官。

唐玄宗本来打算要立武惠妃为皇后，但因为她是武则天的后裔，武三思、武延秀都曾经祸乱朝政，为天下人所记恨，所以遭到大臣们的强烈反对。即使如此，她在宫中的一切待遇也全部如同皇后一般。

武惠妃为唐玄宗先生了两个儿子、一个女儿，但都早早夭折了。寿王李瑁出生后，玄宗不敢再养在宫内，就命弟弟宁王在宫外抚养成人。以后武惠妃又生了盛王和咸宜、太华两位公主。奸相李林甫见武惠妃受宠，就迎合惠妃的意思，诬陷当时的太子和鄂王、光王谋反，玄宗震怒，把这三个儿子一同赐死了。接着李林甫又顺理成章地提议立武惠妃之子，即唐玄宗的十八子寿王李瑁为太子，正当这个时候，武惠妃去世，年仅四十出头，寿王立太子的事情也就此作罢了。

80. 杨贵妃原是谁的妃子？史家是如何评论她被唐玄宗册封贵妃的？

杨贵妃（719～756），小字玉环，又号太真，蒲州永乐（今山西永济东南）人。因为其父杨玄琰早亡，她从小便由叔父杨玄珪抚养，在东都洛阳长大。

史书记载她资质丰艳，擅长歌舞，精通音律，聪明过人，又善解人意。杨玉环最初嫁给唐玄宗和武惠妃之子寿王李瑁为妃，小两口生活美满幸福。唐玄宗宠爱的武惠妃死后，后宫佳丽数千，没有一个中皇上心意的。有人就偷偷建议：杨玄琰之女，也就是现在的寿王妃天生丽质，脾气爱好都很适合皇上，皇上见了肯定会高兴。于是唐玄宗就借宫中游宴、内外命妇入宫的时机，暗中观察，果然一见钟情。之后唐玄宗就派人先安排杨玉环出家做了道士，号太真，然后又为寿王李瑁另外聘娶了大臣韦昭训之女，最后把杨氏纳入宫中。不久，唐玄宗就堂而皇之地册封杨玉环为贵妃（玄宗未立皇后），宠爱无比。

旧史学家按照“为帝者讳，为尊者讳”的原则，对这段“公公夺儿媳”的史实有所隐讳，比如《旧唐书》上就称唐玄宗迎杨玉环入宫前就是道士等等，为玄宗遮丑。但著名史学家欧阳修修撰《新唐书》时，就把这段史实公布于众，为后人所知。关于唐玄宗和杨贵妃之间的史事，众多野史、杂史也有很多记载，为此演绎出不少有趣动人的故事，甚至把他们的结合称做爱情史上的一段佳话，很为一些后人所崇拜。

81. 杨贵妃干预过朝政吗？

历史上常把“安史之乱”发生的原因归结为杨贵妃红颜祸水、乱政误国，是杨贵妃才使英明神武的唐明皇终日不理朝政，沉耽于女色之中，那么杨贵妃是否干预过朝政呢？

唐玄宗虽因杨贵妃两次触怒龙颜而将其遣回外宅，但时隔不久就又将她接回宫中，和好如初，如胶似漆，形影不离。尽管杨贵妃得到了唐玄宗的宠爱，但她必定只是皇帝的一个妃子，有关其过问政治的记载极少出现，但是并不是没有留下一点痕迹。如天宝十四载（754），安禄山以诛杨国忠、清君侧为名发动“安史之乱”后，唐玄宗曾打算把天下兵马大元帅的位置交给皇太子李亨，并让太子监国，以便让年富力强的接班人组织有效的抵抗，挽救时局。但杨国忠因和太子有很深的矛盾，深怕太子监国会影响到自己的权势和利益，就怂恿杨贵妃阻止此事。杨贵妃也担心太子一旦掌权，自己和家族势力不保，就苦苦哀求玄宗，迫使玄宗收回成命，丧失了挽救局势的大好时机。此外，杨氏家族中人为非作歹，尤其是杨国忠专权擅政，造成了严重的政治后果，杨贵妃虽然没有过多地直接干预过朝政，但纵容包庇家族为非作歹，加速了唐朝政治的腐败，也应承担一定的历史责任，然而导致唐朝衰落的最主要责任者还应是唐玄宗本人。

82. 杨贵妃与安禄山有什么关系?

杨贵妃和安禄山，一个是唐玄宗的宠妃，一个是玄宗的宠臣，他们之间的关系表面上看是“母子”关系，但实际上却是一种特殊的政治关系。

天宝六载（747），唐玄宗为了表示既宠爱杨贵妃，又信任安禄山，遂命杨贵妃及其兄杨铦（xiān）、杨琦，姊妹韩国夫人、虢国夫人、秦国夫人与安禄山兄弟姐妹相称。但安禄山为了讨好唐玄宗和杨贵妃，进而要求做杨贵妃的养子。这年的杨贵妃二十九岁，安禄山四十五岁，两人相差整整十六岁。

此后，每当安禄山进宫拜见的时候，看到玄宗和杨贵妃共坐，他总是先拜杨贵妃，后拜玄宗。玄宗问其原因，安禄山故作憨厚、假装糊涂地说：“胡人先母而后父。”就这样安禄山以奴颜婢膝换取了唐玄宗和杨贵妃的信赖。天宝十载正月初一，是安禄山的生日。唐玄宗和杨贵妃分别赐给他大量的金银珠宝财物。这些物品多为罕见之物。第三天，安禄山又被杨贵妃召入宫中。杨贵妃别出心裁，为他举行了一个在唐代非常流行的“洗儿”之礼。她和宫女先用锦绣做了一个包裹婴儿的大襁褓，把安禄山像小孩一样裹起来，然后让宫人用彩车把他抬起来，往他身上撒钱，一时间嬉笑玩耍，热闹非常。唐玄宗知道后，也赐予了大量的洗儿钱，宫中为此“尽欢而罢”。从此，安禄山可以自由出入宫廷，宫中都称呼他为“禄儿”，他常陪杨贵妃喝酒聊天，有时甚至通宵达旦地在宫中鬼混。嬉乐之声颇为外人所闻，唐玄宗也不怀疑过问。

杨贵妃与安禄山特殊的“母子”关系，实为安禄山巴结唐玄宗而形成的，但两人又是一种互相勾结、互相利用的政治关系，是大唐盛世中的一段丑闻。

83. 杨贵妃得宠后杨氏家族中的人都得到了哪些好处?

杨贵妃进宫得宠后，虽未被册为皇后，但待遇礼数等一切都如同皇后一般。杨氏家族经过隋末短暂衰落后，从此又成为唐朝最显赫家族之一。其父杨玄琰虽然已死多年，仍被追封为太尉、齐国公，其母追封凉国夫人。叔父杨玄珪初授为光禄卿，宗兄杨铦（xiān）封为鸿胪卿，宗兄杨琦为侍御史，娶玄宗最宠爱的女儿太华公主为妻。

杨贵妃的三个姐妹也长得很美，唐玄宗称之为“姨”，均被封为国夫人（正一品）。杨贵妃的大姐，封韩国夫人；三姐，封虢国夫人；八姐，封秦国夫人。姐妹并受恩泽，宠幸无比，玄宗允许她们可以自由出入宫廷。每次内外命妇朝会仪式，连公主都不敢站在三位国夫人的前面。

三位国夫人及杨铦、杨琦等五家在唐玄宗的庇护下日益跋扈，可谓权倾天下。中央各省、地方州县纷纷送礼来托他们办事，一时门庭若市。玄宗给每家都赐与豪宅居住，但他们还不满足，竞相建屋构院，穷奢极欲，互相攀比。史书记载，他们每建一个厅堂，花费达数以千万计。每逢四方进献的贡品，玄宗给五家各一份，前往送赏赐的使者不绝于路。唐玄宗每年十月去一次华清宫，五家就都一起陪同前往，场面非常浩荡。杨家所受荣宠，无人能敌。

天宝十载（751）正月十五，杨氏五家夜游，队伍浩浩荡荡，耀武扬威。行进中，玄宗之女广平公主与杨氏争道过西市门。杨家家奴挥鞭就打，公主被打落马下，驸马都尉程昌裔去扶公主，也挨了好几鞭子。事后广平公主泣诉父亲玄宗，玄宗下令处死杨家家奴，驸马程昌裔也因此被免官。这个处罚表面上是各打五十大板，但一边杨家处罚的是家奴，而这边则是主子，可见玄宗对杨家袒护照顾有加。

后来，杨贵妃为去世的祖父和父亲建立私庙，玄宗亲自为其撰写家庙碑文。其远房堂兄、落魄子弟杨钊（后赐名杨国忠）巴结上杨贵妃后，竟然由一个不学无术之徒做到了宰相，一身兼任四十多个使职，玄宗对他十分宠信。他的两个儿子都娶公主为妻，杨氏一门共娶回两个公主，两个郡主（亲王之女），这在当时都是无比荣耀的事情。贵妃的叔父杨玄珪累封兵部尚书，杨国忠和杨氏家族在唐玄宗宠信之下，为非作歹，致使朝政混乱，民怨沸腾，大唐盛世之下隐藏了无数危机。天宝末年，安禄山以诛杀杨国忠、清君侧为名发动叛乱，大唐从此走上了下坡路。

84. 唐玄宗在马嵬驿赐死杨贵妃是怎么回事?

天宝十五载（756）六月，安史叛军攻占潼关，玄宗决定放弃长安，南逃益州（今四川成都）。六月十三日凌晨，玄宗率杨贵妃、皇太子、杨国忠、高力士、陈玄礼等少数人，在一队禁军的护送下狼狈出逃。

六月十四日上午，队伍行至马嵬驿（今陕西兴平西），将士们饥饿疲惫，愤怒异常，怨言四起。龙武将军陈玄礼召集诸将商议：“现在天子流离，社稷不宁，生灵涂炭，这难道不是杨国忠引起的吗？杀他以谢天下，诸位以为如何？”众将士异口同声说：“这是大家的共同想法。”陈玄礼和宦官李辅国向太子李亨建议杀杨国忠以安将士之心。太子犹豫未决。恰巧这时有吐蕃使者二十余人拦住杨国忠要求解决吃饭问题。军士们见到这种情况，遂借题发挥：杨国忠要与胡虏谋反！于是，大家冲上来将杨国忠杀死，同时被杀的还有其子杨暄及韩国夫人等。

玄宗听到外面喧哗，知已发生事变。他也无力扭转局面，只好出来安慰将士，并令收队。但无人从命，玄宗命高力士问原因。陈玄礼等说：“国忠谋反，贵妃不宜供奉，愿陛下割恩正法。”高力士回来向玄宗转告了将士们的意见，玄宗顿觉当头棒喝，十分意外，便说：“这事我自会处理。”但玄宗心乱如麻，不知如何是好。过了一会儿，京兆司录韦谔说：“现在众怒难犯，请陛下早做决断！”玄宗反驳说：“贵妃深居宫中，怎会知道国忠谋反之事？”这时，高力士说：“贵妃的确没有罪，但将士们已将国忠杀了，而贵妃在陛下身边，叫将士们如何心安？请陛下慎重考虑，将士安定则陛下安全。”玄宗彻底绝望了，无可奈何地做出了将贵妃赐死的决定。

玄宗回到临时住处，与杨贵妃依依惜别，命高力士将其赐死。贵妃泣不成声地对玄宗说："愿您多保重，妾有负国恩，死而无憾。"玄宗也悲泣地祝愿："愿妃子善地受生。"高力士在佛堂前之梨树下执行缢杀贵妃的命令。

85. 玄宗幸蜀时为什么要留下皇太子?

开元十五载（756）六月十四日，马嵬驿（今陕西兴平县马嵬驿）兵变，宰相杨国忠被杀，杨贵妃被迫自缢，直至傍晚事件才逐渐平息，当晚玄宗与太子李亨等在马嵬驿过夜。次日，众人对前进方向发生了争执。有人认为，杨国忠谋反（实际上杨国忠并未谋反），成都是他的势力范围，不可以前去。有人主张往河西、陇右（即今甘肃武威到青海乐都一带）；有人主张往太原；有人主张往灵武（今宁夏灵武）；还有人主张回到长安。大家争得不可开交，玄宗无所适从。就玄宗本人来说，他心里想入蜀，但鉴于昨天的事变，深知众怒难犯，不敢说出自己的想法，便示意高力士出来讲话。高力士说："太原接近安禄山的老巢，朔方（即灵武）接近蕃戎，都不安全；陇右、河西贫困萧条，物资供应困难；而成都一带虽稍嫌狭窄，但物产丰饶，山河险固，易守难攻，去四川比较合适。"四川的确是逃难的好地方，但对于打击叛军是极为不利的。积极的对策应该是北上朔方，组织力量，平定叛乱。但玄宗此时一心想的是尽快到一个比较安全的地方，至于平叛，他已经没有那个信心了。高力士的意见没有人反对，玄宗决定往成都方向前进。

可是正当玄宗准备离开马嵬驿之际，当地百姓纷纷拦住他的马首劝他不要西行："长安宫阙是陛下的起居之地，陵寝是陛下的坟墓，现在却忍心舍弃宫殿和陵寝，陛下准备往哪里去呢?"面对责问，玄宗无言以对。于是他命太子留下安抚百姓，自己则先行而去。

众人拦不住玄宗，只好对太子表示："至尊（指玄宗）既然不肯留下，我们愿随殿下东破叛军，收复京师。况且，如果圣上与殿下都要走，谁来做中原之主呢?"很短时间，太子面前竟聚百姓数千之众，太子不能说服众人。太子身边的亲信也都劝太子留下来，东讨逆贼，平定叛乱。在这种看来是众望所归的情况下，太子顺水推舟，与玄宗分道扬镳了。玄宗走出一段路程，久等太子不来，心中有些疑惑，便派人打探。使者回来报告说，太子留下不走了！玄宗立刻意识到太子要走自己的路了，长叹："天也!"然后分出后军二千人及飞龙厩马，调拨给太子，又把东宫内人包括张良娣（太子嫔之一）送到太子那里，父子正式分手。

86. 唐玄宗共有几子？其结局如何？

唐玄宗一生有三十个儿子，其中有七个在很小的时候就死了。

长子李琮，很小的时候不慎被动物把脸抓伤，以致破了相，也就不便做太子了。于是太子的桂冠就戴到了二子李瑛的头上。后来武惠妃宠冠后宫，李瑛的母亲失去了皇帝的爱宠。在武惠妃的积极活动下，玄宗产生了由惠妃所生的第十八子李瑁代替李瑛为太子的想法。在宰相张九龄的极力反对下，起初李瑛逃过了武惠妃的诬陷。在张九龄罢相后，惠妃再一次向玄宗哭诉，说李瑛与鄂王瑶（第五子）、光王琚（第八子）联合起来要害皇帝，玄宗非常生气，而当时的宰相李林甫一味讨好武惠妃，谋求自己的升迁，当然不会提出反对意见，只对玄宗说："此乃陛下之家事，臣不便过问。"盛怒之中，玄宗一日连杀三子，朝野震惊。

开元二十六年（738），玄宗立第三子亨为太子。以前为了让儿子顺利即位，大力扶植太子势力，但当太子羽翼逐渐丰满之时，玄宗发现自己圣寿延长，他感到了一种潜在的威胁，与太子的关系开始变得微妙，他开始贬逐太子身边的得力干将，太子整天生活在紧张中，以至于急得鬓发都斑白了，表面上还装作谦恭，小心翼翼地活着。天赐"良机"，安史之乱的爆发使太子有了脱离控制的可能，玄宗南逃奔蜀，太子则北上灵武，另起炉灶，最后得以保全皇位、保全身家性命，是为后来的肃宗皇帝。

棣王琰，是玄宗的第四个儿子。由于宫人争宠，他的鞋子里被宫人放上了从道士那儿求来的符，有人就把这事告诉了玄宗，诬陷说对皇帝不利。玄宗也很生气，派人果然在琰的鞋里找到了符。尽管琰再三解释说他不知道这件事，可是一想到对自己不利，玄宗还是让人把琰关到了养动物的地方，永远不得上朝。在忧惧惶恐中，棣王走完了自己的生命历程。

第十六子是永王璘。安史之乱爆发后，玄宗命他为山南东路、岭南、黔中、江南西路四道节度采访等使、江陵大都督。见肃宗已于灵武即位，也跃跃欲试，起兵争帝位。第二年他兵败被杀。

其他诸子要么地位不高，要么玄宗在位时年龄尚小，要么死得较早，不是皇位的有力竞争者，多得以善终。

87. 唐玄宗为什么要将李瑛废为庶人?

李瑛（?～737），是玄宗的次子，原名嗣谦，开元二年（714）被立为皇太子。其母为赵丽妃，生于其父李隆基任潞州别驾时(708～709)。玄宗为什么立次子为太子呢？因为王皇后没有儿子，长子嗣直的生母刘妃不甚得宠。而赵丽妃当时正以“善歌舞”而得幸，母宠则子贵，故嗣谦被立为太子。开元二十四年，改名李瑛。

武惠妃是武则天堂兄子恒安王武攸止的女儿。年幼入宫。玄宗即位，见她容貌秀丽而婉顺贤惠，尤其喜欢。开元十二年王皇后被废，玄宗欲立武氏为皇后，因臣下反对而作罢。玄宗特赐武氏为“惠妃”，待遇同于皇后。武惠妃为玄宗生了三个儿子，其中第三子寿王瑁长大成人，他是玄宗的第十八个儿子。武惠妃是个有心计的女人，她拉拢了一些内外臣僚，让他们为废太子瑛而立寿王瑁呐喊助威，其中包括当朝宰相李林甫。玄宗本人因宠幸惠妃，也很想立寿王为太子。

开元二十四年十一月，太子与鄂王瑶（玄宗第五子），光王琚（玄宗第八子）聚会，三人因各自生母失宠于玄宗而发了一些牢骚。不料此事为武惠妃获悉，她便向玄宗哭诉，说是太子结党，企图谋害她们母子，甚至会不利于皇帝陛下。玄宗一听，不问青红皂白，召来宰相们商议废黜太子。张九龄据理力争，玄宗无言以对，李瑛才勉强保住了太子之位。

时隔半年，武惠妃又指使其女婿杨洄诬陷太子，说太子、鄂王、光王等企图发动宫廷政变。史载：“武惠妃使人秘召太子、鄂王、光王，对他们说‘宫中有贼，速来!’”太子等即披甲入宫。惠妃立刻报告玄宗：“太子、鄂王、光王谋反，带甲入宫。”玄宗派人查看，果然如此。玄宗怒不可遏，将三人关押。又急召宰相商议废黜太子。这时耿直的张九龄已被李林甫排挤罢相，无人敢为太子申辩。李林甫对玄宗说：“(废黜太子）这是陛下的家事，臣等不宜参议。”言下之意，皇帝想怎么做就怎么做好了。于是，玄宗便废李瑛、李瑶（鄂王）、李琚（光王）三人为庶人。后来由于武惠妃和李林甫的继续挑拨，玄宗又在一日之间将三人赐死。

88. 唐肃宗为什么要在灵武即皇帝位?

天宝十五载（756）六月十五日，即马嵬驿兵变后的第二天，唐玄宗与太子李亨便分道扬镳了。玄宗执意要去成都躲避叛军，在马嵬驿当地群众的挽留和太子身边亲信的劝阻下，李亨顺水推舟地决定留下来，走自己的路。

和玄宗分手后，太子李亨对于下一步的行动并无成算，直到夜幕降临，太子一行仍未拿定主意。夜幕之下，李亨感到前路艰难。建宁王李倓建议说："殿下（指李亨）曾任朔方（今宁夏灵武）节度使，将士们年节之际有些问候，我还能记得他们中的一些人。现在河西、陇右之众皆败降反贼，父兄子弟有不少人陷入敌手，难以信任，恐怕不能往河西、陇右去。朔方方面，兵马强盛，现在趁敌军尚未追来，不如往朔方前进，先立稳脚跟，再徐图大计，岂非上策。"众人闻言，都觉得这不失为一个好主意。太子见大家都有意北上，也就同意了。

主意定下之后，太子一行渡过渭水，经奉天（今陕西乾县）、永寿（今陕西永寿）、新平郡（今陕西彬县）、安定郡（今甘肃泾川）等地，到达平凉郡（今甘肃平凉）。在平凉修整了二十余天，补充了一些军队，声势稍振。由于不能掌握朔方方面的态度，李亨也不敢贸然前往。正当李亨在平凉考虑下一步的行动计划时，朔方方面派人来平凉，迎接太子前去灵武（今宁夏灵武）主持大计。原来，在灵武的朔方节度留后杜鸿渐，节度判官崔漪等人在分析了形势之后，认为迎太子于灵武，利于平定叛乱，收复两京。实际上，还有一层意思他们彼此都心照不宣，那就是迎太子于灵武，借此时机获取拥立之功，捞取巨大的政治利益。太子对朔方方面的态度十分高兴，迅速北上灵武。到达后，杜鸿渐、崔漪、裴冕等人即拥立李亨即位，时在天宝十五载（756）七月十三日，是为唐肃宗。遥尊玄宗为"太上皇"，改元至德。

李亨的灵武即位，本质上是一场争夺皇位的政变。不过，在当时玄宗弃京西逃，朝廷处于分崩离析的逆境下，李亨的重振朝廷，意味着担负起抗击叛军的重任，这在政治上具有号令全国，激励斗志的巨大作用。加上灵武所处的位置，足以表明李亨对战争采取进攻的积极姿态，这对人们的鼓舞就更大了。因为李亨顺应了民意，所以其即位灵武不仅没有遭到任何谴责，反而取得了全国各方面的支持与拥护。

89. 宰相房琯统军收复两京，为什么会在陈涛斜之战中大败？

肃宗至德元载（756）十月，宰相房琯自告奋勇愿领兵去收复两京。房琯并不懂军事，从未领兵打过仗，但肃宗收复失地心切，便同意了他的请求，加授房琯招讨西京兼防御蒲潼两关兵马节度使，与郭子仪、李光弼合兵进军，收复长安。

战前，房琯自选参佐，以御史中丞邓景山为副使，户部侍郎李揖为行军司马，御史宋若思、起居郎知制诰贾至，右司郎中魏少游为判官，给事中刘秩为参谋，这些人多是书生，未习军旅。房琯分兵三路，派杨希文、李光进、刘悊（zhé）各率一路，分别从宜春（今陕西周至）、奉天（今陕西乾县）和武功（今陕西武功）进兵，房琯自率中军与北军作为前锋。先期到达渭水便桥（今陕西咸阳东南），和安守忠在咸阳的陈涛斜遭遇。房琯生搬硬套春秋车战之法，动用两千辆牛车，把骑兵、步兵夹在其中。两军交战后，叛军顺风扬尘，击鼓呐喊，牛群受惊，进而纵火焚烧，人畜大乱，官兵死伤达四万余人，仅数千人侥幸逃脱。随后，房琯又出南军与敌军对垒，因驭将无度，将帅杨希文，刘悊投降叛军，房琯再次大败。肃宗得房琯兵败消息，大怒，要将他斩首示众，幸亏李泌从中相救，他才被宽恕，但被削夺实权。

90. 唐军是如何收复京师长安的?

肃宗至德二载（757）九月，天下兵马副元帅、朔方节度使郭子仪与广平王李俶率领唐军与回纥联合击败安史叛军，收复长安。

安禄山叛乱以后，由于唐玄宗对叛军产生恐惧，主动放弃长安，使长安于天宝十五载（756）六月被叛军占领。同年七月，肃宗即位于灵武（今宁夏灵武）后，开始筹划收复长安。当时李光弼率部坚守太原，连败安禄山军队；郭子仪东进，自洛交（今陕西洛川）渡黄河，攻克河东（今山西永济），威胁了安禄山所控制的洛阳、长安两京地区。唐肃宗此时任命第五琦为江淮租庸使，把江淮租庸变易为轻货，溯江汉而上，自汉中源源不断地供应唐前线。此外，唐还在这段时间内，取得了回纥汗国军事上的支持。这些情况成为唐朝收复两京的有利条件。

至德二载九月，郭子仪在元帅广平王李俶的率领下，联合回纥和西域兵十五万人，号称二十万，从凤翔出发，于二十七日抵达长安城西，在香积寺北，沣水东列阵，李嗣业、郭子仪、王思礼等分军作战。叛军十万在其北部布阵，李归仁出阵挑战。初战官军告败，军心大乱，李嗣业率军奋力击杀，一人砍杀数十名敌人，官军阵营逐渐稳定。叛军在唐军东伏精兵，准备偷袭官军后路，朔方左厢兵马使仆固怀恩率回纥兵袭击伏兵，将其全部歼灭。李嗣业又与回纥兵包抄敌军后方，与大军夹击，从中午一直杀到傍晚，斩首六万，唐军取得香积寺之战的胜利，叛军残部退入长安城中。

仆固怀恩向广平王建议，乘胜派二万精骑追赶敌人，捉其首领安守忠、李归仁等。广平王认为最好先休息一晚，明天再做打算。仆固怀恩再三表示兵贵神速，假如不乘胜追击，让叛军重新集结起队伍，对收复长安极为不利，但广平王始终没有采纳仆固怀恩的建议。第二天，负责侦察的士兵回来报告：安守忠、李归仁、张迪儒、田乾真等叛军首领都已连夜逃走。二十八日，唐军进入长安，老百姓扶老携幼都站在路旁欢呼悲泣，说没想到还能见到官军打回来。广平王在安抚完长安百姓后，东出长安收复洛阳，太子少傅虢王李巨留守长安。

91. “刘展之乱”是怎么回事?

肃宗上元元年（760），宋州（今河南商丘）刺史刘展与御史中丞李铣同为淮西节度副使。李铣横暴不法，节度使王仲升向肃宗告发其罪行，李铣被杀。刘展为人也刚愎自用，态度强硬，不服从调遣，王仲升对他十分嫉恨，欲伺机除掉刘展。王仲升让监军使邢延恩上奏肃宗说：“刘展和李铣是一类人，如不早除，必生后患，但他手中握有重兵，应设计将他除掉。可以任命他为江淮都统，代替李峘，等他交出兵权赴任时，可于途中将他捕杀，这是万全之策。”肃宗应允，任命刘展为都统淮南东、江南西、浙西三道节度使。同时密诏李峘及淮南东道节度使邓景山设法除掉刘展。刘展对朝廷的突然任命很怀疑，请求先得到印节，然后去赴任。邢延恩赶到广陵，和李峘密议后，把李峘的印节授给刘展。刘展取得兵权后，率兵七千自宋州奔广陵赴任。

由于刘展有军队相随赴任，无法在途中将他擒杀。邢延恩便和李峘、邓景山在广陵发兵拒刘展，向各州县发布文告称刘展擅离职守，是在造反。刘展知道上当，便也向各地发布文告，称李峘等造反，自己是前来平叛的，各州县不知真假，无所适从。经过战斗，邓景山战败，与邢延恩逃奔寿州，刘展率兵入广陵，又派部将分别进攻濠州（今安徽凤阳）、楚州（今江苏、淮安）淮西等地。随后，刘展接连攻占下蜀（今江苏句容）、润州（今江苏镇江）、苏州（今江苏吴县）、湖州（今浙江吴兴）等东南州县，屡败邓景山、李峘，官兵瓦解。刘展聚众万余，骑兵三千，横行江、淮，所向无敌。

朝廷鉴于刘展叛乱严重影响了江淮财赋的输送，于是派驻守任城（今山东济宁）的平卢兵马使田神功南下征讨。刘展率八千士兵从广陵抵抗田神功，被田神功击败，后又出骑兵抵抗神功，均连遭败绩。田神功遂进驻广陵，大肆掠夺。上元二年（761）正月，神功派范知新、邓景山、邢延恩共击刘展，刘展被生擒，其余部溃散，“刘展之乱”平定。“刘展之乱”使江淮惨遭兵乱，经济受到严重破坏。

92. 九节度围攻相州，唐军占有绝对优势为什么却遭到失败？

肃宗至德二载（757）十月，安史内部发生分裂，安禄山被其子安庆绪所杀，唐兵乘机收复长安、洛阳。安庆绪败退邺城（即相州，今河南安阳），虽兵势衰颓，但仍据汲、邺、赵、魏等七郡六十余城，兵械粮草充足。乾元元年（758）九月，肃宗命郭子仪、鲁炅、李奂、许叔冀、李嗣业、季光琛、崔光远、李光弼、王思礼九节度使，率兵六十余万讨伐安庆绪。肃宗担心子仪和光弼两位首功之臣难相统属，故不置元帅，以宦官鱼朝恩为观军容宣慰处置使监各路军。十月，子仪引兵至获嘉（今河南新乡），大破安太清部，太清退守卫州（今河南汲县），子仪引兵围攻。安庆绪率邺城七万之兵分三路救卫州，子仪大败庆绪，擒其弟庆和，克卫州。庆绪奔邺入城固守，并以让位为条件向留守范阳的史思明求援。史思明派十三万军队准备救援，但慑于官军气势，不敢冒进，先派李归仁率一万军队驻扎邺城附近，为安庆绪遥壮声势。

自乾元元年冬开始，郭子仪等围功邺城。官军在城外修筑堡垒和壕沟，死死围住邺城。又引漳河水灌城中，以至于满城到处是水。至次年春季，邺城城中粮食早已告罄，一只老鼠值四千文钱，人们都以为邺城危在旦夕，早晚必克。由于唐诸路军没有统帅，进退不能统一行动，城又久攻不下，唐军疲惫，军心动摇。此时，史思明已率范阳精兵十三万前来救邺，攻下魏州（今河北大名），自称大圣燕王。李光弼建议出击史思明，则邺城不攻自破，鱼朝恩不纳。乾元二年三月，思明自魏州率兵救邺，离城五十里扎下营寨。史思明派人日夜骚扰唐军，又派精兵劫夺官军粮草。唐大军屯于坚城之下，久攻不克，粮草不继，军心日益动摇。思明亲率大军至城下，与官军定下决战日期。

三月六日，两军对阵决战，战斗进行至一半，忽然狂风大作，飞沙走石，天昏地暗，咫尺之内不能相辨。两军大惊，分向南北方向撤退。诸节度使各败归本镇，士卒沿所过之地大肆剽掠，将领不能制止，混乱局面持续了十几天。

史思明确信官军溃败南去后，在沙河集合整顿队伍，返回邺城南部。不久将安庆绪杀掉，率军开进邺城，接收安庆绪的士卒兵马，庆绪原先占领的州县全部归他所有。史思明命其子史朝义镇守邺城，自己率军返回范阳。

相州之役是唐廷平定“安史之乱”中的一场决定性战役。由于唐军不设统帅，贻误战机，结果被叛军打得大败，六十万大军溃败而不可收拾。史思明得以借机扩充势力，与唐王朝争夺天下，重陷东京洛阳，增加了平叛的难度。

93. 玄宗自蜀中返回长安后，唐肃宗为什么不能善待其父？

至德二载（757）九十月间，唐军先后收复长安、洛阳两京，肃宗遂派韦见素入蜀迎接其父玄宗返京。十二月，玄宗抵咸阳望贤宫，肃宗脱去黄袍换上紫袍前去拜见。玄宗迎上前去，父子相见悲泣不已。玄宗亲自把黄袍披在肃宗身上，说：“天意民心都归属于你，能让我安养余生就算你行孝了。”

返回长安后，玄宗被尊为太上皇，居南内兴庆宫。玄宗很喜欢这里，有时玄宗也到西内太极宫走走。除了左龙武大将军陈玄礼，内侍监高力士长期服侍保护玄宗外，肃宗又派玉真公主、内侍王承恩、魏悦等侍奉太上皇。玄宗常登上长庆楼，楼下过往的百姓仰望楼上，向他行礼，欢呼万岁。玄宗还经常在楼下摆设酒食赏赐他们。剑南入京的奏事官也照例要拜见玄宗。对玄宗的一举一动，肃宗都了如指掌，心中颇为担忧。

肃宗时权阉李辅国原为高力士的仆役，虽然位尊权重，但仍受到玄宗身边侍臣的蔑视。他对此怀恨在心，便向肃宗挑拨说：“太上皇居兴庆宫，每日和外人交往，陈玄礼和高力士更是包藏祸心。现在六军将士人心不安，我万般劝谕也未能奏效。请陛下将太上皇迁居西内太极宫，隔断他与外界的联系，免得滋生后患。”肃宗说：“太上皇仁慈，断不会滋事。”辅国说：“太上皇固然没有复辟之意，但其左右之人却未必不想贪拥立之功。陛下为天下之主，应该除乱于未萌之际，何必曲从匹夫之孝呢?”这一席话正中肃宗心病，肃宗原本是抢班夺权，并非玄宗主动让位，所以肃宗深怕玄宗和外界联系，复辟帝位。因此，对辅国的建议，肃宗并不明确表示反对。

兴庆宫中原有马三百余匹，李辅国伪造诏敕把马调出，只给玄宗留下十匹。玄宗对高力士说：“我儿为李辅国所惑，不得终孝。”上元元年（760）七月，肃宗身体不适，李辅国忽假传圣旨说：“奉圣上之命，迎太上皇迁居太极宫。”并让士兵故意把刀剑露出半截，玄宗吓坏了，高力士急忙冲到前面，怒斥李辅国不得无礼。李辅国见状，勉强从马上下来参见太上皇，然后玄宗在辅国的“护送”下迁居太极宫，只给他留下几十名老弱卫兵负责警卫，高力士、陈玄礼等或被流放或勒令退休。玄宗原来身体很好，迁太极宫后失去人身自由，忧郁成疾，上元三年四月病逝。玄宗被李辅国矫诏迁太极宫后，肃宗并未责罚辅国，可见没有肃宗的背后支持，辅国是不敢强迫玄宗迁居的。

94. 唐肃宗皇后张氏是怎样勾结宦官干预朝政的?

唐肃宗即位后，宦官李辅国、程元振等操纵军政大权，宦官势力日益嚣张。肃宗皇后张氏干预政事。张皇后和李辅国起初结为一党。后来，张皇后恨李辅国专权，欲谋立越王李係为嗣君，张皇后、李係与李辅国、程元振开始对立。上元三年（762），肃宗患病，接连几个月不能上朝视事。四月，太上皇玄宗病死，肃宗悲恸不止，病情加剧。张皇后召见太子，皇后说：“李辅国久掌禁兵，权柄过大，他心中所怕的只有我和你。眼下陛下病危，他正在勾结程元振等人阴谋作乱，必须马上先诛杀他们。”太子流着泪说：“父皇病情正重，此事不宜去向他奏告，如果我们自行诛杀李辅国，父皇一定震惊，于他贵体不利，我看此事暂缓再说吧”。张皇后送走太子，马上召肃宗次子越王李係入内宫商议。李係当即命令宦官段恒俊，从太监中挑选了 200 多名强健者，发给兵器，准备动手。有人将此情报告了李辅国。李辅国、程元振带着党徒到凌霄门探听消息，正遇太子要进宫探望父皇。李辅国谎称宫中有变，阻止太子入宫，并命令党徒将太子劫持进飞龙厩监视起来，李辅国假传太子的命令，鼓动禁兵入宫将李係、段恒俊等人抓住，投入狱中。张皇后闻变，慌忙逃入肃宗寝宫躲避。李辅国带兵追入寝宫逼张皇后出宫。张皇后不从，哀求肃宗救命。肃宗受此惊吓，一时说不出话来，李辅国乘机将张皇后拖出宫去。肃宗因受惊而病情陡然转重，又无人过问，当天就死于长生殿。李辅国与程元振将张皇后杀死。拥立李豫为帝，改年号为“宝应”。

95. 唐代宗在位共多少年？对其应做何评价？

唐代宗李豫是肃宗的长子，公元763～779年在位，约十七年之久。年号广德、永泰、大历，谥号“睿文武孝皇帝”。

代宗初名俶（chù），于开元十四年（726）生于东都上阳宫，是在和平的环境中成长起来的。玄宗天宝年间，李林甫、杨国忠先后专权，代宗目睹了李林甫的奸诈、杨国忠的跋扈、唐朝的政局逐渐腐化。“安史之乱”爆发时，李俶已经成年，他亲眼见到了一个安定升平的盛世逐渐腐朽与衰落，统一的王朝面临割据分裂的局面。政治形势的变化犹如霄壤之隔，这一切都促使代宗对唐王朝以后的命运有了深刻的思索。

至德二年（757），广平王李俶被授为天下兵马元帅，领兵出征。当时肃宗刚刚继位，兵弱将寡，李俶身躬下士，招怀流散，没多久就招兵数万，并率领大军驰骋沙场，连续战败安庆绪，在对安史叛军的作战中出力甚多。后来，回纥叶护王子率兵援助唐军，李俶又与他结为兄弟，合兵进击叛军，收复了西京和东都。回京不久，即被立为太子。上元三年（762），肃宗病逝，李辅国、程元振等人拥立李俶即位，是为代宗。所以，史书称他是年少即经战乱，熟悉军旅形势，懂得人间世故，知道生活艰难。

代宗即位以后，在用人上颇能任贤锄奸。首先，他常利用机会，借他人之手，除掉奸臣，而不加以酷刑，对于恃功恣横的权臣，也是在尽量不引起内乱的情况下夺取他们的权力。如大家熟知的大宦官李辅国、程元振、鱼朝恩以及奸相元载等，在铲除这些势力时都未引起大的政治动荡，反映了代宗宽仁明恕的一面。此外，代宗也颇能任用贤臣，根据当时紧迫的形势，代宗尤其抓住了军事、财政两个关键环节，军事上寄托于能以身许国的郭子仪，使代宗朝在内忧外患的情况下，损失大大减轻；在财政上，则仰仗于理财专家刘晏。由于军需国用有了财政支持，财源又有了军队的保障，代宗一朝的局面还是较为安定的。

代宗在位时，还对税法进行了改革，为后来两税法的实行奠定了基础。租庸调法推行日久，到玄宗末年以及肃宗、代宗时期，由于土地兼并日益严重，百姓失去土地，因无法承担租庸调及其他杂税，而被迫逃亡。这样，按人丁为征税标准的租庸调制就难以推行下去了，于是自代宗朝起，开始以亩定税，在夏秋两季征收，两税法进入酝酿阶段。赋税法的改革，使代宗一朝的国库收入、户口数以及垦田数等都有所增加，虽然还不能恢复到国泰民安的盛世局面，但在这一段时间，百姓起码能安居乐业，自劳其事。从这个意义上说，代宗大历年间是“安史之乱”后的一个小升平期。

当然，代宗在位时也存在着一些不足。如他后期生活奢侈，颇有铺张浪费之嫌；用人上虽能锄奸任贤，却免不了用非其人的情况出现。最为严重的是，代宗对藩镇采取了姑息政策，从而造成了严重的历史影响。但总体看来，代宗仍是一位有所作为的君主，正因为如此，欧阳修在《新唐书·代宗纪》中，称代宗为中材之主。而《旧唐书》对其评价则更高，认为是古代的贤君，都没能像他这样的，明显是夸大之辞。

96. 唐德宗的亲生母亲沈氏是怎样失落的?

唐朝中期的“安史之乱”，不仅让民众流离失所，皇亲国戚也仓皇奔逃。当唐玄宗从长安急忙出逃时，亲王、妃姬跑不及的，都被俘虏到东都洛阳。唐军曾一度收复洛阳，后又失陷，有些妃姬从此音信渺茫，包括唐德宗的生母——沈太后。

德宗生母沈氏，在长安被攻破后，被安史叛军掳到洛阳。唐军收复洛阳后，安置她居住于洛阳宫中，当安史叛军再次攻破洛阳时，她就下落不明了。德宗继位后，遥尊沈氏为太后，并派人四处寻访。不久，有一位老妇人述说自己就是太后，德宗忙派出旧日服侍的宦官、宫女去识别。女官李真一以前曾长期陪侍沈氏，知道沈氏早年因为斫肉糜喂德宗时左手指受伤。她见老妇人同沈氏长得一模一样，年龄也一致，左指受伤，就认定是沈氏，迎入宫中，报告德宗。德宗大喜，奉她为太后。不料几天后，高力士养子高承悦密奏德宗，说老妇人并非沈太后，而是他的姐姐，为了怕事情败露后连累自己，所以上奏以避祸。德宗忙命高力士养孙樊景超再去识别，果然是他的姑妈、高力士的养女，老妇人这才承认自己不是太后。原来，她年轻时常在宫中与沈氏在一起，相貌酷似，年龄一样，左手指因剖瓜时不小心也受过伤。因见皇上如此急切找母，为贪图荣华富贵，才演出了一场冒名顶替的丑剧。樊景超如实奏报，请求加罪于老妇人，德宗答说："我宁愿受一百次骗，仍希望有一次是真的，以了结心愿，如果惩办了这老妇人，此后就没有人再来报告太后下落了。"当即下令释放了老妇人，没有加罪，但真正的沈太后始终未能找到。

97. 安史之乱是何时平定的？史朝义是怎么死的？

上元二年（761），唐军和史思明在洛阳邙山进行了一场会战，唐军大败。史思明本想借邙山战胜之余威，挥军入关直取长安，不料却为其子史朝义所弑。史朝义杀父自立后，忙于整顿内部，叛军之间互相攻杀，纷扰数月，力量进一步削弱。

史朝义年幼威信低，他的很多将领都是安禄山的旧将，谁也不听他的指挥。从上元二年四月至上元三年（762）四月，唐军在河南、山东连续打了几个胜仗，叛军被打得精疲力竭，史朝义困守洛阳，已无力向外出击，战争已进入最后阶段。正当此际，唐室内部也出现了激烈的斗争。唐肃宗病逝，宦官李辅国杀张皇后拥立代宗。代宗即位后，继续推行平叛政策，但是也不得不腾出精力对付李辅国专权，代宗与宰相元载设计勒杀了李辅国。唐廷内部的斗争，延缓了"安史之乱"的平定。史朝义在洛阳得知唐朝发生剧变，宝应元年（762）九月遣使引诱回纥登里可汗出兵、共夺唐朝天下，可汗立即发兵十万出征。唐代宗获悉回纥为史朝义所诱前来攻唐，急命使前去犒劳回纥军，又命仆固怀恩（登里可汗的岳父）去说服可汗。可汗权衡利弊，改变主意，愿助唐讨伐史朝义。

宝应元年十月，代宗任命长子雍王李适（kuò，即唐德宗）为天下兵马元帅，仆固怀恩为副元帅，率大军十万出征洛阳。唐军到达洛阳北部，分兵攻克怀州，接着，在横水（今河南孟津西）同叛军展开一场大规模战斗，大败叛军，斩杀六万余众，俘虏两万人。史朝义无力再战，率轻骑数百东逃。仆固怀恩遂克洛阳，然后命其子仆固玚及朔方兵马使高辅成率步骑万余追击史朝义。史朝义退至汴州（今河南开封），该城叛军守将张献诚不许其入城，朝义北奔濮州（今河南濮阳）。十一月，史朝义自濮州北逃，仆固怀恩攻克滑州（今河南滑县），并在卫州（今河南汲县）再破史朝义。此后，史朝义连战连败，逃到了莫州（今河北任丘）。唐各路大军进围莫州，史朝义屡次出战皆败。此前，叛将薛嵩、张忠志等先后举兵降唐，在仆固怀恩的保奏下，被唐朝任命为节度使。和史朝义共守莫州的叛将田承嗣听说以后，也暗中和仆固怀恩接洽。广德元年（763）正月，田承嗣劝史朝义亲自去范阳发救兵，莫州可由他留守，史朝义信以为真，挑选精兵五千，由莫州北门突围而去。史朝义一走，田承嗣就打开城门迎接唐军，举城投降。

史朝义往范阳方向逃窜，仆固玚率三万唐军紧追不舍，至归义（今河北雄县）给予史朝义残部以歼灭性打击。史朝义逃至范阳（今北京），范阳守将李怀仙已经降唐，不许其入城。史朝义不禁涕泪俱下，仅率数百骑东奔广阳（今北京大兴区与房山区之间），广阳守将亦不许史朝义入城。史朝义只得再向北逃，企图进入契丹境内避难。当他行至温泉栅（今河北滦县南）即被李怀仙追及，史朝义走投无路，只好自缢于枣林之中。安史之乱终于在代宗广德元年正月被最后平定。

98. 安史之乱平定后，唐朝为什么仍然任命安史旧将为节度使？

安史之乱后，唐朝出现了藩镇割据的局面，之所以出现这种局面，和朝廷大量接受安史降将有密切关系。

当史朝义日暮途穷、安史之乱行将平定之际，原来安禄山、史思明的部将，为了避免灭顶之灾，都在想办法找出路，保存实力。从唐朝廷方面说，本该一鼓作气，将叛军彻底歼灭，以绝后患。但由于七年多的战争，造成了极其严重的破坏，唐朝廷疲惫不堪，唐代宗希望尽快结束这场旷日持久的战争。另一方面，前线唐军统帅仆固怀恩担心战争结束后自己会失宠于朝廷，故而欲把安史部将收罗为自己的属下，以便壮大声威，所以他极力促使手握重兵的敌将投降。在以上因素的影响下，代宗接受了安史部将的投降，并保留了他们原有的权力和地位。

宝应元年（762）十一月，正当史朝义穷途末路的时候，其部将薛嵩、张忠志分别以相州（今河南安阳）、赵州（今河北赵县）等地向唐投降。广德元年（763）正月，田承嗣、李怀仙分别以莫州（今河北任丘北）、范阳（今北京）等地降唐。不久，代宗以张忠志为成德军节度使，统领恒（今河北正定）、赵等五州，并赐其姓李，名宝臣。接着又命薛嵩为相、卫（今河南卫辉）等六州节度使，又命田承嗣为魏（今河北大名北）、博（今山东聊城东北）等五州都防御使，后升为魏博节度使，又命李怀仙为幽州（即范阳）节度使。这样，今河北及河南的黄河以北地区以及山东的西北部，都成了安、史旧部的势力范围。

99. 安史之乱后西北局势发生了什么变化?

安史之乱后，唐朝的西北边防空虚，造成吐蕃的大举东进。唐初，吐蕃赞普松赞干布统治时期，吐蕃强大起来，并成为唐朝的强劲对手。但由于唐朝非常强盛，加之松赞干布非常羡慕中原先进的文化，于是便和唐朝互派使节，并要求联姻。唐太宗以文成公主嫁给松赞干布。景龙元年（710），中宗又嫁金城公主于吐蕃赞普。这两次和亲，推动了吐蕃与内地之间的经济文化交流。总的来说，玄宗以前，唐与吐蕃之间虽然也有些小摩擦，但基本上处于友好状态。

随着吐蕃势力的日趋强大，不但激烈地与唐朝争夺西域地区，而且还经常向内地进扰。唐朝为了防止吐蕃的东进，分别于景龙元年和开元二年在西北设置河西、陇右节度使负责西北边防。河西、陇右两节度使的防御范围，大体上相当于今甘肃的东南部向西一直延续到今新疆东部。安史之乱前，唐朝的国力仍然十分强盛，对吐蕃的东进还具有强大的扼制作用，唐朝的西北边防是巩固的。

安史之乱爆发后，形势急转直下。原来防备吐蕃的西北精锐兵马纷纷内调，开赴与安禄山作战的前线，所留下的军事力量根本不足以抵御吐蕃的进攻。所以，河西、陇右所属州县不断被吐蕃攻陷，其势力已到达凤翔（今陕西凤翔）、邠州（今陕西彬县）以西以北的广大地区，也就是说吐蕃势力已进抵关中西部，同时西域地区基本上也处于吐蕃的掌控之下。广德元年（763）十月，吐蕃军队一度攻陷长安。十二月，吐蕃还攻陷了西南的松州（今四川松潘）、维州（今四川理县东北）等地。次年，在仆固怀恩的引诱下，吐蕃又和回纥共同进攻关中。总之，安史之乱后，唐朝国力大为削弱，面对强大吐蕃的进攻，节节败退，对广大西北地区实际上已经失去了控制，盛唐雄风一去不复返了。

100. 为什么说在河朔诸镇中魏博镇对朝廷危害最大?

自田承嗣任魏博节度使以来，拥兵自重，多次叛乱、对抗朝廷，魏博镇成为河朔诸镇中最为跋扈、凶残的藩镇，对朝廷的危害最大。

田承嗣上任后，在镇内厉兵缮甲，拥兵十万，与卢龙、成德号称河朔三镇。大历八年（773）乘昭义节度使薛嵩去世之际，田承嗣为扩展势力，暗中拉拢昭义将士，并为安史父子立“四圣堂”，表示自己念旧不忘本。唐政府明令他撤去此堂，田承嗣乘机要求以使相职位相交换，唐政府委曲求全，并下嫁公主于其子田华。大历十年正月，昭义兵马使裴志清在田承嗣的支持下举兵作乱，驱逐昭义节度留后薛崿，率众归顺田承嗣。田承嗣以救援为名，无视唐政府的警告，全部占据了昭义军所属的四州之地，极大地扩充了实力，成为一大割据势力，更为嚣张。羽翼丰满的田承嗣不久又插手汴州，支持李灵耀并助其叛乱。

大历十四年田承嗣去世，在李宝臣、李正己的游说下，其侄田悦继任。当年田承嗣占据了昭义四州时，另二州（磁、邢）为朝廷占有。田悦对此深为不满，上任后，亲率大军数万围攻二州，并联合李正己、梁崇义、朱滔、王武俊等共同叛乱。

魏博镇对唐王朝的危害不仅体现在其不断掀起的叛乱战争上，由于其所处的地理位置十分重要，上控冀赵，东临淄青，南扼宣武，直接威胁东都洛阳及中原地区的安全。魏博与河朔诸镇相互勾结，互为表里，形成了割据联盟，共同对抗朝廷，使唐王朝长期处于内忧外患的状态之中，对国家的统一，政治的稳定，社会经济的发展，造成了极大的影响，成为朝廷的心腹大患。

101. 唐德宗在位共多少年？对其如何评价？

唐德宗李适（742～805），唐代宗的长子。李适在唐肃宗即位不久，就封其为奉节郡王。代宗即位后，他任天下兵马元帅，进封鲁王、雍王。广德二年（764），立为皇太子。大历十四年（779）五月，代宗病死，他即位为皇帝，史称唐德宗。

德宗即位初期，颇想有一番作为，他改变了代宗时期对藩镇一味姑息的政策，改革政治，刷新吏治，比如他下诏罢去诸道州府所贡金银器，新罗、渤海贡鹰鹞，罢去了岭南贡枇杷，江南贡橘柑，广西贡奴婢。他还不许各地再献祥瑞，释放了梨园乐工三百人，又将外国贡献的舞象三十二匹放于荆山之野。这一切都反映了新皇帝决心改革旧貌，刷新政治的决心。但是唐德宗才智不足，为人固执，听不进去不同意见，喜欢顺从自己的大臣，这样就给一些心怀不轨的人留下可钻的空子。德宗一朝确实出现了一大批人才，如杨炎、陆贽、刘晏等，也出现如卢杞、张延赏这样的奸臣。因为德宗自身的缘故，有才之人不能很好地使用，奸臣也不能及时发现并铲除，所以德宗一朝朝臣之间勾心斗角，明争暗斗，搞得十分激烈。又由于他处事不当，引发了泾原兵变、李怀光叛乱，使唐朝的统治几乎崩溃。他还猜忌功臣，他即位不久，就罢去了郭子仪的兵权。李晟收复长安，是平叛功臣，由于他的猜忌，却搞得十分狼狈，几乎不保。影响最大的一件事，就是他不相信文臣武将，不愿将兵权交给他们，却信任宦官，于是便将禁军兵权交给宦官，从此以后成为定制，遂使唐代的宦官之祸愈演愈烈，成为唐朝政治的一大特色。

贞元二十一年（805）正月，唐德宗死于长安会宁殿，终年六十四岁，在位共二十六年时间。

102. 唐顺宗何时即皇帝位？在位多长时间？

唐顺宗李诵（761～806），德宗长子。肃宗上元二年（761）正月生于长安大明宫，大历十四年（779），封宣王，建中元年（780），被立为太子。

贞元二十一年（805）正月初一，诸王、国戚进宫向德宗祝贺，唯独太子李诵因为在年前身患中风之疾而不能前来。德宗涕泣悲叹，由此患病，一日重似一日。约二十多天过去，内宫与外廷断绝了消息，众人都不知德宗与太子是否平安。二十三日，德宗驾崩。仓促间召见翰林学士郑絪（yīn）、卫次公等人到金銮殿，起草德宗的遗诏。时有宦官称：“内廷计议册立谁，还没有确定呢。”群臣都不敢答话。卫次公连忙说：“太子虽然身患疾病，但身居嫡长，为朝廷内外所归，如果没有别的办法，也应该册立广陵王（宪宗），否则肯定要出大乱子。”郑絪等人也随声附和卫次公的意见，这才算议定下来。太子李诵知道此情犹疑不定，于是身着紫衣，足穿麻鞋，勉强支撑病体，走出九仙门，召见各军使，才使人心稍安。次日，德宗遗诏在宣政殿公布，太子身着丧服，接见朝廷官员。二十六日，太子李诵在太极殿正式继承皇位，是为唐顺宗。时宫中卫士仍然怀疑登位的不是太子，便跷脚向殿上张望，知是真太子，喜极而泣。

但当时顺宗仍然不能处理朝中事务，经常住在宫中，四周挂起帘幕。只有宦官李忠言、牛昭容在顺宗身边侍奉，朝中官员奏请什么事情，顺宗就在帘幕中认可他们的奏请。直到二月初三，顺宗才在紫宸门初次受朝中官员的朝见。顺宗因为他自己的疾病久久不能痊愈，遂应百官之请，在三月二十四日册立长子李淳为太子，改名李纯。不久，顺宗又颁布诏书，命令太子即位，自己则为太上皇，次日移居兴庆宫，颁布诏命，改年号永贞。八月初九，太子李纯即位，是为宪宗。顺宗自德宗贞元二十一年正月即位，到八月初退位，在位约八个月时间。宪宗元和元年（806）正月十九日，太上皇李诵在兴庆宫咸宁殿驾崩，享年四十六岁。

103. 朱滔、王武俊、田悦、李纳、李希烈五人称王是怎么回事?

田悦、李纳、朱滔、王武俊四人为了各自的利益互相联合，与唐廷对抗，时田悦感激朱滔率兵帮自己解围，和王武俊商议，准备尊朱滔为王。朱滔得知后，并不同意，说："惬水之役的胜利，都是王大夫的功劳，朱滔又怎敢独居尊位!"于是幽州判官李子千、恒冀判官郑儒等人一起商议，请朱滔、田悦、王武俊三人和李纳一同称王而不改年号，就像列国时诸侯奉周王那样。

朱滔等认为有理，于是四人筑坛盟誓，声称如果谁有负盟约，大家就一同讨伐他。建中三年（782）十一月，朱滔自称冀王，田悦称魏王，王武俊称赵王，并请李纳称齐王。其中，朱滔为盟主，称孤，王武俊、田悦称寡人，并分别仿照唐制设置了官吏。

这时李希烈已经攻破襄阳，梁崇义投井自杀，德宗令李希烈兼任平卢、淄青节度使。但李希烈早有野心，他将节度使治所迁到许州（今河南许昌）后，就派遣亲信秘密约见李纳，请他一同偷袭汴州，一面又派人通知河南都统李勉，说自己已经兼领淄青节度使，要借道赴镇。李勉知道他不怀好意，表面上修桥铺路，准备迎接，暗中却加强戒备以防不测。李希烈探知李勉有所准备，不敢袭击汴州，秘密派人与朱滔等联系。朱滔等人知道李希烈军势强盛，就遣使到许州，上表称臣，劝他称帝。同年十二月，李希烈接受推戴，自称天下都元帅、太尉、建兴王，公开叛变了朝廷。

104. 朱滔之乱是怎么回事?

"朱滔之乱"是发生于唐德宗时期的一次藩镇叛乱。德宗即位后不久，魏博、淄青、成德三镇节度使田悦、李正己和李惟岳三人为了争取传子制度而联合起来，出兵与朝廷作战，德宗派马燧、李抱真等率军平定。建中三年（782），马燧、李抱真和李晟大败田悦的军队，田悦收残兵千余人逃回魏州，守城自保。淄青节度使李纳（时李正己已死，传位于其子李纳）也战败，逃回濮州（今山西甄城），唐军围攻濮州。德宗又命卢龙节度使朱滔攻打成德李惟岳军，李惟岳大败，逃回恒州。部将契丹人王武俊杀李惟岳，投降朝廷。

此时，唐廷虽然取得了暂时的胜利，但并不能改变分裂已久的形势。建中三年二月，朝廷任命成德降将张孝忠为易、定、沧三州节度使，王武俊为恒州、冀州都团练观察使，康日知为深州、赵州都团练观察使，德州、棣州（今山东惠民）二州则归朱滔管辖，意欲分散旧成德镇的力量。朱滔对朝廷的决定很不满意，请求将深州也划归自己管辖，没有得到德宗的允许，心生怨恨。而王武俊自以为功大，地位却反较张孝忠为低，也不肯接受朝命。

田悦知道了这些事情，就派人劝说朱滔和王武俊，指出朝廷想要清扫河北，各藩镇是唇亡齿寒的关系，希望两人合兵一处，互相救援，二人都同意了。接着，田悦又拉拢了李纳参加。于是，朱滔率领步骑二万五千进军深州，王武俊率领步骑一万五千前去攻取元氏（今河北元氏），然后两路会师，一起援助田悦。

德宗得到朱滔、王武俊叛变的消息，任命郭子仪部将李怀光为朔方节度使，命他率领朔方军，前往河北讨伐田悦与朱滔。李怀光领兵到河北，正好碰上朱滔与王武俊连兵救援魏博，便想趁他们营垒未立就冲杀过去。马燧劝他暂且休息，等待敌人扎营以后，找寻他们的破绽再行攻击。李怀光不听，麾兵冲杀过去，斩杀一千多人，朱滔军溃散，官军士卒争先入敌营抢东西。正在这时，王武俊带二千兵卒横冲过来，官军大败，被逼跳进永济渠中，溺死者不计其数。马燧等急忙收兵，坚守营垒，才压住了阵脚。

当天夜里，朱滔引永济渠水冲淹官军，截断官军的粮道与归路。马燧心生惧意，只好派人去向朱滔说情，让他与各道节度使先回本道，然后向皇上奏请，将河北诸事都委任朱滔处置。得到朱滔同意后，马燧等人领兵渡过河西，退保魏县，再拒朱滔。朱滔知道上当，只得与王武俊领兵屯于魏县附近，和官军隔水相拒。这样，朱滔的叛乱使原本就紧张不堪的局面更加混乱。

105. 梁崇义叛乱是怎么回事?

唐德宗建中二年（781）正月，成德节度使李宝臣去世，他的儿子李惟岳上表朝廷，请求继任节度使。德宗一心要革除前弊，坚决不同意他的请求。李宝臣早在生前，就和魏博节度使田承嗣、山南东道节度使梁崇义、淄青节度使李正己相约，以土地传于子孙。因此，大历十四年（779）田承嗣死时，李宝臣、李正己都为他的侄儿田悦出面，请求让田悦继任节度使之位，当时代宗鉴于形势，同意了他们的请求。所以这时田悦也屡次为李惟岳出面，请求让他继任。但德宗对此坚决予以拒绝，于是，李惟岳自称留后，举兵对抗朝廷。田悦和李正己也各自派遣了使者到成德，约定共同举兵来抗拒朝命。梁崇义此时因为德宗下诏要他入朝，内心恐惧不敢前往，也加入了反叛的行列。

建中二年五月，李正己闻听唐廷动员各地大军前来征讨，于是遣兵驻守徐州埇桥（又名符离桥，位于今安徽宿州濉河新河边）、涡口（即涡河入淮河口，位于今安徽怀远东），以截断南北的漕运通道，逼迫中央让步。六月，梁崇义也派兵阻断襄阳以北水陆交通线，和李正己互相策应。唐廷为之震动，江淮地区的数千艘漕船，不敢北上，湘楚地区的船只也不敢入汉江而上；朝廷于是命令淮西节度使李希烈为汉南、汉北兵马招讨使，领导诸道军一起讨伐梁崇义。

同年八月，李希烈与梁崇义双方僵持于江陵（治今湖北荆州）东，梁崇义的军队听到田悦军大败的消息，军心动摇，一战而败，逃回襄阳。梁崇义派他的将领翟晖、杜少诚率军迎战于蛮水（今蛮河，位于湖北保康、南障、宜城境内），被李希烈的军队击败。翟晖与杜少诚二人穷途末路，向李希烈请降。李希烈于是命令二人率军千人，先入襄阳，宣慰军民。梁崇义闭城拒守，但守护城门的将士却将城门大开，争先出城。梁崇义见无路可退，最后和他妻子一起投井自尽。

李希烈进入襄阳，取梁崇义的首级送往京师，然后将襄阳据为己有，不肯撤回本镇。九月，德宗以河中尹李承为山南东道节度使，打算派禁军送他上任。李承怕这样做反而会激起李希烈反叛，于是单骑赴任，以理折之。李希烈对李承百般逼迫，也不能使他屈服，无奈之下，大掠襄阳而去。李承精心治理了一年多的时间，才使军府稍具规模。

106. 泾原兵变是怎么回事?

"泾原兵变"是德宗建中四年（783）泾原兵途经长安时发动的一场兵变。在讨伐魏博、淄青、成德等三镇叛乱的过程中，唐德宗意气甚盛，一心进攻。等到李希烈叛变后，又反过来一心退守，只求固守东都，保障西京的安全。建中四年十月，德宗命令泾原节度使姚令言率领泾原诸镇兵援救襄城。十月初二这天，姚令言率领五千泾原兵冒雨赶到长安，当时军士出征，朝廷都有丰厚的赏赐，所以泾原将士大多都带了子弟到京师，希望得到厚赐，以便带回家去。谁知到了长安之后，竟然一无所赐。京兆尹王翃（hóng）前来犒军，也只有一些粗劣的饭食。军士们气得把饭菜泼在地上，用脚乱踩，大骂说："我们冒死去打仗，却连饭都不让吃饱，这让我们怎么去跟敌人拼杀呢？听说琼林、大盈二库里面金帛多不胜数，不如我们一起去取！"当下一呼百应，一同向城里涌去。

德宗听到这个消息，慌忙命令普王李谊和翰林学士姜公辅去安抚乱军，一面又命令神策军使白志贞马上带领禁军前来防御。谁知乱军根本就不听劝说，而白志贞所招募的禁兵，也多是虚名，到了紧要关头，竟然没有一个人应召前来。德宗惊慌失措，急忙带了王贵妃、韦淑妃、太子以及唐安公主等，从后苑北门逃出京城，连诸王、公主也来不及通知。

逃亡途中，姜公辅曾对德宗说："朱泚（cī）因为弟弟朱滔谋逆的事情，一直闲居在京城，他曾做过泾原节度使，如果乱兵奉他为主的话，后果不堪设想。请快速召他同行，否则就派人将他杀了，以杜绝后患。"德宗心慌意乱，不及考虑，说："现在也来不及顾他了！"说完，就逃往奉天去了。

这时，乱军已涌进了丹凤门，并登上含元殿，大掠府库。附近的百姓也趁乱进宫，窃取财物，数里之外都能听到喧哗吵嚷之声。姚令言见自己压制不住，想到朱泚住在长安，就和泾原将士商议，想请朱泚出来主持大局，将士们都同意了。于是，一场兵变就此扩散开来。

这天半夜，朱泚来到含元殿，自称暂领大军。次日一早，贴出告示，百官这才知道德宗已经逃出京城，由朱泚出来维持局势。他们有的去追德宗，有的来见朱泚。光禄卿源休因为怨恨德宗，便劝朱泚称帝，朱泚一时还有些犹疑不定。源休知道检校司空李忠臣、太仆卿张光晟、工部侍郎蒋镇等都对德宗不满，便去诱说他们一起向朱泚劝进，这些人一来与德宗有隙，二来也想做个开国功臣，当下一拍即合。十月初八，朱泚自称大秦皇帝，以姚令言为侍中、关内元帅，李忠臣为司空兼侍中，源休为中书侍郎、同平章事，蒋镇为吏部侍郎，并立其弟朱滔为皇太弟。源休又劝朱泚翦除唐王朝在京的宗室，于是，杀唐宗室郡王、王子、王孙、公主等共七十七人。接着朱泚又派兵包围了德宗暂居的奉天（今陕西乾县），日夜攻打，奉天几乎被攻陷，幸亏李怀光及时援救，德宗才幸免被俘。

不久，由于前来救援的朔方节度使李怀光与叛军勾结，背叛朝廷，局势突然复杂化。德宗见状，仓皇逃往汉中。但是李怀光部下将士不愿跟随他反叛朝廷，所以当他们得知李怀光背叛朝廷后，部众纷纷离散而去，使李怀光势力迅速衰落下去。在这种情况下，李怀光只好率部退回河中老巢，只剩下朱泚孤军困守长安。于是德宗命大将浑瑊、李晟等率军收复长安。经过激战，李晟部率先攻入长安，朱泚见大势已去，逃出长安向西奔去，妄想逃入吐蕃躲避，不料途中为部下所杀，首级献于朝廷。

107. 李怀光之乱是怎么回事？

朔方节度使李怀光在泾原兵变时，及时率军救援，解了奉天之围后，自以为立有大功，遂上书德宗，称宰相卢杞奸邪，应该诛杀。德宗听从了卢杞的进言，令李怀光乘胜攻取长安，不必入朝相见。李怀光见自己率军勤王，竟不得见皇帝一面，心中愤恨，因此逢人就说，我已经被奸臣排斥，没有前途了，接着又连连上表揭露卢杞等人的罪恶，朝臣们对此也议论纷纷，斥责卢杞等人。德宗迫于无奈，遂于兴元元年（784），贬卢杞等人为南方边远州郡司马。李怀光见卢杞等人被自己逼走，心中不安，竟屯兵咸阳，与朱泚通谋，宣称他已与朱泚联合。唐德宗见状，只好仓皇逃离奉天，避往汉中。

李怀光的反叛，使唐中央政府平叛的局势进一步恶化，许多朝官认为朝廷越走越远，不可能再回来。那些闭门不出，观望胜败的官员，纷纷向朱泚投降。甚至连河东节度使马燧也感到绝望，撤回援兵，准备保卫河东本境。

兴元元年三月，德宗下诏，历数李怀光的罪恶，罢免他的兵权，改任他为太子太保。并命行在都知兵马使浑瑊（jiān）为同平章事、兼朔方节度使及朔方、邠宁、振武、永平、奉天行营兵马副元帅，后来又命李晟为鄜（lù）坊、京畿、渭北、商华的副元帅。李怀光的判官高郢劝李怀光归顺朝廷，李怀光于是派他的儿子李璀到行在请罪。七月，德宗下诏派给事中孔巢父到河中宣慰，李怀光左右多半是胡人，他们见李怀光素服听诏，以为主帅已经被罢去了官职，心中愤怒，诏书还没读完，就杀死了孔巢父。面对这一事件，李怀光不仅不阻止，事后还厉兵秣马，准备拒守。

同年八月，德宗派浑瑊、骆元光讨伐李怀光，但多次被他打败。后来，官军又在沙苑（今山西大荔南）被打败。十月，马燧终于攻克绛州，并分兵攻取了闻喜、万泉、虞乡、永乐等地。贞元元年（785），李怀光又在陶城（今山西永济南）被马燧打败，马燧杀了李怀光万余人，与浑瑊一起进逼河中。同年七月，德宗派马燧扫平李怀光叛军。八月，马燧到前线行营，直接来到长春宫城下，唤出守将徐庭光，对他晓之以理，让他到时接应。十月，马燧等八军进逼河中，守将徐庭光投降。十二日，马燧到河西（今陕西大荔东），河中军士全体投降。李怀光无奈，自缢身亡，河中局势从此安定下来。

朱泚与李怀光之乱平定后，德宗回到长安，虽然保住了皇位，但却使关中一带的社会经济遭到了极大的破坏，平叛中消耗了大量的兵力、财力，使唐王朝元气大伤。经此一乱之后，唐德宗一改以前对藩镇的强硬政策，转而采取了姑息政策，使藩镇问题更加复杂化，对唐朝后期的政治产生了较大的影响。

108. 唐与吐蕃的清水会盟是怎么回事？

吐蕃是公元七世纪初到九世纪中叶，在中国的青藏高原建立起来的少数民族政权。贞观年间，吐蕃赞普松赞干布派遣使者入唐求婚，唐太宗以宗室之女文成公主许婚，双方结成和亲关系。此后，双方的关系通过和亲、会盟、册封、吊丧、战争、议和等形式延续了二百多年。“清水会盟”便是双方若干次会盟中的其中一次。

大历十四年（779）五月，唐德宗即位。他以太常少卿韦伦为使，护送俘获的吐蕃士兵还蕃，当时吐蕃首领墀（chí）松德赞也遣使来唐贡献，双方都表示了和好的意愿。建中二年（781），唐殿中少监崔汉衡等人携书赶赴吐蕃，协商会盟之事。最后，双方于建中四年（783）正月十日，由唐陇右节度使张镒为代表，与吐蕃尚结赞在清水（今甘肃清水西北）订立盟约，史称为“清水会盟”。

盟约中详细规定了唐蕃双方的边界，大体上以黄河以南，从今天的六盘山中段开始到陇山南端，然后穿过汉水、白龙江，沿岷江上游西到大渡河，再沿河南下，在此线以东归唐政府管辖，以西则由吐蕃统领。这样，吐蕃占领了西自洮（táo）州（今甘肃临潭）、东到陇山山麓，包括大夏河、洮河、渭水上游，西汉水上游的大片农业地区，唐政府被迫承认了这一既成事实。黄河以北，应吐蕃的要求，北从大漠，南至贺兰山，依自然地形划为边界线。

但是“清水会盟”的同年冬天，唐廷内部发生了泾原兵变。吐蕃逾界助唐，界碑被扑倒，乘此机会，吐蕃又攻陷了盐州（今陕西定边）和夏州（今内蒙古乌审旗南白城子）两地，清水之盟所划定的边界线很快又遭到了破坏。

109. 二王八司马事件是怎么回事?

所谓二王，是指王伾（pī）及王叔文两人，八司马指韩泰、陈谏、柳宗元、刘禹锡、韩晔及凌准、程异、韦执谊八人。

贞元二十一年（805）正月，德宗去世，太子李诵即位，是为顺宗。顺宗即位之前，已经因为中风而不能说话，所以不便上朝堂处理政事，朝廷大事便委托二王处理。顺宗还是太子时，翰林待诏王伾（杭州人）、王叔文（绍兴山阴人）为太子侍读，深得顺宗的信任。顺宗即位以后，当时一批主张打击宦官势力、革新政治的中青年官僚士大夫，如韦执谊、韩泰、陈谏、刘禹锡等人，聚集在二王周围，形成了一个革新集团，于是这个集团便控制了朝政，任命韦执谊为宰相，同时颁布了一系列政令，以推行改革政策。

王叔文等人的改革措施主要有以下几点：一、惩办贪官，引荐人才。贬去京兆尹李实的官职，召陆贽、阳城、杜佑等著名政治家入朝。二、罢进奉、宫市、五坊等名目繁多的进项，免除民间历年所欠的租税以及一切杂税，并免除盐铁使的月进钱。三、谋划夺取宦官的兵权，以此来限制地方割据势力，加强中央对地方的控制。四、放出宫女三百人，解散宫中供享乐之用的乐队。这些措施，主要是针对宦官以及地方藩镇的，因此引起他们的不满和抵制。

永贞元年（805）五月，与凌准有联系的宿将范希朝，被任命为左右神策京西诸城镇行营兵马节度使，韩泰为行军司马，李位为推官，以便夺取为宦官所掌握的京西诸镇神策军兵权。宦官知道兵权被王叔文等人所夺，恼怒异常，暗中命令各个将领不要将兵权交给任何人。由于遭到宦官集团的强烈反对，夺取兵权的计划没有实现。六月，剑南节度使韦皋派支度副使刘辟到长安，让王叔文把三川（剑南东川、西川和山南西道）都划归韦皋管辖，遭到拒绝。不久，宦官俱文珍、刘光琦等人和剑南西川节度使韦皋、荆南节度使裴均、河东节度使严绶等串通起来，反对王叔文集团。韦皋自恃是朝廷重臣，又远在蜀中，上表诬告王叔文，裴均、严绶也纷纷上表附和。

同年八月，顺宗被迫让位于太子李纯，是为宪宗。宪宗一即位，就贬王伾为开州（今四川开县）司马，王伾不久即病死。王叔文被贬为渝州（今四川重庆）司户，次年被赐死。同时，贬京西神策行营节度行军韩泰为抚州刺史，司封郎中韩晔为池州刺史，礼部员外郎柳宗元为邵州刺史，屯田员外郎刘禹锡为连州刺史。十一月，再贬韩泰为虔州司马，河中少尹陈谏为台州司马，柳宗元为永州司马，刘禹锡为朗州司马，韩晔为饶州司马，和州刺史凌准为连州司马，泉州刺史程异为郴州司马，正议大夫、中书侍郎、平章事韦执谊为崖州司马，被称为“二王八司马事件”。

110. 唐宪宗何时即皇帝位？如何评价他的功过？

唐宪宗李纯（778～820），原名李淳，唐顺宗长子。代宗大历十三年（778）二月十四日生于长安。贞元二十一年（805）正月，唐德宗病重而死，太子李诵即皇帝位，史称唐顺宗。由于顺宗患有中风病，不能亲理朝政，于是由翰林学士王叔文等专权，引起了很多守旧官员的不满，他们拥立李纯为皇太子，不久又力主顺宗让位，由皇太子即位。这样顺宗当皇帝不满一年，就于永贞元年（805）八月下台，由其子李纯即皇帝位，史称唐宪宗。唐宪宗即皇帝位时，已经二十八岁了，正当壮年，而且早年又历经政治动荡，对当时的政治弊病也了解颇多，于是他针对这些问题进行了改革。首先，他严惩了王叔文集团，因为这个集团曾经反对立他为太子，在他即位问题上，也设置过障碍。其次，他杜绝皇室及宫廷奢侈，整顿京城秩序，拒绝各地进献珍禽异兽，打击京师地区的豪强恶霸。再次，解决财政问题。对于德宗时期混乱的财政状况进行了整顿。经过整顿，到元和三年（808）时，财政收入就已超过了当年刘晏主持财政时的总数。最后，解决跋扈的藩镇问题。

只用了短短的几个月时间，就制服了十余个藩镇，将他们替换的替换，调任的调任，使德宗时期一些专横跋扈的藩镇得到了初步的整顿。从而为元和中兴奠定了基础。

唐宪宗最大的贡献就是平定了藩镇叛乱，改变了自“安史之乱”以来藩镇割据的局面，实现了国家的统一，增强了中央政府的权威。最先平定的是西川、夏绥、浙西三个藩镇，这些藩镇的平定，增强了朝野对解决藩镇问题的信心，打击了跋扈藩镇的气焰。争取了河北诸镇中最强大的魏博镇的归顺，并使河北其他藩镇纷纷表示愿意服从朝廷指挥，贡纳财赋。接着又任用裴度为相，对叛乱的淮西镇进行讨伐，经过多年艰苦的战争，终于攻破了蔡州，活捉了吴元济。宪宗对藩镇战争的胜利，是唐朝自“安史之乱”来获得的最大军事胜利，对维护中央集权，维持社会稳定与经济的发展，都有着极重要的意义。

唐宪宗晚年追求长生不老，服食仙丹，从而使性格暴躁，动不动就大发雷霆，身体状况每况愈下。元和十五年（820）正月二十八日，突然暴毙于大明宫，终年四十三岁。对于他的死因，史书上记载说，由于他脾气暴躁，身边的宦官往往获罪，他们害怕被杀，于是在宦官陈弘志的策划下，害死了宪宗，对外则说是服丹药而暴崩。

111. 宪宗懿安皇后郭氏为什么能够“福寿隆贵”数十年？

宪宗懿安皇后郭氏，是唐朝中兴名将汾阳王郭子仪的孙女，母亲是唐代宗之女升平公主。她是宪宗的贵妃（宪宗没立皇后），后在穆宗、敬宗、文宗、武宗、宣宗五朝为皇太后，前后荣享“福寿隆贵”数十年，唐朝后妃中无人能及。

宪宗还是广陵王时，就由唐顺宗做主，为他聘娶了郭氏。因为郭家一门忠烈，曾为大唐立过不朽功勋，所以迎娶郭氏的婚礼也荣宠之极。郭氏过门后，生下了唐穆宗。元和元年（806）宪宗即位，册封郭氏为贵妃。元和八年，朝臣再三请宪宗立贵妃郭氏为皇后，宪宗终因郭家家族势力太大，再加上他还有很多宠幸的妃子，怕以后受到郭氏的约束，册立皇后的事情一拖再拖，直到宪宗去世为止也未册立。

穆宗即位后，尊生母郭氏为皇太后。穆宗十分孝顺，他将其母安置在兴庆宫，每逢大朝会，穆宗都要率领百官到兴庆宫向太后问安。遇到盛大节日或有什么热闹的喜事，穆宗和妃嫔、命妇们都到兴庆宫来探望太后。那时候，兴庆宫外是车马如龙，环珮之声不绝于耳。穆宗还喜欢讲排场，为了让母亲高兴，不惜花费巨资。有一次，太后到骊山游玩，穆宗就命景王率领禁军护驾。穆宗还亲自到昭应宫迎接太后，恭谨之极。穆宗死后，有人就给太后出主意，要她垂帘听政。太后听后，大怒道："你这不是要我效仿武则天吗？现在太子还小，应该选择重臣来辅佐，怎么能让后妃干预朝政呢？"这样就使其孙敬宗顺利登基，尊郭氏为太皇太后。敬宗在位仅一年多就被谋杀了，一时间朝廷混乱，社稷不安。在这危机关头，太皇太后郭氏下令立穆宗的另一个儿子江王登基，这才把政局稳定下来。文宗也是郭氏的孙子，他为人仁孝，对太皇太后的侍奉更是恭谨有礼，四方进献的时令鲜果、珍珠宝货，都首先送给太皇太后品尝赏玩。后来穆宗的另一个儿子武宗即位后，因为太皇太后是他的亲祖母，加上郭氏家族鼎盛，门第高贵，所以对郭氏更是尊宠无比。

郭氏的丈夫、儿子和三个孙子相继都做过皇帝，她也享尽天下荣华富贵，令后人羡慕。

112. 牛李党争是怎么回事？

"安史之乱"后，朝廷官僚集团内部结党树派，争权夺利，史称"朋党之争"。"牛李党争"则是唐朝朋党之间历时最长，斗争也最为激烈的一次党争。其中牛党以牛僧孺、李宗闵为首，其主要成员还有李珏、杨嗣复、令狐绹等；李党以李德裕为首，其主要成员有李绅、郑覃、陈夷行、李让夷等。

"牛李党争"始自宪宗元和三年（808）策试贤良方正科。当时应试的举子牛僧孺、李宗闵在考试中抨击时政，主考官杨於陵、韦贯之将他们的策文评为上等，使宰相李吉甫大为不满，李吉甫向宪宗陈述此事后，宪宗贬斥了杨於陵、韦贯之等人，牛僧孺、李宗闵也长久不能迁任，通常认为这一件事揭开了"牛李党争"的序幕。

在这以后，双方的斗争互有胜负。唐穆宗时，牛僧孺因为得到宰相李逢吉的引荐，拜为宰相，遂将李德裕贬为浙西观察使；文宗时牛李两党并用，每逢在朝堂议政时，双方便互相攻击不已，致使文宗感慨："除去河北的贼子（指河朔三镇）容易，要想除去朝中的朋党却实在太困难了。"武宗时，李党掌权，牛党失势，李德裕为相，李宗闵被贬死，牛僧孺被黜。宣宗时，牛党当政，白敏中、令狐绹先后为相，李党全遭罢斥，李德裕被贬为崖州（今广东儋县西北）司户，不久即死于崖州，李党被清除，而牛僧孺还朝后也病死。至此，历经唐宪宗、穆宗、敬宗、文宗、武宗和宣宗六朝的“牛李党争”才告平息。

113. 浙西李锜之乱是怎么回事？

唐宪宗统治时期，由于朝廷加大了平定叛乱藩镇的力度，一些跋扈藩镇纷纷归附朝廷，镇海（治润州，今江苏镇江）节度使李锜（qí）迫于形势，也上表请求归顺中央，在宪宗同意他的请求之后，李锜又反悔不愿归朝，并拥兵作乱，于是，朝廷被迫发动了平定“李锜之乱”的战争，来稳定东南这片财赋供给地。

李锜是唐宗室淮安王李神通的后代，父亲李国贞在德宗贞元年间为国殉难，所以李锜是以父荫走上仕途的。贞元十五（799）年，李锜用了几十万贯巨资向宦官李齐运行贿，经李齐运的推荐，得以出任浙西观察使、诸道盐铁转运使。在掌握天下财赋大权以后，李锜就投德宗之好，经常进奉巨额资财，得到了德宗的宠信；同时，李锜还向朝中权贵大肆行贿，作为后援，得到了这些人的庇护以后，李锜就更加骄横跋扈，肆无忌惮。

李锜富有财货，为了保护自己，遂挑选了几百个壮士作为自己的心腹卫士。后来李锜被调任为镇海节度使，失去了财权，虽然心怀不满，但因为获得了节度使的职位，可以专制一方，所以也没有把心里的怨愤暴露出来。到宪宗即位以后，要求拒绝接受来自各地的贡献，并锐意整顿朝政，李锜却因为镇海距离长安比较远，中央鞭长莫及，依然骄横如故。后迫于形势，李锜上表请求入朝，宪宗知道此人骄纵不法，所以同意他的请求，并授予他左仆射的职位。元和二年（807）九月，宪宗派遣中使到润州（治今江苏镇江）抚慰，同时，任命御史大夫李元素为镇海节度使。李锜做出入朝的姿态，命其判官王澹为留后，暂时主持军务，实际上却丝毫没有动身的意思，拖延不行。加上王澹在接掌留后事务以后，行事很有章法，李锜就更加不悦。于是他利用朝廷颁发冬衣之日，唆使亲兵几百人，杀死王澹和大将赵琦，而且当乱兵把刀架在中使脖颈上时，李锜还假装不知，在紧要关头才出面阻止，中使虽然幸免于难，但仍然未能逃脱牢狱之灾。与此同时，李锜又派了心腹将领五人，分别统兵袭击苏（今属江苏）、常（今属江苏）、湖（今属浙江）、杭（今属浙江）、睦（治今浙江建德东北）五州，想要杀害各州刺史，占据州城，还以兵变为借口，要求暂缓入朝。

宪宗在接到李锜纵兵作乱的消息以后，一面责令李锜入朝，一面召集群臣征求意见。宰相武元衡认为如果对李锜姑息的话，那么朝廷就再也没有威信可言。宪宗接受了武元衡的建议，下令削去李锜的官爵，十月，以淮南节度使王锷为招讨使，统领宣武、义宁、武昌、淮南、宣歙（shè）等道兵出宣州（今属安徽），江西兵出信州（治今江西上饶），浙东兵出杭州，共同讨伐李锜。

因为宣州向来富庶，李锜想要率先夺取。于是派遣兵马使张子良、李奉仙、田少卿三人率领三千兵士，前去袭取。三人知道李锜必败无疑，就和他的外甥牙将裴行立商议，共同反戈。裴行立由于跟李锜是甥舅关系，对李锜的密谋一清二楚，四人商量好内外策应的办法以后，分别开始行动。当夜，张子良等三人回兵直逼润州，裴行立率领众人在城内响应，开城门迎接三位将领入城，把李锜围困在兵府。李锜得知裴行立起兵的消息之后，痛哭说："我还有什么希望啊！"李锜的左右亲随为求活命，将李锜逮住，送给裴行立，官军把他押送到京师长安，李锜蓄谋已久的叛乱就此得以平息。

同年十一月，宪宗在大明宫南面的兴安门，责问李锜为什么要造反，李锜却反咬一口，说是张子良等人唆使他造反。宪宗又问，你身为统帅，为什么不把他们杀了，然后向朝廷投诚？李锜哑口无言，宪宗下令把李锜同他的儿子一起问斩。但考虑到淮安王李神通有佐命之功，李锜的亲族都是他的后代，所以宪宗只是把李锜的堂弟宋州刺史（治今河南商丘南）李铦（xiān）等贬官流放，李锜的兄弟以及亲族都没有问罪。没收的李锜家财，数额巨大，宪宗听取了翰林学士李绛等人的意见之后，下令将这些财物赐给浙西的百姓，以代替当年的租赋。宪宗的行为，不仅获得百姓们的拥护，而且对广大朝臣以及藩镇都影响很大，进一步提高了中央和宪宗本人的威望。

114. 刘辟之乱是怎么回事?

宪宗元和元年（806）正月，西川节度使刘辟发动叛乱，抓获了东川节度使李康，三川为之震动。

顺宗永贞元年（805）八月，剑南西川节度使韦皋去世，支度副使刘辟自命为留后，并希望朝廷任命自己为节度使。宪宗不同意，任命袁滋为西川节度使，刘辟为给事中。刘辟对这一结果非常不满意，拒不接受朝廷的任命，而袁滋因为刘辟兵强马壮，也不敢前去上任。宪宗大怒，将袁滋贬为吉州刺史。但因为此时宪宗刚刚即位，没有余力去讨伐刘辟，所以只能暂时姑息，提升他为西川节度副使。

这样一来，刘辟就更加骄横，又向朝廷提出要兼管三川，宪宗不答应，他就发兵攻占了梓州（今四川三台），俘获东川节度使李康。元和元年正月，宪宗任命左神策行营节度使高崇文率领五千兵马为前锋，神策京西行营兵马使李元奕率领二千兵马为后军，与山南西道节度使严砺一起讨伐刘辟。

同年二月，严砺攻占剑州。三月，高崇文率兵进军梓州，刘辟部将带兵逃走，高崇文收复梓州。三月十三日，宪宗下诏削夺刘辟的官爵。四月四日，任命高崇文为东川节度副使。六月五日，高崇文击败刘辟在鹿头关的一万多军队。六日，高崇文的部将高霞寓又夺取了关东万胜堆。接着高崇文又在德阳（今四川德阳）大败刘辟。官军乘胜击败刘辟在汉州（今四川金堂西北）、玄武（今四川中江）等地的军队，粮道也被切断，将士们纷纷向官军投降。九月，高崇文攻克成都，刘辟逃往吐蕃，被高霞寓俘获。十月，刘辟被押往长安，诛灭全族。高崇文和严砺因为平定叛乱有功，分别被任命为西川节度使和东川节度使。

115. 唐朝讨伐淮西镇吴元济的战争为什么久久不能取胜?

“吴元济之乱”是发生在宪宗元和时期的一次藩镇叛乱。淮西镇（治所蔡州，今河南汝南）自从大历十四年（779）李希烈为节度使以后，继任藩帅吴少诚、吴少阳相继割据，和中央分庭抗礼，唐政府曾经几次出兵讨伐，均以失败告终。宪宗元和九年（814）闰八月，淮西节度使吴少阳病故，他的儿子吴元济却不将这个消息向朝廷汇报，擅自统领军政要务，并以淮西大将董重质为谋主，四处出兵抄掠，准备继续割据于申（今河南信阳）、光（今河南潢川）、蔡（今河南汝南）三州。

董重质是吴少诚的女婿，悍勇善战，熟悉军务。他建议吴元济联合割据淄青等十五州的平卢节度使李师道，互相支援，抗击朝廷，并等待机会袭取中原。九月，他们杀了主张服从中央的判官苏兆，囚禁了大将侯惟清，并杀了判官杨元卿的妻子和孩子。当时杨元卿已身在长安，便将淮西镇的虚实以及讨伐吴元济的策略，全部向宰相李吉甫做了报告。李吉甫立即上奏朝廷，请求讨伐吴元济，宪宗采纳了他的建议，命令宣武（今河南开封）、山南东（今湖北襄樊）等十六道兵马一起征讨叛军。但是唐中央政府讨伐吴元济的战争却久久不能取胜，究其原因，主要有以下两个方面。

首先，战争初期，宪宗曾先后以严绶、韩弘为招讨使，指挥各路大军讨伐吴元济。但严绶和韩弘两人都不是将帅之才，指挥作战连连失利，加上各道兵马又各怀私心，彼此间还勾心斗角，缺乏统一的协调与配合，因此，官军虽然在兵力上占了绝对优势，但在战场上，却和叛军互有胜负，相持不下。

其次，和淮西镇同时割据的淄青（今山东东平）、成德（今河北正定）两镇节度使李师道、王承宗出兵声援吴元济，并在后方进行破坏活动。唐将李光颜在北线连连取胜，进逼淮西，吴元济见情势危急，便向李师道和王承宗二人求援。两镇本来就和淮西镇沆瀣一气，见吴元济前来求助，立即答应帮忙，屡次向朝廷上表，为吴元济说情。这时李吉甫已经去世，和李吉甫同日为相的武元衡也是主战派，武元衡和宪宗商议以后，拒绝了两镇的请求。李师道见一计不成，又生一计。他派大将率领二千兵士在淮西东面的寿春屯扎，明里相助官军，事实上却是援助淮西。同时，他还招募众多恶少，扮成盗贼模样，烧杀掳掠，制造恐怖，并焚烧了官军的军需基地（今河南郑州西北）转运院仓储，共有钱帛三十余万贯匹，谷三万余石。果然，恐怖政策搞得人心惶惶，朝中很多大臣都请求罢兵。但宪宗锐意夺取淮西，并得到武元衡与裴度的支持。此外，李师道又派了一批豢养已久的刺客潜入长安，暗杀武元衡和裴度。元和十年（815）六月，武元衡被刺身亡，裴度身受重伤，朝议哗然，李逢吉等人屡屡请求收兵，所有这一切都大大阻碍了唐廷征讨吴元济战争的胜利。

116. 吴元济叛乱的平定全是李愬一人的功劳吗?

吴元济叛乱从宪宗元和九年（814）开始，至元和十二年（817）十月，唐将李愬（sù）在雪夜奇袭蔡州，活捉吴元济而告结束。整个淮西战役历时三年，最后以朝廷的胜利而告终，其中李愬自然功不可没，但整个战役的胜利也赖于更多人的共同努力才得以完成。

元和十年（815）六月，武元衡被刺身亡，裴度也身受重伤，朝中大臣人心惶惶，以李逢吉为代表的主和派屡次请求收兵，朝廷讨伐吴元济的行动遭到了严重挫败。在这样的紧要关头，宪宗平定叛乱的决心毫不动摇，他下诏调卫兵保护裴府，派使者不断探问裴度的伤势，等裴度伤愈以后，宪宗又毅然罢免了李逢吉等人的官职，拜裴度为相，主持朝政，从而挫败了藩镇的暗杀阴谋。

元和十一年（816）十二月，宪宗任命太子詹事、宫苑闲厩使李愬为唐、随、邓节度使，带兵赴前线作战。同时，又派程异赶赴江南，监督财赋的征收，设置淮颍水运使，并开通从扬州到郾城的水运路线，保障了淮西前线官军的供给。

李愬是唐朝名将李晟的儿子，史称其有谋略，擅长骑射。元和十二年（817）正月，李愬走马上任，安抚部卒，乘淮西镇没有防备，出兵征讨。同年二月，李愬向朝廷上奏，请求增兵，宪宗于是下令昭义（今山西长治）、河中（今山西永济东）、鄜坊（今陕西富县）各拨两千步骑支援李愬。二月七日，李愬的部将马少良在巡逻的时候，活捉了吴元济的重将丁士良。丁士良本是淮西的名将，经常骚扰唐州，官军吃过他不少苦头，因此，将士们主张把他开膛取心，报仇雪恨。李愬在审问时，发现丁士良是个硬骨头，十分赞赏，就给他松了绑，并劝他要弃暗投明，归顺朝廷，为国立功。丁士良感激李愬的不杀之恩，情愿以死相报，并向李愬献计说："吴秀琳拥兵三千，长期盘踞文城栅，是吴元济的臂膀。但吴秀琳全靠陈光洽给他出谋划策，陈光洽这个人虽然勇敢，却行事鲁莽，喜欢独自出战，只要把他抓住，吴秀琳没有了谋主，就一定投降。"李愬采纳了丁士良的计策，果然活捉了陈光洽，并借此收服了吴秀琳和他的部将李宪。李愬对吴秀琳以礼相待，和他商议袭取蔡州的计划，吴秀琳认为，要夺取蔡州非用到李佑不可。李佑也是淮西镇的名将，为人有勇有谋，负责守卫兴桥栅（今河南汝南西北）。不久，李愬用计擒获了李佑，并对他晓以大义，待之以礼，李佑十分感动，也投降了李愬。

李愬在擒获了吴元济的几位将领以后，了解了敌军的详细情况，于是和降将李佑、李宪等人秘密商议夺取蔡州的计划。这时，因为淮西战争旷日持久，耗费太大，宪宗本人对于是否将这场战争继续进行下去也开始动摇。李逢吉等人又乘机请求罢兵，只有裴度坚持继续征讨，并请求去前线督战。宪宗十分高兴，于是命令裴度为淮西宣慰处置使，赶赴前线行营督战。裴度又奏请宪宗罢免了以宦官充任的监阵敕使，使各军的将领得以专一指挥，不受干扰，同时加强诸军的配合协调，将士们大为感奋，士气高涨。

同年九月，李佑认为时机已经成熟，建议李愬袭取蔡州。李愬请示裴度取得他的支持后，于十月十五日命令马步都虞侯史旻（mín）兵留守文城（今河南遂平西），派李佑、李宪率领三千“突将”为先锋，李进诚率领三千人为后军，自己则与监军带领三千人作为中军，进军蔡州。大军行军六十里，在天黑时到达张柴村（今河南遂平东），杀死淮西守兵后，占领了敌营。随后，李愬命令将士稍作休整，留下五百人镇守，以切断淮西时曲守兵的退路，自己则亲率大军冒着大风雪继续东进。急行军七十里后，抵达蔡州城下。自从德宗贞元二年（786）以来，淮西割据三十余年，官军还从来没有到过蔡州，所以守城的士卒情绪麻痹，根本没有防备。十六日夜，李佑率领先锋部队突击入城，杀死城上的守卒，开门迎接李愬大军。拂晓，李愬攻入吴元济的外宅，吴元济在熟睡中被惊醒，慌忙带领随从登牙城抵抗。时吴元济的大将董重质正带领万余精兵屯守在时曲城，李愬厚待董重质的家眷，并派他儿子送信到时曲，劝他投降，董重质于是单骑回蔡州受降。到十七日傍晚，官军终于攻克牙城，吴元济投降。次日，李愬将他解往长安，并向裴度告捷。同时，淮西申、光二州及各处守军两万叛军全部投降，淮西吴元济的叛乱就此平定。

综观整个淮西战役，李愬身先士卒，真心爱才，领导有方，这是使战争得以胜利的一个重要原因；与此同时，以宪宗和裴度为代表的中央政府始终给予有利的支持和声援，也是一个非常重要的因素；其他如降将丁士良、李佑、李宪、吴秀琳等都在这场战争中起了十分关键的作用。李愬能够一举成功，还有一个重要原因，即李光颜所率的北线唐军的奋勇作战。正是由于李光颜的猛烈进攻，在郾城大败淮西军三万人，并攻占了郾城，迫使吴元济关注北线局势，并将其精锐军队——骡军调往北线防守，致使蔡州空虚，才使西线的李愬有可乘之机。从整个战争态势看，北线一直都是主战场，而李愬指挥的西线只是次要的战场，北线与西线的相互配合，是唐军最终能夺取胜利的关键。

117. 为什么说魏博镇的归顺是唐朝削藩斗争的一大胜利？

“安史之乱”以后，唐朝藩镇割据的局面也由此形成。代宗在战争结束之初，就任命安史降将张忠志为成德节度使，并赐姓名李宝臣，薛嵩为相卫节度使，田承嗣为魏博节度使。“安史之乱”过程中以及平定战乱以后，唐朝的军将也几乎都被授予节度使之名，内地也先后建立了许多节镇，藩镇制度因此进一步得以推广，遍布各地。其中，割据性最强的，便是魏博、卢龙、成德三镇，统称为“河朔三镇”。这些节度使父死子继，自己任命将吏，治兵操练，目无朝廷，甚至不交贡赋，要么连衡叛乱，要么相互征战，酿成了连年战火、国无宁日的局面。德宗在位期间，就发生过梁崇义叛乱、朱滔叛乱、李怀光叛乱等多次战事。

宪宗即位以后，由于他态度强硬，坚决镇压敢于公开对抗朝廷的叛乱者，割据一方的许多藩镇开始感到恐惧，陆续有藩镇上奏，请求归顺朝廷，以示效忠。魏博镇的归顺就是其中比较著名的一例。元和七年（812）八月，原魏博节度使田季安去世，他的妻子元氏立儿子田怀谏为节度副使。但田怀谏当时只有十一岁，军政大权很快就落到家僮蒋士则手里。士兵们对此非常气愤，拥立步射都知兵马使田兴为节度使。田兴对局势的危险性看得十分透彻，于是和朝廷进行谈判，提出让魏博归顺中央，条件是自己的身份需要取得政府的正式承认。十月，宪宗正式任命田兴为魏博节度使，并将他改名为田弘正，同时又派人犒赏三军，慰问百姓，史称“魏博自归朝廷”。

魏博镇的归附是唐政府削藩斗争的一大胜利。其一，魏博镇的归附，打破了从代宗以来形成的河朔诸镇的割据联盟，为唐中央政府进一步实现全国的统一创造了条件，并初步改变了割据藩镇父死子继、不由朝廷任命的恶习。其二，卢龙、成德、淄青各镇，看到朝廷对魏博的优厚待遇，也不同程度地加深了他们自身的内部矛盾，起到了分化瓦解割据藩镇内部人心的作用，并在一定程度上增加了他们对中央政府的向心力。第三，魏博镇地理位置相当优越，向北可以控制冀赵，往东则可拒守淄青，向南又可以遏制宣武，魏博镇归附以后，使朝廷在这一带的力量有所增强，起到了一定的军事威慑作用。而且，在以后唐廷讨伐淮西吴元济、淄青李师道、成德王承宗的战事中，魏博镇都出动了大量的兵力予以援助，有力地支持了政府的军事行动。宪宗以后能够取得平定淮西、淄青等叛乱诸镇的胜利，和魏博镇的归顺是不无关系的。从元和七年开始，魏博镇每年定期向朝廷交纳赋税，这不但在一定程度上增加了政府的财政物力，也坚定了宪宗平定藩镇的决心，使他在淮西连年不克的情况下，仍然保持必胜的信心，调整部署，最终夺取了胜利。

118. 唐朝讨伐成德节度使王承宗之乱的结果如何?

元和四年（809）三月，成德节度使王士真去世，他的儿子副大使王承宗自称留后，要求接任节度使的职位。唐宪宗和朝中大臣多次商议，本打算拒绝其请求，由朝廷派遣节度使来代替王承宗。但朝中的很多大臣认为，河北藩镇世袭之制早已经根深蒂固，恐怕一旦废除，王承宗与邻道就会相互勾结，共同谋反。其中，又以翰林学士李绛的意见似乎最为有理。李绛提出了三条反对理由：其一，自“安史之乱”以后，成德镇割据一方几十年，当地民众已经与成德的领导合为一体，从而使后者的控制取得实际上的合法性，任何改变这种现状的企图势必激起该地区的反抗。其二，成德镇不同于刘辟统治下的剑南西川和李锜统治下的浙西，它的周围都是性质相似的藩镇，它们彼此之间虽然都有摩擦，但总体的利害关系却是一致的，成德不可能被孤立和击败。最后，淮河和长江各地洪水成灾，国家的财政情况并不乐观，也难以采取这样的行动。

宪宗权衡了利弊，派京兆少尹裴武到成德镇宣慰。九月，正式任命王承宗为成德节度使，恒、冀、深、赵四州观察使，但要王承宗同意对朝廷履行正常的行政义务，并放弃他前不久取得的德州和棣州，同时又任命德州刺史薛昌朝为保信军节度使，德、棣二州观察使。魏博节度使田季安怕成德镇被分割会危及自己的藩镇，就挑拨王承宗说，薛昌朝与朝廷暗中相通，王承宗不分青红皂白，立即把薛昌朝抓到恒州囚禁起来。

面对这一情况，宪宗于元和四年十月，派宦官吐突承璀率领大军讨伐王承宗，并命令恒州四周的藩镇分别出兵援助朝廷。吐突承璀率领神策军从长安出发，幽州牙将谭忠劝田季安不要再援助王承宗，并促使幽州节度使刘济讨伐王承宗。元和五年（810）正月，刘济亲自率兵七万击败王承宗，攻克饶阳和束鹿两地。昭义节度使卢从史首先建议朝廷讨伐王承宗，等到朝廷出兵，却又按兵不动，并暗中和王承宗勾结，吐突承璀用计抓获卢从史并把他送往京师。四月，河东节度使范希朝与义武节度使张茂昭联合，在木刀沟（今河北保定附近）大败王承宗。

在诸道兵马的讨伐下，王承宗于七月派人到京师长安请罪，请求朝廷允许自己改过自新，并表示愿意交纳贡税，向朝廷履行自己的行政义务，希望宪宗能够恢复自己的官爵。而唐廷方面，因为军队久无大功，以白居易为代表的朝官又多次请求罢兵，于是下诏，仍然让王承宗担任成德节度使，并且将德、棣两个州还给成德镇，调回各道兵马。所以这次朝廷讨伐成德镇的行动劳而无功，河北诸镇仍然保留着半独立的状态。

119. 李师道之乱是如何平定的?

淄青节度使李师道帮助吴元济对抗朝廷，刺杀宰相武元衡，烧毁河阳仓的钱帛、粟米，并在东都洛阳制造混乱，杀人抢劫，出兵进攻徐州等，早已为唐廷所不容，但当时宪宗正忙于平定成德、淮西镇的叛乱，无力讨伐，所以一直隐忍未发，反而加李师道为检校司空，以安其心。等到淮西平定以后，朝廷终于可以腾出手来，解决淄青问题了。

吴元济叛乱被平定后，李师道自知罪恶深重，整日忧心忡忡，不知如何是好。他的谋士李公度及牙将李英昙乘机进言，劝他以儿子作为人质，并向朝廷贡献土地来赎罪。元和十三年（818）正月，李师道派使者入朝，表示愿意让自己的长子入朝为人质，并献出沂（今山东临沂）、密（今山东诸城）、海（今江苏连云港西南）三州，宪宗准奏。但不久李师道又反悔，继续与朝廷抗衡。宪宗大怒，决定派五道重兵征讨，并在人事上做了较大调整，以忠武节度使李光颜为义成节度使（治滑州，今河南滑县东），淮西（治蔡州，今河南汝南）节度使马总为忠武节度使（治陈州，今河南淮阳），陈、许、蔡等州观察使，取消了淮西镇，以李愬为武宁（治徐州，今属江苏）节度使，同时命宣歙观察使王遂为供军使，全面负责军需物资的供给和调配。

同年十一月，五道兵马之一的魏博节度使田弘正率领大军从杨刘（今山东东阿县北）渡过黄河，在距离郓州四十里的地方安营扎寨，与李师道的军队相对峙，李师道军队陷入恐慌之中。与此同时，其他各路军队也分别从本镇出发，围攻淄青。李师道看到各路官军大集，马上命令他的将领出兵迎击，全都大败而归，伤亡惨重，到十二月底，仅魏博、义成两军就俘获了以淄青都知兵马使为首的将领四十七人。宪宗下令全部赦免不杀，并分别将他们送回到所俘获的军队中出力效命，说："如果上有父母想要回家去的，就资助钱财让他回去。朝廷想要诛杀的，仅仅是李师道一人而已。"消息传到淄青以后，投降者相继于道。宪宗这个政策起到了分化敌军的作用，淄青镇之所以能够比较迅速的平定，和这一政策的实施也是分不开的。

同时，武宁节度使李愬也与李师道交战十一次，李愬每战必胜，把李师道的军队打得落花流水，李师道见形势危急，忧悸成疾。次年二月，李师道又派大量民夫，修筑郓城壕沟，连妇女也不放过，一时间，百姓怨声载道。

这时李师道的部将刘悟因为战事失利，使唐军逼近郓州，直接威胁到淄青使府的安全，引起了李师道的强烈不满，加上刘悟平日治军不严，对士卒比较宽厚，军中号为刘父，更引起李师道的猜忌。刘悟觉察到李师道对自己有所怀疑，便在军中暗中做好应变准备，公开率兵攻入郓州，杀了李师道和他的两个儿子。这样，淄青等十二州都被平定了。

从代宗广德年间以来近六十年，藩镇割据、跋扈的河南、河北三十余州，至此全部归朝廷辖制。

120. 唐朝为什么要多次重修《宪宗实录》?

唐朝历代皇帝死后，均修撰有实录，多由史官一次撰成，但是也有数部实录曾经反复重修，《顺宗实录》和《宪宗实录》就是如此。造成这种现象的原因固然非常复杂，但是说到底仍然是一个政治问题，反映了唐代士大夫之间错综复杂的人际关系。就《宪宗实录》而言，又与《顺宗实录》的情况不同，其详细情况如下：

《宪宗实录》从穆宗长庆年间开始修撰，至文宗大和四年（830）三月完成，全书共四十卷，由宰相、监修国史路随领衔奏上。但是到了武宗会昌元年（841）四月，皇帝颁敕要求重修，同时要求旧本实录不许改动和销毁，候新本撰成后，同时进呈皇帝。之所以重修此书，是因为宰相李德裕担心书中记载有对其父李吉甫不利的事情，故奏请皇帝重修。这年十二月，中书、门下又上了一道表章，对重修宪宗实录史料的取舍原则提出了几点建议，大意是：凡是大臣密疏，只要不是朝廷官员皆知的内容，不得收入实录；凡是出自大臣之家的奏章，真伪难明，不得收入实录；所谓禁中密语，由于无法核实，多得之传闻，实录中如有此等内容，请加以删削；皇帝与宰臣、公卿言事，皆须众所闻见，方可写入实录。这个意见得到了皇帝的肯定，遂成为指导此次重修《宪宗实录》的指导性意见。中书、门下的这个奏章实际上是李德裕的个人意见，只是借用中书、门下的名义上奏而已，目的就是为这次重修实录定调子，以便名正言顺地改削李吉甫的那些不当的言论。

会昌三年十月，新本《宪宗实录》修成，由宰相监修国史李绅、史馆修撰郑亚奏上，全书仍是四十卷。接着武宗下诏，命将新本《宪宗实录》颁行于天下。但是到了唐宣宗大中三年（849）十一月，宣宗颁敕规定天下只能流行旧本《宪宗实录》，新本实录令各地州府详加查访，一律收回，交给史馆，不许私自隐藏。

大中三年发生的这次变化，与士大夫之间的朋党斗争密切相关。唐宣宗即位后，李德裕罢相，李党失势，牛党重新得势，他们为了报复李党，遂将早已过去数年的旧事又翻了出来，以此为棍子打击李党。另外，唐宣宗个人对李德裕也颇有成见，所以当有人提出此事后，自然也不会反对。所以说围绕着《宪宗实录》的修撰问题，说到底只是一个政治问题。

121. 唐穆宗何时即皇帝位？在位共多少年？

唐穆宗李恒（795～824），宪宗的第三个儿子。贞元十一年（795）七月，生于大明宫之别殿。初名宥，封建安郡王。元和元年（806）八月，晋封遂王。元和七年（812）十月，被册立为太子，改名恒。

元和十五年（820）正月，宪宗暴卒，皇太子李恒在王守澄等人拥护下，于太极殿东厢即位，是为穆宗。继位后，耽于游猎，不以国事为意。亲信佞庸，疏远忠臣，法制无章。又加征两税与榷茶，增加百姓负担。朝中朋党之争日炽，朝外幽州、相州、镇州兵变继起，朱克融、王庭凑扰乱定、蔚、贝等州，河朔再失，藩镇割据加剧。长庆二年（822），穆宗因击球致病，遂不理朝政。宦官王守澄与宰相李逢吉相勾结，专制国事，势倾朝野，政治更加腐败。长庆四年（824）正月，穆宗病重，驾崩于寝殿，时年三十。十一月，葬于光陵，共在位四年时间。

122. 唐敬宗何时即皇帝位？在位多长时间？

唐敬宗李湛（809～826），是穆宗的长子，元和四年（809）六月生于大明宫的别殿。穆宗长庆元年（821）三月，封景王，二年（822）十二月，立为太子。

长庆四年正月二十日，穆宗疾病再次发作，二十二日，病重，于是下令让太子李湛监国。当时宦官想请郭太后临朝称制，遭到太后的拒绝。当晚，穆宗驾崩。二十六日，太子李湛在太极殿东厢即位，时年十六。

敬宗为人游幸无常，狎近小人，每月上朝不过几次，连大臣也很难觐见。敬宗擅长踢球，喜爱摔跤，于是，禁军和诸道藩镇争相进献大力士来供他游乐；同时，敬宗自己也出钱一万缗给内园栽接使，命令他们为自己招募大力士，这些大力士陪同敬宗摔跤游玩，日夜不离他的左右。敬宗为人性情急躁，身边的力士有时恃宠而骄，出言不逊，动不动就被流放没籍，宦官稍有小小的过失，动不动就遭毒打，众人既怨又怕。宝历二年（826）十二月初八，唐敬宗在夜里打猎后回到宫中，与宦官刘克明、田务澄、许文端以及踢球军士苏佐明、王嘉宪、石从宽、阎维直等二十八人一同饮酒，敬宗酒性正浓时，到房中换衣，这时大殿里的火烛忽然被吹灭，苏佐明等人乘机在房中杀死敬宗，时年十八。随后刘克明等人假传敬宗旨意，命翰林学士路随起草遗制，由绛王李悟暂时代理朝政。

敬宗自长庆四年（824）正月即皇位，宝历二年（826）十二月初八日被害，在位共有三年时间。

123. 唐文宗何时即皇帝位？在位多长时间？

唐文宗李昂（809～840），穆宗第二个儿子，敬宗李湛的弟弟。元和四年（809）十月出生，长庆元年（821）封江王，初名涵。

宝历二年（826）十二月八日，敬宗遇害，宦官刘克明等人假传敬宗旨意，命令翰林学士路随起草遗制，由绛王李悟暂时代理朝政。次日，宣布敬宗的遗制，随后，绛王李悟在紫宸殿外廊接见群臣。当时，刘克明等人还打算撤换内侍省掌权的宦官，消息一经传出，枢密使王守澄、杨辛和、神策军护军中尉魏从简、梁守谦四人随即商定，派禁军前往十六王宅迎接江王李涵入宫，同时派左右神策军和飞龙兵讨伐杀害敬宗的贼党，将他们全部斩首。刘克明逃入井中躲藏，被禁军搜出，斩首示众，绛王李悟也为乱兵所害。

十二月初十日，朝廷任命裴度兼任冢宰，主持敬宗的治丧事宜；同日，百官在紫宸殿外廊拜见江王。十一日，江王在少阳院接见禁军诸位军使。十二日，江王李涵正式即位，改名李昂，是为文宗。

文宗身为亲王的时候，就深知穆宗、敬宗两朝的弊政，因此即位以后，励精图治，革去奢侈，厉行节约；文宗又深知宦官专权为祸甚重，所以时时准备着想削除宦官势力，但是他急于求成，用人不当，甘露之变失败以后，不仅朝中大权尽归宦官所有，文宗本人也受到宦官的监视，只好整日饮酒求醉，赋诗遣愁。史载开成四年（839）十一月某日，文宗与翰林院值班学士周墀一同饮酒，问道：“朕可以和前代的哪些帝王相比？”周墀回答说：“陛下是尧、舜一类的帝王。”文宗说：“联岂敢和尧、舜相比！我问你的意思是，我是否能赶上周赧王和汉献帝？”周墀大惊，说：“周赧王和汉献帝都是最后亡国的帝王，怎能比得上陛下的大圣大德。”文宗又说：“周赧王、汉献帝不过受制于各地强大的诸侯，而今朕却受制于宦官家奴。就此而言，我实在还不如他们！”说罢泪流满面。

次年正月初二，文宗病重，不久就驾崩于大明宫的太和殿，享年三十三岁。同年八月十七日，葬于章陵。共在位十三年时间。

124. 甘露之变是怎么回事？

“甘露之变”是发生在唐文宗时期的，以李训和郑注二人为首的反对宦官集团事件。宦官专权一直是唐代中后期政治上的一大隐患与弊端，文宗的兄长敬宗就是被宦官谋害的，而文宗的父亲穆宗及文宗本人却都是由于宦官的拥立才登上帝位，所以文宗对于宦官专权的危害认识非常深刻，决心要铲除这一势力。

郑注和李训二人都是由大宦官王守澄推荐给文宗的。郑注本姓鱼，擅长医术。834年，唐文宗中风，王守澄推荐郑注诊治，由此成为文宗的宠臣。李训精通经学，中过进士，也是由王守澄荐举，被文宗认为是奇士。大和九年（835），唐文宗把自己的心事告诉了李训与郑注二人，二人都答应文宗以诛灭宦官为己任。接着，文宗任命郑注为凤翔节度使，李训为宰相，二人声威大振，杀死了包括王守澄在内的不少大宦官，当时也没人敢出来反抗。于是，郑李二人又密谋，由郑注挑选几百个凤翔兵作为亲兵，在王守澄下葬这一天，郑注带亲兵杀死全部宦官，一举消灭宦官势力。但事后，李训和他的党徒商议，认为如果这样做的话，功劳全被郑注独占，于是决定提前下手。

这年十一月三十一日，经过一番布置，文宗御临紫宸殿，百官班列。左金吾大将军韩约上奏说，金吾仗舍后石榴树夜降甘露，是祥瑞之兆。宰相和百官都向文宗表示祝贺，李训等人请文宗亲自前往观看，文宗遂派宰相及中书、门下两省官员先去察看，李训回来奏称察看结果，说似乎并不是甘露，不可急于向天下宣布。文宗不信，又派左右神策中尉仇士良、鱼弘志率领众宦官前去验证，李训急忙召新任邠宁节度使郭行余，河东节度使王璠负责诛杀宦官，王璠害怕不敢入内，郭行余受旨。但李训遣兵入宫时，只有河东兵而没有邠宁兵。

仇士良等人到金吾仗验证甘露时，看到韩约脸色大变，流汗不止，不禁十分疑惑。此时，风将帘幕吹开，仇士良发现了手执兵器的士卒，还听到兵器的碰撞声，大惊出走。守门人急于关门，被仇士良大声呵斥，没能关上。仇士良想向文宗报告事变，李训急忙唤金吾兵上殿护卫，每人赏钱一百贯。宦官见事情紧急，连忙扶文宗上轿，打断窗格逃跑，李训拉住文宗软轿不放。这时金吾兵已登含元殿，京兆尹罗立言率领三百余个士兵从东而来，李孝本率领二百余个士兵从西而来，上殿袭击宦官，杀死了十几个人。此时文宗软轿已入宣政门，李训仍不放手，他大声呼叫，被宦官郗志希打倒在地，宦官马上关上宣政门，连呼万岁，百官马上散去。

李训知道事情失败，穿上从吏的衣服骑马出逃，中书、门下两省官员都不知道发生了什么事，问王涯等人，也都说不知道。后来，仇士良知道文宗参与事变，愤怒指责，文宗既惭愧又害怕，不敢回答。仇士良于是命令关闭宫中各门，出动神策兵搜捕李训及其同党。中书、门下两省官员、金吾吏所率六百余人、各司吏所率部下及百姓商贩千余人来不及逃出去，全部被杀。宰相舒元舆、王涯，河东节度使王璠(fán)、京兆少尹罗立言及李训、郑注等人全部被捕，斩首示众，其亲戚不管亲疏，全部处决，连孩童也没能幸免。这样，由李训、郑注策划的“甘露之变”彻底失败。

经过这次事变，朝廷大权都归宦官所有。宦官压迫朝官，宰相以下的朝官都被视为仇敌，只是在一些强藩的支持下，朝官才勉强存在了下来。此事后文宗被宦官监视，只好饮酒求醉，赋诗遣愁，自称受制于家奴，比汉献帝这样的亡国之君尚且不如。

125. 开成三年宰相李石在京城遇盗受伤是怎么回事?

“甘露之变”以后，大宦官仇士良一手遮天，骄横日盛，他对上胁迫天子，向下欺凌宰相，对于自己不遂心的人，更是务必除之而后快。

“甘露之变”中，王涯等四相遇害，唐文宗起用左仆射令狐楚辅政。令狐楚认为王涯等人冤枉，于是在奉命起草诏书，宣布他们的罪状时，用语模棱两可，由此得罪了仇士良，不久就被遣往山南西道。令狐楚被排挤出朝后，文宗又提拔郑覃、李石为相。李石承“甘露之变”，人情危惧，宦官恣横跋扈，甘赴时艰，粗立纲纪，一心致力于加强皇权。同时，他敢于直言，坚持以理服人，常常在朝堂之上把仇士良反驳得张口结舌，毫无辩解的余地。因此，仇士良对李石深恶痛绝，想方设法要把他除去。但一时还找不到借口，没有办法公开打击的情况下，仇士良就暗派刺客，伺机杀害。

开成三年（838）的春天，李石骑马入朝。半路上忽然遭到仇士良派遣的刺客袭击，受了轻伤，左右侍从惊呼而散，马受惊奔回府第。不料在坊门外又有人埋伏，挥刀向李石砍来，马尾被斩断，李石幸免于死。李石料知，这件事情肯定是仇士良派人所为，思前想后，自己忘身为国，却遭到小人的嫉恨，还不如避位告退，免遭杀身之祸。终于向文宗提出要辞去宰相之位，文宗也知道他这样做的原因，但也无可奈何，只得允许他仍挂相衔出任荆南节度使。李石辞去相位，以仇士良为首的宦官集团更是为所欲为，无所顾忌。

126. 唐武宗何时即皇帝位？在位多长时间？

唐武宗李炎（814～846），是穆宗的第五个儿子。元和九年（814）六月，生于东宫，长庆元年（821）三月，封为颍王，本名瀍。

文宗本来已经立了敬宗的小儿子李成美为皇太子。开成五年（840）正月初，文宗病重，命令枢密使刘弘逸、薛季棱和宰相杨嗣复、李珏进宫，商议大事，并打算让杨、李二人辅佐太子代行皇上职权，处理朝政。时左右神策军护军中尉仇士良、鱼弘志考虑到当初立太子时，自己没有一点功劳，恐怕将来吃亏，于是上言说：皇太子年纪太小，而且身体有病，建议将他废除，重立一个太子。李珏说：“皇太子地位已定，怎么能够轻易改变！”但仇士良和鱼弘志二人不顾反对，假称文宗的诏令，立颍王李瀍为皇太弟，代理国政，而太子成美年幼，仍将他封为陈王。

当日，仇士良、鱼弘志率领禁兵到十六王宅，迎接颍王李瀍到少阳院居住。百官在思政殿拜见了李瀍。正月初四，文宗驾崩，朝廷任命杨嗣复兼任冢宰，主持丧事。接着，仇士良又劝说皇太弟李瀍下令赐杨贤妃、安王李溶及陈王成美自尽；凡教坊乐工以及曾经被文宗宠信的宦官也都相继被诛杀或贬逐。十四日，李瀍即位，是为唐武宗。

武宗为人深沉刚毅，喜怒不形于色。在位期间，重用宰相李德裕，稍抑宦官之权；同时又大力毁佛，增加了政府的收入，使朝中形势有所好转。但武宗本人也喜好神仙之术，喜欢服用金石药物，脾气日益暴躁，身患重病，不能治愈，终于会昌六年（846）三月驾崩，享年三十三岁，共在位六年时间。

127. 唐武宗有儿子？为什么武宗死后其子没有继承皇位？

唐武宗共有五子：即杞王李峻，开成五年（840）封王。益王李岘、兖王李岐、德王李峄、昌王李嵯，皆于会昌二年（842）封王。

唐武宗于会昌六年（846）二月病重，口不能言，宦官们为了继续专擅朝政，以皇子年幼为由，遂立光王李怡为皇太叔，并改名李忱。李怡是唐宪宗的儿子，当年宪宗平定浙西李锜叛乱后，见李锜妾郑氏貌美，遂纳入宫中，生光王李怡。李怡童年时不大聪明伶俐，宫中人都以为其是弱智。长大以后，更加沉默少语，与诸王游，从不说话。他虽然是文宗与武宗的叔父，但是这两人却经常开他的玩笑，尤其武宗更甚。正因为这样，所以宦官们才置武宗之子于不顾，而愿意立光王为帝，因为这样便于控制。武宗死后，光王正式即皇帝位，是为宣宗。直到这时人们才知道皇帝是一个非常聪明能干的人，以前的样子不过是掩人耳目的韬晦之计罢了。

128. 唐朝是如何平定昭义镇刘稹叛乱的？

唐武宗会昌三年（843）四月，昭义（又名泽潞，治所潞州，今山西长治）节度使刘从谏病重。他这个节度使本来就是从父亲刘悟手中继承而来的，已历经敬宗、文宗、武宗三朝，还想效法河北诸镇，世代相袭下去，于是就和手下的将领、幕僚商议，叫他们拥立自己的侄子刘稹继位。不久，刘从谏去世，大将郭谊、孔目官王协秘不发丧，拥立刘稹权领军务。刘稹听从王协的计策，逼迫朝廷监军奏称刘从谏疾病，请求任命刘稹为留后，授予节钺。宰相李德裕一向痛恨藩镇割据，独排众议，主张坚决打击刘稹，收复昭义镇。同时提出刘稹叛乱，主要依恃河北三镇的援助，只要成德、魏博两镇按兵不动，刘稹势单力孤，就难有作为；如果朝廷委任两镇攻打邢、洺、磁三州，并允许重赏将士，两镇权衡利害，可能听从朝命。最后李德裕还表示，如果师出无功，完全由他一人担当。唐武宗采纳李德裕的建议，决心讨伐刘稹。

会昌四年（844）七月，刘稹的心腹大将高文端投降朝廷。李德裕召问昭义镇的情况，高文端告知军中缺粮，并且详细汇报了刘稹军队防守虚实情况和地形状况，又说大将王钊虽然率领重兵防守洺州（今河北邯郸），但向来与刘稹不和。李德裕于是决定派成德节度使（今河北正定）王元逵与王钊联系，设法联合攻打刘稹，并许诺王钊，事成后给予重赏，升任节度使。

刘稹本就年轻，加上性情懦弱，平日全仗押衙王协、宅内兵马使李士贵裁决军务。他们聚财敛货，克扣将士的奖赏，军中怨声载道，人心不齐。将军刘溪尤其贪暴，他在邢州私自扣押富商，引起极大民愤。刘稹的舅父裴问劝阻再三，刘溪不仅不听，还出言不逊。裴问非常恼怒，和刺史崔嘏密谋杀死刘溪及其亲信，向朝廷投降。这时王钊和磁州刺史安玉也先后投降朝廷，昭义的核心地带山东三州也全部投诚，昭义镇治所所在地潞州危在旦夕。刘稹听到这个消息后大惊失色，大将郭谊、押衙王协见形势急转直下，便密谋杀死刘稹，立功投降以求自保。

十一月，郭谊、王协用计使刘稹解除了堂兄中军兵马使兼押衙刘匡周的兵权，又派刘稹的贴身侍卫董可武劝他投降。刘稹竟然听从了董可武的劝告，任命郭谊为都知兵马使。次日，郭谊、王协就诛杀了刘稹和全族大小及亲信几家，然后将刘稹的首级与降书送给招讨使王宰。捷报传到长安，宰相入殿庆贺。武宗问："郭谊这个人该如何处置?"李德裕说："刘稹是个呆小子，阻兵拒命，都是郭谊的主张。等到刘稹势孤力单，郭谊又卖主求荣。这等恶人不诛，怎么惩恶!"武宗深以为然，派河中节度使石雄带七千人开进潞州，设计擒获郭谊、王协等几十人，九月送到京城斩首。接着，武宗又任命卢钧为昭义节度使，卢钧入潞州厚抚百姓，昭义镇五州三十一县统辖于朝廷，人情大安。历时十三个月的刘稹之乱，至此彻底平定。

自对刘稹用兵以来，李德裕还经常告诫河北三镇使者，要三镇自奉忠义，为朝廷立功立事，不要再自求官爵，于是三镇也不敢再有异志。李德裕平定昭义，朝廷的权威得以恢复，巩固了大唐的统一，防止了分裂局面的扩大。至会昌五年（845）时，出现了比"元和中兴"

还要兴盛的局面。

129. 唐武宗为什么要削去大宦官仇士良的所有官爵并籍没家产？

仇士良（782～844），字运美，循州兴宁（今广东兴宁）人。顺宗时担任太子侍从之职，太子（即唐宪宗）即位后，仇士良历任诸镇监军、内外五坊使。太和九年（835），又被文宗任命为神策左军中尉。“甘露之变”失败后，仇士良的权势更大，他大肆谋害朝臣，挟制文宗。开成五年（840）正月，文宗病故，仇士良拥立颍王李炎为帝，是为武宗。此后，仇士良借拥立武宗，恃权仗势，更加无所忌惮。文宗一死，他不但建议武宗把被废的太子杀了，而且还把文宗宠信的杨贤妃和一度想当太子的安王李溶处死。随后，又将曾被文宗宠信的乐工及内侍，或贬或杀，尽数除去。同时，又劝说武宗将宰相杨嗣复、李珏免职，将枢密使刘弘逸、薛季稜赐死，来巩固自己的权位。

武宗为人刚毅善断，而且喜怒不形于色，他表面上尊宠仇士良，内心却十分厌恶。为了抑制宦官势力，他召淮南节度使李德裕入朝拜相，贬李宗闵、牛僧儒及其党羽，一时形成了李党独掌朝政的局面。皇帝善断，宰相得力，朝臣协心，宦官弄权的机会就大大减少了。仇士良察觉到武宗对他的厌恶之情后，很是懊恼，没有想到自己拥立的皇帝却在疏远自己。他也曾想扭转危局，借机煽动禁军起来攻击宰相李德裕。会昌二年（842），仇士良借给武宗上尊号之机，宣称宰相削减禁军衣粮等供应，以激起军士对李德裕的怨恨。同时还公开对左右神策军说：“削减衣粮的事情是真的，可以到宫廷去请愿。”禁军将士大有骚动之势。李德裕将这一情况及时报告武宗，武宗马上派使者到神策军中宣布：“赦令是我的主意，与宰相无关，你们怎敢说这话？”军士们听后情绪才逐渐安定。

仇士良见阴谋不能得逞，又深知武宗对他的厌恶，为避开斗争锋芒，免遭杀身之祸，于是在会昌三年（843）上表请求散秩，武宗任命他为内侍监、知内侍省事。接着又提出告老还乡，武宗顺水推舟，允其所请。离任时，仇士良还不忘将他的邀宠之术教给亲信们，他说：“想要把皇帝控制在手里，就千万不能让他闲而无事。要经常用奢靡乐舞游戏使他开心，让他无暇顾及政事，然后你们就可以为所欲为了。千万不要让他读书，亲近儒生，否则他就会了解前代兴亡之事，疏远你们。”

但是天网恢恢，疏而不漏，会昌四年五月，与仇士良有宿怨的宦官在他家中搜出数千兵杖，武宗因此下诏削夺他的官爵，籍没他的家资，得到的金银珠宝，绢帛匹缎，不计其数。仇士良由此势力大挫，六月，忧郁而死，终年六十三岁。

130. 唐武宗为什么要推行“灭佛”政策?

佛教在隋唐时期非常盛行。唐武则天出于政治需要，广修佛寺，大造佛像，耗资甚巨；中宗时，韦后、安乐公主及朝妃贵戚也竞相崇饰寺观，度人为僧；玄宗在位时虽曾一度裁汰僧尼，整顿寺院，但安史之乱以后，社会动荡，统治者更是大力提倡佛教。肃宗、代宗朝在宫中设置道场，宰相元载、王缙、杜鸿渐也都好佛，他们不仅到处兴建寺院，还对皇帝讲些因果报应的事，甚至在上朝时也经常谈到佛事，弄得政事日益紊乱。有唐一代还多次为迎送佛骨而兴师动众，大事铺张。宪宗时为去凤翔法门寺迎佛骨，使长安城举城若狂，百姓之中甚至有人焚顶烧指，唯恐落于人后。

这样的情形到唐后期日益严重，武宗时祠部的统计数字表明，当时全国有寺院四千六百所，小寺院四万所，僧尼二十六万五百人。遍设各地的寺院不仅占据了大量的良田美地，而且也利用他们的免租特权，影庇了众多的人口，当时除了富户多丁，削发避役，将寺院当成最好的庇护之所外，很多贫苦百姓为了不纳赋税，也投靠依附寺院，成为寺院的寺户或佃户，为寺院提供无偿的劳动，使寺院经济大为发展，而封建政府的纳税人却日渐减少，加重了唐后期钱重货轻的矛盾。

武宗即位以后，深切感到佛寺和僧尼众多耗蚀天下，对国家财政也影响极大。会昌三年（843），唐廷对泽潞用兵，军费开支紧张，而关东、河中等地又连年发生蝗灾，在这种情况下，冲击佛教寺宇，没收僧尼财富，就成为当时较为可行的一个途径；加上武宗本人原本就倾向于道教，在道士赵归真的鼓动与宰相李德裕的支持下，就决心灭佛。

他首先下敕，没收僧尼的私人钱物田庄，减少僧尼所畜奴婢的数量。会昌三年（843），长安左右两街勒令还俗的僧人共三千四百余人。“灭佛”之举在会昌五年（845）达到高潮，其年八月，朝廷下敕省并天下佛寺，规定长安、洛阳两街各留两寺，诸道节度观察使治所及同、华、商、汝等州各留一寺，并将寺院分为三等，上等留僧人二十人，中等留十人，下等五人；其余二十六万余僧尼并勒令还俗，以充两税户，还有寺院的十五万奴婢，以及人数超过僧尼笄冠一倍，投附寺院充使令的良人（即寺户百姓等）也同时放为两税户。除了上述应留寺院外，四万四千六百余所大小寺院均限时日予以拆毁，同时派遣御史分道督察，寺院财产也没收充官。

武宗“灭佛”的举动获得了很大成功，大批寺院迅速毁废，唐朝政府也在这次“灭佛”中获得了不少财政收入，并借助它消灭了企图割据泽潞的刘稹。此外，这次运动波及江南、岭南，影响很大。佛教史上将此次“灭佛”与北魏太武帝拓跋焘、北周武帝宇文邕以及后来的后周周世宗柴荣等所主持的“灭佛”运动，称为“三武一宗”之祸。

131. 如何评价唐宣宗的功过?

唐宣宗李忱（810～859），是唐宪宗的第十三子，其母郑氏，出身低贱。李忱在宪宗时被封为光王，居住在十王宅。李忱孩童时，性格迟钝，成人后也不言不语，宫中之人都以为他是一个痴子。因此唐文宗、唐武宗都对他们的这位叔父很不礼貌，尤以武宗为甚，经常拿他取笑。会昌六年（846），武宗驾崩，左神策中尉马元贽等大宦官认为李忱迟钝，便于控制，遂拥立他为皇帝，史称唐宣宗。宣宗即位后，在政治上较有作为，在位期间，宦官的势力得到了抑制，这时大家才知道他以前的所作所为都是假装的，其实他是一个很有主见的人。

唐宣宗即位时，已经三十六岁了，是一个比较成熟的政治家。他早年曾装作平民，游历于江淮间，寻访名山禅院，因此了解一些民间疾苦。即位后他首先将宰相李德裕贬出朝廷，任命翰林学士白敏中为宰相，将大权牢牢地控制在自己手中。在对外方面，他出兵进攻吐蕃，利用吐蕃内乱，很快攻取了原州、安乐州、秦州以及石门等三州七关之地，即今甘肃东部及宁夏中卫一带。同时鼓励当地百姓开垦土地，发展生产，由官府拨给耕牛及种子，五年不征租税，促进了当地的生产发展。接着又攻取了吐蕃军事重镇维州（今四川汶川西北），取得了对吐蕃的战略主动地位。大中五年（851），张义潮驱逐吐蕃人，占据了沙州（今甘肃敦煌西），接着又陆续攻占了瓜、伊、西、甘、肃、兰、鄯、河、岷、廓等十州，并将这十一州图籍进献于唐朝，至此唐朝又恢复了对河湟地区的统治。唐宣宗在沙州置归义军，以张义潮为节度使。此外，宣宗统治时期，唐朝的经济情况也有了较大的好转，财政收入有了一定的增长。宣宗还减少宫中用度，释放宫女五百人，放五坊鹰犬，中止营建宫室，疏理狱中囚犯。他还勤于政事，关心民间疾苦，对待臣僚如同宾客一般，礼遇有加，从谏如流。他对自己的子女管得也很严，万寿公主下嫁起居郎郑颢后，郑颢之弟患病，宣宗派人探视，使者回来后，宣宗问公主何在？回答说："在慈恩寺观戏。"宣宗大怒，说怪不得士大夫家不愿与我家为婚，原来是因为这个原因。遂把公主召入宫中，严加谴责。从此皇室贵戚之家都不敢再违背礼法。

唐宣宗在位共十三年，在他的治理下，社会稳定，生产有所发展，故人称他为"小太宗"。但是他尊崇佛教，即位不久就下诏恢复佛教，从此天下重建佛寺的工程便大规模地开展起来，不但浪费了大量的社会财富，而且使武宗"灭佛"的成果毁于一旦。大中十三年（859），他死于长安咸宁殿，终年五十岁。

132. 唐宣宗与太后郭氏的关系如何？

宪宗懿安皇后郭氏，是唐中兴名将汾阳王郭子仪的孙女。她是宪宗的贵妃，在穆宗、敬宗、文宗、武宗、宣宗五朝为皇太后，"福寿隆贵"数十年。

唐武宗死后，宦官迎立唐宣宗即位。唐宣宗是宪宗的儿子，生母是郑氏。郑氏原是郭氏的侍女，曾经为了争宠，两人闹过不快。因为宣宗生母出身低微，加上有些旧怨，所以宣宗对出身高贵、享尽荣华富贵的皇太后郭氏就开始有了偏见，自然在供奉和礼节方面比前朝要差了很多。郭太后觉察出了这种变化，加之宣宗不是自己亲生的儿子，因此心中郁郁寡欢。有一次，郭太后受到了一些慢待，心中愤愤不平，就与两个侍女登上勤政楼寻机要跳楼自杀，幸亏左右反应快，才幸免于难。这个事情虽然就这样过去了，但闹得沸沸扬扬，更加拉大了太后与皇帝之间的距离。宣宗闻知后很不高兴，大发雷霆，当天晚上郭太后突然暴毙身亡，死因不明，有人怀疑与宣宗有关。

郭太后死后，宣宗不顾礼官的强烈反对，坚决不把她和宪宗合葬，只安葬在宪宗景陵的外园，连神主牌位都不让放进宪宗的宗庙里。由此多少可以看出郭太后和唐宣宗之间的矛盾有多么深。直到唐懿宗咸通年间，宪宗懿安皇后郭氏的神主牌位才放进宗庙，摆到宪宗牌位的旁边。

133. 唐懿宗何时即皇帝位？在位多长时间？

懿宗李漼（833～873），宣宗长子。会昌六年（846）十月，封郓（yùn）王，本名温。大中三年（859）八月，唐宣宗因为笃信神仙，服用医官李玄伯、道士虞紫芝、山人王乐等配制的仙药，祈求长生不老，却导致背部生疽而亡。宣宗生前喜爱三子夔王李滋，有心立为太子，临终前，他密召枢密使王归长、马公儒、宣徽南院使王居方，令三人立夔王为太子。当时，左神策军中尉王宗实与王归长等三人不和，三人曾想派他外任淮南监军使，以免他从中阻拦，但被他识破用心，并反被叱责矫诏不法。宣宗于八月七日去世，王宗实九日下诏立宣宗长子郓王温为皇太子，摄理国政，并改名漼。因此，真正的宣宗遗诏反而得不到承认，而王归长、马公儒、王居方三人立即被处死。八月十三日，李漼即位，是为唐懿宗，懿宗即位后马上升王宗实为骠骑大将军。

懿宗崇信佛教，在位期间，广修寺庙，尊崇僧尼。咸通十四年（873）七月，懿宗驾崩于咸宁殿，享年四十一，共在位十四年时间。

134. 唐懿宗迎佛骨是怎么回事？

唐懿宗生平笃信佛教，在位期间，广修寺庙，崇奉僧侣，花费巨大。咸通十四年（873）三月二十九日，懿宗派了许多中使到法门寺去迎接佛骨。当时朝中大臣极力规劝懿宗，说迎接佛骨一事劳民伤财，而且宪宗就是因为亲迎佛骨而驾崩的，但懿宗都不予采纳，声称能见到佛骨就是死也无憾了，并下旨大造浮图、宝帐、香辇、幡花、幢盖，分别用金玉、锦绣、珠翠予以装饰。懿宗迎接佛骨的场面可以说是盛况空前，从法门寺到京城三百里的路上，人马车辆络绎不绝。四月八日，佛骨到达京城，受到了隆重的迎接。由禁军兵仗仪卫队作先导，伴以官方及民间音乐，数十里内以彩棚夹道，念佛诵经的声音震天动地，当时的帝王祭祀天地祖先以及宪宗元和迎接佛骨的仪式都无法与它相比。

佛骨到达长安之后，懿宗亲自到安福门向佛骨顶礼膜拜，并按佛教仪式举行了浩大繁杂的祭奉活动，各州及少数民族地区，以及外国使节都有很多人参加，在京城的僧侣和曾亲眼见到宪宗元和年间迎佛骨盛况的老人都得到非常丰厚的赏赐。仪式完毕之后，懿宗下令将佛骨迎入宫中，并在三天后将佛骨安置在安国崇化寺。为了庆祝这一盛事，懿宗还下旨从国家的银库中拨出大量金帛赐赏给大小官吏，并赦免了大批囚犯。十二月八日，在举行了隆重的佛教仪式之后，佛骨被送回法门寺。

懿宗迎佛骨的活动耗费了大量的国家资财，对唐后期日渐紧张的财政状况来说，无疑是雪上加霜，从而导致了百姓负担的加重，激化了社会矛盾。

135. 咸通年间唐朝在安南的战争结局如何？

安南，治所交州（今越南河内），在文宗到懿宗时期，唐政府为了巩固西南边疆，和南诏发生了多次战争。由于唐政府策略正确，指挥得当，从而成功地挫败了南诏的侵扰，巩固了边疆。

南诏王异牟寻在德宗时期，为摆脱吐蕃的役属，表示愿意归附唐朝，双方和好后，南诏配合唐军，连连击败吐蕃的大军，并生擒其大相论莽恐。此后南诏连年向唐廷朝贡，到宪宗元和三年（808）十二月，异牟寻去世，唐政府于次年正月派遣使者前往吊唁，并册立他的儿子寻阁劝为南诏王，赐“元和册南诏印”，双方关系一直比较正常。后来在敬宗统治的数年中，唐廷政治腐败，边疆地区的防备逐渐松弛，南诏开始有轻唐之心。文宗统治期间，南诏乘虚攻入西川，被唐军击退后，文宗于太和四年（830）十月，下诏以义成节度使李德裕为西川节度使。李德裕在西川潜心经营，发展生产，加强兵力，南诏开始有所忌惮。

唐宣宗时，安南都护李涿（zhuō）为政贪暴，引起当地民众的愤怒，遂于大中十二年（858）导引南诏侵扰安南。次年，南诏王丰祐死，他的儿子酋龙继位，唐政府因为他没有遣使告丧，名字又和唐玄宗（李隆基）相近，所以不行册礼。酋龙于是自称皇帝，改国号为大理，改年号为建极，并派兵攻陷播州（治今贵州遵义）。

懿宗咸通元年（860）十月，安南都护李鄠（hù）擅自统兵越境收复播州，致使安南空虚，没有防备。当地土著乘机导引南诏兵三万人前来偷袭，趁虚攻占了交州。李鄠率军逃入武州（位今广西宜山境内），聚集当地土军反攻，收复交州。朝廷对李鄠的失守很不满意，不顾他已经将功补过，把他流放到崖州（今海南琼山东南）。

南诏退出安南后，转而又攻占了邕州（治今广西南宁）。咸通三年

（862）三月，再度进攻安南。中央派蔡袭为安南经略使，征发许、滑等八道兵共三万人防守安南。南诏军撤走，等到冬季安南瘴害较轻，又发动五万大军前来进攻，围困交州。蔡袭兵力薄弱，连连向朝廷告急。唐廷于是调兵五万开往邕州，归岭南西道节度使郑愚指挥，援救安南。时岭南东道节度使韦宙上奏，认为如果急于出兵安南，南诏将乘虚袭取邕州，断绝唐军的粮道，如此，则后果不堪设想。于是，唐廷命令郑愚分兵防御本道，不再向交州增援，并下令让蔡袭移兵屯守海门镇（今越南海防西北）。由于蔡袭被困交州，无法向海门转移，兵力寡少，难以持久固守。咸通四年（863）正月，南诏攻陷交州，蔡袭徒步力战，负伤溺海而亡，部下四百人也全部战死，交州再次落入南诏人之手。六月，朝廷废去安南都护府，将行署设在交州。七月，又在海门镇恢复安南都护府，任命宋戎为经略使，镇守安南。

咸通五年（864），唐廷任命高骈为安南都护、本管经略招讨使，前往对付南诏。监军李维周嫉恨高骈，在准备不充分的情况下屡次催促高骈向南诏出兵，高骈无奈，率领五千人渡水进军，并约定李维周发兵接应，但李维周不仅按兵不动，还上奏称高骈胆怯不前。懿宗闻奏大怒，派右武卫将军王晏权代替高骈的职务，并召高骈返回京师。但在这一月，高骈已在交州城郊大破南诏军，并包围了交州，正准备破城的时候，高骈收到王晏权的牒文，他已经和李维周前来交州，高骈只好把兵权交给监阵敕使韦仲宰暂管，自己带领百余亲兵北归。但王晏权与李维周二人领兵不力，而先前，韦仲宰和高骈派人携表入京上奏的安南战况也得奏于懿宗，懿宗大喜，将高骈官复原职。高骈到达海门时，接到朝廷诏命，于是又返回交州前线，率领众将士奋力进攻，很快克城，斩首三万余级。唐军收复交州以后，高骈又击败了归附南诏的当地武装，重新平定了安南。十一月，唐廷在安南设立静海军，任命高骈为安南节度使。

136. 唐僖宗的统治情况如何?

唐僖宗李儇（xuān）（860～888），是唐懿宗的第五子，其母王氏。他在孩童时就被封为普王。咸通十四年（873）七月，懿宗病重，左右神策中尉刘行深、韩文约立他为皇太子。几天后，其父死，他即皇帝位于柩前，时年十二岁。

由于僖宗年幼，所以委政事于枢密使、神策中尉田令孜，呼其为

“阿父”。田令孜利用这个机会专权擅政，招权纳贿，任命官员及赐绯紫，皆不报告皇帝，全由自己做主。僖宗好骑射，击剑、算术，至于音律、赌博、斗鸡、蹴鞠等无不精妙，他曾经对人说：“朕若应击球进士举，一定是状元”。正因为僖宗不理政事，国家大事全由田令孜做主，致使朝政日非，政治黑暗。比如川蜀地区是唐朝的一个经济命脉所在地，地位十分重要。僖宗听从田令孜的意见，将西川节度使崔安潜换掉，另以田令孜之兄陈敬瑄为西川节度使。崔安潜在西川时，治理情况尚好，社会稳定，百姓也能安居乐业，但陈敬瑄到任后，蜀人的剥削量很快就加重了，且统治残暴，致使百姓不堪忍受，纷纷发动起义。这一历史时期政治黑暗，贪官污吏横行霸道，赋税繁重，百姓不堪忍受，终于爆发了王仙芝、黄巢领导的农民起义，并将唐僖宗赶出了长安，逃往西蜀。黄巢失败后，他回到长安，但城内荆棘满地，狐兔纵横，已经残破不堪了。不久，田令孜与河中节度使王重荣争夺安邑、解县盐池，双方发生冲突，田令孜调集大军进攻河中，王重荣联合河东节度使李克用，大败官军，并进逼京城，田令孜伙同僖宗只好再次逃出长安，先逃到凤翔、宝鸡，后又逃到兴元（今陕西汉中）。田令孜自知不为藩镇所容，假称有病，自任西川监军使，跑到其兄陈敬瑄处去了。权力遂转移到另一个大宦官杨复恭手中。光启二年（886），关中的一些藩镇拥立嗣襄王为皇帝，唐僖宗的处境更加尴尬，但也无可奈何。由于嗣襄王是唐皇室的远亲，没有号召力，李克用等举兵讨伐，嗣襄王逃到河中，被王重荣杀害。于是僖宗才于光启三年三月，由兴元回到凤翔，因长安残破，只好暂住在这里，等待修葺宫室。文德元年（888）二月，僖宗患病，从凤翔急返长安，三月便死去了，终年二十七岁。

137. 嗣襄王李煴事件是怎么回事?

“安史之乱”以后，朝廷的财赋供给都仰仗江南地区。唐末农民起义爆发后，黄巢转战各地，使这一地区也逐渐被地方藩镇占据，不再向朝廷进贡赋税，首先为了争取财赋来源，中央政府与方镇之间不可避免地发生矛盾，从而招致唐末政局更加动荡，嗣襄王李煴（yūn）事件就是在这种社会背景下发生的。

黄巢起义失败后，唐僖宗于光启元年（885）三月回到长安。在此之前，安邑、解县两盐池的税利是由河中节度使王重荣收取的，但神策中尉田令孜为了满足军费开支的需求，想要夺回这两个盐池的税利，由自己兼任两池榷盐使。王重荣再三争辩，田令孜便调王重荣为泰宁节度使，王重荣自以为有收复京师之功，却被田令孜所排挤，拒绝调任，并向朝廷上表，历数田令孜的十大罪状。田令孜于是联络邠（bīn）宁节度使朱玫、凤翔节度使李昌符，和王重荣对抗。十月，田令孜下令让朱玫、李昌符攻取河中，王重荣向李克用求援，李克用领兵前来相救，双方在沙苑（今陕西大荔东南）会战，结果官军战败。李克用遂上表请求诛杀田令孜及朱玫、李昌符三人，僖宗下诏和解，但李克用根本不听。十二月，李克用率大军进逼京城，田令孜大为惊恐，力劝僖宗再奔兴元，僖宗不答应，于是田令孜劫持僖宗逃往宝鸡，皇宫卫士只有百余人随驾。这时朱玫和李昌符二人见形势不妙，遂倒戈相向，转而与李克用、王重荣和好。大部分朝官都憎恨田令孜，不愿前往宝鸡。

为了夺回皇帝，邠宁、凤翔两镇节度使发兵追赶，田令孜带领僖宗及宰相孔纬、杜让能等逃往兴元。就在这个时候，朱玫俘获了因病而行动不便的肃宗玄孙嗣襄王李煴，并将他带回凤翔，李克用则回军河东。二月，王重荣、朱玫、李昌符再次奏请僖宗诛杀田令孜，僖宗下诏加王重荣应接粮运使一职，让他调集本道十五万斛粮食以供国用。对此，王重荣上表声称不诛田令孜则拒不奉诏。四月，朱玫即以田令孜在僖宗左右无法去除为由，逼凤翔百官奉襄王李煴监军国事，朱玫自兼左右神策十军使，率领百官迎接襄王回到京师长安。

十月，襄王在长安正式即帝位，年号建贞，遥尊李儇为太上元皇帝，朱玫自加侍中、诸道盐铁、转运等使，独揽相权。又大肆拜封官职，取悦地方的藩镇，派遣使臣宣谕江淮诸道，约有十分之六七的官吏接受了任命。

朱玫的立帝揽权之事又激起王重荣、李昌符及李克用的憎恨，转而合攻朱玫。此时田令孜也深知自己为天下所难容，便将左神策中尉之职让与杨复恭，自己出为西川监军使，到成都依附同母弟西川节度使陈敬瑄去了。杨复恭传檄关中，声称有谁拿到朱玫首级的，就赐他静难节度使之职。当时朱玫的部将王行瑜与神策都将李茂贞作战，连连败退，生恐朱玫怪罪，于是率兵擅自回到长安，杀了朱玫及其党羽数百人，嗣襄王李煴投奔河中，被王重荣所杀。文德元年（888）二月，僖宗终于又回到了京师长安。

138. 沙陀归顺唐朝对黄巢的起义事业有何影响?

僖宗乾符五年（878）五月，沙陀李国昌、李克用父子连兵反唐，杀死唐监军使，兵败后奔走鞑靼（dádá）部落避难。

广明元年（880），黄巢大军攻入长安，建立大齐政权，僖宗逃往成都，伺机反扑，同年二月，代北监军陈景思统率沙陀酋长李友金及萍葛、安庆、吐谷浑各部攻打长安。时绛州刺史沙陀人瞿稹与李友金在代北招募了三万余名士兵，这些兵士都是北方杂胡，骠横强悍，瞿稹与陈景思根本没有办法统领，陈景思于是向僖宗上书，请求赦免李国昌、李克用父子，委任李克用为元帅，来统领沙陀兵士，抗击黄巢军队。中和元年（881）三月，僖宗同意了陈景思的建议，并派遣李友金赶赴鞑靼，迎接李氏父子。同年五月，李克用奉诏，亲率五万大军进入中原，讨伐黄巢军队，不久即攻占忻、代两州，次年又攻占蔚州，接着率兵四万前往河中。

中和二年（882）十一月，唐廷任命李克用为雁门节度使，李克用接受唐政府“击巢自赎”的条件，率领三万五千沙陀兵赴河中参战。次年正月，李克用在沙苑大败黄巢的弟弟黄揆所率的军队，旋即进军乾阬，并与河中、易定、忠武等军联合，大败尚让统领的十万大军，在良田坡杀死几万义军。唐廷又任命李克用为东北面行营都统。然后，李克用围攻华州，大败尚让援军，三月占领华州。四月，李克用会合忠武、河中等军队一起围攻长安，在渭桥展开大战，击溃义军。黄巢率军焚毁宫室，放弃长安退守蓝田，又逃到河南。李克用因收复长安的大功，被授为同平章事和河东节度使，李国昌为代北节度使。

后来黄巢、尚让等攻打汴州，朱温等人向李克用求援。李克用击溃黄巢军队，杀万余人，黄巢军队溃散。尚让率领葛从周等投降，李克用追击黄巢，黄巢走投无路，最后被其外甥林言杀害，用来邀功。

可见，李克用的重新起用，沙陀军队的参战，大大地增强了唐政府的兵力，改变了双方力量的对比，对黄巢的起义事业予以了决定性的打击。

139. 上源驿事件是怎么回事？对唐末的政治局势有什么影响?

上源驿，是汴州（今河南开封）城里一座讲究的驿馆。公元884

年五月，这里发生了一场断杀，竟然影响到五代时期的政治格局。

唐末黄巢义军攻入长安后，僖宗任命李克用为雁门以北行营节度使，借用沙陀兵来镇压农民军。中和三年（883），李克用击败黄巢，收复长安，功居第一，僖宗遂以李克用为河东节度使。四年（884），黄巢退入河南，想要攻打汴州，朱全忠（即朱温）兵力薄弱，于是向李克用求援，李克用领兵击败黄巢，朱全忠将他视为上宾，请他入城，安排在上源驿留宿。

朱全忠是一个胸怀大志，且阴险狡诈的人物，他见唐朝的统治已经分崩离析，天下大乱，就打算做一番大事业，从而不满足于现在的节度使地位。他见李克用擅长用兵，且沙陀军队战斗力极强，知道将来与他争夺天下的必是此人，于是便不顾道义，想利用这次机会杀死李克用，铲除后患。当夜，朱全忠大摆酒宴，连连向李克用等人劝酒。入夜，李克用及其侍卫都喝得酩酊大醉，呼呼入睡，朱全忠乘机发兵，围攻上源驿馆。李克用烂醉如泥，一点都不知道门外十几个亲兵正与朱全忠的士兵格斗，幸亏侍者机敏，将烛火吹灭，把李克用拉入床下，用凉水将他浇醒，悄声告诉他事情有变，李克用此时方挽弓而起。不一会儿，驿馆四处起火，浓烟袭人，势已燃眉，正在这个时候，天降大雨，李克用乘着天黑雨大，越墙突围，只身逃回大营，三百个侍卫，全部战死。

此后，李克用与朱全忠结成深仇，相互攻伐，战争绵延三十年之久。朱全忠利用朝官反对宦官，李克用则利用宦官反对朝官，都想达到控制朝廷的目的。两人之间的争夺，加剧了朝中南衙、北司的冲突，使整个局面更加混乱。直到五代时期，李克用之子李存勗继续与朱梁为敌，并最终将其灭亡。

140. 唐昭宗何时即皇帝位？共在位多长时间？

昭宗李晔（yè），懿宗第七子，封寿王，初名杰。僖宗于文德元年（888）二月，自兴元重回长安后，不到一月的时间，就一病不起，神策十军观军容使杨复恭请立皇弟寿王杰，僖宗于是下诏立李杰为皇太弟，摄理军国大事。右军中尉刘季述派兵前往十六王宅迎接李杰，迁入少阳院居住。僖宗驾崩，李杰即帝位，改名敏，是为昭宗。次年正月，改元龙纪，不久，又改名晔。

史载昭宗身体健壮，仪表伟岸，精明强干，有英武气概，喜爱文史。他深感僖宗时皇帝威信不振，朝廷地位日益低下，颇有恢复从前功业的大志，所以平时能够尊贤重能，登基不久，朝廷内外的政事就颇有起色。但是唐朝到了这时已经衰弱不堪，外有方镇干政，内有朋党之争与宦官专权，积重难返，整个唐廷实际上已经名存实亡，个人根本没有办法力挽狂澜。天复三年（903），昭宗虽然借方镇之力尽诛宦官势力，但唐朝天下也被藩镇分割殆尽。

随着朱全忠势力的逐渐强大，他的野心也日益膨胀，为了更进一步地控制唐廷，便强迫昭宗迁都洛阳。天祐元年（904）八月，朱全忠派遣其谋士李振到洛阳，与枢密使蒋玄晖、左右龙武统军密谋，由蒋玄晖选龙武牙官史太等百余人进入宫中，趁昭宗酒醉将他杀害。另立辉王李祚为皇太子，更名柷，监军国事，不久即皇帝位，史称“唐哀帝”。唐哀帝只不过是一个傀儡，唐朝已经名存实亡。昭宗自僖宗文德元年三月即位，到天祐元年八月被弑，共在位十六年之久。

141. 唐昭宗为什么被宦官所废？结局如何？

光化三年（900）夏，唐昭宗因为无法忍受枢密使宋道弼与景务修的专横跋扈，于是与宰相崔胤秘密谋划铲除朝中的宦官势力，双方都结交强藩，斗争十分激烈。崔胤倚仗朱全忠的全力支持，控制了朝政，将宋道弼、景务修二人流放外地，不久又将他们诛杀。而昭宗在华州历经艰辛，终于逃脱韩建的控制，回到长安后，变得精神恍惚、抑郁不乐，他纵情酒色、喜怒无常，使得左右侍从人人自危。面对压力，朝中残余的宦官大都恐惧不安，人心思变。于是神策军两中尉刘季述、王仲先与两枢密使王彦范、薛齐偓商量说：“主上轻浮而且狡诈，难以伺候；朝政也被宰相所控制，宰相早晚是要除去我们的。不如立太子为皇帝，尊主上为太上皇，外引李茂贞和韩建为援，这样我们才能高枕无忧！”宦官在暗中谋划废立之事，而昭宗却并未发觉。

这年十一月，刘季述等宦官首领乘昭宗酒醉，率近卫兵千人闯入皇宫，囚禁了昭宗，同时假传诏令，拥立太子李裕即皇帝位，并改名缜。宰相崔胤害怕被杀，未敢轻举妄动，赶忙致书朱全忠，请求援助。朱全忠闻讯后犹豫不决，于是召属下僚佐商议。天平节度副使李振力劝道：“王室有难，这是主公成就霸业的好时机啊！刘季述只不过一个宦官，竟敢囚禁废黜天子。您如不讨伐，又如何号令诸侯呢？”朱全忠大悟，立即派遣亲信蒋玄晖赶往京师，与崔胤密谋策划。深知宦官虚实的崔胤充分利用其内部矛盾，暗中联络左神策指挥使孙德昭，又极力结交右军都将董彦弼、周承诲等人，等待时机成熟就行动。

天复元年（901）正月初一，崔胤与孙德昭等人发动禁军起事，拥立昭宗复位，同时将两神策军中尉、两枢密使尽数诛杀，其党羽等也被一并清除。事后，昭宗将有拥立之功的三名神策军将皆赐以李姓，且加平章事衔以指挥宿卫禁军，当时人称："三使相"。经此变后，崔胤在朝中的地位更加巩固，朝政则逐渐受制于朱全忠。

142. 朱全忠杀死了唐昭宗，为什么却留下了皇后何氏？

昭宗的积善皇后何氏，还是昭宗当寿王时聘娶的。何氏容貌秀丽，温柔聪慧，很受昭宗的宠爱，先后为昭宗生了德王和辉王两个皇子。昭宗登基后，何氏被立为淑妃。乾宁中，册封为皇后。

唐朝自乾符（874～879）年间以来，已经接近崩溃的边缘。藩镇跋扈，动乱频频，皇室衰弱，大唐天下名存实亡。昭宗几次被迫出逃或被强藩劫持，多亏皇后何氏在他身边照应，才获保全。后来宰相崔胤勾结朱全忠，引兵入关，屠戮宦官，宫人殆尽，使皇室的最后一丝势力也烟消云散，从此昭宗和皇后何氏成了朱全忠的刀俎鱼肉。

昭宗天祐元年（904），朱全忠强逼昭宗迁都洛阳。同年八月，昭宗被弑。虽然朱全忠的篡位已是司马昭之心，路人皆知，但他还装模作样，假造了部下和宫人串通谋杀昭宗的一幕，并故意留下皇后何氏，以图掩人耳目。之后朱全忠又拥立辉王为帝，即唐朝最后一个皇帝唐哀帝，并尊何氏为皇太后，为他篡位代唐做一下过渡。为了保住哀帝和自己的性命，何后恳求负责监管哀帝和她的枢密使蒋玄晖，以他们母子二人性命相托。急于篡位代唐的朱全忠遂以太后和蒋玄晖私通为名，派人把太后何氏杀害于洛阳积善宫，并废哀帝，篡夺了大唐江山。可怜的何氏，虽然费尽心机，最终仍难免一死。

143. 朱全忠弑唐昭宗后，为什么还要再立哀帝？

天祐元年（904），朱全忠将唐昭宗挟持到洛阳，完全控制了朝廷。河东军阀李克用、淮南军阀杨行密、凤翔军阀李茂贞及割据四川一隅的王建都借复兴唐朝之名联合反对朱全忠。河北地区除魏博节度使外，各个藩镇大都假意臣服于朱全忠，唐朝廷内部一些臣僚对于朱全忠暴露出来的篡唐之心也非常不满。因此，朱全忠虽在天祐元年谋弑了昭宗，却不敢贸然称帝。他明白立国近三百年的李唐政权还有较大的影响力，要建立真正属于自己的政权，还需要等一段时间。

为了实现政权的顺利交接，老谋深算的朱全忠决定拥立年仅十三岁的李柷（zhù）为皇帝，一方面为了便于控制，另一方面则为了政权顺利过渡。李柷是唐昭宗第九子。

李柷从天祐元年被立为帝到天祐四年三月被逼禅位于朱全忠，在位不足四年。他是唐朝诸帝中命运最为悲惨的一个，不仅生前为帝时毫无权力可言，让位后不久就被朱全忠毒杀了。后唐天成三年（928），李柷被追谥为昭宣帝，史称“唐哀帝”。

144. 唐昭宗为什么要逃离长安，驻跸于华州？

乾宁二年（895），唐昭宗为避李茂贞、王行瑜之乱而逃往终南山。自终南山回京后，昭宗为了控制军权，在宦官控制的神策军之外，另置安圣、捧宸、宣化等军，总数达数万人，分由宗室诸王统领。覃王李嗣周、延王李戒丕又自行招募了数千人，试图改变朝廷中由宦官独掌禁军的局面。地处近畿的凤翔节度使李茂贞认为朝廷扩充军队是要讨伐他，于是亲率重兵逼近京师。乾宁三年七月，迫于压力的昭宗离开京师，到达渭北。覃王率新募的军队与茂贞部交战，结果大败而归。昭宗内心忧惧，本打算逃奔晋阳，投依勤王有功的李克用。此时，镇国节度使韩建为了达到挟君自重的目的，极力劝说昭宗到他的势力范围——华州（今陕西华县）。昭宗想起他曾经作乱的前事，起初并不答应。韩建于是亲赴渭北行在（皇帝临时驻跸之所），拜见昭宗。他痛哭流涕地劝谏说：“当今各藩镇大臣骄横跋扈者，并不止李茂贞一人，陛下如果离开宗庙园陵，出奔到边远的地方，我担心皇帝的车驾渡过黄河，就回归无期了。现在华州军队虽不是很强大，但控扼关中京畿一带，还足以自保。我养精蓄锐也有十五年了，而且华州西距长安不远，希望陛下驾临华州，以图振兴光复。”昭宗权衡利弊，最终依从了他的意见。当月，昭宗一行来到华州。

昭宗驻跸于华州后，韩建立刻恢复了军阀本色，他挟控昭宗，专擅朝政，并借以号令各藩镇，唐廷又一次陷于水深火热之中。

145. 天复元年朱全忠进军关中的目的是什么？

唐昭宗统治后期，朝中南衙北司（即朝臣与宦官势力）之争愈演愈烈，双方都极力交结强藩引为后援，宰相崔胤勾结四镇（宣武、宣义、天平、河中）节度使朱全忠，控制了外朝大政，以神策军中尉韩全诲为首的宦官势力则拉拢凤翔节度使李茂贞，倚为靠山。双方均有挟天子以令诸侯之意。

唐朝末年，宦官屡遭打击，势力衰落，加之皇帝支持南衙系统，韩全诲等人害怕受戮，打算以武力挟制昭宗。天复元年（901）十一月，他们抢先下手，将昭宗劫持到凤翔，依附于节度使李茂贞。崔胤立即招朱全忠引兵入关。朱全忠率领大军兵临凤翔镇，汴军屡战屡胜，李茂贞被迫困守孤城凤翔（今陕西凤翔），于是便密谋杀死宦官以赎罪。他写信给朱全忠请求和解，同时承诺诛杀韩全诲等人，奉昭宗还京。

天复三年正月，李茂贞与昭宗商议尽诛宦官，昭宗大喜过望，立即下诏收捕斩杀了韩全诲等"四贵"（两中尉、两枢密使）及宦官十六人。事后，朱全忠与崔胤引兵入凤翔城内，又捕杀了七十多名随驾宦官，朱全忠还密令京兆府（今陕西西安）搜捕辞官在家未曾随从到凤翔的宦官，共诛灭了九十多人。昭宗返回京城长安后，崔胤上奏说："国初太平时，宦官不掌军权也不干预朝政。天宝以来，宦官势力逐渐坐大。贞元（785～804）末年，令宦官典神策禁卫军，自此宦官开始专权，行不法之事。大则勾结藩镇，危及国家；小则卖官鬻爵，败坏朝政。朝廷日益衰微，正是由于这个原因。请全部罢免诸司使，同时召回各地的监军。"昭宗听从了他的建议。于是朝廷内外的宦官势力被诛除殆尽，只留下年幼体弱者三十人用来做洒扫的工作。崔胤铲除宦官集团后，夺得了禁军指挥权，尽握朝廷大权。

唐末南衙北司斗争以宦官集团的覆灭而告终，表面上南衙朝官势力获得了最后的胜利，但实际上这场斗争并无胜者，双方相互争权夺利，搞得两败俱伤，朝廷大权实际上完全掌握于地方强藩之手。以昭宗为代表的唐廷苟延残喘数年之后，就被朱全忠所灭，南衙朝官最终也没有逃脱覆灭的结局。

146. 清口之战的结果如何？此战有什么意义？

唐昭宗乾宁四年（897），朱全忠占据了原为朱瑾所有的兖州（今山东兖州）、郓州（今山东郓城东）后，军事势力更加强盛，于是便对垂涎已久的杨行密所占的淮南地区发动了大规模的进攻。他派遣大将庞师古带领所部七万之众，在清口（今江苏清江西南）安设营垒，准备进军扬州（今江苏扬州），又派遣葛从周率领另一支军队进军寿州（今安徽寿县），而朱全忠则亲率大军紧随其后。淮南方面听到汴军倾巢来攻的消息之后，上下惊慌。

面对汴军咄咄逼人的攻势，杨行密与投奔于他的朱瑾共领军队，驻扎于楚州（今江苏淮安），抵御来敌。汴军庞师古所部在清口安营扎寨时，手下有人向庞师古建议说："此处地势低洼，形同池塘，不可长久停留。"庞师古拒不听从。庞师古自以为兵力雄厚，骄傲轻敌，经常在营中下棋取乐。朱瑾得知汴军于清口驻扎的消息后，率军堵塞了淮水上游的水流，打算冲淹汴军营地。有人把这一消息报告了庞师古，庞师古不仅不加防范，反而认为此人在蛊惑军心，竟将其杀害。

十一月初二日，朱瑾率领五千骑兵，偷偷渡过淮水，在淮南其他将领的配合下，向庞师古军营发动突袭。汴军仓促应战，却不料淮水又决口滚滚而来，刹那间，整片营地顿成泽国，汴军惊慌失措、混乱不堪。杨行密听闻前方进攻顺利的消息后，亲率大军渡过淮水，与朱瑾所部两面夹击庞师古，结果汴军大败。庞师古及其属下一万余人全部被斩杀，剩余人马溃散一空。汴军葛从周部听说庞师古战败被杀后，也仓皇撤军。淮南军乘胜追击，葛从周所领之军队几乎全军覆没，只有他本人幸免。溃逃的汴军狼狈不堪，又恰逢天降大雪，饥寒交加，死者无数，最后返回的不足千人。朱全忠得知前方败讯，无奈之下只好返回汴州。

清口之战后，朱全忠吞并淮南的企图遭到毁灭性的打击；杨行密因此得以固守江淮地区，为日后建立割据一方的政权奠定了基础。清口之战的胜利，还使江淮地区避免再受战火摧残，有利于这一地区社会经济的恢复和发展。

147. 所谓"白马之祸"是怎么回事？

朱全忠（852～912）立李柷为帝后，暗地里加紧了篡位夺权的步伐。其亲信李振早年曾屡次参加进士考试都没有及第，因此内心十分嫉恨朝廷官员和做过官的人。于是他借机怂恿朱全忠说："那些在朝为官的公卿大臣，都是些号称'衣冠'（世代仕宦的名门望族）的轻浮之徒，在社会上还颇有声望。他们的存在只会使朝纲不振。大王（即朱全忠）您想成大事，就必须将他们全部铲除。"急于为篡唐自立扫清障碍的朱全忠对此颇以为然。

唐哀帝天祐二年（905）五月，朱全忠下令贬宰相独孤损、裴枢、崔远为外州刺史，其余那些由门荫或科举入仕而位列中央清要之职、自视清高、名声显赫的朝臣，都在这场变故中被视为轻浮浅薄之徒，不断被贬官驱逐出朝，整个朝堂都空了。

当年六月初一，朱全忠下令将尚未赴贬所的裴枢、独孤损等三十余名朝官集中于滑州（今河南滑县）的白马驿，全部处死。李振仍不满足，他对朱全忠说："这些人常自视清高，自称为'清流'，应该将他们投入黄河，变为浊流。"残忍嗜杀的朱全忠笑着依从了李振，将被杀朝士的尸体统统丢入黄河，随波而去。这场毫无人性的屠杀，史称"白马之祸"。事后，唐哀帝成为真正的"孤家寡人"，朱全忠为篡唐自立又搬掉了一个重要障碍。

148. 唐昭宗为什么要讨伐凤翔节度使李茂贞?

唐昭宗（867～904）为了翦除宦官势力，联合朝臣及禁军诸将，首先打击宦官头子杨复恭的势力。杨复恭被迫逃亡兴元（今陕西汉中东），与山南西道节度使杨守亮（杨复恭养子）起兵抗拒朝廷。

景福元年（892），凤翔节度使李茂贞、静难节度使王行瑜、镇国节度使韩建等人上表，以讨伐专擅朝政的大宦官杨复恭为名，请求以李茂贞为山南西道招讨使。昭宗览奏后，召集群臣商议对策。几位宰相经商议后认为，李茂贞如果获得山南西道招讨使的官职，势力就会日渐膨胀，变得难以控制。于是唐昭宗颁诏劝李茂贞等人与山南西道节度使杨守亮和解。

李茂贞、王行瑜见朝廷无心授予职权，于是擅自起兵攻打兴元，并不断上表请求官职。骄横的李茂贞还给宰相杜让能、神策中尉西门君遂送去书信，信中言辞轻慢，颇有凌辱蔑视朝廷之意。年轻气盛的昭宗闻讯大怒，认为不能再容许李茂贞如此放肆，便召令宰相、谏官进行商议。面对昭宗的询问，诸位宰相都相互观望、不发一言。昭宗正待发作，给事中牛徽进言说："先帝（指僖宗）多灾多难之时，李茂贞确有护卫之功。臣看茂贞此表只在针对杨复恭一伙奸恶小人，但他不应当不等待诏令就行动。近来听说茂贞的军队为害甚众，陛下倘若再不授予山南西道招讨使之职，恐怕山南的人民就会被斩尽杀绝了！"昭宗无奈，于是下诏任命李茂贞为山南西道招讨使。同年八月，李茂贞攻占兴元，杨复恭等逃往阆州（今四川阆中）。

景福二年，为了防止京西北藩镇势力膨胀，昭宗打算罢去李茂贞所任凤翔节度使之职，专任山南西道兼武定节度使。李茂贞接到诏命后，非常不满，上书攻击朝政，言辞颇为不逊。昭宗大怒，不顾朝中大臣反对，决心发兵攻打凤翔镇（今陕西凤翔）。他让毫无军事才能的宰相杜让能策划军事，以宗室覃王李嗣周为京西招讨使。宰相崔昭纬向来都很妒忌杜让能，他见杜让能专兵讨逆、节制方面，内心更加不平。为达到排挤杜让能的目的，身为朝廷宰臣的崔昭纬竟暗中联络李茂贞、王行瑜，告知朝廷动静。结果，李嗣周在进军凤翔途中被李茂贞截击，新招募的三万禁军不战自溃，李茂贞乘机进逼京师，企图挟天子自重。外敌当前之际，崔昭纬借李茂贞之手，逼迫昭宗处死了杜让能，而昭宗也借机打击朝中宦官势力，诛杀了西门君遂等三名宦官头目。杜让能被杀后，手握重兵的李茂贞、王行瑜开始左右朝政，昭宗渐成傀儡。

149. 朱全忠篡唐之前为什么要将都城从长安迁到洛阳?

早在乾宁三年（896），昭宗被逼避难华州（今陕西华县）、受制于镇国节度使韩建时，宰相崔胤就唆使他的靠山——朱全忠修缮东都洛阳的宫殿，并向朝廷上表迎接皇帝车驾到洛阳。颇有野心的朱全忠听从了他的建议，开始着手经营洛阳，以备将来之用。

当时，长安仍是唐朝的政治中心，昭宗居住于此，地处京畿之地的强藩，包括割据凤翔的军阀李茂贞，盘踞华州（今陕西华县）的军阀韩建等都可以利用地理之便，随时挟天子以自重，而远在河南地区的朱全忠由于远离京师长安，则颇有鞭长莫及之感，早有“挟天子以令诸侯”之意的他于是暗中等待时机。

天复三年（903）击败了李茂贞后，朱全忠为了避免其他强藩再度控制朝政的局面出现，决计迎驾东迁，将政治中心挪到他的势力范围之内——苦心经营多年的洛阳（今河南洛阳）。天祐元年（904），朱全忠下令拆毁长安城，并强制昭宗与百官公卿及全城居民迁至洛阳。从此，长安城失去了千年来作为政治中心的重要地位。

150. 朱全忠是如何篡夺帝位的?

唐哀帝（892～908）天祐二年（905），朱全忠急于让哀帝禅位于他，于是暗中指示其亲信——枢密使蒋玄晖等人筹划禅代之事。蒋玄晖与早已投靠朱全忠的宰相柳璨商议，认为魏晋以来禅代程序都是先封大国，加九锡，然后再受禅。朱全忠得知后十分恼火。这时任宣徽副使的王殷因嫉妒蒋玄晖专权受宠，于是进谗言说："蒋玄晖、柳璨等人想延长唐朝寿命，所以缓行禅让之事，以待事变。"蒋玄晖听到消息，内心恐惧不安，于是亲自向朱全忠解释情况。早已急不可耐的朱全忠大骂道："难道我不受九锡就不能做天子吗?"蒋玄晖仍苦谏道："唐朝气数已尽，这是天下人所共知的事情。我和柳璨之所以坚持按古有程序行禅代礼，是为了使大王您名正言顺地登基称帝，以安天下人心啊!"朱全忠听后仍怒气不消，蒋玄晖等人无奈之下，只好加快禅代步伐。

当年十一月二十七日，朝廷下制任朱全忠为相国，总理政事，以宣武、天平等二十一道为魏国，晋封朱全忠为魏王，且加九锡。但朱全忠嫌蒋、柳二人动作迟缓，拒辞不受。天祐三年，朱全忠为扫除篡位的外部阻力，出兵河北，企图完全控制各藩镇。割据河东（今山西）地区的军阀李克用应幽州（今北京）节度使刘仁恭的请求，出兵攻打朱全忠控制的晋南重镇潞州（今山西长治），不久昭义节度使丁会在潞州投降。朱全忠急忙从河北撤回汴州（今河南开封）。由于害怕引起所辖地区的连锁反应，造成动荡局面。朱全忠加快了篡位进程。

天祐四年三月，朱全忠威逼唐哀帝禅位，自立为帝，建立了政权，国号为"梁"，史称"后梁"。自此统治中国近三百年的唐王朝（618～907）灭亡了。次年二月，朱全忠为斩草除根，派人毒杀了已被废黜的唐哀帝。

151. 唐太宗是如何评价李神通功过的?

李神通（? ～630），唐高祖李渊的族弟。隋朝大业十三年（617），李渊在太原起兵反隋，李神通率先在户县南山响应，在关中首倡起义，为李渊制造了声势。之后他率军与平阳公主会师，攻下户县，拥众万余，自称关中道行军总管。后他又协同攻克京师长安，封宗正卿。

武德元年（618），李神通晋封右翊卫大将军，封爵永康王，后改封淮安王，受命出任山东道安抚大使。李神通先率军在魏县击败宇文化及，把他围困在聊城。宇文化及在弹尽粮绝、穷途末路之时，只好选择投降，但意气风发的李神通竟然不答应，认为现在部下士气正旺，为什么还没打就招降呢？不久割据河北的窦建德的大军开到前线，此时的李神通已陷入两面作战的不利境地。结果不仅没有征服宇文化及，反被窦建德大军击败。李神通坐失战机，部下四散，最终在黎阳被俘，李神通为自己的固执和骄横付出了代价。窦建德平定后，李神通起任河北道行台左仆射，随李世民平定了卷土重来的刘黑闼，因功晋封左武卫大将军。

贞观元年（627），唐太宗大封功臣，李神通被封开府仪同三司，封五百户。当时，唐太宗对臣下说："封邑是按照功臣的功勋大小评定的，如果有不妥，请大家提出来。"李神通马上说："当初高祖起事，我第一个响应，有首倡之功，为什么房玄龄、杜如晦这些刀笔小吏却在我之上呢?"唐太宗说："当初天下大乱，高祖起事，那是众心所望，响应何必论什么先后呢？后来山东未定，你率军被窦建德打得全军覆没，刘黑闼卷土重来时，你又望风而逃，你这还有什么话说？房玄龄等谋臣有如汉朝的萧何，虽然没有征战沙场，但功劳不比其他人小。你是皇亲国戚，不应该和功臣争功啊!"太宗这一番话，说得臣下心悦诚服，李神通也就无话可说了。可见唐太宗对李神通的评价还是非常客观的。

152. 江夏王李道宗贪财，后来为什么却受到太宗的倚重?

李道宗（600～653），字承范，唐高祖族侄，唐朝开国功臣。武德初年，李道宗为左千牛备身，年仅十七岁就开始跟随李世民南征北战，相继参与平定刘武周、窦建德、王世充的战争，立下了赫赫战功。在讨伐刘武周的战斗中，李道宗年纪虽小，但看到敌军锐气正盛，就建议李世民采取坚壁待机、截其粮道使其自乱的战术。结果刘武周粮草一尽，军心大乱，唐军一举大破刘武周，平定了这股割据势力。

武德五年（622），割据夏州的梁师都前来进犯，李道宗奉命出任灵州总管，率军抵御。他先统兵坚守灵州，以逸待劳，然后趁敌军松懈之机，出其不意，以寡敌众，大破梁师都。唐高祖接到捷报后，非常高兴，把他和北魏名将、任城王元彰相比，因此晋封李道宗为任城王。之后李道宗又进击突厥，收复北边重镇五原，拓土千里，威震北疆。贞观三年（629），李道宗被授予大同道行军总管，配合大将李靖讨平突厥，生擒颉利可汗，因功晋封刑部尚书。之后吐谷浑侵边，太宗又任命他为昆丘道行军副总管，辅佐李靖一举平定吐谷浑，扫除了边患。贞观十二年，李道宗进任礼部尚书，封爵江夏王。

李道宗虽然功勋卓著，但他本人十分贪财，太平日子刚过了不久，他就因坐赃下狱。唐太宗痛心地说：“我富有四海，如果以天下之财纵我一人享乐，那并非难事。但我不会这样做的，因为欲壑难填，贪心到什么时候才能满足呢。李道宗身居要职，俸禄优厚，赏赐不少，应该有很多余财吧。没想到他还如此贪婪，真让人痛心。”于是就下令免去李道宗的官职。

贞观十三年，太宗想起了李道宗的功劳，就又起用他为茂州都督，又转任晋州刺史，不久升任礼部尚书。当时大将侯君集因为刚刚平定高昌国，十分自负，常以位居房玄龄等之下为耻。李道宗就趁与太宗共同吃饭的时候对太宗说：“我看侯君集恃功自负，虽已贵为吏部尚书，但还不满足，经常有不满的言论，以后必为祸患啊。”太宗不以为然。之后不久果然侯君集谋反，太宗才知李道宗有先见之明。贞观十五年，李道宗亲送文成公主远嫁吐蕃。十九年，太宗亲征高丽，李道宗奉命为前锋。他挥师渡辽水，攻克盖牟城，进围安市，陷阵立功，屡战克捷，为太宗所赞誉。脚趾受伤了，太宗亲自为他针灸，赏赐无数。

李道宗晚年好学，身居闲职，结交贤士，不以势骄人，为时所重。永徽四年（653），他为长孙无忌所妒，被诬告与房遗爱交通谋反，流放象州，在途中病死。

153. 李皋有什么突出政绩？

李皋（733～792），字子兰。曾祖李明是唐太宗第十四子，封曹王。高宗时，受太子李贤的牵连被杀。祖父李杰为武则天所杀。在统治阶级的斗争中，李皋一家“或亡或微，不闻仅存”。中宗以后，才得复封。在十岁时，李皋的父亲又亡故。这一切都给李皋幼小的心灵留下了重重的伤痕。伤痛之余，李皋刻苦读书，立志成才，人品学识都受到了当世人的推崇。他先后担任秘书少监、温州长史、湖南观察使、江西节度使、洪州刺史等职，勤政爱民，颇受爱戴。德宗贞元八年（792）他突然去世，终年六十岁。

肃宗上元初，李皋调任温州长史，兼行州事。时温州地区新遭战乱，又逢旱灾，饥荒十分严重，而官仓中却囤积着数十万斛粮食。李皋到任后，连衣服都来不及换，马上组织开仓放粮。当有人反对说应等候圣旨再开仓时，他激动地说：“百姓一日无粮就得饿死，哪有时间去等候旨意呀！没有圣旨就擅自开仓，无非是个死罪，如果能杀我一人，救活那么多的百姓，我心甘情愿”。由于他的及时决断，救活了数十万人。

而后李皋任江陵尹时，修复了江陵古堤，开辟良田千顷，安置战乱造成的流民二千多户，既开垦了田地，繁荣了经济，又使流民有了栖息之所，得以生存下去。他还采取实际措施，改变人民生活中的陋习。江南人民本没有打井的习惯，饮水都是从河塘中汲取，因水不净，人很容易患病。李皋到任后，带领人民凿井取水，老百姓都很感激他。由于李皋深入地了解民间疾苦，痛恨豪强地主、富商巨贾利用战乱、灾荒囤积居奇的行为，他所到之处都注意平抑物价，使“豪家不得擅其利。”

他任江西观察使时，恰逢李希烈造反，他身体力行，率军讨伐李希烈，为了不被琐事烦扰，告诫家人“无以家事关我”，他连复五州、二十县，维护了江汉到长安贡赋之路的畅通，保卫了江西地区。

154. 李齐运为什么遭到士人们的唾弃?

李齐运（725～796），唐宗室，蒋王恽（唐太宗子）孙。他因特权直接步入仕途，又因具有一定的为官才能，屡获升迁，至建中末年，已官至河中尹、晋绛慈隰观察使。时长安发生泾原兵变，德宗皇帝逃难奉天，李怀光率兵来助朝廷平乱，军至河中受到了李齐运的倾力犒赏，军士喜悦。奉天之围被解后，因未受到皇帝礼遇，心怀不满的李怀光起兵造反，李齐运力不能敌，弃城而走。皇帝任命他为京兆尹兼御史大夫。在任上，他征募工役，版筑城垒，在李晟最后收复京城的过程中做出了重要贡献。

贞元中，蝗灾很严重，齐运以无所作为改任宗正卿，但不久又升任为礼部尚书。在任上十余年，不学无术，只会用好听的话取得朝廷的信任。李齐运前后推荐李锜、李词为地方大员，收受二人贿赂数十万。李锜为浙西观察使，为官贪财，最终背叛朝廷；李词则被人揭发犯有贪污罪。李齐运晚年，虽为礼部尚书，但并不知礼，不但不顾封建礼仪，将宠妾立为正妻，而且行礼之日竟身着礼部尚书官服，遭到了时人耻笑。正是因为李齐运的种种不当之举，遭到了士人的唾弃。

贞元十二年（796），李齐运去世，终年七十二岁。

155. 为什么史官将李实视为酷吏?

李实，唐宗室，袭封道王，是个贪残无比的大酷吏。贞元中，李实为山南东道节度留后，他克扣军资，激起士卒反抗，要杀死他，他连夜缒城而下，逃回京师长安。贞元末，他出任京兆尹，他倚仗高贵的血统，不知悔改，继续为恶。

贞元二十年（804）春，关中大旱，农业歉收，皇帝想要免去租税，而李实却谎称："今年虽旱，庄稼却长得很好。"于是租赋皆不免。为讨皇帝欢心，他不顾百姓死活，仍然聚敛进奉，逼得百姓拆屋卖苗，苦不堪言。为此，艺人成辅端编了个顺口溜："秦地城池二百年，何期如此贱田园，一顷麦苗五石米，三千堂屋二千钱。"李实听说后，恼怒不已，向德宗报告说这是成辅端谤毁朝政，于是将成辅端处死。京师无人不对李实恨得咬牙切齿。

李实对百姓贪残，对京师中下级官吏亦如此。他常以私怨逐斥朝官、杖杀官吏。顺宗即位之初，李实还在府中活活打死十余人。官民同苦其暴。

王叔文掌权后，首先拔了这个钉子，把李实贬为通州长史。消息传开，人心大快，欢呼雀跃，准备着在李实出京途中将其痛打一顿。李实知道后，故伎重演，趁天黑逃出京师。后遇赦移往虢州，于途中死去。

156. 如何评价李宗闵的一生?

李宗闵（？～846），字损之，唐朝宗室。德宗贞元二十一年（805），登进士第，宪宗元和三年（808），又登贤良方正、能直言极谏科，授洛阳尉。元和七年，入朝为监察御史，累迁礼部员外郎。元和十二年，宰相裴度讨淮西，署其为彰义军观察判官。淮西平，迁驾部郎中、知制诰。元和十五年，拜中书舍人。穆宗长庆元年（821），贬剑州刺史，不久又入朝为中书舍人。长庆三年，权知礼部侍郎。次年，知贡举。敬宗宝历元年（825），任兵部侍郎。文宗大和二年（828），为吏部侍郎。次年八月拜相，累转中书侍郎、集贤院大学士。大和七年，罢为山南西道节度使。大和八年，复入相，但次年就被贬潮州司户。开成元年（836），移杭州刺史，次年冬，改太子宾客，分司东都。武宗会昌三年（843），任杭州刺史，会昌四年，又贬为漳州长史，不久流放封州。会昌六年八月，徙郴州司马，还未动身就死去了。李宗闵与牛僧孺关系密切，结为同党，并引牛僧孺入相，与李德裕为首的李党进行了激烈的斗争，凡李党人物都罢免，历史上称这场斗争为牛李党争。李宗闵本人善于撰写诗文，尤其长于碑铭，具有一定的文学之才。李宗闵两次拜相，在位期间并未有大的政治作为，把主要精力都放在朋党斗争上，与李党斗争长达四十年，极大地破坏了社会政治的稳定，败坏了吏风，是一个争议颇大的历史人物。

157. 薛举是什么人?

薛举（？～618），隋朝兰州金城（今甘肃兰州）人，隋末唐初割据陇西一带的地方势力首领。他骁勇善射，家产巨万，好结纳四方豪杰，为人雄武有霸气。隋朝大业末年，薛举任金城府校尉。当时天下大乱，又逢天灾，于是盗贼蜂起，薛举就以讨贼为名招募亡命之徒，于大业十三年（617）聚众起兵反隋。占据金城后，他开仓放粮，赈济灾民，赢得当地百姓的拥护。薛举自号西秦霸王，建元秦兴，建立了割据政权。

之后薛举派兵攻打附近州县，招纳盗贼武装，四处劫掠，势力增长很快。枹（fú）罕一战，薛举率精兵两千，大破隋将皇甫绾率领的一万多隋军，声威大振。接着他又收编了岷山的羌族武装两万多人，大大增强了自身实力。薛举封长子薛仁杲为齐王、东道行军元帅，让他率军先后攻下了鄯州、廓州两州，不久就占有陇西全境，拥众十三万。薛举遂在金城称秦帝，以薛仁杲为太子，建立宗庙，不久迁都天水。

后薛举假意联合扶风武装首领唐弼，趁其不备，一举偷袭得手，驱逐了唐弼，收编了其部队，势力猛增到二十万，开始对关中虎视眈眈。李渊率军入关后，派秦王李世民率兵攻打扶风，因此和薛举进行第一次较量。结果薛举大败，损失了数千人，一路仓皇逃回了陇西，害怕得竟准备投降，多亏被谋士郝瑗劝阻，才又定住了神。后薛举在郝瑗的建议下，采取了联合梁师都，贿赂突厥请兵等对策，联合对抗唐王朝。

武德元年（618），薛举气势汹汹地率大军进攻关中，秦王李世民统帅八总管之兵迎战，两军在高墌（zhì）摆开阵势。不久李世民染病，不能指挥作战，就屡次叮嘱唐军要坚壁不战，以挫其锐气，结果行军长史刘文静、总管殷开山贪功轻敌冒进，被薛举打得狼狈溃败，唐军伤亡十之有六，大将李安远、刘弘基等被俘，高墌失陷。薛举派薛仁杲进逼宁州，准备直捣长安，恰逢薛举染病，不久就病死了。他尸骨未寒，在李世民的进攻下，薛仁杲战败，这股割据势力就此终结了。

158. 李轨在隋末唐初割据于何地?

李轨（? ～619），字处则，凉州姑臧（今甘肃武威）人，隋末割据河西一带的地方势力首领。

李轨出身本州豪族，粗通文史，聪明雄辩，以财富雄于边疆，好救人之急，在当地声望很高。隋末任鹰扬府司兵，薛举在金城割据称雄后，李轨担心他会来姑臧骚扰，遂密谋起事。他发动当地群众和胡人，很快就攻占了郡城，并在义宁元年（617）七月，自称河西大凉王，建元安乐，建立了割据政权。不久居住在会宁川（今甘肃永登东南）一带的突厥部落归附了李轨，使他拥有了一支剽悍的骑兵部队，从此李轨成为西北一股不可小视的武装势力。

武德元年（618）冬，李轨自称皇帝，以长子李伯玉为太子。这时李轨已攻占了张掖、敦煌、西平、枹（fú）罕等州郡，尽有河西之地。薛举派兵来攻，也被李轨打败。唐高祖李渊为了进攻薛举，就派人联络李轨，并册封他为凉州总管、凉王。李轨本要打算接受唐朝的任命，但遭到了部下和谋士的阻拦，因此只向唐称臣，而不去帝号，这以后就成了唐朝讨伐他的借口。

李轨虽然缺乏政治远见，只想偏安一隅，守护一方，但为政宽平，不滥杀，并释放了薛举来犯时所俘的全部战俘。在他的统治下，河西地区避免了隋末战火的破坏，使当地百姓拥有了一片乐土。但李轨毕竟缺乏政治家的谋略和手腕，不善于处理内部矛盾，致使境内诸种矛盾激化，部下党争激烈，开始离心离德，这给唐朝以可乘之机，终于导致了他统治的垮台。

武德二年，唐高祖决定对李轨用兵，大臣安兴贵主动请缨，要求首先前去游说和分化李轨，得到高祖的同意。安兴贵是李轨手下主要谋士安修仁之兄，他到了河西后，李轨很高兴，马上任命他为左右卫大将军。安兴贵多次借机劝说李轨降唐，不果，遂与弟弟安修仁密谋发动当地胡族部落起兵进攻李轨。先前投降的薛举旧将奚道宜因为不受重用，也领兵配合安修仁等的行动。李轨率军出战不胜，就退缩在姑臧城中防守，等待外兵救援。结果城中百姓争相出降，李轨连同妻子也一同被俘，押送到长安后被高祖处死。唐朝没费多少力气就平定了河西。

159. 刘武周对唐朝初年的统治构成了什么威胁?

刘武周（？～622），河间景城（今河北沧州西）人。后移居马邑（今山西朔州），是隋末割据山西北部一带的武装势力首领。他骁勇善射，喜欢结交豪侠，早年参加隋军，从征高丽，因军功进封建节校尉。隋末，他任马邑鹰扬府校尉，深得太守王仁恭的赏识。后他与太守丫环私通，因怕事泄惹祸，遂刺杀了王仁恭，聚众起义，占据了马邑。然后又开仓放粮，招募士卒，很快就拥众万余。刘武周自称太守，并投靠了突厥。义宁元年（617），刘武周在突厥的支持下，接连攻克雁门、楼烦、定襄等郡，占领了今山西北部、内蒙南部等广阔地区。突厥还立刘武周为定杨可汗，于是他就自称皇帝，建元天兴，建立了割据政权。不久，上谷（今河北易县）武装宋金刚率众又来归附，使刘武周实力大增，雄据北边，图谋南侵。

武德二年（619）四月，刘武周联合突厥进犯唐朝的太原。太原留守齐王李元吉轻浮无谋，派大将张达统兵抵御，结果在黄蛇岭一战，全军覆没。刘武周派宋金刚率军先后攻陷榆次、石州、平遥、介州等地，对太原形成了战略包围。不久宋金刚又连败唐中央派出的姜宝谊、李仲文部和裴寂部，李元吉见势不妙，只得放弃太原。宋金刚占领太原后，又接连攻占晋州、绛郡等地，进逼关中，对唐朝形成了极大的威胁。

关键时刻，秦王李世民统率大军迎战，他采用了避敌锐气、坚壁待机的战术，与刘武周的部队在柏壁形成对峙局面。十二月，李世民派大将秦叔宝等在美良川伏击刘武周帐下大将尉迟敬德、寻相部，沉重打击了刘武周的锐气；唐将李仲文又骚扰敌后，切断了刘武周的粮道，致使刘武周军心大乱，急忙撤退。李世民率军追击，两军在雀鼠谷展开决战，唐军一天之内八战八捷，刘武周损失部队数万，特别是大将尉迟敬德、寻相的相继降唐，使刘武周势力更加衰弱，大势已去。刘武周急忙放弃太原，北走突厥，不久就被突厥处死，宋金刚也落了个同样下场，命丧异域。刘武周先前所控制的州县，也相继被唐收复。

驻守朔州的余部苑君璋投降后，标志着刘武周势力的彻底瓦解。

160. 萧铣在隋末唐初建立了什么政权?

萧铣（583～621），南朝后梁宗室后裔，隋末割据于长江中游一带的武装势力首领。隋炀帝时，萧铣任罗川县令。大业十三年（617），岳州校尉董景珍、沔州人张绣等起兵反隋，因萧铣是后梁宗室，宽仁大度，有孝名，又有一定的号召力，就推其为主。萧铣认为这是恢复梁朝旧业的大好时机，于是他很快就聚集了数千人，自称梁公，竖起了恢复梁朝的旗号，不几日，就拥众数万人。武德元年（618），萧铣称帝建立梁朝，建元凤鸣。这时炀帝已死，两湖一带的州县纷纷归降萧铣，连割据江西的林士弘也依附于他。萧铣实力大振，派兵先后收服了交趾和岭南一带，于是“东自九江，西抵三峡，南尽交趾，北距汉川，（萧）铣皆有之，胜兵四十余万”。

萧铣为人外宽内忌，诛戮功臣，加上部下争功夺权，恃功骄横跋扈，在统治集团内部逐渐产生了尖锐而复杂的矛盾，君臣貌合神离，互相猜疑。先是董景珍之弟以谋反被处死，董景珍降唐，后被部下所杀；张绣自恃有功，骄横异常，被萧铣处死。由此，萧铣的不少将领纷纷背梁而去，其统治力量大大削弱了。之后，萧铣多次派兵攻打唐朝，都被唐将许绍击败。武德四年，唐高祖任命大将李孝恭为荆湘道行军大总管，统领十二总管，顺长江而下征讨萧铣。行军长史、名将李靖出其不意，率军神速推进，越过长江三峡，一举袭破萧铣在长江沿岸苦心经营的重镇宜都、夷陵和荆门，梁军大将文士弘惨败而逃。李靖率五千精兵乘胜追击，直抵江陵。唐军主力随后也扎营江陵城下。

萧铣怎么也没料到唐军进军会如此之快，当得知大兵已压境时，顿时大惊失色，急忙调兵遣将，集结兵力仓皇与李靖决战。李靖先后率军打败梁军骁将杨君茂、郑文秀，俘虏梁军号称精锐的四千多人，统兵把江陵城围得水泄不通。萧铣见大势已去，只得献城投降，其他州县也纷纷归服，梁国平定。萧铣本人被押送到长安后，被唐高祖处死。

161. 梁师都与突厥有什么关系?

梁师都（？～628），隋夏州朔方（今陕西靖边东北）人，隋末割据夏州一带的武装首领。他投靠突厥，多次引突厥兵侵扰唐朝边境，对唐初的统治构成了很大威胁。

梁师都出身于夏州地方大族，但他在隋末只担任过鹰扬府郎将这样的小官。大业十三年（617），他率领同党几十人，袭杀郡丞，聚众起义，占据了夏州。梁师都自称大丞相，北结突厥，以为后援。不久，梁师都率军击败前来镇压的隋将张世隆，声威大振。他乘胜率军先后攻占了雕阴、弘化、延安等地，自称皇帝，建国号为梁，年号永隆，建立了割据政权。梁师都还接受了突厥始毕可汗封他的封号，称大度毗伽可汗、解事天子。

武德二年（619），梁师都伙同突厥骑兵来犯，唐高祖派延州总管段德操率军迎战。段德操见敌兵来势凶猛，采取固守不战、等待时机的战略。待梁师都的军队懈怠了，段德操派副总管梁礼率部出战，自己则率骑兵绕道敌后，两军前后夹击，结果梁师都大败，唐军一直向北追击了二百多里才得胜而归。没几个月，梁师都率兵五千再次来犯，又被段德操杀得几乎片甲不留。

自从刘武周失败后，梁师都就失去了屏障和联盟，部下大将张举、刘旻也相继归降唐朝，使梁师都用兵捉襟见肘。于是他就派谋士陆季览前去游说突厥出兵，以减轻唐军对自己的威胁和压力。陆季览对突厥处罗可汗说："当初中国四分五裂，各地割据混战，他们都争相来投靠可汗，以赢得支持。但现在刘武周完了，大唐日益强大，梁师都也朝不保夕，下来就要轮到可汗了。您不如马上下手，用梁师都做向导，出兵征服中原，做又一个魏孝文帝。"处罗可汗听他言之有理，就决定分兵五路，并联系窦建德一起攻打大唐，由于不久处罗可汗患病死去，此事也就不了了之。

武德六年，梁师都手下大将贺遂、索周率所部十二州降唐，令梁师都元气大伤。唐将段德操则大施反间计，梁师都的部下更是日渐离心。只有梁师都抱住突厥的大腿不放，以图自保。后来他亲自去朝见突厥颉利可汗，说动颉利引兵入犯中原。从此，大唐边境屡受骚扰，多年未有宁日，对当时的社会经济造成了很大破坏。有一次，颉利可汗率突厥兵竟然到达了长安附近的渭桥，这都是梁师都招引来的祸患。突厥内部发生大乱后，无力支援梁师都，梁师都内部也接近分崩离析。唐太宗趁机采取了离间其君臣，不让梁师都部队收割粮食等扰敌战术，使敌军进一步遭到削弱。贞观二年（628），唐太宗见时机成熟，就派大将柴绍、薛万均率大军进讨梁师都。柴绍先趁天气恶劣的时机击溃颉利援军，然后包围了梁师都的老巢朔方城。不久梁师都被堂弟梁洛仁所杀。梁师都自起兵至此共十二年，才最后被平定了。

162. 裴寂为什么能得宠于唐高祖?

裴寂（570～629），字玄真，蒲州桑泉（今山西临猗西南）人，唐初大臣，高祖时宰相。隋末裴寂任晋阳宫监，与太原留守李渊交往密切，两人常常喝酒下棋，通宵达旦地谈论天下大事。大业末年，天下大乱，群雄纷起，李世民和裴寂都劝李渊起兵反隋，然李渊比较谨慎，迟迟不决。裴寂就想出了一个逼李渊起事的妙计。一天，裴寂先把李渊灌醉，然后就让几个晋阳宫的宫女睡在他身边。李渊醒来发现后，大惊失色，裴寂趁机劝他说："您已经犯了杀头之罪。现在只能起兵夺取天下了，如果你还犹豫，那就要大祸临头了。"李渊见状，只好下决心起兵了。裴寂献宫女给李渊或许实有其事，但如果说李渊因此事而迫不得已起兵反隋，则不符合史实，实际上李渊早就有起兵打算，并非裴寂此计逼迫的结果。

李渊起事后，决定进军关中。隋炀帝派大将屈突通扼守河东，阻止李渊西进。李渊大军受阻，军粮供应非常紧张。这时，李渊想放弃河东，直取长安，又怕屈突通从后攻击，使义军腹背受敌。正两难之机，裴寂说："现在屈突通固守蒲关，如果不下蒲关，绕道而进，就会两面受敌。"李世民则主张兵贵神速，认为大军应迅速西进，奇袭长安。李渊认为两人说得都有道理，就留兵一部继续围困河东，自己则率主力进攻长安。

李渊占领长安后，立代王杨侑为帝，自己则独揽军政大权。一年后杨侑让位，李渊则坚决不受，裴寂进劝说："没有听说成汤灭夏、武王伐纣后当辅臣的。我们的官职、爵位都是您封的，您要是不登帝位，我们也要辞官而去了。"李渊本来就是假意推让，现在见裴寂等人竭力劝进，便欣然接受。即位后，李渊感激地对裴寂说："我能有今天，全是您的功劳啊!"遂拜裴寂为尚书右仆射（宰相之一），并给予了大量赏赐。裴寂只要上朝议事，高祖就一定和裴寂并排坐在御座上，对他言听计从，宠信无比。

裴寂虽然善于谋略，但性情怯懦，无领兵作战之才。武德二年(619)，刘武周兵犯太原。李渊命裴寂为行军总管，前往迎战。结果两军还未交战，唐军的水源就被敌军切断，裴寂仓促迎战，大败而回。

李渊遗憾地说："起事之初，公有辅佐之功，我给了你最高官爵。此次攻打刘武周，你率领了足够破敌的大军，却遭惨败，难道你不感到惭愧吗?"虽然唐高祖这样斥责，但由于裴寂以前的功劳，并没有处罚治罪。李世民即位后，裴寂因与巫师来往，并犯有包庇和杀人灭口等罪，被流放到静州，不久就死了。

163. 刘文静是唐朝的开国功臣，唐高祖为什么还要处死他?

刘文静（568～619)，字肇仁，祖籍彭城（今江苏徐州)，后迁居京兆武功（今陕西武功西)。唐初大臣、谋略家。

刘文静气宇轩昂，潇洒倜傥，富有才干，谋略过人。隋末为晋阳令，与裴寂是好朋友。李渊为太原留守时，刘文静见李渊志向远大，就经常和裴寂来往于李渊府上。后来见到李世民，就对裴寂说："李世民是个非常之人，大度如汉高祖，神武像魏武帝，年纪虽轻，但他日必成大事。"于是就倾心结纳李世民。不久，刘文静因与李密有姻亲关系，被隋炀帝下狱。李世民探监时，刘文静就偷偷地对李世民说："现在天下大乱，非有雄才大略之人，不能定天下。"然后劝李世民道："今日群雄割据，义军蜂起，大则连州郡，小则控山泽。但尚无出现一个明主。如果你能应天顺时，起兵大呼，则四海不足平定。我为晋阳令多年，广交豪杰，一时可招募十万人，加上令尊所统领的数万人，势力不小。你率军入关，不过半年，帝业可成。"李世民听后大喜，回去就和裴寂劝说李渊，积极准备起事。后来李世民命令刘文静一面假传炀帝诏令，征集太原、西河等地的青壮年入伍，故意制造备战气氛，一面敦促李渊及早发难。这时，隋炀帝派来监视李渊的太原副留守王威、高君雅开始准备谋害李渊。李世民闻讯，就和刘文静、刘政会等商议，决定先下手为强。他们趁李渊与王、高二人议事的时候，把二人翦除。

李渊起事后，以刘文静为行军司马。这时，刘文静又献"联络突厥，以壮声势"之策。得到李渊同意后，他只身出使突厥，请兵相助。突厥的始毕可汗见到刘文静后，就问："唐公李渊起兵，想要达到什么目的啊?"刘文静回答说："现在隋炀帝无道，引起了祸乱，唐公不忍坐观国家败亡，故起兵想废黜炀帝。如果可汗愿意派兵相助，那么攻下京师后，土地人口归唐公，金银财宝归可汗。"始毕可汗大喜，马上派骑兵两千和一千匹战马相助。李渊得到突厥的支援，实力有所增强，且免除了进军长安时的后顾之忧。

刘文静不仅能谋善断，还非常善于领兵作战。当年八月，刘文静率军一部据守潼关，隋将屈突通派郎将桑显和统帅精兵来攻。刘文静苦战半日，所部死伤数千人。后来他探知桑显和因攻城不下，疲劳懈怠，就率奇兵突袭，结果隋军大败。刘文静乘胜追击，一举生擒屈突通。战后，刘文静因功进封大丞相府司马、光禄大夫，封爵鲁国公。

刘文静自恃才干超群，又辅佐高祖起事，屡建军功，所以很看不起他人。唐朝建立后，裴寂地位在他之上，而刘文静认为自己功高而反居下位，心中十分不平。因此每次上朝议事，刘文静必然和裴寂争论不休，甚至有时回家后还拔刀击柱骂道："总有一天要杀掉裴寂。"消息传到李渊耳中，认为刘文静有谋反之心，遂于武德二年（619），将其捕杀，抄没其家。临刑前，刘文静仰天长叹道："高鸟逝，良弓藏，此话不假啊。"终年五十一岁。当时秦王李世民曾出面大力营救刘文静，也无济于事，这是因为唐高祖认为刘文静是李世民集团的人，为了削弱秦王府的势力，必然要首先铲除刘文静。后来，李世民即位，在唐高祖还在世的情况下，就迫不及待地为刘文静平反，恢复官爵，毫不顾及唐高祖的颜面，原因也在于此。

164. 罗艺为什么会造反？

罗艺（？～627），字子延。襄州襄阳（今属湖北）人。寓居京兆云阳（今陕西淳化西北），为人刚愎狡黠，武艺高强。隋炀帝时以军功官至虎贲郎将，督军北平（今河北遵化东）。隋末大乱，罗艺起兵反隋，自称幽州总管，雄踞涿郡（治今北京西南），军势甚壮。唐武德三年（620），奉表归唐，封为燕王，赐姓李氏。刘黑闼第二次起兵时，罗艺率兵与太子建成会于洺州（今河北永年），请求入朝。唐高祖待之甚厚，拜右翊卫大将军。从此罗艺便成为李建成集团的重要分子，曾私调骑兵数百作为太子东宫的卫队。

罗艺恃功倨骄，秦王府有人到其军营，罗艺将其殴打。高祖十分生气，将罗艺囚禁，以示惩戒，后放出，待之如故。领天节军出镇泾州（治今甘肃泾川），抵御突厥。太宗即位，拜罗艺开府仪同三司，宠遇甚厚。而罗艺因与太子李建成关系密切，深感恐惧。于是罗艺假传诏书，调集边兵进据豳（bīn）州（今陕西彬县），反叛朝廷。太宗命吏部尚书长孙无忌、右武侯大将军尉迟敬德率军讨伐。大军未至，豳州治中赵慈皓与统军杨岌密议里应外合，生擒罗艺。消息走漏，罗艺将慈皓下狱。杨岌在城外统兵攻罗艺，罗艺不敌溃败，遂与数百骑奔突厥，至宁州（治今甘肃宁县）界，过乌氏驿时，被随从斩杀，首级送往京师。

165. 冯盎是什么人？唐朝初年他在岭南有多大势力？

冯盎（？～646），高州良德（今广东高州东北）人，字明达。世代为本部落大首领。隋开皇时，任宋康令。仁寿初年潮、成等五州獠人起事，他快马加鞭赶到京师予以报告，并带兵平乱，后任汉阳太守。不久，又随炀帝攻打高丽，直至隋亡才回到岭南地区。

唐武德中，冯盎先后击破高法澄、冼宝彻等叛乱，再次平定岭南。这时有人劝冯盎说："天下大乱，唐政权刚刚建立，其统治还没有到达岭南，你有平定岭南的大功，不如自称南越王。"冯盎感慨地回答说："人生富贵能到我这种程度就不容易了，我总担心自己担不起这种富贵呢，我已经很知足了，还有什么奢求呢？"武德四年（621）冯盎率领部众归附唐朝。贞观年间罗窦诸洞獠反叛，冯盎率军再次平叛。冯盎对左右说："把我的箭射完，胜负的结果就出来了。"他连发七箭，亦连中七人，把敌人吓破了胆，乘胜追击，大败叛军。

在岭南，冯盎拥兵数万人，占地二千里，他勤于政事，注意发展文化教育，统治很得人心。贞观二十年（646）去世，追赠左骑卫大将军、荆州都督。

冯盎是十六国之一北燕宗室后裔，北燕被北魏灭亡后，冯氏家族之一部迁到岭南，与岭南大族冼氏联姻，世代都是当地首领，为发展岭南地区的生产与文化贡献颇大，被视为越族大首领。武则天时，冯氏家族遭到沉重打击，家族破落，其后世子孙冯元一沦落为宦官，并改名高力士，是唐玄宗时期著名的大宦官。

166. 刘师立为什么能够得到唐太宗的赏识？

刘师立（？～640），宋州虞城（今属河南）人。

他起初效命于王世充，是王的亲信，官封将军。洛阳平定后，他理应被处死，但秦王李世民爱惜他的才能，特意赦免并留用了他，封他为秦王府的左亲卫。刘师立因此对李世民忠心耿耿，逐渐得到了李世民的赏识。秦王李世民与太子李建成矛盾激化，刘师立参与了李世民夺取帝位的秘密策划，并亲身参加了“玄武门政变”，诛杀了李建成等人。李世民被立为太子，他与尉迟敬德、庞卿恽、李孟尝因功一起被破格晋封太子左卫率。太宗即位后，刘师立官拜左骁卫将军，封爵襄武郡公，太宗赐绢五千匹。后来有人对太宗说：“刘师立眼有红光，体貌异常，姓氏又和流传的谶语相符，有反相，希望陛下谨防。”太宗本来对刘师立很信任，听到这番话，就想借机试探他一下，就派人召见刘师立，非常严肃地对他说：“有人告你谋反，你还有什么话说?”刘师立被突然的话吓呆了，马上跪倒在地，哭着说：“臣在隋朝时，因为才能低下，官职不过六品，不敢奢望有今日的富贵。现在臣受陛下知遇之恩，官拜将军，我已感激不尽了，必当以身报国。我是什么人，陛下还不知道，怎么可能谋反呢？希望陛下明察。”太宗一听刘师立如此动情，就笑道：“你不要紧张，我知道你的忠心，刚才是和你开个玩笑。”于是太宗赐绢六十匹以压惊，然后又把刘师立拉到寝宫好生安慰一番。

贞观初年，罗艺造反，被平定后，有关部门检举刘师立以前与罗艺交情不错，因此受到牵连，被罢官。不久太宗就又想起了他，起用他为检校岐州都督。

刘师立考虑到自己未有战功，上书请求带兵攻打吐谷浑，太宗没有同意。他又派人送信给吐谷浑一些部落，陈说利害，谕以威福，大使反间计，使吐谷浑内部互相猜忌。不久吐谷浑好几个部落主动归降了唐朝。太宗把这些新归附的土地设置为开州、桥州二州。刘师立见吐谷浑的威胁已经基本解除，就又写信游说唐朝西北的又一劲敌党项部的首领拓跋赤辞。拓跋赤辞本来依附吐谷浑，现在见唐朝的势力日渐强大，加之刘师立诚意劝降，遂率部落归唐，被太宗封为西戎州都督。

刘师立为政宽厚，地方安定，所以老百姓非常爱戴他。他母亲去世，本应当解职回家守孝，岐州百姓舍不得他离开，就联名上表把他破例留了下来，足见刘师立为官的声望。后来，河西党项的部落首领破丑氏屡次侵扰边境，还阻止党项族的内附。太宗派刘师立率军讨伐，兵锋未到，破丑氏听说刘师立来了，立即闻风丧胆，溃逃到远方了。刘师立担心他们会再来，就率军追到很远才回师。不久，他又率军在小莫门川大破吐谷浑，俘获甚多，受到太宗嘉奖。贞观十四年（640）因病去世，谥号为“肃”。

167. 钱九陇是什么人？

钱九陇，字永业，唐初大将，开国功臣。他本是皇宫奴隶，后来被赐给了李渊。他武艺高强，善于骑射，经常跟随李渊左右，是李渊的亲信家臣。

李渊太原起事后，钱九陇跟随李渊南下。攻克长安后，他因战功封金紫光禄大夫、左监门将军。武德初年，钱九陇跟从李世民平定薛仁杲，击溃刘武周，大败王世充，活捉窦建德，战功赫赫，升任右武卫将军。其后，他又辅佐太子李建成攻打河北叛乱的刘黑闼，他勇猛善战，力战破敌，晋封郇国公，并兼任苑游将军。太宗贞观初年，钱九陇历任眉州刺史、右监门大将军。贞观十二年（638），改封巢国公，赐封户六百户。不久他去世了，赠官左武卫大将军、潭州都督，谥号为“勇”，并得到了陪葬唐高祖献陵的荣誉。

钱九陇，从宫奴到将军，一生战功无数，为唐王朝的建立立下了汗马功劳，被列为唐朝开国功臣之一。

168. 李安远是一个什么样的人？在唐朝与吐谷浑交往中做过什么贡献？

李安远（？～633），夏州朔方人（今陕西靖边东北），唐初大将、外交家。李安远出身武将家庭，是隋朝上柱国、云州刺史李彻之子。他家财丰厚，但小时候生活奢侈，整日赌博，导致家道中落。成人后，他才迷途知返，开始用心读书，交往士人，后袭父爵城阳公。当时，李安远与后来的名臣王珪的感情最好。有一次，王珪因受牵连当被流放，多亏李安远百般营救才得以脱身。隋末，他出任正平令。

唐公李渊太原起兵，势如破竹，一路打到了绛郡。李安远虽然与李渊是老相识，但仍尽心协同通守陈叔达固城防守。绛郡被攻陷后，李渊安抚其家，十分礼待李安远，与他同席吃饭，叙旧聊天。李安远被李渊的诚意感动，从此诚心归附，封右翊卫将军、正平县公。武德元年（618），跟从李世民南征北战，因战功晋封右武卫大将军、广德郡公。

后来，太子李建成与李世民争夺帝位，就派人拉拢作为李世民亲信的李安远，被他严词拒绝，从此李世民更加敬重他。贞观初，他历任潞州都督、怀州刺史，政绩卓著。贞观七年（633），因病去世，死后赠官凉州都督。

唐朝初建时，对四方少数民族主要采取了安抚政策。唐高祖曾派李安远出使西北的吐谷浑。到了吐谷浑后，李安远慷慨凛然，陈说利害，充分体现出了大国使者的风范。吐谷浑慑服于他的声威，不久就与唐朝签订了和约。这个和约不但维护了唐初边境的稳定，还有力地支援了唐初战后重建。后来吐谷浑首领伏允又请求与中国开展互市等贸易，为发展双方的经济交流带来了较大的好处。这都是李安远的功劳。李安远在唐初为唐王朝与吐谷浑的友好交往做出了贡献。

169. 唐俭在李渊太原起兵时发挥过什么作用？

唐俭（579～656），字茂约，并州晋阳（今山西太原西南）人，唐初开国功臣。隋末，唐俭的父亲唐鉴与李渊一起统领过禁军，关系不错，因而唐俭和李世民从小就非常要好，在太原的时候经常一起玩。唐俭为人仁孝，性格豪迈，不拘小节，很快就成为李世民的密友。唐俭见隋末大乱，群雄并起，就暗地向李世民建议起兵反隋，趁此一统天下。之后，唐俭又秘密地劝说李渊："您面相非常，姓氏又与谶语相符，日后一定是万民仰望的天下之主啊。希望您不要再犹豫，现在就广聚豪杰，北招戎狄，东收燕赵，然后率众挥鞭渡过黄河，占据关中，天下就指日可待了。"唐俭的一番话深深地打动了李渊。

李渊太原起兵后，唐俭任大将军府记室参军。李世民为渭北道行军元帅，又任命唐俭为元帅府行军司马，参谋军机，协同指挥作战。唐俭一直跟随李世民左右，从入关、攻克京师到平定关中，战功赫赫，因功晋封丞相府记室，封爵晋昌郡公。

武德元年（618），唐俭官至中书侍郎。二年，在征讨刘武周的战斗中，战败被俘。但他忠贞不屈，并积极地配合了唐军平定刘武周的战斗，将功补过，官复原职。后累迁礼部尚书，改封莒国公。贞观初，唐俭奉命出使突厥，游说颉利可汗。他用三寸不烂之舌有效地麻痹和松懈了敌人的戒备心理，为贞观四年（630）李靖率军大破突厥，生擒颉利可汗，立下了头功。贞观五年，唐俭改任民部尚书，时常进谏规劝，深受太宗的宠信。贞观十七年，唐俭因为在太原起兵、平定关中和稳定北疆等方面建有奇功，在建唐和唐初的统一稳定的过程中立下汗马功劳，所以作为开国功臣，在凌烟阁也留有画像，死后也得到了陪葬太宗昭陵的荣誉。

170. 长孙顺德与李世民有什么亲属关系？建立过什么功勋？

长孙顺德，是唐太宗皇后长孙氏的族叔，李世民的内亲，也就是唐王朝的外戚。他是唐初大将，开国功臣。

隋朝大业末年，长孙顺德任右勋卫。他为躲避攻打高丽的兵役，就投奔了太原，深得李渊父子的信任，被视为亲信。李渊图谋太原起兵，就以讨贼为名派长孙顺德外出征募士兵。他很快就招募了一万多人，出色地完成了任务。大业十三年（617），李渊在太原起兵，长孙顺德被任命为统军，随李世民挥师入关。长孙顺德先后参加了攻克霍邑、临汾、绛郡、潼关等战役，立下赫赫战功。特别是潼关之战，长孙顺德、刘文静与隋将屈突通展开激烈的拉锯战。长孙顺德每战必身先士卒，所向披靡，率军屡败屈突通。屈突通一看不妙，就弃城逃往洛阳。长孙顺德率轻兵一直追到桃林县，终于活捉了屈突通，送往长安。唐朝建立后，长孙顺德官封左骁卫大将军，封爵薛国公。

武德九年（626）六月，长孙顺德作为李世民的亲信，与长孙无忌、秦叔宝等人伏兵玄武门，一举击杀太子建成和李元吉，发动了“玄武门之变”，帮助李世民夺得帝位。太宗登基后，作为拥立功臣，太宗赐长孙顺德封户两千户。后来，长孙顺德受家奴受贿和李孝常谋反等事的牵连，被罢官免职。

贞观十七年（643），长孙顺德作为开国功臣，在凌烟阁功臣图中也有画像。不久，太宗观看功臣图，想起了长孙顺德的功劳，十分怀念，就重新起用他为泽州刺史。长孙顺德到任后，一改以前放纵不法的作风，勤于政事，号令严肃，为官刚正清廉。他察知州府的长史等属官多有贪污受贿者，马上给予严惩。前任刺史强占民田案，也被他上奏夺回，分给了穷苦的百姓。长孙顺德勤俭爱民的作风得到了当地百姓的爱戴，政绩卓著，当时被称为“良牧”。他死后，太宗为他废朝一日，以示悼念，并赠官荆州都督，改封邳国公。

171. 刘弘基在创建唐朝中有什么贡献？

刘弘基（582～650），唐京兆池阳（今陕西西安北）人，唐初大将、开国功臣。刘弘基年少落拓，好行侠仗义，不懂持家，致使家道中落，后来因为门荫才做了右勋侍这样的小官。大业末年，在讨伐高丽的战争中，刘弘基被征调入伍。因为家贫缺少路费而误期，他为了躲避处罚，就索性到处流亡，杀过牛，贩过马，坐过牢，受尽了磨难，最后投奔了太原。刘弘基投靠李渊父子后，他见李世民气度非凡，料定以后必成大事，从此诚心归服，倾力辅佐。由于他的忠心耿耿，逐渐为李渊父子所信赖，成为他们父子俩的亲信。

李渊密谋起事，就派刘弘基招募军士，他很快就招募了两千人。隋炀帝派来监视李渊的副留守王威、高君雅阴谋杀害李渊，刘弘基和长孙顺德就趁李渊召二人议事时，埋伏在屏风后，一举抓获二人，扫清了起兵的障碍。太原起事后，刘弘基跟随李世民南征北战，战功赫赫。霍邑一战，刘弘基力战自诩为隋朝名将的宋老生，亲手将其斩于马下，因功拜右光禄大夫。接着，他率前锋部队一千多人首先渡过黄河，攻下冯翊。然后，刘弘基率军西克扶风，部队达到六万人，又南渡渭水，进围长安，声势浩大。攻克长安后，他论功第一，晋封右骁卫大将军。

唐朝建立后，刘弘基跟随李世民讨伐薛举。浅水原一战，唐军惨败，八总管的部队全军覆没，唯独刘弘基一军力战，他个人的弓箭都射光了，结果被敌军俘虏。平定薛仁杲后，刘弘基才得以脱身，官复原职。刘武周进犯太原时，刘弘基率军驻扎在平阳，因孤立无援，再次被俘，但这次他自己设计脱离虎口，被任命为左一军总管。李世民率大军征讨刘武周时，唐军主力屯军柏壁，他率精兵两千绕道敌后，与秦王前后夹击，大破刘武周帐下大将宋金刚，因功封爵任国公。刘弘基又随秦王李世民攻打河北的刘黑闼，因功兼任井钺将军。后又率军一万人北拒突厥，整饬边关，维护了边境的安全。

贞观元年（627），李孝常谋反，刘弘基受到牵连被免官。不久他又起任为易州刺史、卫尉卿。贞观九年，改封夔国公。贞观十九年，刘弘基从太宗征伐辽东，官拜前军大总管。返回不久死去。

刘弘基戎马一生，作战勇敢，奋不顾身，战功无数，为大唐社稷立下了汗马功劳，被列为二十四位开国功臣之一，名列凌烟阁功臣图，死后得到了陪葬太宗昭陵的荣誉。

172. 殷开山因何功勋被称为唐朝的开国功臣？

殷开山（？～约 622），名峤，字开山，京兆鄠县（今陕西户县）人。唐初大将、开国功臣。他家以前世代居住在江南，陈朝灭亡后，才迁居到关中的。殷开山从小聪明好学，富有学识。隋朝末年，他任太谷县长，政绩相当不错。李渊太原起兵后，召殷开山任大将军府掾，因为他的忠心耿耿，所以很快成为李渊父子的亲信，参与机密，被委以心腹，官封光禄大夫。之后，殷开山先跟随李建成攻克西河。李世民为渭北道元帅时，又召他做了元帅府长史，从此成为李世民的心腹。当时关中盗贼比较猖獗，殷开山前去一一说服、招安，把这些武装收编过来，使义军的势力大振。接着他与刘弘基率军六万驻扎在长安旧城，大破隋朝大将卫孝节，一举攻克长安，立下大功。不久殷开山因功升任丞相府掾，封爵陈郡公。建唐后，官拜吏部侍郎。

武德元年（618），殷开山为元帅府司马，跟从李世民讨伐薛举。当时李世民生病卧床不起，就把一切军务托付给了刘文静，并一再嘱咐要固守不战。殷开山贪功，主动要求出战，结果唐军惨败。殷开山因此被削职为民。后来以平民身份跟随李世民平定薛仁杲，将功补过，官复原职。李世民对殷开山很信任，常常把重要的职务和军务都交给他。武德二年，殷开山兼任陕东道大行台兵部尚书、吏部尚书等要职，当时的行台尚书令就是李世民。他跟随李世民平定王世充，因功封爵郧国公。后来，他在跟随李世民征讨刘黑闼的行军路上病死了。

殷开山死后，李世民痛哭流涕，亲自为他发丧，赠官为陕东道大行台右仆射，谥号“节”。贞观十四年（640），太宗下诏让他与李孝恭、李神通、刘政会共四位功臣的灵位一起配飨高祖庙。十七年，殷开山又与其他功臣共二十四人一起名列凌烟阁功臣图。

173. 柴绍在建立唐朝的过程中建立了什么功勋？

柴绍（？～638），字嗣昌，晋州临汾（今山西临汾）人，唐高祖李渊的女婿，唐初大将、开国功臣。柴绍从小就身手矫捷，孔武有力，好行侠仗义。李渊见他不同常人，就把三女儿即后来的平阳公主许配给了他。隋朝大业末年，柴绍在长安宫中做卫士。

李渊在太原密谋起事，先写信急召柴绍前往。柴绍接到消息后，立即辞别妻子平阳公主，从小路日夜加速赶往太原。路上遇到了李渊的两个儿子李建成和李元吉被隋军追杀，也往太原急奔。当时他们三人因为赶了多天的路，都已疲惫不堪，李建成就和柴绍商量说：“追兵甚急，怕赶不到太原就被抓了。不如我们先投靠这里附近的盗贼武装，暂时自保，以后再从长计议。”柴绍马上反对说：“如果他们知道你是唐公李渊的公子，恐怕那些小贼要抓你去邀功请赏了，那样更不安全。

我们还是急速赶路，虽然辛苦些，但一定能脱险的，到了太原就好了。”于是三人加急赶路，终于顺利到达了太原。

李渊起兵后，任命柴绍为右领军大都督府长史、马军总管，率前锋进军霍邑。镇守霍邑的是自诩为隋朝名将的宋老生，他勇猛善战，锐不可当，但有勇无谋。柴绍看准了这一点，知道前军一到，宋老生必定恃勇出战，就设计一举击溃宋老生，占领霍邑。接着，柴绍连下临汾、绛郡。每战他都率先杀入敌阵，勇敢力战，因功进封右光禄大夫。入关后，他又联合孙华、史大奈部击溃隋将桑显和部，乘势合军攻克长安。

武德元年（618），柴绍任左翊卫大将军，跟随李世民平定薛举，大破宋金刚，击败王世充，活捉窦建德，计退吐谷浑，战功赫赫，晋封霍国公。在击退吐谷浑和党项联军侵扰的一场战斗中，柴绍充分表现出智勇双全的大将风度。决战中，吐谷浑占据了高地，箭射如雨，唐军的进攻遭到了阻击。柴绍见进攻受阻，正一筹莫展的时候突然计上心来，他命部下弹起琵琶，让两位美女在阵前翩翩起舞。吐谷浑的部下没见过这种打仗的阵势，都呆了，面面相觑，不知所措，军心大乱。柴绍见机马上秘密派遣精兵绕道敌后，前后夹击，敌人还没弄清发生了什么事，莫名其妙中就被打败了，唐军取得大胜。

太宗贞观元年（627），柴绍官拜右卫大将军。二年，他率军平定盘踞在夏州的割据势力梁师都，因功加封镇军大将军、谯（qiáo）国公。贞观十二年，他病重，太宗亲自探望，派御医医治，但不久还是去世了。死后赠官荆州都督，谥号为“襄”。

柴绍作为唐朝的驸马，一生战功无数，为唐王朝的建立和安定立下了汗马功劳，被列为唐朝开国功臣，名列凌烟阁功臣图。

174. 马三宝因何功勋被列入唐朝开国功臣行列?

马三宝（？～629），本为柴绍家奴。平阳公主起事的时候因为他机敏多智，所以很受重用。当时在户县司竹园还有一支部队，以胡人何潘仁为首，他聚众作乱，自称总管。平阳公主觉得他可以争取，就派家奴马三宝前去说服。马三宝陈说利害，使何潘仁诚心归附，并担任了平阳公主的卫队长。平阳公主收编了何潘仁的部队后，势力大振，一举攻克户县，建立了根据地。接着马三宝又游说附近的武装首领李仲文、向善志、丘师利等，说服他们与平阳公主联合进攻隋军，以响应李渊入关。马三宝自称总管，先后与众多武装势力首领打交道，都表现得慷慨凛然、自信多谋，争取了他们的支持，很快就和平阳公主拥有了一支数万人的部队。

李世民率军到竹林宫，与马三宝会师，马三宝因功封左光禄大夫。后跟随李世民参与了攻克长安的战斗，晋封太子监门率。之后，马三宝先率军平定刘拔真的叛乱，又跟从李世民平定薛仁杲，再同柴绍击破吐谷浑，都立下了汗马功劳。尤其是岷州与吐谷浑的战斗中，马三宝勇猛善战，率军冲锋陷阵，击退吐谷浑，并俘虏了几千人，封爵新兴县公。

后来，马三宝跟随高祖李渊重游竹林宫时，高祖对马三宝说："这就是你当年兴兵起义的地方，真是用武之地啊。"以示对马三宝功劳的肯定和赞许。马三宝虽然出身家奴，但因在建唐过程中战功赫赫，所以被列为开国功臣。贞观初年，他官拜右威卫大将军，晋封公爵。他死后，谥号为"忠"。

175. 武士彟因何功勋而被列入唐朝的开国功臣行列中?

武士彟（yuē）（577～635），字信，并州文水（今山西文水东）人，女皇武则天的父亲，唐开国功臣。他自幼才气过人，在隋朝曾做过一段时间的小官，因不受重用，就开始经营木材生意，因此致富。他仗义疏财，好交往英雄贤达。李渊就是行军途中，住在武士彟家中，才与他结识的。武士彟对李渊非常礼待，两人又十分投机，所以李渊做了太原留守后，就召他做了行军司铠。

隋朝大业末年，盗贼蜂起，天下大乱。武士彟暗地里多次鼓动李渊起兵，并向李渊进献了兵书和符瑞等物。李渊虽然早有此意，但他当时认为时机还不成熟，就很谨慎地说："这个事切勿再提，以后若真有这么一天，那么我们同富贵就是了。"表面看来，武士彟的建议没有被李渊接受，在内心中却坚定了李渊起兵安定天下的决心。

李渊起事前，曾派部将大量招募士兵，引起隋炀帝派来监视的副留守王威和高君雅的怀疑，多亏武士彟百般掩护，打消他们的疑心，有效地稳住了王、高二人，保证了起事准备工作的顺利进行。后来李渊起兵，任命武士彟为大将军府司铠参军，做了大量的义军后勤工作。攻克长安后，武士彟因功晋封光禄大夫，封爵太原郡公。

武德三年（620），武士彟累迁工部尚书，晋爵应国公。之后他又多次出任地方官员，历任利州、荆州大都督等职。武士彟对唐朝十分忠心，连妻子病危、两子生病，他都没时间照管。正因为他的忠心耿耿，所以受到李渊、李世民父子的宠信。贞观九年（635），唐高祖李渊驾崩，武士彟得知后，伤心过度，呕血而亡，死在任上，时年五十九岁。武士彟死后，太宗特意下诏命归葬文水老家，又令并州大都督李勣监护其丧事，并赠官礼部尚书，谥号为“定”。

176. 武士彟为什么后来被尊为“大周无上孝明高皇帝”?

武士彟去世前，官职为荆州大都督，爵位是应国公，死后唐太宗赠官礼部尚书。唐高宗显庆元年（656），武则天做了皇后，他被追封为司徒，改爵为周国公。咸亨年间，追封为太尉、太原王，晋封王爵，并配飨高祖庙，名列唐初开国功臣之首。武则天建立了大周政权，武士彟作为女皇的父亲，遂被追尊为“大周无上孝明高皇帝”。

177. 屈突通是怎样受到隋唐两朝重视的?

屈突通（577～628），长安（今陕西西安）人，隋唐两朝名臣。他好武略，善骑射，文武兼备，在隋朝开皇初任虎贲郎将，后累迁左武卫将军。他为官刚正不阿，不避权势，秉公守法，时人称“宁服三斗葱，不逢屈突通”。大业年间，隋炀帝统治无道，各地起义蜂起，屈突通以平定杨玄感有功，升任左骁卫大将军。后又出任关内道讨捕大使，率隋军镇压了刘迦论起义军。隋炀帝南巡江都时，屈突通奉命留守京师长安。

大业十三年（617），李渊在太原起兵，屈突通据守河东，多次顽强阻击李渊义军，使李渊一度南下受挫。后屈突通连吃几次败仗，陷入困境。李渊趁机派人来劝降，屈突通公开声称“当为国家受人一刀”，坚守隋朝臣节，拒守蒲州不降。不久长安被李渊义军攻克，屈突通的家属全部被俘。他率军救援长安，途中遭到伏击，在得知京师失守之后，部下更是纷纷倒戈投降。此时，李渊派屈突通的儿子来劝他投降，再次遭到他的严词拒绝。但他手下已无兵可用，大敌当前，只得面向炀帝所在的东南方向跪拜痛哭。随后，屈突通作为俘虏被押送到长安，李渊和李世民深感他是忠义之士，就放了他，封他为兵部尚书，在李世民手下担任行军长史。

唐朝建立后，屈突通随李世民讨伐割据金州的薛举。在会战胜利后，许多将士看到缴获的大量的战利品，不由贪财心起，纷纷你争我夺，唯独屈突通不拿一钱一物。唐高祖听说后，连连称赞屈突通清正廉明之名果然名不虚传，赐予大量赏赐。后屈突通又随李世民征讨洛阳的王世充，而此时他的两个儿子都被王世充掳为人质。唐高祖担心他会因此受影响，结果屈突通作战仍身先士卒，以回报高祖的知遇之恩。王世充平定后，他因功晋封陕东道大行台右仆射，镇守重镇洛阳。

贞观初年，屈突通因病去世。唐太宗深为惋惜，每次到洛阳时，都经常想起这位忠义老臣。

178. 丘和为什么受到海南人民的爱戴?

丘和，洛阳人（今属河南)，唐初官员。曾镇守海南十多年，深受海南百姓爱戴。丘和从小就熟习武艺，精通弓马，为人重义气，好打抱不平。长大后，喜欢广交朋友，能折节下士，为乡人故旧所爱戴。隋朝大业年间，丘和官至右武卫将军，封平城郡公。他倾心结附权臣宇文述，历任博陵、天水两郡太守。在炀帝巡行时，他率先开献食之风，为炀帝所赏识。

大业末年，因为当时海南地处偏远，官吏残暴，百姓怨望，所以地方很不安定。炀帝打算选择一个廉吏出镇海南，以整顿吏治，并安抚那里的少数民族。丘和因先后担任两郡太守都有突出政绩，就被宰相裴矩推荐，出任了交趾太守。到了那里后，丘和整顿风气，笼络地方豪强，深得各部族的拥戴。

后来，隋炀帝被宇文化及杀死，天下更加混乱。南方的地方守将多依附了大的割据势力，以求自保。广西的隋将投靠了占据江陵的萧铣，广东一带的冯盎则依附江西的林士弘。开始，丘和不知道隋朝已经灭亡了，对各方派来招降的使者理都不理，专心练兵保境。因为越南一带的小国多送给丘和一些珍珠宝物，所以萧铣看了很眼红，就派兵来攻打。丘和派部将高士廉率领精兵和各部族的勇士，一举击溃来敌，海南全境由此安定。因此境内军民多为丘和立碑颂德，非常拥护他。

萧铣被唐军平定后，丘和以海南全境归附唐朝。唐高祖非常高兴，就封他为交州总管，封爵谭国公，继续镇守海南。不久，丘和恳请入朝，晋封左武候大将军。后在贞观十一年去世，时年八十六岁。丘和镇海南十多年，在任时，风气整肃，御下有方，各民族和平相处，特别是危难之时，能够保境安民，恩惠一方，所以很受海南人民的爱戴。

179. 丘行恭是什么人？有什么功勋？

丘行恭（586～665），洛阳（今属河南）人，丘和之子。他武艺高强，善于骑马射箭，是唐朝的开国功臣。隋朝大业末年，丘行恭与哥哥丘师利结众自保，有军队一万多人，活动在岐（今陕西宝鸡）、雍（今陕西西安）之间。他们保护当地一带的老百姓，抵御盗贼，维护境内的安定。后来，原州一伙号称“奴贼”的土匪围攻扶风郡，总共有几万人。他们缺粮了，就到处烧杀抢掠，无恶不作，岐雍一带的百姓备受其苦。丘行恭为了维护一方的安定，清除盗匪，就设计以送粮食酒肉的名义，亲手把这伙奴贼的首领杀死了，并将其部队收编，然后率众投奔了渭北的李世民，官封光禄大夫。

之后，丘行恭跟随李世民南征北战，战功赫赫。他先后参与了攻克长安，平定薛举、刘武周、王世充、窦建德等各支割据势力的战争，都立下了大功，因功被封为左一府骠骑，赏赐很多。有一次，丘行恭跟随李世民攻打王世充，两军在洛阳郊外的邙山展开决战。战斗中，唐太宗李世民为了探其虚实，就率领几十骑直冲敌阵之后，兵锋所至，所向披靡，杀伤甚众。但李世民被长堤挡住，与队伍失散了，身边就剩下丘行恭一个人。两人左冲右挡，遭到了王世充部优势兵力的包围，险象环生，李世民的御马飒露紫中箭，情况十分危急。这时丘行恭拔弓搭箭，箭无虚发，顿时射倒数人，敌人吓得不敢上前。丘行恭立即把自己的战马让给李世民，然后又拔出御马身上所中之箭。他一手牵马，一手挥舞长刀，保护李世民且战且进，突围而出，与大部队会合。后来唐太宗很感激丘行恭，就下诏刻石记载下了丘行恭为飒露紫拔箭的场景，立在太宗昭陵前，这就是著名的“昭陵六骏”之一飒露紫的石雕，现在保存在美国宾夕法尼亚大学博物馆，是流失在国外的国宝之一。

丘行恭一生战功无数，他不仅在唐朝统一战争中立下了显赫功勋，还作为李世民的亲信，参与了“玄武门之变”，协助李世民夺取了帝位，因功晋封左卫将军。后他又跟随侯君集征服高昌国，封右武候将军、天水郡公。唐高宗即位后，拜右武候大将军。麟德二年（665）去世，时年八十岁，死后陪葬太宗昭陵。

180. 为什么唐高祖得知许绍的死讯时流涕不止?

许绍，字嗣宗，安州安陆（今属湖北）人，唐初大将。北周时，唐高祖李渊的父亲当时任安州总管，许绍的祖父和父亲都担任过楚州刺史，楚州隶属于安州总管，所以两家是同僚。许绍和李渊两人年小的时候就认识，还是同学，关系非常好。

隋朝大业末年，天下大乱，盗贼横行。许绍当时担任夷陵郡通守，他保境安民，开粮仓赈济了流民数十万，深得人心。隋炀帝被宇文化及杀死后，许绍身为隋臣，公开为炀帝服丧三天，仍然奉东都洛阳的越王杨侗为皇上。武德二年（619），王世充篡位，许绍率黔安、武陵、澧阳等郡归附了老同学唐高祖李渊，被封为硖州刺史，封爵安陆郡公。李渊亲自写信给他，追忆以前两人同学读书时的情景，表达思念之情，并要他忠心报国。

许绍管辖的硖州，地界与萧铣、王世充的势力范围相邻接，当时唐与两方都处于严重对峙阶段，处境很危险。许绍如何来应付两方的进攻呢？他有自己的法子。他手下的兵卒如果被敌人俘虏，一定会惨遭杀害，但许绍抓获了敌人的士兵，却好生安慰一番，给些钱物，再把他们遣返回去。所以萧铣、王世充两方的地方守将及士兵都很感激佩服许绍，就命令守军各安其境，不再侵扰。因此，许绍统辖的硖州一直比较安定。

后来唐军攻打占据江陵一带的萧铣，许绍首当其冲，他先击溃了萧铣部杨道生的进攻，然后顺江而下，率军追至西陵峡，大破萧铣手下大将陈普环的部队，占领了号称“长江险峻之地”的安蜀城和荆门城，为唐军主力的进攻扫清了障碍。唐高祖得到战报后，非常高兴，特意下诏褒美，封许绍之子许智仁为刺史，并特意允许许绍在进攻萧铣的战斗中便宜从事。但是不久许绍在攻打荆州的战斗中战死沙场。唐高祖在知道许绍的死讯后，当时就控制不住感情，痛哭流泪不止。贞观年间，赠许绍为荆州都督。

181. 李袭志为什么在岭南有很高的威望?

李袭志，字重光，金州安康（今陕西石泉南）人。他出身官宦世家，是唐初名臣。隋朝末年，李袭志任始安郡（今广西桂林）丞。当时天下大乱，盗贼横行，于是他散尽家财，招募流亡，组织了一支三千人的部队，占据了始安郡。后来，群雄逐鹿，萧铣、林士弘、曹武彻等割据势力多次派兵来攻打他，都被李袭志击退了，始安一方赖此安定。李袭志为政宽厚，所以岭南的百姓多来依附于他，深受人民拥护，威望很高。

隋炀帝在江都被杀后，李袭志以隋臣的身份率众公开服丧三天。有人趁机就劝他说："您出身名门，世代都为高官显爵，您又镇守岭南多年，部族归附，百姓爱戴，虽然说是隋朝的臣子，但实际就是我们的君王。现在炀帝已死，天下混乱，群雄纷起，以您的威望，占据岭南，称王称帝，绝对一呼百应。现在是千载一遇的机会，希望您能好好考虑。"李袭志听后大怒，厉声说："我家世代忠良，赤心报国。虽然炀帝被杀，但隋朝社稷还在，宗室还在，现在正是戮力同心，以死报国的时候，你怎么能说出这么大逆不道的话来？我宁愿战死殉国，也决不会变节叛国的！"当场就要把那人斩首，由此可见他对隋朝的忠心。

后来萧铣大兵压境，李袭志固守始安两年，终因孤立无援，被萧铣所攻破。萧铣见他在岭南威望很高，就封他为工部尚书、检校桂州总管，让他继续镇守岭南。武德初年，唐高祖秘密写信召他归附，李袭志就联络永平郡守李光度一起归降了唐朝。武德四年（621），萧铣被平定，李袭志率岭南四十余州一起归入唐朝版图，立下大功，被封为桂州总管，留守岭南。武德五年他入朝，被封为始安郡公、江州都督。后又受命为水军总管，参与了平定辅公祏的战争，因功拜桂州都督。

李袭志前后镇守岭南二十八年，他为政廉洁简约，地方安定，部族归心，深受岭南百姓的爱戴。他最后以汾州刺史退休，病死在家中。

182. 温大雅曾修撰过什么史书？

温大雅（约 572～约 628），名彦弘，字大雅，并州祁县（今属山西）人，唐代著名的史学家。他是北齐文林馆学士温君悠之子，从小聪明好学，性格仁孝，与弟弟温彦博双双以才智和雄辩闻名当时。隋朝大臣、著名文学家薛道衡称他们父子三人都有宰相之才。温大雅起初在隋朝担任东宫学士、长安县尉。大业末年，因天下大乱，他就隐居不仕。

李渊任太原留守时，仰慕温大雅的才名，对他十分礼待。李渊太原起兵之日，召他为大将军府记室参军，专门负责军中一切文书工作。唐高祖建唐后，温大雅和陈叔达、窦威一起主持起草制定了有关礼仪，形成了大唐礼仪的雏形。武德元年（618），温大雅官拜黄门侍郎，弟弟温彦博为中书侍郎，兄弟两个都担任中央机要部门的要职，为世人所羡慕。有一次，唐高祖曾对温大雅开玩笑说："我起兵太原，都是为了你们一家人啊！看，你们都做了高官要职。"后晋封工部尚书、陕东道大行台尚书，成为李世民的亲信。

秦王李世民与太子李建成、弟弟李元吉争夺帝位时，就派温大雅镇守洛阳以应付事态的变化。温大雅多次秘密写信给李世民，出谋划策，参与密谋，协助李世民夺得帝位。太宗即位后，因功晋升礼部尚书，封爵黎国公。

温大雅后来为祖父择地改葬，看风水的人对他说："这块地是个风水宝地，对你家弟弟很吉利，但对兄长不太好，你看怎么办？"温大雅说："如果这块宝地能保佑我弟弟，那我这个做哥哥的也就含笑九泉了。"果然改葬完之后不到一年，温大雅就去世了，而他弟弟温彦博则做到了宰相这样的高官。

温大雅曾经撰写了《大唐创业起居注》一书，全书分三卷，以编年体的形式记载了从隋朝大业十三年（617）五月到武德元年（618）五月，唐高祖李渊父子建唐共三百五十七天的史事。因为温大雅跟随李渊起兵，并负责文书工作，所记都出于他的亲身经历，因此史实翔实可靠。有关李渊、李世民、李建成在起兵中的作用，李渊与李密的关系，李渊对突厥称臣等问题都比其他史书记载的详细真切。《大唐创业起居注》是现存最早的起居注著作，对我们了解和研究唐初史事提供了很有价值的材料。因此温大雅是唐代乃至中国古代的一位著名的史学家。

183. 温彦博身为宰相却为什么杜绝宾客？

温彦博（575～637），字大临，唐并州祁县（今属山西）人。他是温大雅的弟弟，其父温君悠为北齐文林馆学士。温彦博从小聪明好学，性格仁孝，与哥哥温大雅俱以才智和口才闻名当时，受到当时人的推重与称道。隋朝开皇初年，温彦博为文林郎。大业末年，天下大乱，温彦博被幽州总管罗艺引荐为司马，就鼓动总管罗艺一起归附了唐朝，他被征调到中央任中书舍人，不久升任中书侍郎，封爵西河郡公。

高丽派使节向唐朝进贡称臣，唐高祖则因隋朝由高丽战争而败亡的缘故，不打算接受。温彦博则认为：“高丽本来就是中国的领土，如果不让他称臣，就与大唐分庭抗礼了，那让其他的少数民族怎么想呢？我们还是要不计前嫌，才能安抚四方啊。”高祖一听才恍然大悟。武德八年（625），突厥入侵。温彦博被任命为并州道行军长史，与总管张瑾一同抗击突厥。太谷一战，唐军大败，温彦博被敌军俘虏。突厥的可汗颉利因为温彦博是唐朝的亲信大臣，就逼问他唐朝的虚实和兵力的多少及部署情况。可是不管颉利怎么问，温彦博什么都不肯说。颉利大怒，就把他流放到阴山苦寒之地。温彦博在那里受尽了磨难艰辛，直到太宗即位，他才被放了回来。

贞观二年（628），温彦博晋封御史大夫。因为他善于言辞，富有口才，所以宣布诏令和询问地方使节四方风俗情况这类的事情，太宗都交给他来做。温彦博总是能出口成章，言辞华丽流畅，每次听完他的汇报，都是满堂喝彩，令人敬慕。贞观四年，温彦博官拜中书令（宰相之一），封爵虞国公。后突厥归附，温彦博极力主张设立边郡来安置突厥降民，以起到保卫边塞的作用。魏征等大臣都辩论不过他，最后太宗只好依从他的意见，设立了云中、定襄两个都督府来安置突厥。其后突厥可汗的弟弟结社率众发动叛乱，唐太宗才后悔没把他们迁入内地。

贞观十年，温彦博晋封尚书右仆射（宰相之一），仍然负责机要事务。温彦博为人十分谨慎，处事深思熟虑，自从贞观四年担任宰相以来，他自知责任重大，位高权重，担心引起皇帝疑虑，遂决定关门谢客，杜绝宾客来访。每次进见太宗，他都陈述国家政务的利害得失，知无不言，太宗屡次下诏褒奖。贞观十一年温彦博去世，时年六十三岁。太宗非常悲伤，感叹道：“温彦博是忧国忧民、殚精竭虑为国而死的。朕再也看不到他了。朕真后悔当初没让他休息几年。”温彦博虽然贵为宰相多年，但家里没有一点积蓄，死后连存放棺木的正房都没有，可见其清正廉洁的本色。他死后，赠官特进，谥号“恭”，陪葬太宗昭陵。

184. 甄权、甄立言兄弟撰有哪些医学著作？

甄权（约540～643），唐代名医，许州扶沟（今河南扶沟）人。因母病而与弟甄立言发奋学医，攻读医方。隋文帝开皇初（581年）

为秘书省正字，后称疾辞职。甄权擅长于针灸，隋鲁州刺史库狄嵚患肩痹症，手不得引弓，诸医不能治。甄权用针刺肩隅一穴，很快治愈能射。甄权通颐养之术，提出吐故纳新可使肺气清肃，是健身延年的有效方法；并主张饮食不必甘美。唐太宗贞观十七年（643），太宗以甄权寿一百零三岁，亲临其家，视其饮食，访以药性及养生之道，授其为朝散大夫，并赐寿杖衣服。甄氏一生著述颇多，绘有《明堂人形图》一卷，撰有《针经钞》三卷，《针方》、《脉诀赋》各一卷，《药性论》四卷。这些著作均已亡佚，其部分内容可见于《备急千金要方》、《千金翼方》、《外台秘要》等著作，对后世有一定影响。

甄立言，甄权之弟，生于南朝梁大同十一年（545），死于唐贞观年间（627～649）。唐武德年间（618～626）曾升太常丞，与兄甄权同以医术享誉当时。甄立言医术娴熟，精通本草，善治寄生虫病。著有《本草音义》七卷、《本草药性》三卷、《本草集录》二卷、《古今录验方》五十卷，均已散佚，部分佚文尚可在《千金要方》和《外台秘要》中见到。他的《古今录验方》所记的“消渴小便至甜”一句，是我国文献中有关糖尿病的最早记载。

185. 许胤宗为什么被称为名医？

许胤宗（约536～626），一作许引宗，许氏乃常州义兴（今江苏宜兴）人。曾事南朝陈，初任新蔡王外兵参军、义兴太守。陈亡后又在隋朝任官，任尚药奉御。唐武德元年（618），授散骑侍郎。许氏以医术著名，精通脉诊，用药灵活变通，不拘一法。当时关中骨蒸病流行，传染很厉害，死亡率高，其他医师对此束手无策，而经他治疗无有不痊愈者。他曾用药物熏蒸法为陈朝柳太后治病，时太后病风不能言，口噤不能服药，他以黄芪防风汤置于床下，熏蒸令药气如烟雾，入病人腠理而奏效，当晚太后能言，许胤宗因此被授与义兴太守。

许氏诊病问疾，重视切脉，以探求病原，主张病药相当，不宜杂药乱投，唯须单用一味，直攻病所。一生诊脉用药，独具特色。

186. 袁天纲有什么专长而被记入史册？

袁天纲，益州成都（今四川成都）人。他是唐初著名星象学家。隋炀帝大业年间，任资官令。唐武德初，授火井令。

大业末，窦轨游德阳，曾经问袁天纲。天纲曰：“君额上伏犀贯玉枕，辅角又成，必于梁、益州大树功业。”武德初年，窦轨果为益州行台仆射，后又授益州都督。

武则天在襁褓中时，袁天纲受武士彟之邀来至武氏府第中，对武则天的母亲说：“从夫人的骨相上看，一定会生个不同凡响的孩子。”武士彟又叫来儿子们，让袁天纲看相。见元庆、元爽说：“这两个男孩是可以护家的，可以做到三品的高官。”见韩国夫人则说：“这个女孩也富贵，但是对他的丈夫不利。”乳母此时抱则天来了，穿着男孩子的衣服，袁天纲说：这位公子神色不同常人，不能随便说，让他走几步看看。袁天纲大惊说：“这位公子长着龙的眼睛，凤的脖子，是富贵之命啊！”又从旁边看，惊讶地说：“如果是个女孩，不能随便看啊，将来可是天下的主人啊！”

贞观八年（634），太宗闻其名，召至九成宫。先令其为中书舍人岑文本相面。袁天纲说：“岑舍人学堂成就，眉覆过目，文才振于海内，头又生骨，犹未大成，若得三品官职，恐是损寿之征”。后岑文本官至中书令，不久就去世了。同年，侍御史张行成、马周同问袁天纲，袁天纲说：“马侍御伏犀贯脑，兼有玉枕，又背如负物，当富贵不可言。近古已来，君臣道合，罕有如公者。公面色赤，命门色暗，耳后骨不起，耳无根，只恐非寿者。”马周后来位至中书令，兼吏部尚书，果然四十八岁便死去了。他又对张行成说：“公五岳四渎成就，下庭丰满，得官虽晚，终居宰辅之位。”张行成后果然官至尚书右仆射。申国公高士廉尝对袁天纲道：“君更作何官？”袁天纲曰：“自知相命，今年四月尽矣。”果然于此月而卒。

187. 陈叔达为什么能得到唐太宗的器重?

陈叔达（? ～635），字子聪，祖籍吴兴长城（今浙江长兴）人。

陈叔达出身皇族，历史上著名的陈武帝就是他的祖父。他从小聪明过人，举止风雅，才学出众，在陈朝时被封为义阳王。有一次，在宫廷举行宴会，皇上要求大家赋诗助兴，当时陈叔达虽然只有十多岁，但是提笔一挥而就，做了一首十韵长诗，当即震惊四座，赢得满堂喝彩。

隋朝大业年间，陈叔达历任内史舍人、绛郡通守。李渊太原起兵后，陈叔达率众归降，被封为丞相府主簿、汉东郡公。他与温大雅一同掌管机密事务，负责文书敕令的起草和整理工作，得到李渊的信任，其中军中文告多出于他手。唐武德元年（618），陈叔达因功进封黄门侍郎。次年，兼任纳言，四年，他官拜侍中（宰相之一）。陈叔达很有口才，文才十分出众；更可贵的是他还很有孝心。有一次，高祖赐给陈叔达一串葡萄，当时时节还不产葡萄，所以葡萄是很稀罕珍贵的水果。陈叔达谢恩后并没有吃，而是把它很小心地放在怀里。高祖很纳闷，就问他为什么不吃。他回答说："臣的老母现在正患有口疾，葡萄能滋润败火，对这个病很有益处，正好我可以把它带给我母亲吃。"高祖听了很感动，为表彰他的孝行，当即赏赐绢一百匹。

后来，太子李建成和李世民为争夺帝位，双方明争暗斗。太子建成屡次在高祖面前诬陷诋毁李世民，多亏陈叔达百般营救才幸免遇害。贞观初年，唐太宗回忆起当时这些事情来，对他十分感激，就任命他为礼部尚书。而陈叔达则不买太宗的账，对太宗说："我当时是为了国家社稷，可不是为了您啊。"太宗由此更加器重他。贞观九年（635），陈叔达因病去世，死后赠官户部尚书，谥号"忠"。他生前著有文集十五卷，现在《全唐文》存文两篇，《全唐诗》存诗十首。

188. 罗士信为什么能入《忠义传》?

罗士信（595～622），齐州历城（今山东济南）人。隋炀帝大业中，农民起义风起云涌，罗士信年仅十四岁，便去投靠隋将张须陀，与义军作战。由于作战勇敢，杀敌颇多，张须陀便将其视为亲信。每战张须陀为首，罗士信则为副，镇压了不少义军。张须陀死后，他归降李密，成了瓦岗军的主要战将。李密与王世充作战，罗士信跳上战马冲锋陷阵，身中数箭，受伤被俘。王世充知其骁勇，任其为将军，出则同行，睡则同寝。由于罗士信不愿与王世充为伍，遂率千余人逃出，归降了唐高祖，拜陕州道行军总管。他后来随秦王李世民平定王世充，治军执法严明，有所收获，必先散于部下有功者。王世充平定后，以功授绛州总管，封郯国公。又从秦王击刘黑闼，夺得一城，命罗士信据守。刘黑闼围攻此城，遇雨雪，大军不能及时救援。罗士信兵少，最终城陷被俘，不屈而死。

罗士信年纪虽小，但作战勇敢，是唐初有名的勇将之一。后来的小说家以其为原型，创造了罗成的艺术形象，在民间的影响很大。由于罗士信牺牲壮烈，又是为国捐躯，所以史官将他的传记列入了《忠义传》。

189. 窦威为什么能居宰相之位?

窦威，字文蔚，扶风平陵（今陕西咸阳西北）人。他是唐高祖窦皇后的堂兄（一说是叔父），唐高祖时任宰相。窦威出身于名门窦氏，他家族世代显贵，父亲窦炽是隋朝的太傅，位列三师，在当时很有名望。窦威的兄弟们都崇尚武艺，早早就以军功得到了高官显爵。他们交结权贵，宾客盈门，日子过得十分荣耀。唯独窦威从小喜爱文史，喜欢读经书，在隋朝做了十多年秘书郎这样的闲散小官，被兄弟们嘲笑为“书痴”。窦威对兄弟们的嘲笑不以为意，趁在秘书省的机会博闻强识，攻读不已。大业四年（608），他晋封内史舍人，后因事免官，隐居在长安。

大业十三年，李渊在太原起事，率军攻下长安，召窦威任大丞相府司录参军。因窦威才学高深，对过去的朝章礼仪很熟悉，所以唐朝草创时的制度礼典，大多都由窦威来裁定。对此，高祖李渊曾赞叹道：“汉代的叔孙通都不如窦威啊。”武德元年（618），窦威官拜内史令（宰相之一），十分受高祖的信任和亲重。他举止文雅风度，奏议时旁征博引，文采斐然，为朝官所敬重。更可贵的是，窦威虽然做了宰相，但生活仍然节俭朴素，家无余财，临终前还再三嘱咐要薄葬。死后赠官同州刺史、延安郡公，谥号为“靖”。安葬时，高祖让太子和百官亲自为他送葬，可见窦威在高祖心目中的地位。

窦威撰有文集十卷，今已佚，《全唐诗》现存诗一首。

190. 窦轨杀人颇多，为什么却得到太宗的赏识?

窦轨（？～630），字士则，扶风平陵（今陕西咸阳西北）人。他是唐高祖窦皇后的堂弟，唐初大将。窦轨出身于名门窦氏，家族世代显贵。隋朝大业末年，他任资阳郡东曹掾，后辞官在家隐居。大业十三年（617），李渊太原起事，窦轨聚众千人响应，率军与李渊会师于长春宫。后窦轨率先攻下永丰仓，部队达到五千人。他又会同大军攻克长安，立下了大功，被封为大丞相府咨议参军，封爵赞皇郡公。有一次，他奉命率军平定宜君的稽胡（少数民族名）武装。在战斗中，窦轨部与敌军五万多人遭遇，形势十分不利。窦轨见状大怒，下令处死部下十四位将领，并当即提拔勇敢善战的低级军官为部将，率军重新投入战斗。窦轨还下令：“听到进军的鼓声还敢不前进者，斩！”由此将士奋勇杀敌，大破敌军，杀死一千多人，俘虏两万人。

武德元年（618），窦轨晋封太子詹事。不久赤排羌（少数民族名）与薛举部将钟俱仇勾结作乱，高祖任命窦轨为秦州总管，率军征讨。结果他连战连捷，很快就平定了叛乱，因功晋封酂（zàn）国公。武德三年，任益州道行台左仆射，率军大破党项、吐谷浑联军。后窦轨又率所部跟从李世民平定王世充，都立下了赫赫战功。

武德四年，窦轨重镇益州，率军清剿境内盗贼。他勤于职守，与将士一起始终坚持在最前线，往往半月或一月都身不解甲，可谓劳苦功高。但他性情严酷，脾气暴躁，好用重刑，部下家仆稍有违意，就被处死。例如，窦轨的外甥是一直跟随他左右的亲信，有一天晚上窦轨出门喊他，他外甥没有及时到达，窦轨马上就下令处死。行台郎中赵弘安，是一时名士，窦轨对他也是动不动就抽鞭子。后窦轨入朝，仪容不整，还不知礼节，坐着回答高祖的问话，高祖十分生气，对他说："我命你镇蜀，给你配备了二十多个车骑和骠骑将军，那都是我的老部下，你现在几乎都给我杀光了。我没有那么多人让你滥杀。"一怒之下，就把窦轨打入天牢。不过不久，高祖想起窦轨的功劳，就又把他放了，让他回去还镇守益州。窦轨与行台尚书韦云起、郭行方一向不和，窦轨就趁李建成玄武门被杀、朝廷下诏安抚的时机，把韦云起以谋反罪给杀了，幸亏郭行方跑得快，一得到消息就跑回了京师，否则也难免遇难，可见窦轨性情的确严酷之极。

窦轨虽然残酷好杀，由于他是李世民的亲信，所以仍然得到皇帝的信任。贞观元年（627），李世民刚即帝位，就征拜窦轨为右卫大将军。次年，出任洛州都督。洛阳因经隋末战乱，人情多浮夸，社会风气败坏，窦轨到任后，下令要百姓趋本务农，并严惩游手好闲者。当地百姓慑于他的声威，都不敢违背，结果不久风气整肃，地方安定，经济也得到了恢复。贞观四年，窦轨病死在任上，赠官并州都督。

191. 窦抗为什么能在隋唐两朝贵宠无比？

窦抗（？～621），字道生，扶风平陵（今陕西咸阳西北）人。他在隋唐两朝均为高官，唐高祖时任宰相。他的母亲是隋文帝的姐姐万安长公主，他的堂妹则嫁给唐高祖李渊为妻，所以他在隋唐两朝作为外戚都贵宠无比。在隋朝，窦抗是隋文帝的外甥，非常受舅舅疼爱，很小的时候就进入太学去学习，对经史都比较精通。他还十分仁孝，父亲病危时，他衣不解带，日夜在床前侍奉了五十多天；母亲去世时，他因悲痛过度，昏倒数次。父亲死后他袭爵陈国公，先后出任梁州刺史、岐州刺史、幽州总管等地方长官。他离京赴任前，隋文帝亲自到窦抗府上与窦抗和万安长公主一起进餐，好像一家人一样，赏赐非常优厚。窦抗在地方上，为政宽厚，好施恩惠，为当地百姓所爱戴。后来汉王杨谅谋反，隋炀帝怕窦抗生变，就派李子雄前往幽州替代窦抗。李子雄趁机上奏说窦抗接到杨谅的书信而没上报，窦抗因此被免官。

窦抗和李渊两家是姻亲，两人从少年时就十分要好。杨玄感起事时，窦抗就曾劝说过李渊起兵以平定天下，表面上虽然被谨慎的李渊委婉拒绝，但却深深打动了李渊的心。李渊起事攻入长安后，窦抗听说后就来投奔，受到李渊的欢迎和厚待，不久就被任命为将作大匠。武德元年（618），窦抗兼任纳言（宰相之一），为高祖所宠信。窦抗每次进宫奏事，高祖都要和他促膝谈心，把酒叙旧。高祖不呼窦抗的名字，称他为兄，宫中的人也称他为“国舅”，其贵宠程度无人能比。后转任左武候大将军，跟从李世民平定薛举，论功第一。武德四年，窦抗又协同李世民征伐王世充。平定东都后，九位功臣因功得到配飨太庙的无上荣誉，他和堂弟窦轨就位列其中，当时荣耀一时。不久窦抗就得暴病去世了，赠官司空，谥号为“密”。

192. 窦氏家族在唐朝的社会地位如何?

窦氏家族是南北朝以来的大士族，为“虏姓”首望之一。入唐后，窦氏以开国辅政之功，声誉很高，地位尊宠，人物荟萃，是唐朝士族的核心成员。

窦氏系出东汉大鸿胪窦章之后，因避窦武之难，这个家族逃亡鲜卑拓跋部，遂为部落大人，赐姓为纥豆陵氏。后他们随北魏孝文帝南迁洛阳，又改为窦姓，称河南窦氏。窦氏累仕北魏，多至高官。周隋之际，窦氏裔孙窦炽官拜太尉，进位上柱国，《北史》本传称这个家族：“及其望位隆重，而子孙皆处列位，遂为当世盛族。”这个家族后来移居扶风平陵（今陕西咸阳西北），又成为关中著姓。

唐初，唐高祖李渊的皇后太穆窦皇后即出身扶风窦氏。窦氏家族不但贵为外戚，还为大唐社稷奔走于鞍前马后，立下了不少功勋。窦抗、窦威作为开国功臣，相继充任宰相，窦轨、窦琮等人也同样是功勋卓著，其宗族多位居显要，地位显赫，是当时名门大族。其后，窦氏家族又相继出了众多名臣，如贞观朝为政清廉、威震北边的大将窦静，高宗朝御史大夫窦德玄，肃宗朝大书法家窦蒙，德宗朝执法刚正、不避权贵的名相窦参等等，都显要一时。

193. 李纲为什么被称为隋唐两朝的名臣?

李纲（547～631），字文纪，德州蓨（tiáo）县（今河北景县）人。他少年时，就为人慷慨有志节，以忠义自诩。原名瑗，字子玉，因仰慕东汉名士张纲的志节而改名纲，以示明志。

北周时，李纲为齐王宇文宪的参军。周宣帝想要谋害齐王，就暗地指使齐王的幕僚指证其罪名，可李纲不屈，以死担保齐王无罪。但齐王还是被处死了，原来的幕僚们一哄而散，早逃之夭夭，只有李纲亲临刑场，抚齐王棺木痛哭，路人都为之感动。他又亲自为齐王送葬，哭拜祭祀后才离去。

隋朝开皇末年，李纲担任太子洗马，屡次规谏太子杨勇。后杨勇被废，他因刚直敢谏为隋文帝所赏识，提拔为尚书右丞。不久，被权臣杨素、苏威排斥罢官。李渊攻克长安后，李纲被授予大丞相府司录，封爵永昌县公。高祖登基后，他又出任礼部尚书，兼任太子詹事。不久刘武周进犯并州，李元吉弃太原逃回京师，河东随即陷落。高祖因此大怒，迁怒于李元吉的辅臣窦诞和宇文歆，下令将二人处死。李纲进谏说："这次过失应该由窦诞承担，他非但不规劝齐王，让其任意胡为，还替齐王隐瞒事实，以致酿成大祸。而宇文歆则屡屡规谏，还冒死按实际情况向陛下进行了汇报。我认为要处死他是不当的。"高祖听后感悟，就采纳了李纲的建议，赦免了宇文歆。后来李纲又升任太子少保。有一次，高祖在宴会上很高兴，要封跳舞的优人安叱奴为散骑常侍，李纲随即引历史为戒规谏高祖，高祖不听。李纲身为太子建成的属官，看到李建成亲近小人，他屡屡上书直谏，为太子建成所嫉恨。

贞观四年（630），太宗以李纲清直，遂任命他为太子少师，辅佐太子承乾。当时李纲患有腿疾，太宗就命人用小辇接送，承乾对他也很敬重。太子处理国事的时候，太宗就让李纲侍坐。他发言慷慨激昂，无所顾忌，多切中时弊。不久病逝，太子承乾为他立碑纪念。

194. 郑善果之母是如何教育儿子的?

郑善果（572～629）的母亲崔氏是魏晋以来的著名士族清河崔氏

之后。她十三岁就嫁到了郑家，生下了郑善果。没过几年，郑善果的父亲郑诚就在北周讨伐尉迟迥的战斗中战死了。崔氏年轻守寡，当时郑善果才只有九岁。但崔氏有才能，有见识，有节操，自己把郑善果抚养成人，并教导儿子成为一代名士。

崔氏博览经史，贤淑知礼，深明为政之道，对郑善果要求非常严格。郑善果因为父亲的功劳，九岁就袭封开封县公。隋朝开皇初年，又晋封武德郡公，十四岁开始就历任沂州刺史、景州刺史、鲁郡太守等职。每当郑善果出庭议事，他的母亲常常坐在屏风后的椅子上听。当听到儿子对事情分析判断合理，郑善果一回家，崔氏就十分高兴地让儿子坐下，相对谈笑；如果崔氏发现儿子办事不公或随意发怒，她就回到房间蒙上被子哭泣，整天不吃不喝。郑善果跪在床前，终日不敢起来。崔氏对郑善果说："我不是生你的气，而是为我们家惭愧。我自幼嫁到郑家，奉养父母，打扫庭院，尽一个妻子和女人的义务。你父亲为人忠厚老实，勤勤恳恳，他做官廉洁奉公，从不徇私，终于以身殉国，死得其所。我希望你也能像你父亲那样为人处世。你从小就没了父亲，我是一个寡妇人家，对你有慈爱之心而缺少严格的要求。假使你不知礼训，以后怎么去做一个忠臣？你从小就承袭了你父亲的官位，当了地方的长官，但这是凭你自己的能力得到吗？你怎么不想一想这些来之不易的东西，如何能任意发怒，随心所欲地处理政事呢？你如果这样下去，对内，败坏家风；对外则破坏了国家的法度，招致灾祸。那我死之后，还有什么面目去见你九泉之下的父亲啊？"郑善果惭愧得无法对答。

郑善果身为三品高官，崔氏仍天天纺线织布，还经常到深更半夜才休息。郑善果心疼母亲，就对崔氏说："您的儿子现在高官封侯，俸禄优厚，足够生活了，您又何必如此操劳呢？"崔氏说："唉！你也长大了，我原以为你已经懂得了天下处事的道理。今天听了你的话，才知道你还差得远呢。这样你怎能处理好公务呢？你现在的俸禄，是皇上对你父亲以身殉国的补偿和报答，你应该好好使用这些钱，赡养你的家族宗亲，以作为你父亲对他们的恩惠。我作为你父亲的妻子，又怎么能独自享用呢？再说，纺线织布是妇女应该做的常务，上自皇后，下至百官的妻子，都有纺织的规定。人如果游手好闲，无事可做，就会堕落、骄逸。我虽然不太懂礼，但怎么可以自己败坏自己的名声呢？"

崔氏从年轻守寡起，从不化妆打扮，常穿自己缝制的粗布衣服。她勤劳简朴，不是祭祀、招待宾客，从来不食用酒肉。从来不接受任何礼物。郑善果虽然历任州郡长官，但他母亲仍坚持勤俭持家，自己做饭给儿子吃。官署供应的钱物，崔氏不准儿子收受，一律把它用来做官署房屋的修缮或分给下级官员。郑善果因母亲的言传身教，为官多年来，不谋私利，克勤克俭，是天下公认的清官。隋炀帝专门派御史大夫张衡对郑善果进行慰问和褒奖。后经考核，郑善果的政绩天下第一，官拜大理卿。入唐以后，郑善果任民部尚书，并辅佐太子。郑善果屡进忠言，多有规谏，廉洁守法，政绩突出。武德二年（619）去世。

195. 杨恭仁在唐初有什么事迹?

杨恭仁（？～639），本名纶，弘农华阴（今属陕西）人，隋朝宗室。在隋朝历任甘州刺史、吏部侍郎等职，参与平定杨玄感之乱，立有大功。他在吏部时清廉守法，甚有善政，受到裴蕴、宇文述等阴险小人的排挤，被出为河南道大使。宇文化及杀死隋炀帝后，杨恭仁被任命为吏部尚书，为宇文化及镇守魏县，后被俘归唐。

杨恭仁归唐后，唐高祖对他十分礼待，任命为黄门侍郎，封爵观国公，不久授凉州总管。杨恭仁一向熟悉边事，通晓民情。他到任后，积极安抚百姓，恩威并施，因此辖区安定，部族归心，自葱岭以东的部族都向他奉表纳贡。有一回，突厥的颉利可汗率大军数万突然犯边，杨恭仁兵力薄弱，根本就无力抵抗。于是他就虚张声势，大摆空城计，竟然把颉利可汗吓跑了，维护了边疆的稳定。还有一次，瓜州刺史贺拔威造反，一时间各州响应，声势很大。朝廷因为路途遥远，还没来得及派兵征讨。杨恭仁得知后，就招募勇士，昼夜行军，在敌人还没料想到的时候，打了个措手不及，很快就攻下了两座城。一下子就把叛乱者给镇住了，他们还以为是唐朝的大军来了呢。于是他们就把主谋贺拔威抓住，向杨恭仁投降了，这场叛乱很快就被平定下去了。杨恭仁因功晋封吏部尚书，兼任中书令，监管凉州诸军。不久又晋封为左卫大将军。武德九年（626），杨恭仁官拜雍州牧、扬州大都督府长史。贞观五年（631），太宗又召他任洛州都督，负责东都事务，还对他说：“洛阳重镇，我的子弟虽然不少，但恐怕都胜任不了，所以你要好好干啊。”由此可见太宗对杨恭仁的信重。

杨恭仁性格谦和谨慎，不以势凌人，所以在唐初的声望一直很高，最后也得善终。死后赠官潭州都督，陪葬太宗昭陵。

196. 封德彝是如何玩弄两面手法骗得唐太宗的信任的?

在大唐之初的宰相里面，可谓人才济济，可能唯一一个毁多誉少的人物就是封德彝了。

封德彝（568～627），名伦，字德彝，原籍德州蓨县（今河北景县）人。他出身于显宦家庭，父亲和祖父都是很有声望的大臣。封德彝才智过人，精通吏政，而为人狡猾，善揣人意，趋炎附势，为许多后人所不齿，故声望不高。封德彝在隋朝先后依附权臣杨素、虞世基。宇文化及杀死隋炀帝后，他又投靠了宇文化及。他一面讨好宇文化及，一面秘密交结宇文士及，向唐朝暗送秋波，为自己留好了后路。宇文化及失败后，封德彝即约宇文士及投奔了唐朝。

唐武德二年（619），封德彝来到长安。唐高祖知道他是亡国乱政的小人，就把他劈头盖脸地臭骂了一顿。然封德彝到底是经验老道的高手，他不温不火，事后给李渊上了几道密策，陈述为政之道，就把李渊给说动心了，对他反而赞赏有加。不久就由内史舍人提升为内史侍郎，成了地位显要的重臣。武德三年，封德彝协助李世民率大军征讨王世充。当时，双方的实力不相上下，唐军占不了多少优势，故战事久拖不决。高祖见速胜无望，就打算撤回大军，以后再从长计议。而李世民坚决不同意撤退，就派随军大臣封德彝前往长安汇报形势。封德彝见了高祖说：“如果我们退兵，让王世充东山再起，那就不好对付了。不如现在一鼓作气，全力打败王世充。”李渊认为他的话很有道理，遂放弃了撤军之念。次年五月，李世民统军大破窦建德，并攻下洛阳，一下子除掉了两大割据势力。李渊闻报后很得意，就对大臣说：“东征王世充之时，许多大臣和将领认为难以取胜，劝朕撤兵，只有秦王和封德彝主张继续用兵，结果大获全胜。封德彝真是大功臣啊。”于是下旨封封德彝为天策府司马、平原县公。在对待突厥问题上，封德彝坚决反对和亲，力主对突厥要恩威并施。他的意见也得到了高祖的采纳。

在太子建成和李世民争夺皇位的斗争中，封德彝认为两方实力都很强，鹿死谁手，很难预料，而且事关自己以后的前程问题，因此不敢草率，遂采取了八面玲珑，四处迎合的对策，骗取了李世民的信任。

他一方面在李世民面前，指天画地，表示他绝对支持李世民夺取太子之位，并建议李世民早日动手。另一方面，他又在高祖面前说李建成的好话，悄悄向李建成支招。武德七年，李建成乘高祖外出避暑之机，欲使用武力除掉李世民，事情败露。李渊一度想废掉太子，又是封德彝暗中规劝，才使李渊打消了主意。封德彝阴持两端，双方都以为他很忠诚。仅李世民给他的赏赐就数以万计。

武德九年，李世民发动了“玄武门之变”，夺得了皇位。由于封德彝给他出过主意，又是政务上有经验的老臣，就封他为尚书右仆射，做了宰相。封德彝小人得逞，渔翁得利。他在太宗面前兢兢业业，不辞辛苦，带病在尚书省工作，这一切使太宗对他深信不疑，感慨万千。贞观元年（627），封德彝因病去世，时年六十岁。死后，赠官司空，谥号为“明”。

贞观十七年，封德彝玩两面手法，曾交结李建成的罪状被揭发，唐太宗这才明白真相，下令夺官改谥。然一切对封德彝都已经成了过去，惩罚来得太晚了。

197. 萧瑀为什么能在隋唐两朝均得到重用?

萧瑀（574～647），字时文，祖籍南兰陵（今江苏常州西北）。他是后梁明帝之子，梁朝灭亡后，萧瑀入仕于隋。因为他的姐姐是晋王杨广的妃子，所以杨广为太子时，萧瑀任太子右千牛。隋炀帝杨广即位后，他以外戚历任要职，先后任银青光禄大夫、内史侍郎等职。

大业中，隋炀帝到雁门巡游，被突厥始毕可汗率军包围，形势危急。萧瑀曾献计劝炀帝请义成公主出面干预，迫使突厥退兵，得到炀帝的赏识。后因萧瑀屡次进谏，惹怒了炀帝，被放为地方官，出任河池郡守。大业十三年（617），李渊兵入长安，萧瑀以郡归降，被授予民部尚书，封宋国公。武德元年（618），唐高祖任命萧瑀为内史令，成为开国宰相之一。当时政权草创，百业待兴，萧瑀总掌政务，深得高祖信任。高祖每次听政时，都让萧瑀坐在身边，还亲切地称他为萧郎，把国家典礼朝仪等制定工作，也都交托给萧瑀。萧瑀当然也没有让高祖失望，他忠于职守，勤勤恳恳，向高祖提出了很多建议，多被采纳。高祖亲自下诏褒奖劳苦功高的萧瑀。李世民征讨洛阳王世充时，萧瑀为行军司马。王世充平定后，萧瑀以参谋军事之功，升任尚书右仆射。

高祖见中书省执行命令不太及时，就责问萧瑀。他回答说："现在陛下登基不久，每件事都涉及国家安危，我每接到一道命令，必定前后对照无误后，才敢执行，况且中书省的官员执行起来，还有个适应过程，所以命令执行就有些跟不上。"高祖听后，十分宽慰地说："你能够如此用心，我还有什么忧虑呢。"

太宗即位后，萧瑀晋位尚书左仆射，曾经劝太宗采取"分封制"，以维持国家的长治久安。他议论明辩，兢兢业业，深得太宗赏识，曾称赞他是"疾风识劲草，板荡识诚臣"。然而萧瑀心地褊狭，不能容人。当时房玄龄、杜如晦参与政事，萧瑀心存不平。贞观二十年（646），萧瑀诬奏房玄龄结党谋反，被太宗斥责，因此不得志。后来萧瑀又自请出家，但食言不行，被贬为商州刺史，削夺其爵。不久征调回京师，恢复官爵，但很快就死去了。

198. 裴矩为什么在隋炀帝时为佞臣，在唐太宗时却成为敢于进谏的直臣？

裴矩（？～627）出身于名门河东闻喜裴氏，字弘大，是隋朝有名的奸臣。他在大业年间历任民部侍郎、黄门侍郎，参预朝政。他见隋炀帝好大喜功，就处处逢迎，为炀帝摆排场，耍威风，而不管朝政和国家的安危。裴矩先撰《西域图记》三卷进献，引诱皇帝西巡。他事先用厚利游说西域各族酋长，安排他们都来朝见炀帝，让炀帝过足了宗主国皇帝的瘾；又让武威、张掖的士女盛装打扮，迎谒路旁，队伍绵延几十里，制造了西域一带百姓富足的假象，使炀帝很高兴。这次西巡，不仅使朝廷花费了巨额资财，动用了大量民夫，也给河西的百姓带来了沉重的负担，一时间"中国骚动"。大业六年（610），炀帝巡幸东都，裴矩以边疆部族朝贡者众多，就劝炀帝盛饰街市以夸富，胡人来往吃饭都不要钱。片面追求表面的繁荣，为隋朝的败亡埋下了祸根。裴矩还一味以谄媚皇帝为能事，总是揣摩炀帝心思，事先奏闻，为炀帝所宠信。隋炀帝骄矜自负，裴矩从来不向他进谏，唆使炀帝纵欲乱行。隋炀帝发动对高丽的战争，就是在裴矩的建议下进行的。这场战争致使国内社会矛盾迅速激化，农民起义爆发，隋朝统治崩溃。炀帝在江都时，士兵逃亡严重，裴矩又向炀帝献计，掠取民间女子配军士为妻，以防止继续逃亡，致使江淮一带百姓妻离子散，民怨沸腾。

就是这样的一位佞臣，在贞观时期却发生了很大的变化。早在太宗即位之初，太宗因中央各司官吏受贿现象严重，遂密令左右试探，结果刑部司门司的一位小吏收了一匹绢，太宗就下令处死。当时裴矩任民部尚书，知道此事后认为太宗处置不当，于是向太宗进谏说：“官吏受贿，罪本处死，但陛下派人送礼物给他，是故意诱使人犯法，有违为君之道啊！”太宗听后很高兴，为此专门召集五品以上的官员，告诉他们：“裴矩能当面力争，不曲从，如果大家都像裴矩一样，那么天下何忧不治？”太宗此言是对裴矩的谏诤最好的褒奖。裴矩活到八十岁，生前多用古代旧事劝谏太宗，为时人所重。

裴矩在隋唐两朝前后的表现判若两人，主要是隋炀帝和唐太宗两个截然不同君主的素质和提倡的风气不同所致。所谓上有所好，下必效之，裴矩前后不同变化，正好生动地证明了这个道理。

199. 宇文士及是什么人？

宇文士及（？～642），字仁人，京兆长安（今陕西西安）人。他是隋炀帝的女婿，隋朝右卫大将军宇文述的儿子，宇文化及的弟弟。隋朝开皇末年，宇文士及因为父亲的功劳，被封为新城县公。有一回，隋文帝很偶然和他聊了起来，见他仪表堂堂，谈吐非同常人，就把晋王杨广的女儿南阳郡主许配给了他。杨广即位后，他就成了驸马，历任尚辇奉御、鸿胪少卿，并跟从炀帝数次巡幸江都，是炀帝身边的红人。宇文化及谋杀隋炀帝时，因为他是炀帝的女婿，所以事先并没有和他商量。也就是说，在隋炀帝被害这件事上，宇文士及是不知情的。

当初，宇文士及任尚辇奉御的时候，唐高祖李渊在隋任殿中少监，加上两家又是世交，所以两人关系很好，经常在一起谈论天下大事。所以宇文化及率军北上到达黎阳时，李渊就写信给宇文士及，要他投奔唐朝。宇文士及正有此意，就一边派家奴联络李渊，一边劝他哥哥归降唐朝。不久宇文化及就被窦建德打败，宇文士及就和隋朝旧臣封伦等人一起归降了唐朝。唐高祖见了他，就责备他来晚了，并说：“要不是我们父子，你还有容身之处吗？”宇文士及含蓄地回答说：“臣罪该万死，但陛下还记得我们曾在涿郡深夜里一起谈论过天下大势吗？”高祖马上转怒为喜，对臣下们说：“宇文士及是最早鼓动我起兵的人，你们和他比，都应该在后面了。”宇文士及一方面是高祖李渊的故旧，一方面他的妹妹又是高祖的昭仪，所以很快就得到了高祖的宠信。后来他跟随李世民平定宋金刚、王世充，立下了大功，不仅晋爵郢国公，高祖还把宗室之女嫁给了他。

太宗即位后，宇文士及官拜中书令（宰相之一）。当时突厥屡屡侵犯，太宗就任命宇文士及为凉州都督。后来，历任殿中监、蒲州刺史，为政宽厚，处事简洁，官民安定。在地方任职数年，政绩不错。太宗又召他入京任右卫大将军。太宗对宇文士及很是宠信，每次入宫奏事，太宗都和他谈到深夜；太宗没事的时候，也经常派宦官请他入宫，恩宠无人能比。宇文士及处事严谨慎重，连他妻子询问，他对宫中事情也都缄口不言。

宇文士及为人仁孝友爱，幼弟和哥哥的孩子都是他抚养长大的，亲戚朋友需要接济的时候，他总是慷慨相助。但他生活很奢侈，“衣食服玩必极奢侈”。病重的时候，史书上记载“太宗亲问，抚之流涕”。贞观十六年（642），宇文士及去世，陪葬于昭陵。

200. 高士廉与李世民有什么亲属关系？其事迹如何？

高士廉（577～647），名俭，字士廉，德州蓨县（今河北景县）人。他是北齐宗室之后，祖父高岳在北齐封清河王，曾任侍中、左仆射、太尉等职；父亲高励曾任尚书右仆射，封永安王，在隋朝曾任洮州刺史等职。

高士廉少年时就气度不凡，精通文史，富有才华。隋朝仁寿年间，他以文才被举荐为治礼郎，与朝中名士薛道衡、崔祖濬等结为忘年之交，声誉很高。高士廉的妹妹嫁给了隋朝右骁卫将军长孙晟，生有一男一女，但不幸长孙晟早亡，高士廉就把妹妹和两个尚且年幼的外甥都接到自己家中，悉心照养。高士廉对两个外甥是关爱有加，勤于教育；他们俩也不负舅舅的苦心，男孩长孙无忌后成为大唐开国功臣，唐初宰相；女孩就是唐太宗文德皇后。

隋朝末年，高士廉因受牵连被贬官，担任交趾太守丘和的司法书佐。不久群雄并起，逐鹿天下，高士廉辅佐丘和屡败前来侵扰的萧铣和林士弘的部队。武德五年（622）高士廉与丘和归唐，被任命为雍州治中，当时秦王李世民任雍州牧。因为高士廉是李世民的妻舅，而且素有才华声望，所以秦王对他格外尊敬和礼遇。

在李世民和太子建成争夺帝位的过程中，高士廉作为李世民的心腹，屡次献计，并协助其发动了“玄武门之变”，夺取了政权。贞观元年（627），高士廉晋升为门下省侍中，成为了宰相，封爵义兴郡公。

高士廉清明勤政，威望很高。后因事贬官安州都督，又转任益州大都督府长史。当时蜀地文化极其落后，文风不兴，属于偏远地区。高士廉到任后，大力兴办学校，招揽儒学之士，倡导文风，繁荣了蜀地的文化；又兴修水利，灌溉农田，百姓大受其利。

贞观五年，高士廉回京担任吏部尚书，晋封许国公。累迁尚书右仆射，并兼任太子太傅。他与韦挺等人勘正天下谱牒姓氏，撰成《氏族志》；又与魏征等人撰修《文思博要》一书，计一千二百卷，现已散佚。贞观二十一年，七十二岁的高士廉病死在京师，太宗为之悲伤废朝。

高士廉出身贵族，德才兼备，又是太宗的妻舅，在助李世民争夺皇位过程起了重要作用，曾两度出任宰相，勤于政务，兴办教育，政绩斐然，是贞观盛世的名臣。

201. 长孙无忌成为唐初开国功臣的原因是什么?

长孙无忌（? ～659），字辅机，河南洛阳人。他出身于鲜卑贵族，家门显耀，但他从小就与其他显宦子弟不同，酷好读书，精通文史，富有雄才伟略。父亲死后，他们兄妹由舅舅高士廉抚养成人。隋朝大业九年（613），妹妹长孙氏嫁给了李渊次子李世民，即后来著名的长孙皇后，长孙无忌与李世民也成为形影不离的好朋友。

大业十三年，李世民率义军渡过黄河，长孙无忌就来投奔了他，任渭北道行军典签，负责文书和传达军令。李渊建唐后，李世民被封为秦王，长孙无忌则成为秦王府的得力干将。他随从李世民东征西讨，立下赫赫战功，官至比部郎中，封爵上党县公。

随着割据势力的逐步消除，李氏皇家内部的争权夺利的斗争也日趋激烈起来。太子李建成嫉妒才高功大的李世民，就勾结齐王李元吉，处处排挤秦王；而李世民也不安于做秦王，觊觎帝位，与太子明争暗斗。李建成培植自己的势力，屡次想谋害秦王，长孙无忌和房玄龄等人都劝李世民先下手为强，除掉李建成和李元吉。李世民顾虑到其父唐高祖的态度，一直犹豫不决。长孙无忌急了，就问李世民："人人都觉得舜为子孝，为君仁，圣明智慧，但如果他被继母和庶弟害死，他还能讲什么仁孝吗?"李世民被说动了，遂下定了决心。

唐高祖武德九年（626）六月，李世民和长孙无忌、房玄龄等人经过密谋后，于六月四日协同尉迟敬德、侯君集等十多人埋伏在皇宫北门玄武门，一举击杀李建成和李元吉，协助李世民夺到了皇位继承权。李世民即位后，论功行赏，以长孙无忌等五人功劳第一，授予左武候大将军，封爵齐国公，赐封户一千三百户。

因为长孙无忌与唐太宗有勋臣、外戚和故旧三重关系，所以备受宠信，礼遇远高于其他大臣，贞观元年（627），他被任命为尚书左仆射，成为了宰相。长孙无忌虽不善统兵打仗，但善谋能断，对太宗是赤胆忠心，在唐太宗即位和贞观初年稳定政局中发挥了重要作用，因此被尊为开国功臣，名列凌烟阁功臣图。

202. 房玄龄为什么被称为贤相?

房玄龄（579～648），名乔，字玄龄，隋齐州临淄（今山东淄博）人。他辅佐唐太宗开创了“贞观之治”的盛世局面，被称为一代贤相，也是中国历史上名相之一。

房玄龄自幼聪明好学，十八岁就已表现出过人的才华。当时隋朝吏部侍郎高孝基以知人出名，他当时就认为房玄龄将来必成大器。隋炀帝大业十三年（617），李渊起兵反隋。房玄龄投奔了李世民。李世民非常赏识他的才能，就安排他在自己手下，作为心腹。从此以后，他竭尽全力辅佐李世民，随其南征北战，参与军机，功勋卓著。每次战斗胜利之后，别人都忙着搜罗珍宝古玩，房玄龄却总是先打听访求当地的贤能之士，并把可用之人推荐给李世民，争取了许多人才。对于谋臣猛将，他也倾心相交，引导他们效忠于秦王。

房玄龄博览经史，工于书法，文章写得很漂亮。他在秦王府中十年，重要的文书奏章，多出于他手，而且文字流畅顺达，往往不需打草稿。唐高祖也很欣赏他，说：“房玄龄深懂机宜，是可以委任大事的人。我儿子世民在外征战，每次派他回来奏事，都说的很清楚很明白，就好像我们父子对面交谈一样。”在李世民与太子李建成斗争激化之时，房玄龄与长孙无忌密谋除掉李建成，又当面向秦王分析利害，劝他早做准备。因为房玄龄和杜如晦都是李世民的亲信，所以深为李建成所嫉恨，就找机会把他们二人罢官贬逐。“玄武门事变”前夕，李世民让长孙无忌召房、杜二人。他俩化装成道士，秘密进府商议机密。结果政变一举成功，帮助李世民取得帝位。房玄龄、长孙无忌和杜如晦等人功居第一。

此后，房玄龄长期担任宰相，与杜如晦共掌朝政，政府部门的人事安排和典章制度多为房、杜所定。在他们的齐心协力下，不久政府工作就走向了正轨，官员各安其事，老百姓安居乐业，整个大唐帝国呈现出政治清明，社会稳定，经济恢复并开始繁荣的盛世局面，历史上称为“贞观之治”。房玄龄和杜如晦两人作为宰相，一直合作配合得很好。唐太宗找房玄龄商议大事，房玄龄往往说，非杜如晦不能决定。但杜如晦一来，总是又同意房玄龄的意见。当时的人评论说，房玄龄多谋，杜如晦善断，时称“房谋杜断”，历史上也把这二位良相并称为“房杜”。

房玄龄为人谦虚谨慎，办事细心周到，从来不敢有一点疏忽。他见到别人的长处，就像自己的优点一样高兴。知人善任，不求人才完美，但能发挥所长。他有时受到唐太宗的责备，也从不辩驳，总是一再自责，甚至惭愧得无地自容。因此，唐太宗很信任和敬重他。太宗外出，往往让房玄龄留守长安。贞观二十一年（647），太宗住在翠微宫，授李纬为户部尚书。当时房玄龄留守京师，太宗就问他的看法。房玄龄只是表示李纬有一把好胡须。意思是说，在他看来，李纬不过虚有其表罢了。唐太宗立即改任李纬做地方官，可见对房玄龄的信任。

贞观十八年，唐太宗不顾房玄龄和诸大臣的反对，亲征高丽，命房玄龄留守长安。房玄龄屡次劝说无效的情况下，只得嘱咐太宗不可轻敌，一定要谨慎从事。结果这次高丽之战遭到惨败。后来房玄龄患病临死前对他儿子们讲：“我自知命已垂危，可是圣上的大恩我还没有报。当今天下清平，只有东征高丽是国家的大患。皇上含怒决定，臣下不敢劝阻。但我知而不言，将会含恨而死的。”于是他上表分析征高丽的利弊，犯颜上谏，让太宗很感动。

房玄龄患病时，唐太宗派御医前往诊治，每天供应御膳。当听说病情好转，就喜形于色；听到病情加重，就面容凄楚。房玄龄病危时，太宗亲往探望，握手叙别，悲痛不能自已。房玄龄死时七十岁，为表示对他的悼念，唐太宗废朝三日，下诏让他陪葬昭陵。

203. 杜如晦为什么被称为大唐名相?

杜如晦（585～630），字克明，京兆杜陵（今陕西西安东南）人。他自幼就聪明好学，自命英武风流，志向气节非常，临机能断，隋朝大臣高孝基称他有栋梁之才。

李渊平定京师后，秦王李世民仰慕杜如晦的才名，就引用他为秦王府兵曹参军、陕州总管府长史，视为亲信。当时的府佐官属多被外调，秦王很忧虑，房玄龄说："其他人没有什么好可惜的，唯独杜如晦有王佐之才，大王如果为镇一方，那用不上他，但如果以后要经略天下，那就非杜如晦不可。"秦王一听恍然大悟，说："不是你提醒，我差点就把他放走了。"于是赶紧上表才留下了杜如晦。后来杜如晦常跟随李世民左右，参谋机密，临机善断，事无滞留，为同僚所叹服，为"秦王府十八学士"之首。后来李世民与太子李建成为争夺帝位，杜如晦出谋划策，帮助李世民取得帝位。事后杜如晦和房玄龄、长孙无忌等五人功居第一，因功晋封兵部尚书，封爵蔡国公。

贞观三年，杜如晦任尚书右仆射，开始担任宰相，此后长期与房玄龄共掌朝政。政府部门的人事安排和典章制度多为房、杜所定。在他们的齐心协力下，不久政府工作就走向了正轨，官员各办其事，老百姓安居乐业，政治清明，社会稳定，经济恢复，为"贞观之治"的出现做出了很大的贡献。杜如晦和房玄龄两人作为宰相，一直合作配合得很好。当时人将他们两人并称为"房杜"。

杜如晦英年早逝，年仅四十六岁就告别人世。死后太宗为之恸哭流涕，下诏让当朝名士虞世南制碑纪念。

204. 唐高祖为什么不信任李靖?

李靖（571～649），本名药师，京兆三原（今陕西三原）人。他是唐初名将、开国功臣，也是中国古代著名的军事家、谋略家。唐代小说记载的李靖与红线女的故事，被广泛传诵，是古代浪漫爱情故事的代表作之一。

李靖出身于官僚贵族家庭，他从小姿貌丰伟，富有文才武略，志向远大，常常对人说："大丈夫如果能够生逢时，遇明主，一定要立功成事，获取荣华富贵。"他年轻时，就十分喜爱古代兵书，经过苦心钻研，在军事理论上颇有造诣，曾受到过舅舅韩擒虎和名将杨素的指教和赞扬。在隋朝任官时，李靖也受到重臣杨素和牛弘的赏识。

大业末年，李靖任马邑郡丞，观察到太原留守李渊欲图谋起事反隋，就连夜赶往隋炀帝所在的江都，通风报信，以便早做准备。但由于战乱，道路不通，李靖滞留在长安。李渊义军攻破京师后，李靖被捕。李渊恨他不附己，又想报信阻碍起事，就下令将他处死。李靖临刑前，高声说："唐公（指李渊）起事，为天下除暴乱，欲成就大事，怎么能以私怨杀壮士呢？”李渊被他的话打动，又加上李世民站出来说情，就没有杀他。但唐高祖因此也不信任李靖，虽然他很有军事才干，也不委以重任。直到李世民即位后，李靖才受到重用，从此开创了自己一生的丰功伟业。

205. 李靖在唐朝立有哪些军功？

李靖一生主要军事成就是在唐太宗统治时期。在唐高祖时期，他曾于武德四年（621），作为李孝恭的助手参与了平定萧铣的军事行动，实际负责统领三军。通过这场战争，充分地展示了李靖杰出的军事才能。这年八月，长江进入了汛期，江水暴涨，三峡奇险，战船难以行驶，据守长江大险的萧铣判断唐军不会东下，就派军队参加秋粮收割，城池守备松懈。准备出征的唐朝将领也认为长江凶险，建议汛期过后再进军。李靖就对将领们分析说：“我军集结不久，萧铣还不了解情况。目前江水泛涨虽然对我军的进军不利，但敌军也会因此而放松戒备，我军就可出其不意，突然兵临江陵城下，打他个措手不及。兵贵神速，战机不容错过。”于是李靖下令大军开拔，急速进发。九月，唐军水师乘两千多艘战船，顺江而下。经过艰苦行军，唐军越过长江三峡，一举袭破萧铣在长江沿岸苦心经营的重镇宜都、夷陵和荆门，梁军大将文士弘惨败溃逃。李靖率五千精兵乘胜追击，直抵江陵城下。萧铣怎么也没料到唐军进军会如此之快，当得知已大兵压境时，顿时大惊失色。他急忙调兵遣将，集结兵力仓皇与李靖决战。结果李靖先后率军打败梁军骁将杨君茂、郑文秀，俘虏梁军号称精锐的四千多人，然后把江陵城围得水泄不通。萧铣见大势已去，只得献城投降。李靖统军进驻江陵后，他号令严肃，大军秋毫无犯。他又善意安抚优待梁军降将，不久人心依附，其他州县也纷纷归服，梁国平定。李靖因功晋封上柱国、永康县公。

不久李靖奉命为岭南道安抚大使、桂州总管，招抚依附萧铣的岭南的地方残余势力。他到任后，地方实力派首领冯盎、李光度等纷纷献土纳降，岭南九十六州，六十余万户很快归降了唐朝。

武德六年，杜伏威旧将辅公祏据丹阳造反。李孝恭、李靖又衔命出征。李勣、任瓌、黄君汉、张镇州等唐军大将为行军总管，并受李孝恭、李靖节度。辅公祏命大将冯惠亮率军三万屯兵当涂，陈正通统兵两万驻青林山，两军互相呼应，以抗击唐军。唐军将领都以为：冯、陈两军皆重兵固守，攻打很不容易，不如绕道直取丹阳。唯独李靖主张："辅公祏身边都是精兵，骁勇善战，如果我军一旦进攻受阻，则面临腹背受敌的危险。既然辅公祏把希望都寄托在冯、陈两军身上，我们就打破他的梦想，让他失去希望，就可以一战破敌，其余敌人定会闻风而降。"于是李靖就率军猛攻冯惠亮，以伤亡万人的代价终于攻破当涂城，然后李靖又率轻兵追击，直达丹阳。敌军果然闻风丧胆，纷纷溃败投降，辅公祏也顾不上迎战，就狼狈逃匿，不久被捕，这次叛乱也很快平定，江南从此安定。

李靖历任安州大都督、灵州道行军总管等职，多次统兵抗击突厥，唐高祖称赞道："比起古代白起、韩信、卫青和霍去病这些名将来，李靖是有过之而无不及啊!"

太宗贞观年间，李靖历任代州道行军总管、定襄道行军总管，几次统兵与突厥激战，并深入大漠，俘获隋皇子杨正道、炀帝皇后萧氏、隋义成公主等，大败颉利可汗，打得突厥几次请求投降议和。有一次，李靖率军突袭突厥，唐军到达突厥牙帐，突厥还不知道，结果突厥被斩首万余级，颉利可汗差点被俘，从此突厥闻李靖统兵就吓得退走了，唐朝占据了阴山以北到大漠的广大疆域，突厥不敢犯边。

李靖出将入相，声名无人能及，为大唐名将之首。他六十四岁时，本来要求退休的，但听说吐谷浑入侵，朝廷需要他领兵时，他不顾老病，毅然主动请缨出战。他带兵出西海道，昼夜兼程，长驱两千余里，经过大小几十场恶战，终于大破吐谷浑，稳定西北边疆。

贞观十一年（637），李靖晋封卫国公，不久作为功臣，名列凌烟阁功臣图，贞观二十三年去世，太宗下令陪葬于昭陵。

206. 李靖作为唐朝杰出的军事家有什么军事著作传世?

李靖作为唐初杰出的军事谋略家，他戎马一生，战功赫赫，为唐朝的建立和稳定立下了汗马功劳。李靖年轻时，就十分喜爱古代兵书，经过苦心钻研，在军事理论上颇有造诣，曾受到过舅舅韩擒虎和名将杨素的指教和赞扬。李靖在唐初任大将三十多年间，他又从实战中摸索总结，终于成为经验丰富、谋略出众的一代名将。李靖的军事著作《李卫公问对》，就是他一生戎马生涯的总结。

《李卫公问对》，又称《唐太宗李卫公问对》、《卫公问对》或《李靖问对》（一说为唐宋间佚名所作）。全书共一万多字，分上、中、下三卷，用问答体的形式记载了贞观十八年（644）以来太宗与李靖讨论军事问题的言论，计三十八节。内容多援引古代战争实例和李靖所经历的战事，参以古代军事名家的言论，论述奇正、主客、攻守、虚实、战阵及军制等内容。所论战争的进攻与防御原则及争取战争主动权，后发制人等问题，颇有创见。对方阵队形变换，兵力分配指挥，军事上的虚实、伪装、分合和阵法训练等实战方法叙述尤详。全书体现了朴素的军事辩证法思想，许多都是李靖实战经验之谈，是中国古代著名的军事著作。（这本书在北宋元丰三年（1080）就初刊了，现在流行的本子有1983年中华书局点校本《李卫公问对校注》。）

207. 李勣为什么在投唐之初就能得到重用?

李勣（594～669），本姓徐，名世勣，字懋功。因功唐高祖赐国姓为李，又避李世民讳，去“世”字，单名勣。祖籍曹州离狐（今山东东明）人。他作战料敌如神，每战必胜，被唐太宗倚为国之“长城”，是唐初杰出的军事家、谋略家。

李勣出生在富裕的农民家庭，从小就练习武艺，才智过人，志向远大。隋末，苦于炀帝暴政，百姓多流离失所，生活困苦，而他家则奴仆众多，存粮丰富，生活十分富足。但李勣父子并不像其他为富不仁的富人，而是十分乐善好施，扶贫济困，不管亲戚同乡还是素未相识的百姓，都尽量的接济，所以在当地声望很高。

大业末年，韦城的翟让聚众起义，当时才十七岁的李勣不甘沦落民间，就投奔了翟让。以后他们以瓦岗寨为根据地，活动在宋州、郑州的运河附近一带，号称瓦岗军，特别是在李密来到瓦岗军后，势力很快就发展壮大起来。在李密的领导下，李勣智勇兼备的大将本色得到了充分的发挥。荥阳一战，他率军一举击杀隋朝名将张须陀，使瓦岗军声威大振。后又在李勣的建议下，由他率军成功地占据了黎阳仓。瓦岗军开仓放粮，得到了当地百姓的支持和拥护，势力也达到了空前的二十多万人。李勣镇守的黎阳，成为瓦岗军的重要据点。后李密一意孤行导致兵败投唐，原来瓦岗军控制的东到大海，南至长江，西至汝州，北到魏郡的广大区域都归李勣统辖。李勣对部下说：“这些人口土地都是魏公（李密）的，我奉命把守而已。魏公现在投唐了，我如果也上表献土归降，那就是我在利用主公失败之机，为自己邀功，这是我所不齿的行径。不如我把各州的土地、户籍都秘密地交给魏公，让他自己献上，这样就成了魏公的功劳了。”于是就秘密派人到长安把各州的名籍都转交给了李密。唐高祖知道后，感叹说：“李勣知恩图报，真是忠臣啊!”特意封他为黎州总管、右武候大将军，封爵莱国公，赐姓李氏。不久李密被杀，李勣得知后，号啕大哭，上表请求为李密收葬。他率领瓦岗旧将披麻带孝为故主李密送葬，朝野上下都被他所感动。

正是因为李勣忠心和义气，所以在投唐之初就能得到唐王室的重用。当然他也没让唐王朝失望，为唐朝的统一和稳定立下了汗马功劳，是唐朝的开国功臣之一。

208. 李勣的墓冢为什么像三座山?

李勣一生战功无数，为唐王朝的统一、稳定和开疆拓土立下了汗马功劳。死后，高宗特意下诏把他的陵墓修成阴山、铁山和乌德鞬山三座山的样子，以表彰他开疆拓土，尤其是破突厥、薛延陀的大功。

李勣投唐后，跟随李世民先后平定窦建德、王世充、刘黑闼、徐圆朗、辅公祏等割据势力，为唐王朝的统一和稳定立下了大功。后来李勣配合李靖联军反击突厥可汗颉利的进犯，降其部众五万余人。之后，他镇守并州（太原）十六年，突厥不敢南侵。唐太宗对他很信赖，说：“用李勣守并州，比建筑一道万里长城的作用还大。”下诏晋封他为兵部尚书，全面掌握朝廷的军事大权。

贞观十五年（641），薛延陀真珠可汗率军八万入侵。此时唐朝另一名将李靖由于年老多病，赋闲在家。军事方面的重担都落在李勣的身上。太宗任命李勣为朔方道行军大总管，统兵六万，同时命张俭、李大和张士贵分别统率数万大军进击薛延陀。当时，真珠可汗的长子大度设率骑兵三万，作为前锋进抵长城。当其正在登高远望的时候，李勣带领唐军蒙尘遮道而来，大度设惊惧溃逃，李勣选精兵六千追击。双方在青山列阵决战。薛延陀万箭齐发，唐军伤亡惨重。李勣见状就让士兵都下马，手持长枪直冲敌阵。薛延陀军大败。李勣这一战就杀敌三千，俘获五万余人。大度设率残兵退回漠北。

贞观十八年，太宗东征高丽，以李勣为辽东道行军大总管，统率唐军六万。李勣率军从柳城出发，扬言出怀远镇，却出其不意地自通定渡辽水，直捣玄菟（今朝鲜咸镜南道咸兴），大破高丽兵。数月中先后经历了三次大战，斩首四万余，拔城十余座，高丽全国震恐。高宗时，李勣终于率军平定了高丽。

李勣为人谦虚诚恳，严于责己，宽以待人。每次战斗胜利后，他从不为自己邀功推过，所以广大将士都乐意为他效力。无论是在战场上缴获的，还是皇上赏赐的金银财物，他从不占为己有，都分给了部下。直到老死之前，不立产业，没有任何积蓄。

正因为李勣的为人和功勋，所以他深受唐朝三代皇帝的宠信和尊重。太宗时，他名列凌烟阁功臣图。高宗时，他官封宰相，位列三公。总章二年去世。死后，高宗亲自下诏赞扬，称他“奉上忠，事亲孝，历三朝未尝有过”。为之痛哭流涕，并下令陪葬太宗昭陵，并仿效汉武帝功臣卫青、霍去病的故事，把他的陵墓修成他曾战斗过，立下不朽功勋的阴山、铁山和乌德鞬山三座山的样子，以表扬李勣的功勋。

209. 尉迟敬德为什么常常自负其功？

尉迟敬德，名恭（575～658），朔州善阳（今山西朔县）人。他出身低微，据说先前是个铁匠，身材魁伟有力，练就了一身好武艺，又为人仗义，言出必行，而且忠直果敢，是个讲义气的好汉。隋末，尉迟敬德投军效力，深为隋将宋金刚所赏识。后依附刘武周，因作战勇敢，不久就被提升为大将。刘武周被李世民击败后，尉迟敬德败降归唐，受到李世民的信任和器重，被视为亲信，担任了秦王府右一统军。后跟随李世民左右，先后平定王世充、窦建德、刘黑闼、徐圆朗等割据叛乱势力，每战必率先破敌，战功赫赫。他以勇猛善战，两救秦王和威震突厥而名震天下。

尉迟敬德以骁勇和善于骑射著称，常单骑入敌阵突袭，斩杀敌方大将，令敌军闻风丧胆。在唐军征讨王世充的一次战斗中，王世充的侄子王琬骑着隋炀帝以前骑过的名马，身穿华丽的铠甲在军阵中自夸。李世民为打击敌人的士气，就问部下诸将：“谁能替我活捉此人？”李世民话音刚落，只见尉迟敬德飞马直冲敌阵，单骑将王琬生擒而回，王世充手下部将都被他吓蒙了，眼睁睁地看着尉迟敬德把人抓走，没有一个人敢上前应战。又有一次，尉迟敬德率军在边关泾阳与突厥决战。他首先斩杀前来挑战的突厥两员名将，然后趁敌人畏惧之时，挥师冲杀，一举大败突厥。从此尉迟敬德声名威震北疆，突厥数年不敢犯边。

尉迟敬德还曾两救秦王。唐军东击洛阳时，与王世充的军队形成对峙。李世民率几百骑兵在前线查看地形时，遭到敌军万余兵力的伏击，力战不敌被困。王世充帐下猛将单雄信举枪直取秦王李世民，形势非常危急。尉迟敬德见状，大吼一声拍马腾空而起，把单雄信挑于马下。然后他舍命保护李世民左冲右挡，终于突出重围。还有一次，李世民率军与刘黑闼作战，敌军认出了李世民，就倾全部兵马将其团团围住。身边护卫的将士把枪扎弯了，刀砍钝了，始终无法杀出包围圈。就在这千钧一发的时刻，又是尉迟敬德舍身救驾，从外面杀开一条血路，救出了李世民。两次临危救驾的尉迟敬德因功晋封左二副护军，从此专门负责保护李世民的安全。

后来太子李建成、齐王李元吉勾结，想谋害才高功大的李世民，为此他们收买人心，网罗培植势力。尉迟敬德作为李世民身边的亲信，自然就成了他们重点拉拢的对象。有一天，李建成把尉迟敬德召去，送他一大车财宝，并许以高官厚禄，希望他投靠自己。尉迟敬德面对太子的威逼利诱，丝毫不为之所动，公开宣布只效忠秦王。李建成恼羞成怒，就派杀手去暗害他，结果尉迟敬德睡觉时不关大门，刺客始终不敢入室行刺。

玄武门兵变中，尉迟敬德血战宫门，亲手射杀李元吉，帮助李世民夺得了皇位继承权。事后论功与长孙无忌等五人并列第一。太宗李世民即位后，尉迟敬德因功晋封右武候大将军，封爵吴国公。后历任襄州都督、夏州刺史等职，改封鄂国公。

因为尉迟敬德的赫赫战功和拥戴大功，所以备受唐太宗宠信。后来尉迟敬德居功骄傲起来，十分刚愎自负，在朝上，他不顾场合，多次对重臣房玄龄、长孙无忌等大发脾气。有一次，太宗在庆善宫举行酒宴，有人坐在他的上首，他就生气地问：“你有什么功劳，居然坐在我的前面?”任城王李道宗好心上前劝说，反被尉迟敬德打了个乌眼青。结果尉迟敬德被唐太宗好好地训斥了一通，他也知道自己骄横过了头，从此避位让贤，过起了清闲生活，直到病逝。尉迟敬德戎马一生，战功骄人，为唐王朝的建立和稳定立下了汗马功劳，名列凌烟阁功臣图，死后得到陪葬太宗昭陵的殊荣。

210. 为什么说秦叔宝是唐朝的开国功臣?

秦叔宝（? ～638），名琼，隋唐之际齐州历城（今山东济南）人。秦叔宝行伍出身，戎马一生，他为人宽厚，骁勇善战。隋朝大业末年，秦叔宝在隋朝名将来护儿部下当兵，为来护儿所赏识。他母亲去世时，作为大将的来护儿竟遣使吊唁。有军吏奇怪，就问来护儿："你手下那么多士卒死丧，你从来都不问，为什么唯独慰问秦叔宝呢?"来护儿一听大笑道："秦叔宝这人雄武多谋，还十分有志节，难道你认为他能一直做小兵吗?"后来，秦叔宝跟从隋朝名将张须陀与隋末割据势力卢明月遭遇。卢明月有部队十多万，张须陀兵力只有他的十分之一，两军实力相差悬殊。张须陀只得采取坚壁固守、待机再战的策略，不久隋军粮食快要吃完了。张须陀知道大军一退，卢明月一定会全军追击，就想派奇兵偷袭敌营，然后他再率军杀个漂亮的回马枪。但这个任务十分危险，突袭不成，无疑是以卵击石，于是他遍问帐下诸将，结果只有秦叔宝和罗士信敢去。于是两人分别统领精兵一千人，伏兵丛林中。待卢明月出军追击，秦叔宝和罗士信就挥军直冲敌营，砍掉敌军大旗，然后放火大烧敌营。秦叔宝手刃数十人，敌军大乱。卢明月见后院起火，马上回师，结果被张须陀和秦叔宝两面夹击，卢明月大败，从此一蹶不振。接着秦叔宝又随张须陀与另一割据势力孙宣雅作战。海曲一战，秦叔宝率先登城，因前后所立之功晋封建节尉。

荥阳一仗，张须陀被李密的瓦岗军击杀。秦叔宝率残部随隋将裴仁基投降了瓦岗军。李密见秦叔宝来投，十分高兴，马上任命他为瓦岗军精锐"内军"的四个骠骑将军之一，对他十分宠信和优待。黎阳童山一战，李密率军血战宇文化及，不慎中箭落马，在生死千钧一发之际，多亏秦叔宝拍马赶到，舍命杀开一条血路，保护李密突出重围，救了李密一命。李密失败后，秦叔宝等瓦岗军将领多依附了王世充，王世充对秦叔宝也十分看重，封他为龙骧大将军，赏赐优厚。但秦叔宝和程知节等人都看不起王世充阴险狡诈的为人，遂阵前倒戈投奔了李世民。秦叔宝临走前，还在马上抱拳向王世充行礼告别，王世充部下都惧怕秦叔宝的骁勇，不敢追击，于是秦叔宝顺利归唐。

李世民对秦叔宝的为人和勇敢更是信重，把他视为亲信，任命他为秦王府右三统军。秦叔宝先后跟随李世民破宋金刚，擒窦建德，降王世充，败刘黑闼，战功赫赫，与尉迟敬德所率的玄甲骑兵号称唐军精锐。他每战一定冲在最前面，总是率先破敌，令敌人闻风丧胆。如果敌阵中有号称骁勇的将领，李世民就派秦叔宝出战取他的首级。秦叔宝奋马挺枪，直冲敌阵，于千军万马之中，取上将首级，如探囊取物一般。后因功晋封马军总管、上柱国，封爵翼国公，得到的赏赐数以万计。

武德九年（626）六月，秦叔宝参加玄武门政变，协助李世民夺取帝位，因功晋封左武卫大将军，赐封户七百户。后来他一直多病，秦叔宝自己也说："我出身行伍，可谓戎马一生，大小经历战事二百余战，屡受重伤，血流数升，不生病才怪呢。"贞观十二年，因病死去，赠官徐州都督，改封胡国公，陪葬太宗昭陵。太宗还特意命工匠在昭陵内刻下秦叔宝和他战马的形象，以表彰他为建唐立下的不世功勋。贞观十七年，秦叔宝作为二十四位唐开国功臣，名列凌烟阁功臣图。高宗永徽六年（655），重新图形七位开国功臣，秦叔宝位列其一。

211. 程知节建立过什么功勋？

程知节（？～665），本名程咬金，济州东阿（今山东东阿西南）人。程知节武艺高强，骁勇善战，尤其善于在马上使用长枪。隋朝末年，各处盗贼横行，程知节就聚集了数百人，以保卫家乡，维护一方安定。后来他率众投奔了瓦岗军，得到李密的重用，被任命为内军骠骑将军。内军是瓦岗军的精锐之师，是李密的亲信卫队，他们作战勇敢，以一当十。后来王世充进攻瓦岗军，李密派精锐的内军迎战。两军交战中，骠骑裴行俨中箭落马，形势十分危急。程知节见状，急忙策马飞奔，冲入敌阵救人。他左冲右突，终于杀出一条血路，把裴行俨救了出来。

后来瓦岗军被王世充击溃，程知节被俘，只得暂时依附王世充。武德二年（619），他与瓦岗旧将秦叔宝因为看不起王世充的为人，就阵前倒戈，投降了唐朝。李世民见程知节这样的勇将来投靠，十分高兴，就任命他为秦王府左三统军，视为亲信。后他跟随李世民平定宋金刚、窦建德、王世充等割据势力，多次率先登城破敌，勇不可挡，立下无数战功，因功晋封左一军马军总管，封爵宿国公。

武德七年，李建成为和李世民夺权，就诬陷作为李世民的亲信的程知节，要把他贬到外地，以翦除李世民的羽翼。程知节对秦王李世民说："现在形势紧迫了，这是太子建成想要谋害你了。你的左右手一去，谁来保护您呢？我就是死，也要在这里保护殿下。"程知节因参与政变，帮助李世民取得帝位，立下了大功，晋封右武卫大将军。贞观中，程知节历任泸州都督、左领军大将军等职，改封卢国公，后作为开国功臣，名列凌烟阁功臣图。

唐高宗显庆二年（657），程知节被任命为葱山道行军大总管，征讨发动叛乱的西突厥阿史那贺鲁，因屠城滥杀被免官。后又重新起用为岐州刺史，不久，就退休了。死后，赠官骠骑大将军、益州大都督，陪葬太宗昭陵。

212. 段志玄是什么人？

段志玄（598～642），齐州临淄（今山东淄博东北）人。段志玄从小体貌丰伟，孔武有力，但无赖落拓，屡次触犯法律。最后在家乡混不下去了，就投奔了太原，受到了李渊父子的礼遇，特别是李世民的赏识。从此段志玄改变了人生命运，开创了自己的丰功伟业。

李渊太原起兵，派段志玄招募兵马，他很快就招纳了一千多人，被封为李世民统辖下的右领军大都督府的军头。之后，义军先后攻下霍邑、绛郡、永丰仓等重地。后来他又跟随刘文静攻打镇守潼关的隋将屈突通。在一次战斗中，刘文静被隋将桑显和部偷袭，军阵大乱，形势十分危急。段志玄见状就率精兵突入敌阵，左冲右突，眨眼间，杀死几十个敌人，自己中了箭，他也忍痛不言，照样与敌人力战。唐军见此，士气大振，又重新控制了战场的局势。这一战，屈突通大败而回，只得率军退守稠桑。

段志玄在平定王世充一次战斗中，不慎马失前蹄，摔倒在地上，被敌军俘虏。两个骑兵抓着他的头发，挟持着他就要过洛水。段志玄见机趁两人不备，突然一跃而起，把两人推下马，他夺马而回，当时在场的几百敌军都惊呆了，一直不敢上前追赶，段志玄终于虎口脱险。后来他跟随秦王李世民大破窦建德、收复东都洛阳，为李世民信重，成为其亲信，担任秦王府右二统军。

李建成和李世民为争夺帝位明争暗斗时，李建成也派人带了好多财物来拉拢段志玄，被段志玄断然拒绝。后来段志玄参与“玄武门之变”，协助李世民夺得帝位。贞观初，他论功晋封左骁卫大将军，封爵樊国公，封户九百户。贞观八年（634），他受命率军攻打吐谷浑，因耽搁战机被免官。不久又官复原职。

长孙皇后举行丧礼时，段志玄与宇文士及率军把守章武门，维持京城治安。唐太宗深夜派中使到两人的军营传谕圣旨。宇文士及一听是皇帝的使者马上就开门迎接，而段志玄则以“军门深夜不准开放”为理由拒绝开门，即使中使让他看手中拿的太宗亲笔诏书，他也因为

“夜不能辨”没有开门，中使只得悻悻而回。天明后，太宗知道了，不禁感叹道：“段志玄真将军也，周亚夫（西汉名将）怎能比得上他啊!”于是下诏把他大加表扬了一番，并改封段志玄为褒国公、镇军大将军。贞观十六年，段志玄去世，唐太宗为他痛哭流涕，赠官辅国大将军、扬州都督。段志玄作为唐开国功臣，名列凌烟阁二十四功臣图，死后得到陪葬太宗昭陵的殊荣。

213. 张公谨为什么得到唐太宗的赏识?

张公谨，字弘慎，魏州繁水（今河南南乐西北）人。隋末，张公谨在王世充手下任洧（wěi）州长史。武德元年（618），他劝说洧州刺史崔枢一同率领金州归降了唐朝，封邹州别驾。开始时，张公谨并没有什么名气，后经李勣、尉迟敬德多次推荐，才得以进入秦王李世民的幕府。秦王李世民与太子李建成和李元吉为争夺帝位时，张公谨屡献良策，逐渐为李世民所器重。武德九年，李世民将要发动政变，但李世民却犹豫不决，于是找人来占卜看看吉凶。张公谨正好从外进来，他一把就把占卜的器具扔到地上，大声说：“占卜就是来决定事情是否可行的。现在形势危急，要干就不能迟疑!”张公谨的当机立断，促使李世民下定决心发动政变。六月四日，张公谨和长孙无忌等九人埋伏在宫城北门玄武门，一举击杀李建成和李元吉。后太子和李元吉的部队猛攻玄武门，多亏张公谨有勇力，闭门力战，力挫来军，为政变的成功立下了大功。贞观元年（627），太宗以张公谨的拥立大功，封他为左武候将军，封爵定远郡公，赐封户一千户。

之后，张公谨出任代州都督，他上表请求在当地屯田，这样既保证边关的军粮供应，还节省了大量的运费。他又上书要求攻打突厥，以解决边患的六条理由，得到太宗的采纳。不久太宗就命李靖、张公谨为正、副总管率大军进击突厥。定襄一战，唐军大败突厥，颉利可汗狼狈败退，张公谨因功晋封邹国公。

张公谨后转任襄州都督，为政恩惠，政绩十分突出。但不幸的是，他竟然英年早逝，死时年仅三十九岁（另一说为四十九岁）。太宗知道了他的死讯以后，悲痛欲绝，亲自为他送葬。张公谨死后，赠官左骁卫大将军，谥号为“襄”。贞观十三年（639），太宗怀念起他的大功，就改封他为郯国公。贞观十七年，他作为开国功臣，名列凌烟阁功臣图。

214. 侯君集有大功，唐太宗为什么要处死他？

侯君集（？～643），豳州三水（今陕西旬邑）人。他早年就投入秦王李世民的幕府，成为李世民的亲信。后多次参加唐初的统一和平叛战争，跟随秦王南征北战，平定各地的割据和叛乱势力，战功赫赫，官至车骑将军，晋封子爵。武德九年（626），秦王李世民和太子建成争夺帝位继承权，矛盾激化。侯君集作为李世民心腹，参预密谋并积极出谋划策。六月四日，侯君集等埋伏在玄武门发动了政变，一举诛杀李建成和李元吉，协助李世民夺得帝位。事后，侯君集与长孙无忌、尉迟敬德、房玄龄等论功第一。太宗即位后，侯君集因功晋升为右卫大将军，封爵潞国公。

侯君集好读书，跟从名将李靖学习兵法。魏征认为他有宰相之才，于是在贞观四年（630），侯君集出任兵部尚书，参议朝政，做了宰相。贞观九年，侯君集任积石道行军总管，作为李靖的副手，率军出征吐谷浑。他治军严整，献计以精兵长途突袭，以迅雷不及掩耳之势一举大破吐谷浑，平定其国。回师后，因功改封陈国公。贞观十二年，任吏部尚书。他虽行伍出身，但却富有文才，出将入相，颇有名将李靖的风范，为时人所称赞。次年，太宗任命他为当弥道行军大总管，全面负责抗击吐蕃；随即又为交河道行军大总管，作为统帅统兵进击西域的高昌。他率军急进，冒着恶劣的天气条件，经过血战，一举平定高昌国。贞观十七年，侯君集作为开国二十四功臣，名列凌烟阁功臣图。

侯君集因平定高昌过程中，贪纳财货美女，私自发配流人，被监察官员弹劾入狱。虽然不久就被释放，但他恃功自负，心怀不满，秘密联合大臣张亮谋反，被张亮密奏，太宗因为他功高，加上没有旁证，就没有详加追究。但侯君集从此更加疑虑，心存怨愤。他的女婿贺兰楚石是太子承乾的心腹，所以他就投奔了太子承乾集团。本来太子承乾在与魏王李泰的争宠中，处于不利地位，见重臣侯君集来助，自然十分仰仗，侯君集趁机就极力鼓动承乾造反夺位，早有此意的承乾遂下定决心谋反。

贞观十七年四月，承乾集团的政变计划还没来得及实施，就被揭穿了。太宗龙颜大怒，贬黜承乾。曾经显赫一时的侯君集目的没有达到，反断送了自己的性命。

215. 张亮是什么人？因何事而死？

张亮（？～646），郑州荥阳（今属河南）人。张亮出身于贫寒的农民家庭。隋末他参加了瓦岗军，对李密忠心耿耿，被封为骠骑将军，隶属大将徐世勣部。李密失败后，张亮鼓动徐世勣归降了唐朝，被任命为郑州刺史。

房玄龄素以知人著称，他见张亮沉稳果断，谋略过人，就推荐给了秦王李世民。李世民和张亮一见如故，便引用他为秦王府车骑将军，视为亲信。

武德末年，李世民与太子建成为争夺帝位矛盾激化，两方剑拔弩张，一触即发。李世民为防范起见，就秘密派张亮率领一千多嫡系部队，赶赴洛阳，在那里招兵买马，交纳豪杰，储备力量以应付突发形势。张亮为秦王李世民殚精竭虑，积极准备，不幸被李世民的死对头齐王李元吉抓住把柄，向高祖告发张亮图谋不轨。高祖马上派人审查此事，张亮对李世民的计划绝口不提，后来高祖也因为没有什么明显证据，就把张亮放了。太宗即位后，张亮因功晋封右卫将军，封爵长平郡公。后历任御史大夫、豳州、夏州、鄜州等州都督，以及工部尚书、太子詹事、洛州都督等职，晋封公爵，并作为开国功臣，名列凌烟阁功臣图。

张亮为政明察秋毫，公正无私，抑制豪强，抚恤贫弱，为当地百姓所爱戴，政绩十分突出。贞观十七年（643）张亮告发侯君集等谋反事，因功晋封刑部尚书，参预朝政，做了宰相。后唐太宗亲征高丽，张亮在屡谏无效的情况下，只得自请出征，任平壤道行军大总管。他率领海军从东莱（今山东莱州）渡海登陆，率先攻破高丽的沙卑城，大军进抵建安城。正在唐军在城外安营扎寨的时候，敌军突然来攻，唐军阵脚大乱。主帅张亮不知所为，坐在胡床上一言不发，直视前方想看个究竟。可部下却以为他临危不惧，胆气过人，遂稳住了阵脚，然后一鼓作气回击，终于大破敌军。张亮侥幸获得了胜利。

唐军从辽东回师到了并州，有人就告发张亮谋反。原来，张亮交结了一个叫程公颖的江湖术士，这个术士说他睡相如卧龙，日后必大福大贵，说得张亮动了心，于是张亮就阴蓄异志，私养假子五百人，图谋不轨。太宗知道后，就下令把张亮抄家问斩。

216. 薛万彻、薛万均兄弟是什么人?

薛万均、薛万彻两人为兄弟，京兆咸阳（今陕西咸阳东北）人，原籍敦煌。薛氏兄弟是隋朝大将、左御卫大将军薛世雄之子，父亲死后，他们两人都以武功为幽州总管罗艺所赏识。后随罗艺归附唐朝，薛万均被封为上柱国、永安郡公，薛万彻被封为车骑将军、武安县公。

窦建德率军十万进攻幽州，罗艺统兵应敌。薛万均献计说："现在敌众我寡，如果硬拼必输无疑。不如我们派老弱病残的士兵隔水背城结阵诱敌，敌军见状肯定会渡河进攻。待其半渡之时，我率精骑百人拦腰进击，敌军必乱，然后我们两军合击，一定会大败敌军的。"罗艺听后非常赞同，依计行事，果然大破窦建德。次年，窦建德又率军二十万进犯幽州，派兵猛攻城池。正待城池将破之时，薛氏兄弟从地道中率敢死队直冲敌后，与罗艺两军夹击，窦建德又一次狼狈溃退。后来薛万均跟随李世民平定刘黑闼，封秦王府右二护军，被李世民视为亲信。贞观初年，薛万均任殿中少监，先后参加了平定梁师都、吐谷浑、高昌等战役，战功赫赫，因功晋封潞国公，官至左屯卫大将军。后因言行不谨获罪，忧愤而死。死后陪葬昭陵。

薛万彻归唐后为太子建成手下心腹，玄武门事变时，他率军救援太子，猛攻玄武门，后见太子被杀，大势已去，便逃到了终南山。太宗即位后，因薛万彻忠心耿耿，非但没有治罪，还十分器重他。贞观中，薛万彻先后参加了平定梁师都、突厥、吐谷浑、薛延陁等战役，他骁勇善战，勇冠三军，为唐朝的统一和稳定立下了汗马功劳。贞观十八年（644），薛万彻因功晋封左卫将军，尚（娶）高祖女丹阳公主。后累迁右武卫大将军，被太宗誉为与李靖齐名的名将。贞观二十二年，薛万彻授命为青丘道行军大总管，越海征伐高丽，因与诸将不合，大发牢骚，贻误战机，被免官流放边境。高宗永徽二年（651），薛万彻被起用为宁州刺史，后被揭发与房玄龄之子房遗爱密谋造反而被处死。

217. 唐太宗为什么要找借口处死李君羡?

李君羡，唐洺州武安（今属河北）人。隋朝末年，他先投奔瓦岗军，又依附王世充，最后率众归唐。历任上轻车都尉、骠骑将军、马军副总管等职，跟随李世民左右，参加过讨伐宋金刚、刘武周、王世充等的战争，每战必首当其冲，破敌陷阵，勇冠三军。

贞观中，李君羡为禁军将领，官至左武卫将军、武连郡公，负责把守宫城玄武门，掌管北门宿卫。这时太白星频频在白天出现，经太史占卜，当为“女主昌”之兆。当时又流行一句谶语：“当有女武王者（代有天下）。”这令唐太宗十分厌恶，怕谶语真的应验，李姓王朝就不保了。有一天，唐太宗在宫中设宴款待武将。在行酒令中，要求每人都自报自己的小名，李君羡的小名是五娘子，太宗听后愕然，当时就取笑他说：“哪里来的女子，像你这样勇猛啊！”欢笑之后，宴会散去。但太宗回来后仔细琢磨，发现李君羡的小名（五娘子）、官名（左武卫将军）、封邑（武连郡公）甚至守地（玄武门）中都有“武”字，就觉得这些征兆和谶语应在他身上。于是太宗就免去了李君羡掌典禁军的军职，让他出任华州刺史。正好李君羡与一个术士往来密切，被御史弹劾与妖人交通，欲不轨谋反。唐太宗正要设法除掉李君羡，就以这个借口在贞观二十二年（648）下诏将他处死了。

后来武则天临朝称制，那些征兆和谶语都应在她的身上。李君羡的家属就在天授二年（691）上表称冤。武则天也觉得李君羡是自己的替死鬼，就下令恢复了他的官爵，并追赠他为武姓。

218. 王珪是隐太子李建成的心腹，为什么却得到李世民的重用？

王珪（571～639），字叔玠，太原祁县（今属山西）人。他是南朝梁名将王僧辩的孙子，幼年丧父，性情风雅，尚勤俭，从小志存高远，而且安于贫贱，品行端正，不与小人同流合污。隋朝开皇末年，他担任太常奉礼郎，因叔父参与汉王杨谅谋反，他也受到牵连，隐居终南山十几年。李渊起兵进入关中后，王珪在名臣李纲的举荐下，开始在李建成部下做事。唐朝建立后，李建成被立为太子，王珪升任太子中允，兼任中书舍人，很受太子的礼遇。在太子李建成和李世民争夺皇位的斗争中，王珪作为太子的主要谋士与魏征一起为李建成出谋划策。后来因为李建成密令亲信杨文干在仁寿宫发动政变失败，他受到牵连被流放到外地。“玄武门之变”后，太子建成被杀，李世民登基称帝。太宗是一个贤明君王，不计私怨，广罗人才，虚心纳谏，勤政爱民，他素知原李建成府中谋臣王珪和魏征都是难得的人才，于是就不计前嫌，把王珪召回京师任命为谏议大夫。王珪为人刚正，常常直言敢谏，为太宗所器重，不久晋升黄门侍郎，并兼任太子右庶子。

贞观二年（628），王珪升任侍中（门下省长官，宰相），与名臣房玄龄、魏征等一同辅佐唐太宗。他以激浊扬清为己任，以嫉恶好善、直言敢谏而知名。正是在房玄龄、杜如晦、魏征和王珪等名臣的辅佐下，太宗贞观朝很快就出现了政治清明，国强民富的治世局面。王珪曾参与过修订《五礼》，评论执政朝臣，很有见地，为太宗所赏识。贞观八年，他担任礼部尚书，并兼任魏王李泰的老师。王珪少年时家境贫寒，一些人接济过他，他当时并没有道谢。但到了王珪在朝做官后，知恩图报，一一回报当年接济过他的人。王珪对亲属中孤寡贫困的人必定尽其所能地周济扶持，他本人生活却一直很俭朴，依然居住在破旧的房屋里。

贞观十三年，王珪病死，时年六十九岁。太宗深为惋惜，亲命魏王李泰率领百官为他送葬，谥号为“懿”。

219. 戴胄是如何严于执法的?

戴胄（？～633），字玄胤，相州安阳（今属河南）人。隋末，戴胄任门下录事，为大臣苏威、裴矩所赏识。归唐后，秦王李世民引用他为秦王府士曹参军，封爵武昌县男。贞观元年（627），大理少卿官缺。太宗亲自举荐戴胄，并说：“大理寺，是主管刑狱、事关人命大事的部门。戴胄清直，我认为是合适的人选。”

有一次，大臣长孙无忌入宫奏事，因走得匆忙竟然忘了解佩刀，守卫宫门的校尉也没有发现。按照唐朝的法令，带刀入宫是要被处死的。尚书右仆射（宰相之一）封德彝认为长孙无忌是失误，可罚金二十斤；而监门校尉没有发现，属严重失职，应当处死。封德彝这样主张，是因为长孙无忌是太宗的宠臣，又是国舅，太宗当然不想因为这件事就处死他，这样处理不仅迎合太宗的心意，还给太宗下了台阶。而戴胄则以为：校尉和长孙无忌所犯之罪相当，不应该以官职尊卑而区别对待，并坚持己见，据法力争，他说：“校尉因长孙无忌而得罪，其罪在后，依法当从轻处理。若说失误，两人都有失误，为何犯罪轻的要处死，而犯罪重的反倒罚金呢？这样不公平又怎能让天下人信服？”太宗终于感悟，免除了校尉的死刑。

还有一回，太宗因为参加铨选授官的候选人中有伪造、假托资历和门荫的现象，就下令允许这些人自首，否则一旦查出，一律处斩。结果经过核实，还是查出了一批伪造、假托资历的候选人。太宗大怒，下令将这些人全部处死。戴胄则根据律令，认为罪当流放，处死的处罚太重，就坚决谏阻太宗的命令。太宗说："我以前说过一旦查出，一律处斩，现在不处死他们，那我岂不是要失信于天下了吗?"戴胄回答说："依照法律行事就是取信于天下，反而因为陛下一时的喜怒就任意变更法令，那才是失信天下呢！我这样做，正是要为陛下存大信于天下啊。"太宗听完恍然大悟，终于按照戴胄的意见将他们流放了。由于戴胄敢于为维护法令而舍命犯颜直谏，所以太宗更加信重他，遂升任他为尚书左丞，又因为他为官清正，两袖清风，家无余财，特意赐钱十万。

贞观四年，戴胄官拜民部尚书，参预朝政，做了宰相，并晋封郡公。太宗将要整修洛阳宫，戴胄上书极谏，太宗因此而停工罢役。贞观七年，戴胄去世。死后赠尚书右仆射，追封道国公，谥号为"忠"。

220. 唐太宗为什么特别重用岑文本?

岑文本（595～645），字景仁，邓州棘阳（今河南南阳南）人。隋末，他依附于割据江陵的萧铣，专门负责文翰工作，后随萧铣归唐。他为人孝谨机敏，以文笔见长而受到唐太宗的重用。岑文本的父亲在隋末任邯郸令，曾经被人诬告，关进大狱，有冤难申。当时岑文本才十四岁，他小小年纪就只身到负责刑狱的部门为父亲申冤。在大堂上，他应对答辩哀怨流畅，无懈可击，为众人瞩目。主审官又命他作赋一首，岑文本当场撰成一首《莲华赋》，赢得满堂喝彩，由此他父亲才被放了出来。

岑文本归唐后任荆州别驾，跟随河间王李孝恭平定辅公祏，负责军机文书。在他的建议下，唐军军纪严明，所到之处秋毫无犯，赢得了当地百姓的拥护，为江南的迅速平定立下首功。贞观初，岑文本晋封中书舍人。从武德年间以来，朝中的诏诰都是由颜师古草定的；自从岑文本进中书后，诏诰等制书都改由岑文本负责拟定。岑文本机敏过人，有的时候，诏令下得很急，岑文本就命六七个下属手持笔写，他分头口述，所撰成的诏书不但文辞优美，而且文章通顺，意思准确，没有遗漏，使太宗非常满意。

后来太宗下令修撰前朝史书，岑文本与令狐德棻负责撰写《周书》，其中最为精彩的史论部分多出于岑文本之手。贞观十六年(642)，他晋升中书侍郎，封爵江陵县子，开始专典机要。曾上书劝谏过当时得宠的魏王李泰，受到太宗嘉奖。不久晋封中书令，成为宰相。太宗亲征辽东，把一切关于军粮供给、士兵及装备等军机大事都交付岑文本负责。岑文本殚精竭虑，日夜不停地操劳，神容憔悴，太宗见了很是担心，说："文本今与我同行，恐不与同返矣。"果然当大军进抵幽州，岑文本就因劳累过度，染病身亡，时年五十一岁。太宗亲临祭奠，恸哭流涕，并命陪葬昭陵。

岑文本生前虽然贵为宰相，但他家无积蓄，家里连个像样的被褥都没有。有人劝他置办产业，他说："我本汉南一个普通老百姓，徒步入关。现在我没有什么大的功劳，却以文笔位居宰相，已经很不错了，怎么还能提置买什么产业呢?"他性格仁孝，侍奉老母，抚养弟侄，尽心尽责；对朋友故人也给予尽量的接济。有一次，他的弟弟岑文昭犯罪，太宗欲贬逐出京。岑文本说："我从小孤苦，与老母、幼弟相依为命，不离左右。现在如果身边没有了弟弟，老母肯定会忧虑成疾，那很快就会失去老母了。"岑文本说着便呜咽流泪，泣不成声了。太宗被他的诚心孝心所打动，就只把岑文昭训斥了一通就算了。唐太宗每每叹服他的忠谨，因此也特别重用岑文本。

221. 杜正伦有什么事迹?

杜正伦（? ～659)，相州洹水（今河北魏县西南）人。他在隋朝通过秀才科入仕，秀才科是非常难考的科目，当时全国秀才出身的不过十多个人，而杜正伦一家就出了三个秀才，为时人所仰慕。秦王李世民听说他的才华，就引用他为秦王府文学馆学士。贞观元年（627)，在魏征的推荐下，杜正伦又任兵部员外郎，累迁给事中，兼修起居注，颇得太宗的赏识，与当时朝中名士韦挺、虞世南、姚思廉等知名于天下。

后来杜正伦升任中书侍郎兼崇贤馆学士，太宗对他寄予厚望，同时又让他兼任太子左庶子，辅佐太子承乾。这样他就时常出入皇宫和东宫，参典机密，为太宗和太子所信重。后来太子多为不法，太宗就召见杜正伦说："太子亲近小人，你要好好规劝他。如果他敢不听，你就来告诉我。"结果杜正伦屡次向太子进谏，言语无所避讳，还把皇上跟他说的话告诉给太子。太宗知道后大怒，把他贬官为谷州刺史，又贬为交州都督。太子承乾被废后，他也被削职为民。贞观末年，他才相继被起用为郢、石等州刺史。

高宗显庆元年（656），杜正伦晋升为黄门侍郎，兼崇贤馆学士，同中书门下三品，做了宰相。又历任度支尚书、中书令等显官，封爵襄阳县公。因与权臣李义府不和，被排挤出京师，出任横州刺史，不久就病死在任上。

杜正伦以文笔出名，文辞优美，死后留有文集十卷。今《全唐文》存文四篇，《全唐诗》存诗两篇。但他为人量小阴险，他显贵以后，想与京兆城南名门大姓杜氏连宗，在遭到拒绝后，怀恨在心，就利用职权进行报复。假借挖掘水渠为名，破坏了杜固（城南杜氏聚居的地方）的风水。《新唐书》记载说：他开凿水渠后，“川流如血，阅十日止”，城南杜氏从此不振。他还曾拉拢李义府的亲族李友益暗地为他收集李义府的罪状，事情败露后，他被贬逐出京，不得善终。

222. 魏征为李建成谋士，为什么却得到李世民的重用？

魏征（580～643），字玄成，出生在巨鹿下曲阳（今河北晋阳西）一个地方官吏家庭，后迁到相州内黄（今河北内黄）。由于父亲去世较早，魏征从小生活孤贫，但他胸怀大志，勤奋好学，读了许多书，知识也很渊博。隋朝末年他一度做过道士，后来在天下英雄纷起的鼓舞下，就投奔了李密领导的瓦岗军，这时他已三十八岁了。

唐高祖武德元年（618），李密被王世充击败，魏征随李密一起归降了唐朝。开始，魏征并不被重用，他就要求去安抚山东（当时指崤山以东），被授与秘书丞，受命招抚瓦岗军旧部。他首先写信劝降了镇守黎阳的瓦岗大将徐世勣，对安抚山东起了决定作用，开始引起唐朝统治集团的重视。不久黎阳被窦建德部所攻陷，魏征被俘，直到窦建德被击败，他才得以脱身。太子李建成早已仰慕魏征的才能，就召他做了太子洗马（太子东宫官员，主管经籍图书）。当时虽然李建成的声望不如李世民，但魏征还是对太子忠心耿耿。后来太子李建成和秦王李世民的矛盾日益尖锐，魏征作为太子东宫的谋士，就积极为建成出谋划策，来对付李世民。他甚至还劝太子早日除掉李世民，以保住自己的太子地位。

“玄武门之变”发生后，太子李建成和齐王李元吉被杀。李世民被立为太子，马上召见魏征，别人都为魏征担心，但他却十分坦然。一见面，李世民就大声责问他：“你为什么离间我们兄弟？”魏征回答说：“先太子如果早听从我的话，就不至于有今日杀身之祸了。人各为其主，我又有什么错误呢？管仲不是还曾射中了公子小白的带钩吗？”李世民本来就知道魏征的才能，又见他临危不惧，就更加器重他了。于是李世民任命他为詹事主簿（太子东宫掌管文书的官员）。

李世民即帝位后，提拔魏征为谏议大夫，并让他去安抚李建成在河北的残余势力，允许他有权根据实际情况自行处理。魏征以实际行动证明了朝廷对李建成和李元吉党羽赦免的诚意，使他们解除了顾虑，河北很快就安定下来了。以后他历任尚书右丞、秘书监等职，并长期担任门下省长官侍中（宰相）。太宗很器重他，要他主持周、隋、陈、齐四史的撰修工作。在唐代，能主持修撰史书是非常荣耀的事情。修完史书后，魏征晋封郑国公，后为太子太师。魏征在唐太宗手下任官十六年，是唐太宗政治上的重要助手之一。一直到他去世，太宗都很注意听取他的意见。

223. 贞观时期魏征是怎样向太宗进谏的？

魏征作为唐太宗时宰相，中国历史上著名的谏臣，在唐太宗手下任官十六年，前后共向太宗进谏二百多次。魏征有见识，有胆略，明大义，顾大局，不计个人得失，敢说别人不敢说的话，经常对朝廷的重大方针和唐太宗的缺点错误，提出有益的建议和批评。他忠贞耿直，坚定执著，就是在唐太宗发怒，其他大臣都敛气低头的时候，他仍然坚持己见，神情自若，从容陈辞。所言大多被唐太宗采纳，辅佐唐太宗开创了“贞观之治”盛世局面。

贞观初年，朝廷内部在采取什么政策治理国家的问题上展开了一场激烈的争论。当时太宗对能否把一个战乱后的国家振兴起来，缺乏信心。魏征就给太宗打气说：“大乱之后是容易治理的，就像容易给饿极了的人准备食物一样。”他还说：“圣明的君主治理国家，就像发出声音之后马上就有回声一样，一年之内就可以见到效果。”之后，魏征又提出请太宗汲取隋朝灭亡的教训，建议减轻赋税，轻徭薄役，让百姓休养生息。太宗采纳了他的意见，并坚定了把国家治理好的决心。

魏征反对帝王追求享受，认为这是政治败坏的开始。唐太宗一有这样的苗头，他就毫不客气地指出。有一次，唐太宗外出巡游，住在洛阳显仁宫，因为供奉稍差，就对有关官员大加斥责。魏征谏道：“陛下因为供奉不好就处罚官员，开了这个风气，以后恐怕要民不聊生了。以前隋炀帝出巡时，各地攀比进献贡品，并据此进行赏罚，闹得天下大乱，众叛亲离，这是您亲眼看到的，为什么还要学呢?”唐太宗听后马上自责，并说：“不是你，我听不到这样的话。”

贞观六年（632），文武官员认为天下太平，再三请太宗“封禅”（到泰山祭告天地），太宗也早有此意，但遭到魏征的反对。他认为现在虽然连年丰收，但仓库仍然空虚，天下只是刚刚安定，如果现在远行千里去“封禅”，劳师动众，必然闹得财竭民贫，要是再遇到什么自然灾害，那时后悔都来不及了。经魏征这么一分析，太宗“封禅”的念头也就打消了。

针对唐太宗后期对自己的约束日渐放松的情况，魏征多次规劝他居安思危，善始善终。只要一有机会，魏征就对太宗讲“得天下容易，守天下难”的道理，公元641年，魏征对唐太宗说：“君主在忧愁危难之时，往往能信任贤能，接受谏诤；等到天下太平，四海安定的时候，必然就懈怠了，做不到这一点了。正因为这样，圣人才强调居安思危。安乐的时候能知道畏惧，难道这容易吗?”

又有一次，太宗问魏征：“什么样的皇帝是好皇帝，什么样的皇帝又是昏君?”魏征回答说：“能够广泛听取意见的皇帝就是好皇帝，而只是偏信某些人的君主则是昏君。”并举了好多历史上的例子，说明皇帝如果能兼听纳下，就不会受人蒙蔽，下情就能够上达的道理，太宗听了，连声说好。

贞观十三年，魏征在奏章中提出了著名的《谏太宗十思疏》：“产生奢侈欲望时思知足，将要大兴土木时思停止，处高位时思谦让，处满盈时思抑退，享乐安逸时思节制，平安无事时思后患，防止蒙蔽思接受意见，杜绝谗言邪恶思自身先正，赏赐时思不因喜爱而不当，惩罚时思不因恼怒而过头。”应该说这是魏征给唐太宗开了一个很好的处世治国的药方。

正因为魏征无所畏惧，直言敢谏，所以有时候让太宗很没面子，下不了台，有一次甚至想杀了他，多亏长孙皇后规劝，太宗才醒悟过来。当然太宗对魏征也有几分害怕。有一回，唐太宗得到了一只很好的鹞子，非常喜欢。一天，正让鹞子停在肩膀上赏玩时，得知魏征来了，赶快藏在怀中。因为他知道，魏征看到一定又要提意见。其实，魏征早已看在眼里，就故意唠唠叨叨报告工作没个完。唐太宗始终不敢把鹞子取出来，结果鹞子被闷死了。

贞观十七年，魏征去世的时候，唐太宗曾对大臣说：“以铜为镜，可以正衣冠；以史为镜，可以知兴替；以人为镜，可以明得失。现在魏征去世了，我失去了一面镜子。”

224. 陆德明有什么著述传世？

陆德明（约550～630），名元朗，苏州吴（今江苏苏州）人。善言玄理，通晓经学，历仕陈、隋，任国子助教。入唐后，为秦王府文学馆学士，拜国子博士。曾以五、六年之力，集汉魏六朝音切二百三十余家，又采诸儒训诂，辩正异同，考镜源流，撰成《经典释文》，开唐人义疏的先河。

最初他受学于周弘正。陈太建（569～582）年间，太子征四方名儒，讲学于承光殿，陆德明年始弱冠，也参加了这次盛会。国子祭酒徐克首先开讲，他恃贵纵辨，众莫敢当，只有陆德明敢与其辩论，得到人们的赞赏。在陈朝任始兴王国左常侍、国子助教。陈朝灭亡，回归乡里。隋炀帝即位，任命为秘书学士。大业中，朝廷广召明经之士，各地来的人很多。炀帝派遣陆德明与鲁达、孔褒都来到门下省，共同辩论，没有人能够胜过他。王世充割据洛阳时，封其子为汉王，安排陆德明为老师，即将进行拜师仪式。陆德明不愿任此职，遂服巴豆散，卧东壁下。王世充子来到后，跪床前，陆德明当其面遗痢，也不与他说话，于是躲过了王世充的迫害。不久迁移到成皋养病，闭门不出，从不与人往来。

王世充平定后，唐太宗征其为秦府文学馆学士，命中山王李承乾从陆德明受业。不久又任命为太学博士。唐高祖亲临太学释奠，当时徐文远讲《孝经》，沙门惠乘讲《波若经》，道士刘进喜讲《老子》，陆德明与三人辩论，各因宗指，随端立义，取得了辩论的胜利。唐高祖赏帛五十匹。贞观初，拜国子博士，封吴县男。贞观四年（630）死。陆德明撰《经典释文》三十卷、《老子疏》十五卷、《易疏》二十卷，并行于世。太宗曾阅读过陆德明的《经典释文》，非常欣赏，赐其家束帛二百段。陆德明是唐初著名的经学家，对唐代经学的发展有较大的贡献。

225. 傅奕对佛教采取什么样的态度？

傅奕（555～639），相州邺（今河北临漳）人，唐初反佛的代表人物。曾任太史令，通晓天文历数之学。高祖时进《漏刻新法》，得到采用。他数次上书清除佛教，抨击佛教是“夷狄之法”，于国家、百姓有害；同时极力批驳佛教的“因果报应”说，以自己死后裸葬，表明不信阴阳术数迷信。其反佛斗争在当时乃至后世都产生了深远影响。

傅奕在隋文帝开皇年间曾任汉王杨谅的仪曹参军，杨谅以谋反被诛后，傅奕也被流放到扶风（今属陕西）。当时，李渊在扶风官任太守，与傅奕颇有交往。武德元年（618），唐高祖李渊即位以后，傅奕被召拜为太史丞。不久，又升为太史令。

在任期间，傅奕工作称职。唐高祖在关中设置参旗、鼓旗、玄戈、井钺、羽林、骑官、折威、平道、招摇、苑游、天纪、天节等十二军，大多采用了他所提供的天星之名。武德三年，傅奕又进《漏刻新法》，通行于当时。

作为国家掌天文气象的专家，傅奕对当时盛行于世的佛教持激烈的反对态度。他反佛的代表性文章有武德七年的清除释教（即佛教）的上疏，疏中说道：“佛法本传自西域，违背了君臣、父子有别的传统礼数，真是不忠不孝。它只以所谓的三途六道之说来欺骗百姓。人的生老病死，本出于自然；对人行赏罚之权，本在于君王，而佛法却假托所谓的‘佛’来主掌生死赏罚，这实在是荒谬啊！五帝三王的太平盛世，从来没有听说过有佛法，却长治久安。从汉明帝时始在中国建佛寺，然而也只是在西域胡僧内部传播而已。一直到西晋以前，历朝历代都不允许国人信佛。直到南北朝分立的乱世，佛教才开始在民间传播开来。过去褒姒一女子就以妖媚迷惑周幽王而导致国亡，何况当今僧尼众多，滥造佛像、寺院，以蛊惑天下百姓，国家能得长治久安吗?”此后，傅奕又呈上了以反佛为主题的“十二论”，言辞更加尖锐。高祖召集有关部门官员讨论他的奏疏，大臣中只有太仆卿张道源赞同反佛的观点，而一向崇佛的中书令萧瑀甚至站出来威胁傅奕说：“佛祖是圣人，非议圣人的人简直是无法无天，请陛下诛之以谢天下。”傅奕毫不畏惧，当众反驳说：“侍奉父母、效忠君主是礼仪人伦。而所谓的‘佛祖’却弃父出家，目无君长，如何能称圣人呢?”一席话说得萧瑀无言以对。高祖对傅奕的观点深表赞同，本打算将其付诸于实践，后来遇上皇位更替而止。

“玄武门之变”前夕，傅奕向高祖密奏：“太白星现于秦分，秦王世民当有天下。”高祖当即将此奏交给了世民。唐太宗李世民即位以后，召傅奕入宫宴饮时对他说道：“你以前的密奏差点连累了我。但你无须介意，今后仍要知无不言。”后来，在一次上朝之际，太宗又询问傅奕说：“佛法玄妙，理应受人尊崇，而唯独爱卿如此反佛，是什么原因呢?”傅奕回答说：“佛祖是西域胡人中的奸民，以前只是欺骗外国人的，而现在其毒害渐渐流入中国。崇佛的人大多是奸邪小人，他们模仿老庄的道家玄学，以粉饰妖幻之学。于百姓无补，于国家有害。”太宗听后，惊奇不已。

贞观十三年（639)，傅奕去世。临终前他曾告诫自己的儿子说：“你要好好研究儒、道之学，但切勿学习佛法。古人有裸葬之法，你就将我如此掩埋。”他死后留有一些论著，如其注解的《老子》一书，以及收集有魏晋以来反佛论作的总集——《高识篇》十卷。

傅奕的反佛观点较激进，对当时乃至后世都产生了深远的影响。

226. 祖孝孙在音律方面有什么成就?

祖孝孙（? ～约624)，幽州范阳（今北京西南）人，隋朝时曾参与修定雅乐，入唐后又命更定雅乐。他针对当时朝廷沿用的礼乐多方音色的情况，在考定古音的基础上，融合南北音乐元素，终制成大唐雅乐。

祖孝孙的父亲祖崇儒，在隋代以学业而知名。受父亲的影响，孝孙自幼就博学多才，通晓天文历法与算术。隋朝时，入朝任协律郎，与蔡子元、于普明等人共同参定雅乐，颇有创见。唐朝建立以后，孝孙又先后历任吏部郎、太常少卿等职。高祖武德九年（626)，他再次受命更定雅乐。

当时，朝廷所奏用的雅乐成分繁杂，其中所沿用的陈、梁二朝音乐中就夹杂有吴、楚的音乐元素，周、齐等北朝乐中又多涉有北方少数民族的音乐成分。针对这种复杂的情况，祖孝孙经过细致的斟酌鉴定，结合对古音的考订，终于在太宗贞观二年（628）制作完成了大唐雅乐。该乐从三百六十个音律中选定十二律，共分三十二曲、八十四调，由于解决了过去历朝雅乐中存在的一些不足，深为后世所称道。

227. 吕才在科技、音律方面有什么贡献?

吕才（600? ～665)，唐初博州清平（今山东聊城）人。以音乐才华受到魏征、王珪、温彦博等人的举荐，历任太常博士、太常丞。他在阴阳、方伎、地理、医学等方面颇有造诣。

吕才从小就勤奋好学，尤其喜好阴阳方伎之术。贞观三年（629），唐太宗令祖孝孙编订雅乐，孝孙与音乐专家王长通、白明达等人互有争议，各持已见，长期难决。太宗于是命宰相荐举能者，予以裁定。中书令温彦博奏说吕才聪明绝顶，凡事只要一闻一见，必能通晓其义，对音乐尤为专长。侍中王珪和魏征等人也都极力举荐。太宗便将吕才召入宫中谈话，事后大加赞赏，当即令其在弘文馆任职。有一次，太宗得到了由周武帝宇文邕撰写的一本《三局象经》，但阅后不解其义。旁人都无言以对，太宗只得将吕才召来询问。吕才将此书拿回家中，仅琢磨了一个通宵便解释出其中奥妙所在。从此，吕才名声大振，其官位也很快升至太常博士。

不久，唐太宗鉴于近世的《阴阳书》错误很多，又有不少穿凿附会之处，于是命吕才与十多位学者共同加以刊正。吕才等人经过考订、整理，最后编成五十三卷，连同旧书四十七卷，合为百篇，于贞观十五年（641）上奏，太宗下诏颁行天下。

吕才新编的《阴阳书》多忠于事实，论之有据，对以前阴阳家的蛊惑妖妄之言多所驳斥，不但颇合经义，又成一家之言，对当时的思想界产生了巨大影响。

后来，吕才又奉诏绘制了《方域图》及《教飞骑战阵图》等，升任为太常丞。唐高宗永徽初年，又参与编修了朝廷的两部重要典籍：《文思博要》与《姓氏录》。显庆四年（659）他与中书令许敬宗、礼部郎中孔志约及李淳风等人编成《新修本草》，并图解合成五十四卷，流行于当时。吕才于龙朔年间以功晋升为太子司更大夫，于麟德二年（665）去世。

228. 李淳风在科技方面有什么贡献?

李淳风（602～670），岐州雍县（今陕西凤翔）人。其父李播在隋朝官任高唐县尉，因嫌职位卑微，弃官出家为道士，颇有学识，在道学、文学方面有一定成就。受父亲的影响，李淳风自幼就博览群书，兼具多方面知识，特别对天文、数学的研究很精深。唐太宗贞观初年，他对当时的另一位天文学家傅仁均所编的《戊寅元历》提出十八条反驳意见，纠正其中不科学之处，因而闻名。太宗便授他将仕郎，命在太史局专门从事天文、历法科学研究。他向太宗上书说，观象台上测天象所用的仪器仍是北魏旧物，疏漏实多，无法准确观测，请求改制。

太宗批准了他的请求。李淳风经过几年的钻研，终于在贞观七年（633）成功地制造出铜质的“浑天黄道仪”。该仪器分内中外三层，外层固定不动，名六合仪，用以划分天上的二十八宿、天干、十二辰和经纬度；中层名三辰仪，可转动用黄道、白道、赤道三环来区分日月和恒星的位置；内层称四游仪，有可旋转的窥管和赤经环。这种浑天仪同以往的相比有了很大进步，新增加了三辰仪部分，可直接观测天象，是我国天文史上的一个重要进步。

李淳风还对天文学理论有很深的研究。他在比较研究前代各种浑天仪的基础上，指出其各自的优缺之处，撰成著作《法象志》七卷。太宗很赞赏他的成就，加授他承务郎。贞观十五年又擢升他为太常博士、太史丞。十八年，朝廷开始编撰《晋书》，李淳风奉命参与编撰工作，并负责撰写其中的《天文志》、《律历志》和《五行志》。

由于李淳风在天文学方面取得的突出成就，唐太宗于贞观二十二年（648）擢升他为太史令，一直到高宗时，他仍担任此职。龙朔年间（661～663），他曾对隋代天文学家刘焯的《皇极历》进行补充和修改，在此基础上，于麟德二年（665）编制成一部新历书，称为《麟德历》。这部历书在唐朝推行了十二年后即传入日本、新罗等国，被采行多年，可见其影响之广。因为他进行科学研究的需要，使他在数学方面也有很深的造诣。当时太史监王思辩上奏说《五曹》、《孙子》、《周髀》等十部古代算经杂乱且有错误，建议进行整理。高宗准奏，下诏命李淳风与算学博士梁述、太学助教王真儒等人对古算经进行注释校定。显庆元年（656），李淳风等人完成了这项浩繁的工作，高宗命作为教科书通行全国。

李淳风在气象学方面也有创造性的成就。他在总结前人经验的基础上，对风向、风力作了进一步的观测和研究，把风向定为二十四种，风力定为八个级差，成为世界上第一个定风级的人。其所著的《乙巳占》一书还介绍了两种风信器，是当今所存最早的气象学专著。

总章三年（670），卓越的科学家李淳风逝世，享年六十九岁。他的著作还有《典章文物志》、《秘阁录》等。

229. 李淳风提出“唐三世之后，则女主武王代有天下”之说是否可靠?

据载，唐太宗贞观二十二年（648）七月，太白星多次于白天出现，太史对此进行占卜，得出了“女主昌”的结论。与此同时，民间也流传着一种《秘记》，上面也说：“唐朝经历了三帝统治后，会有武氏女主代有天下。”太宗听到这些消息，心里非常烦恼，就此事询问任太史令的李淳风：“《秘记》所载可信吗?”淳风回答道：“臣仰观天文，下察历数，《秘记》上所说的这个人已经在陛下宫中了。从今往后不过三十年，将统治天下，且杀李唐宗室殆尽。”太宗又问：“凡有嫌疑的人都杀光，怎么样?”淳风劝阻道：“天命不可违，这样做只会滥杀无辜。况且再过三十年，这人已经年老了，危害或者能减轻一点。即使现今可以通过捕杀防患于未然，上天也可能安排更残酷、狠毒的人出现。那样的话，大唐的子孙就要被杀绝了。”太宗听后，这才罢手。

这个故事，很有可能只是稍后的史家杜撰出来的，不具备可信度。原因在于：一、记载本身有漏洞。如太白昼见则“女主昌”，是谶书中早有的内容。二、若真关系到唐朝的兴衰存亡，太宗不可能因李淳风一席话而罢手。且他在与李治（即高宗）或其他重臣的交谈以及后来的遗诏中均未提此事。三、后来高宗要立武则天为皇后时，长孙无忌等一班朝臣也没有用《秘记》等说法为借口加以反对。可见，这一记载多是旧史家因无法解释武则天建周代唐的原因而将其归之于天命的产物。

230. 王玄策出使印度的重要意义是什么?

王玄策，河南洛阳人，唐朝著名外交使节。贞观十七年（643）至显庆年间（656～661），他代表唐朝三次出使天竺，为唐朝的对外交流和古代中国与印度关系的发展做出了重要贡献。他将出使经过著成《中天竺国行记》一书，可惜此书已经亡佚。

王玄策第一次出使天竺在贞观十七年，他在天竺进行了卓有成效的外交活动，贞观二十年返回长安。贞观二十一年，王玄策率三十余人再次出使天竺，贞观二十二年返回。显庆二年（657），唐高宗复遣王玄策出使天竺。此次出使历时大约四年，龙朔元年（661）返回长安。

王玄策的出使活动大大推动了唐朝与天竺的文化艺术交流。第一次出使时，玄策带画工宋法智等同行。宋法智等人在天竺专门从事临摹佛像的活动，这些摹像带回长安时，引起了轰动。王玄策带回的佛像范本不仅被广泛“模写”，而且被收入宫禁珍藏。佛像摹本在中国广泛传播的同时，古代印度的绘画、雕塑技法，也随之流入到唐朝社会的各阶层。

王玄策的出使活动还对唐朝与古代印度及周围地区的物质文化交流起了积极的推动作用。古代印度的物产如蔗糖、郁金香、菩提树、舍利宝塔等相继传入唐朝。王玄策出使经过的泥婆罗国的物产也传到了唐朝。如贞观二十一年，泥婆罗国遣使唐朝献波稜、酢菜等物，泥国与唐通使，显然和王玄策的外交活动有密切的关系。“波稜”就是菠菜，直到今天仍是最常见的蔬菜之一。随着王玄策的出使，中国的物产如绢帛、瓷器等也随之传入天竺。中国的音乐、文学、道教等同样也进入了天竺。两国之间物质与精神文化的交流丰富了各自国家人民的生活，对各自国家历史的发展起了重要的作用。

231. 李百药在史学方面有什么成就?

李百药（565～648），字重规，定州安平（今河北安平）人。他是隋朝内史令（宰相）李德林之子。因生来体弱多病，故祖母给他取名“百药”，寓含尝遍百药之意。

李百药年轻的时候生活无节，放荡不羁，是个放浪才子。有一次他竟和隋权臣杨素的宠妾幽会，结果被当场抓获。杨素盛怒之下，本要将他斩首，但又可惜他的才华和仪貌，命他做诗一首释罪。李百药才思敏捷，挥毫立就，而且甚合杨素的心意，这才保住了性命，躲过一劫。

开皇初年，李百药任太子杨勇的通事舍人、东宫学士。因为他恃才傲物，得罪了杨广，所以炀帝杨广即位后，把他贬出京城，先后担任了一些地方小官。大业末年，在他赴任建安郡丞时，相继为隋末割据义军首领李子通、杜伏威、辅公祏所留用，任以官职。李渊建唐后，遂把李百药流放到了泾州（今甘肃泾川东北），当时李百药已经五十九岁了。唐太宗即位后，听说李百药的才名，就把他召回京师，任命为中书舍人，赐爵安平县男，参与修订《五礼》和编撰《北齐书》。历尽坎坷和磨难的李百药终于迎来了人生的转机，在年逾花甲的时候有了攀登命运高峰的机会。当然这与唐太宗求贤若渴，希望李百药继承父业，完成《北齐书》的修撰工作有直接关系。

原来李百药的父亲李德林在北齐时，就参加了修撰国史，写了纪传二十七篇。隋文帝时，又奉命续修，总共撰成三十八篇，是一部未完成的北齐史。李百药久负盛名，又有家学之传，难怪太宗如此器重他。以后十余年，李百药除修撰史书外，还相继担任礼部侍郎和太子右庶子等职。

贞观十年（636），《北齐书》修成。如果从李德林算起，《北齐书》的修撰已经前后经过六十余年、两代人之手才最后成书。《北齐书》共五十卷，记载了从北魏分裂前十年起，到北齐灭亡共五十余年的史事。它以文笔见长受到学者和读者的赞赏和欢迎。但《北齐书》到北宋时就散佚了，但就今天看到十七卷的残书来看，它的史料价值仍是很高的。在史实的精确性和翔实方面，《北齐书》要高于李延寿的《北史》。今本《北齐书》除十七卷为李百药原著外，其余诸卷为后人所补。尽管如此，《北齐书》仍被列为“二十四史”之一，也算是对李百药父子两代心血的安慰吧。

李百药作为唐初著名的史学家，一生还有很多著述，其中以《封建论》和《帝京篇》闻名于世，文笔之工，创意之新，令太宗和朝臣叹服。贞观二十二年（648），李百药以八十四岁高龄告别了人世。

232. 褚亮有什么事迹？

褚亮，字希明，杭州钱塘（今属浙江）人，祖籍阳翟（今河南禹州）。褚亮出身于官宦人家，他自幼博闻强识，写得一手好文章，以才学闻名，曾受到当时大文人徐陵的赏识和赞扬。在一次酒宴上，陈后主召他赋诗。他做诗不仅信手拈来，而且引经据典，比喻丰富，辞藻华丽，赢得了满堂喝彩，从此声名远播。

入隋后，褚亮历任东宫学士、太常博士等职。大业末年，他受杨玄感谋反的牵连，被贬到西海郡做了一个小小的司户。随即天下大乱，各地起义蜂起，盗贼横行。要去赴任的褚亮就和一位被贬到威定县的朋友结伴而行，结果当他们走到陇山，那位朋友就患病身亡。褚亮没有抛弃他，而是为他买棺收殓安葬，伤心不已，还在树上题下了悼念的诗句。后来这首诗被辗转传诵。不多时间，褚亮的诗句和他患难中不弃朋友的高风亮节就传遍了京城。

就在此时，金城府校尉薛举起兵反隋，不久就割据称王，建立了政权。褚亮就在这个政权中担任黄门侍郎，负责重要机务，为薛举父子所信赖。李世民率军平定薛仁杲后，仰慕褚亮的才名，就专门登门拜访，邀请他做了秦王府文学。李世民开文学馆，褚亮为文学馆学士，成为著名的“十八学士”之一。后来画《十八学士写真图》，褚亮受命为每人作赞。他作的赞每人四言四句，十六个字，言简意赅，精练中肯，为世人所赞赏。平时，褚亮除了陪李世民谈论经史和商讨政事之外，还时常进谏，提些合理的建议，很受李世民的器重。李世民即位后，褚亮任弘文馆学士。贞观十六年（642），褚亮晋封侯爵，随后就退休了。唐太宗亲征高丽时，还写信给褚亮，追忆他昔日在秦王幕府中的功劳，要他好好照顾自己。

贞观二十一年，八十八岁的褚亮病危，太宗再三派人探望，不久他就撒手西去。死后，太宗为他辍朝一日，以示哀悼。

233. 李守素为什么被称为“行谱”?

李守素（？～约628），赵州（今河北赵县）人，出身于名门大姓赵郡李氏，世代为山东（当时指崤山以东）名族。李守素自幼聪明好学，博闻强识，尤其精通魏晋以来的名门大族的谱系，在当时很有声名。

秦王李世民率军平定王世充后，仰慕李守素的才学，就召他做了秦王府文学馆学士，即著名的“秦王府十八学士”之一，并任命为天策府仓曹参军。李守素精通谱学，对魏晋以来各地的名流勋贵、门阀士族，无不考究精深，烂熟于心，当时号称“行谱”或“肉谱”，也就是谱牒专家的意思。

有一次，李守素与大臣虞世南谈论当代英雄人物。当他们说到山东、江左一带人物的时候，虞世南还能和李守素应对，但谈论到了北方特别是少数民族的名门大族，虞世南就只有听的份了。只见李守素一家接着一家，论古述今，其来龙去脉，从门第到功业到家世，谈论起来滔滔不绝，虞世南插不上一句话，听着听着不由拍案叫绝。事后学问广博的虞世南也服了李守素在谱牒学方面的造诣，感叹道：“行谱太可怕了，什么他都知道!”另一学士许敬宗因此对虞世南说：“李守素通晓和善谈各地人物，尽人皆知，由此才得‘行谱’之名。但这个名头听起来不太文雅，你给他改一改。”虞世南说：“昔日任彦昇精通经书古籍，在梁代被称为‘五经笥’，那现在李守素就可以叫做‘人物志’了。”

后来李守素在贞观初年就因病去世，没有赶上贞观六年才开始编订的官修谱牒专书《氏族志》，否则就可以发挥他的专长了，对他来说，不能不算是个遗憾。

234. 薛收是什么人?

薛收（592～624），蒲州汾阴（今山西万荣西南）人。他的父亲就是大名鼎鼎的隋朝大诗人薛道衡。薛收十七八岁的时候，薛道衡被隋炀帝冤杀，他因为从小过继给他的叔父而幸免于难，但他从此立誓不仕隋朝。薛收自幼聪明过人，十二岁就能写一手的好文章了。当时他和族兄薛德音、侄子薛元敬被世人并称为“河东三凤”，声望很高。隋朝大业末年，乡里举荐他为秀才，他坚决不受。

李渊太原起事后，薛收准备投身义军，但却被隋朝蒲州通守尧君素强行挽留，留在身边做事。李渊率军围困蒲州时，薛收遂乘机连夜投奔了李渊。后来房玄龄又把薛收推荐给了李世民，求贤若渴的李世民久闻薛收的声名，两人一见如故，遂任命他为秦王府主簿和陕东道大行台金部郎中。他跟随李世民转战东西，并在征讨王世充、窦建德时立下奇功。征战中的露布之类的文书，多出于薛收之手。他写的不仅文才斐然，而且非常迅速，通常是“马上即成”，文不加点。

李世民率大军围困洛阳王世充时，窦建德统重兵来救，唐军面临两面作战的不利境地。李世民手下的谋士和将领都纷纷建议退兵，以避其锋芒。薛收则认为：“王世充被困空城，缺粮少食而且人心叛离，势不能长久，我们应该分兵继续围困。窦建德远道而来，自负轻敌，我们则以逸待劳，一战必克。窦建德一破，王世充必降，不过一月，河南、河北就可平定了，这是天赐良机啊!”薛收的主张得到了李世民的赞赏。结果武牢关一战，唐军大破窦建德主力，活捉窦建德。王世充见大势已去，只得投降，隋末唐初两支最难对付的割据势力就这样很快平定了，薛收的确功不可没。

返京后，薛收任天策府记室参军，兼任秦王府文学馆学士，成为著名的“十八学士”之一，成为李世民的心腹。薛收对李世民时有劝谏，深得李世民的赏识。有一次，李世民亲自写条子答谢薛收，说：“看到你的书奏，我知道你在尽心尽力。其实我今日的成功，都是你的倾心辅佐的功劳啊。言语不能代表我的感激，今赐你黄金四十铤，来表达我的心意。”

可惜天不假年，薛收年纪轻轻就得了重病。武德七年（624）薛收病危。李世民不停地派人探问，还亲自到府上与薛收握手话别，痛哭流涕，然而薛收终于走完了他三十三年的人生历程，撒手而去。对于薛收的英年早逝，李世民万分痛惜，历史记载他“亲自临哭，哀恸左右”。后来，李世民令著名画家阎立本把十八学士的形象画下来，当画到薛收时，李世民怀念起过去，不禁潸然落泪。唐太宗登基后还对房玄龄说：“若薛收还在，我一定把中书令（宰相）的位置留给他。”可见薛收在太宗心目中的地位。

薛收有文集十卷，从文学角度来看成就不太高，远不及其父薛道衡，但他的谋略却是薛道衡没有的。洛阳和武牢之战的奇功足以让他名垂史册。

235. 薛元超是什么人?

薛元超（622～683），蒲州汾阴（今山西万荣西南）人。他是隋朝大学问家薛道衡之孙，唐初名士薛收之子。薛元超生于唐高祖武德五年（622），父亲薛收去世时他才两岁。九岁时薛元超就袭承了父亲的爵位。和他的祖父、父亲一样，薛元超自幼勤奋好学，写得一手好文章。唐太宗对他十分赏识，把弟弟李元吉的女儿和静郡主许配给了他，并任命他为太子舍人。唐高宗即位后，提拔薛元超为给事中，当时他才二十六岁。他多次上书，就当时君臣政体和时政得失发表自己的意见，得到了高宗的采纳。随后，他改任中书舍人，兼任弘文馆学士、兼修国史，宠信之至。

高宗永徽六年（655），薛元超担任黄门侍郎、兼任太子左庶子。他文章出众，又爱惜人才，经常举荐寒俊之士，如任希古、高智周、郭正一等十余人都是在薛元超的推荐下被任用的。后来，薛元超又做过饶州刺史和东台侍郎。奸相李义府依仗武后的支持，公然卖官，搞得朝政乌烟瘴气。唐高宗也知道一二，只是惮于武后的淫威，不敢怪罪李义府。后来李义府更加肆无忌惮，高宗在掌握确凿证据后，把李义府免官，薛元超受到牵连，被贬为简州刺史。上元初年，薛元超被起用为正谏大夫，不久升任中书侍郎。有一次，高宗对薛元超说：“如果你在中书，我就不多用人了。”可见高宗对他的器重。

永隆二年（681），薛元超升任中书令（即宰相），兼任太子左庶子。高宗和武后对他都很信任，每次他们去洛阳东都，就留薛元超辅佐太子留守京师，委以重任。薛元超还多次规谏太子，高宗听说后给予了他嘉奖。当然薛元超还是一如既往地发现和举荐人才，邓玄挺、崔融都是此时他推荐任官的。弘道元年（683），薛元超因病退休，并在这一年冬天去世，时年六十二岁。

236. 姚思廉在史学上有什么成就?

姚思廉（557～637），字简之，京兆万年（今陕西西安）人。他的青年时代是在南北朝分裂时期中度过的。因为父亲姚察在南朝做官，又是知名学者和史官，所以姚思廉自幼受到良好的家学熏陶。他随父亲学习史书，勤奋忘我，从来不过问他人的事。

隋朝大业初年，姚思廉的父母相继去世，他先后担任过参军、侍读这样的小官。其间，他上书隋炀帝，立志要求完成父亲姚察的心愿和遗命，即编纂南朝梁、陈两朝的国史，得到了炀帝的同意。但由于隋炀帝又要他参与撰写《区宇图志》，所以修撰史书的事情就暂时搁置了起来，直到隋朝灭亡。

唐朝建立后，李世民仰慕姚思廉的才学，就举荐他为秦王府文学。武德九年（626），李世民被立为太子，他升任太子洗马。这一年，姚思廉已经是七十岁的人了。唐太宗贞观初年，他晋升著作郎、弘文馆学士。贞观三年（629），唐太宗下令大臣分撰梁、陈、齐、周、隋五代史书，姚思廉受命独撰梁、陈二史。父亲的遗愿终于有机会实现了。姚思廉撰写梁、陈二史，是在房玄龄、魏征的领导下进行的，体例主要以父亲未完成的旧作为基础。诚如姚思廉后来所回忆说："梁、陈二史本多是（姚）察之所撰。"同时，在梁史方面，姚思廉又吸取谢炅诸史家的成果，续成父书。在陈史方面，他则参考顾野王等所修旧史，进行删减加工而成。贞观十年，姚思廉撰成《梁书》五十六卷，《陈书》三十六卷，完成了自己和父亲的共同心愿。这年，他已年届八十了。唐太宗为表彰姚思廉，升任他为散骑常侍。

《梁书》和《陈书》两部史书的修撰，先后经历了三个王朝，两代人的努力，花费了五、六十年的时间才最终完成。这一方面说明修史书的不容易，另一方面也说明了史书的修撰凝结了多少代人的心血。两部史书从体例上来看，只有纪和传两种。从笔法上看，文字简练流畅是它的一大长处。在内容上，史书多用曲笔避讳，对王室的丑事多隐瞒不书，但即使这样，这两部史书还是提供了很多第一手的资料，史料价值非常高。姚思廉修完《梁书》和《陈书》后一年就去世了，后人把这两部史书都称做良史，并把它们归入正史"二十四史"之列，也算是对他的一个安慰吧。

237. 颜师古在学术上有什么成就?

颜师古（581～645），字籀，京兆万年（今陕西西安）人。是北朝大学问家颜之推的孙子。他自幼继承家学，善写文章，尤精训诂之学。隋朝仁寿年间，颜师古曾做过安养尉这样的小官，但政绩十分突出。他与当时著名的大诗人、襄州总管薛道衡关系密切，经常在一起探讨学问。后薛道衡被杀，颜师古受牵连被免职。回到长安后，他十年未曾当官，只靠教书维持生活。

李渊太原起事，挥师入关后，颜师古前往投奔，官拜朝散大夫。攻克长安后，颜师古先后担任起居舍人、中书舍人等职，在李渊身边负责机密文书工作。当时，政事和军务十分繁忙，几乎所有的命令诏书都是由颜师古来起草。颜师古不仅文才好，在政务方面也很精通，奏疏之规范，条理之清楚，无人能及。李世民即位后，提拔颜师古为中书侍郎。

唐太宗很重视经籍和史书的整理工作，他有感于经史典籍由于年代久远，文字错误很多，就于贞观四年（630）诏令颜师古在秘书省考订《五经》。颜师古引用晋宋以来的古本考订精深，证据充分，解释详明，很出色地完成了任务，朝中的学者、儒臣无不叹服。唐太宗不仅重重地奖励了他，还把其修订的《五经》颁行天下，正式定名为《五经正义》，作为学生学习及科举考试的统一标准教材。

贞观七年，颜师古担任秘书少监，专门负责古籍的刊正工作。对于众多的奇书难字，别人都搞不明白，颜师古却能解释得清清楚楚，令人佩服。贞观十一年，颜师古和他人合作完成《五礼》，晋封子爵。太子承乾又让颜师古为《汉书》作注，颜师古解释详明，受到学者们的一致赞扬。后承乾将此书献给唐太宗，太宗看后非常高兴，就下令收藏在国家图书馆，并给予颜师古丰厚奖赏。

贞观十五年，唐太宗想要到泰山“封禅”，令大臣和学者们参定礼仪，颜师古撰成《封禅仪注书》，得到太宗和大臣的肯定。随后颜师古升任秘书监、弘文馆学士。贞观十九年，颜师古随太宗征讨高丽，在途中病逝，时年六十五岁。

颜师古作为唐初杰出的学者，在书籍校勘和文字训诂方面可以说是独步天下。他一生著述六十卷，他所注释的《汉书》和所撰的《急就章》都在后世广为流传。高宗永徽初，颜师古之子还把颜师古写的《匡谬正俗》八卷献给高宗，受到高宗的赞赏，收入了国家图书馆。

238. 令狐德棻在史学上有什么成就？

令狐德棻（fēn）（583～666），宜州华原（今陕西耀县）人。他家祖居敦煌，世代都是河西的门阀贵族。他出生于一个有很高文化修养的官僚世家，父亲以通晓经史闻名，所以他自幼受家学的熏陶，这使他在青年时代，就以博涉经史典籍而颇负盛名了。李渊太原起事，他应召做了淮安王李神通的记室参军。唐朝建立后，时年三十五岁的令狐德棻出任起居舍人，从此开始了他著史生涯。

唐朝建立后，急于建立新的统治秩序。令狐德棻就上书建议修撰前朝史书，以从历史中汲取鉴戒，维持唐朝的长治久安。他的建议深得高祖赞赏。于是在武德五年（622），唐高祖正式下诏修撰前朝史书。所以说唐初大规模的修史工作，是在令狐德棻的倡议下开始的。

由于立国之初战火尚未平息，所以修撰史书的工作一直到太宗贞观三年（629）才正式开工动笔。这次修撰的前朝史书确定为梁、陈、齐、周、隋五代史，令狐德棻和宰相房玄龄担任各部史书的总监修官，并且令狐德棻和岑文本两人负责北周史的撰述。由于朝廷大臣和史学家通力合作，加上唐太宗对修史工作的重视，所以规模浩大的五代史书的修撰工作只用了七年就圆满完成了。令德狐棻因为主撰北周史和协调五代史书的编辑工作非常出色，受到唐太宗的奖赏。

《周书》虽然只是记述西魏、北周史事的史书，但它注意保持了客观历史的连续性，反映了当时历史发展的全貌。《周书》所记内容，兼顾了同时代的东魏与北齐、梁、陈等四朝的重大史事，在一定程度上记载了南北朝历史的发展大势。《周书》的这一特点，超过了梁、陈、北齐等史书，这显然反映了令狐德棻的全局史观。《周书》叙事繁简得宜，文笔简练流畅。

之后令狐德棻又先后参加了《新礼》、《氏族志》等书的修撰工作。特别是贞观二十年开始修撰的《晋书》，由宰相房玄龄监修，令狐德棻实际主持了修撰工作。他以出色的修史经验和组织才能集合当时二十位史学精英用了两年多的时间修撰完毕。唐太宗看后“龙颜大悦”，亲自撰写了几篇史论，定为“御撰”史书。令狐德棻因功升任秘书少监。

唐高宗即位后，令狐德棻官拜礼部侍郎、弘文馆学士，参与撰定律令，并监修国史。后历任太常卿、国子祭酒等职，先后参与撰成贞观十三年以后的实录和高宗实录，晋爵为公。显庆四年（659），他认真修改了李延寿的《南史》和《北书》两部史书，并向高宗举荐了这两部书，这种奖掖后学的精神为李延寿所感动，就把这一事情记载到了《北史》的序言里，被传为美谈。乾封元年（666），令狐德棻这位唐初著名史学家和杰出的史学组织工作者，在家中病逝了，时年八十四岁。

应该说，令狐德棻的命运始终与唐初史学的繁盛联系在一起。唐初所修的八部史书，全部被后世列为“二十四史”之中，号称“唐八史”，这样的成就是任何时代都没有的，这在不同程度上，都凝聚了令狐德棻的心血，反映了他的远见卓识、组织才能和奖掖后进的精神。

239. 李延寿在史学方面有何成就?

李延寿，字遐龄，祖上是陇西大族，西凉皇室，到他祖父时才开始迁到相州（今河南安阳）。其父李大师博涉经史，并写得一手好文章，尤其他年轻时就有意重修南、北朝史，以更改前人对历史褒贬和详略失当的弊病。但由于李大师所处的年代正值战火纷飞的乱世，所以他还未来得及完成心愿就带着遗憾离开了人世。

李延寿自幼勤奋好学，受家学影响，阅读十分广泛。贞观中，李延寿历任崇贤馆学士、御史台主簿等职，他先后与众多资深大臣和史学家一起参加了编撰“唐八史”的工作。在修史的工作中，他有机会接触了大量的藏书和资料，他一边工作一边如饥似渴地阅读。他还多次得到令狐德棻、姚思廉、李百药等名家的指点，在体例的裁定和资料的收集整理方面积累了丰富的经验，为他以后私修两部合计长达一百八十卷的宏篇史书奠定了坚实的基础。他的出色工作也得到了唐太宗的肯定和奖赏。

贞观十七年（643），唐太宗下诏命令修撰《五代史志》（即《隋书·十志》），李延寿参与了这项工作。当然他又有机会进入史馆看到许多他需要的图书了。于是经过十几年的准备，李延寿决定开始撰写南北朝史，完成父亲未了的心愿。李延寿以父亲李大师的修史设想为蓝本，从掌握资料和编订体例入手，开始边工作、边利用空闲时间自己著述。这一写就花了十六年时间，高宗显庆四年（659），李延寿终于完成父亲和自己的心愿。当他把十六年撰述的成果呈现给皇帝后，得到了高宗的赞赏，高宗亲自为他作了序。

李延寿以一人之力，补南朝的宋、齐、梁、陈和北朝的魏、齐、周诸史书的不足，撰成《南史》一百卷、《北史》八十卷。这两部史书在编撰上、思想上和文字表达上具有独到的特点。在编撰上，南、北史继承了历史的贯通精神，分别把南朝和北朝当作两个完整的历史阶段来看待，这在李延寿之前的所有有关南北朝史书中都是没有的。在历史思想上，李延寿摈弃了南北朝史家互相贬斥和带有偏见性的看法，超越了民族和地域的局限，反映了华夷一家的历史趋势和思想潮流。在文字表达上，这两部史书都比较精练、紧凑，十分便于阅读和流传。因为上述这些优点，所以北宋大史学家司马光称赞《南史》和《北史》为“近世之佳史”，李延寿是堪比陈寿的一流史家。当然《南史》和《北史》也存在着一些缺点，比如它们记载了好多怪异荒诞的事情，在删减旧史上也存在着不妥之处。

李延寿在完成《南史》和《北史》后，又撰述了《太宗政典》三十卷，并参与了修撰国史的工作，不久这位唐初著名的史学家就去世了，卒年无考。

240. 孔颖达在学术上有什么成就?

孔颖达（574～648），冀州衡水（今属河北）人，为唐初一代名儒，语言训诂学方面的大师，与同僚颜师古齐名。孔颖达出身于小官吏家庭，他“八岁就学，日诵千余言”，对《左传》、《尚书》、《周易》、《礼记》等儒家经典都有深入学习和研究，使他成为一位学术素养十分深厚的学者。不仅如此，孔颖达还写得一手好文章，对算历等技术方面的问题也很精通。有一次，孔颖达去拜访同郡名重海内的著名学者刘焯（zhuō）。起初刘焯还没把这个年轻人放在眼里，但两人经过一阵谈论后，刘焯立即“改容敬之”。

隋朝大业初年，孔颖达举明经高第，任河内郡博士。后来隋炀帝征召各郡的学官到东都洛阳，与国子监的学者们互相辩论，结果孔颖达以最小的年龄，脱颖而出，才冠全场，连一些资深学者都辩论不过他。从此孔颖达声名远播，出任太学助教。经过隋末战乱之后，孔颖达被李世民引为秦王府文学馆学士，成为著名的“十八学士”之一。武德九年（626），他任国子博士，贞观初转任给事中。唐太宗倡导文治，重视儒学，在众多才学之士中，孔颖达是很受太宗器重的一位。

贞观六年（632），孔颖达任国子司业。一年多以后升任太子右庶子。他曾和其他学者一起编订历法，并参加了《隋史》的编撰工作，因成绩显著，升任散骑常侍。后又参加编定《贞观新礼》，孔颖达在释疑和补阙等工作中，发挥了重要作用。修成后，太宗很满意，把它颁行天下，孔颖达晋封子爵。太子承乾让孔颖达写《孝经义疏》，他因文生意，在《孝经》基础上，引文对太子多所规谏，受到了学者们的好评。贞观十四年，唐太宗让孔颖达在国子监公开讲授《孝经》，当时国子监的学生有三千多人，加上高丽、百济、新罗、高昌、吐蕃等四方学者和留学生，听课者多达八千多人。太宗对孔颖达的学识和表现很满意，亲自下诏褒奖。

孔颖达一生最重要的工作是注释五经。唐太宗十分重视儒经的研究。颜师古考订经文，被太宗定为《五经定本》颁布天下。后来因为各家观点纷纭，章句繁杂，不利学习，唐太宗就命孔颖达和颜师古等人修订注释五经，经过孔颖达等人的艰苦努力，《五经正义》终于诞生了。《五经正义》因出于多人之手，也存在很多问题，但它毕竟一扫东汉以来经学的混乱的局面，有利于学生的学习，也有利于大一统的政治局面。唐太宗对他们的工作十分肯定，给予孔颖达等人优厚的赏赐。后来高宗把《五经正义》加以孔颖达的署名颁行天下，成为钦定的全国性的统一教材，也成为唐代科举的标准用书。

贞观十七年，孔颖达因年老退休。次年，孔颖达也名列凌烟阁，排在开国功臣之后，这对他来说是无上的荣光。贞观二十二年，孔颖达病逝，死后陪葬太宗昭陵。

241. 唐太宗为什么要处死刘洎？

刘洎（jì）（？～645），字思道，荆州江陵（今属湖北）人。他起初在萧铣那里任黄门侍郎，后归唐。贞观七年（633），刘洎累迁给事中，又任治书侍御史。当时尚书省作为中枢部门，工作效率低下，诏敕积压，累年不能处理。刘洎遂奏请精简尚书省机构，大胆裁减其中不称职的贵戚元勋，以提高工作效率。他大胆敢谏的作风得到太宗赏识，随即就提升他为尚书右丞，让他主持尚书省的改组工作。他到任后，勤于政事，很快就把尚书省整顿得井井有条。

贞观十三年，刘洎进封黄门侍郎，参知政事，做了宰相。贞观十八年，他又晋升为门下省长官侍中。刘洎直言敢谏，作风耿直刚烈，屡进忠言，劝谏太宗勿以私情处理国事，提倡尊贤重道等，为太宗所重。唐太宗亲征高丽时，太子李治留守京师。刘洎作为宰相和重臣，太宗就让他兼任太子左庶子，并“总吏、礼、户部三尚书事”，奉命辅佐太子，其权力之重前所未有。太宗临行前再三叮嘱，要刘洎尽心全力辅佐太子，重任在肩的刘洎此刻豪情满怀，视国事为己任，就当即表态说：“希望陛下不用担忧，大臣中有罪的人，我一定将其处决。”这句本来让太宗放心的话，让晚年猜忌心很重的太宗听起来老大不快，为刘洎后来被太宗赐死埋下了祸根。

贞观十九年，太宗病重，刘洎探视后，神情凝重，担心太宗可能会不久于人世，回来就对同僚说：“陛下病情如此严重，实在令人担忧啊。”不料，此话被别有居心的大臣褚遂良奏闻皇上，说：“刘洎口出狂言，在外面散布国事无忧，他当辅政安定社稷，大臣有异志者，他当自行诛之。”本来疑心重重的太宗听后，龙颜大怒，又联想到以前刘洎所说过的话，就下定决心将刘洎赐死。

242. 唐太宗为什么十分赏识马周?

在唐初的宰相群体中，可谓人才济济，然马周由一个孤贫落魄的书生，竟做到了贞观一代名相，被称为“布衣宰相”，古往今来，被传为美谈。

马周，字宾王，博州茌（chí）平（今山东茌平东南）人。自幼父母双亡，家境贫寒，但他十分聪敏好学，尤其精通《诗经》、《左传》。他先担任州学助教，由于俸禄微薄，生活拮据，使他有些玩世不恭，对教学也不大尽心，整日饮酒作乐，遭到刺史的斥责。马周一气之下，拂袖而去，从此游荡于各地，四海为家。后来他来到长安，依附中郎将常何，做了一名门客。贞观五年（631），唐太宗下诏让文武百官上书评论朝政得失，常何作为一员武将，只得请马周代劳了。结果马周代写的文书，不仅文辞华美，而且议论精辟，条条都切中时弊，深得太宗赏识，龙颜大悦，于是常何就趁机引荐了马周。太宗认为马周是个人才，思贤若渴的他马上派人去请。马周未到之间，太宗心急如焚，竟一连四次派人催促，想一睹为快。后马周见到太宗后，经过交谈，一见如故，大有相见恨晚之意。太宗更是深爱其才，先留马周在门下省任职，不久就提升为监察御史，后又升任中书舍人。常何也因荐才有功，得到太宗的奖赏。

马周感于太宗的知遇之恩，勤于政事，竭尽忠诚，劝太宗以隋为鉴，减省徭役，体恤民力，还向太宗提出了许多有益的建议，如提倡节俭，慎选地方官吏，对诸王待遇勿过优厚，勿令功臣、宗室世袭等，大多都得到了采纳。太宗对马周十分信任，曾对人说："我和马周一会儿不见就会思念。"贞观十八年，马周晋封中书令，做了宰相，还兼任太子右庶子，负责辅佐太子。尽管马周身兼两职，事务繁忙，但由于他考虑问题细致周密，处事公允，得到了舆论的赞扬，是贞观一代名相。

243. 路敬淳在谱学方面取得了什么成就?

路敬淳（？～697），贝州临清（今河北临西西）人。隋末大乱时，除了路敬淳逃出来以外，其余家人都死于战乱。唐太宗贞观末年，任申州司马。路敬淳少年好学，足不出门。后来考中进士。武则天天授中，升任太子司议郎、兼修国史、崇贤馆学士。多次奉命纂辑庆恤仪典，受到武则天的称赞。路敬淳对谱学尤其精通，自魏、晋以来的名族世系，推本其来，皆有条序，著有《姓略》、《衣冠系录》等谱学著作百余篇。后来因罪下狱而死，唐中宗神龙初，赠秘书少监。唐初的谱学家中，唯有路敬淳可以称为名家。其后柳冲、韦述、萧颖士、孔至等人，对谱学的发展都有一定的贡献，然无一不受路敬淳的影响。

244. 褚遂良在唐太宗立太子问题上持什么态度?

褚遂良（596～658，或597～659），杭州钱塘（今浙江杭州）人，唐初名相之一。太宗时，深受信重。太宗临死，任命其为顾命大臣，辅佐高宗。在武则天立后问题上，与高宗发生矛盾，被贬。不久，死于任上。

褚遂良在隋末曾随父亲褚亮客居陇右地区，军阀薛举在金城（今甘肃兰州）称帝以后，被任为通事舍人。薛举败亡后，他又随父归唐，被授为秦州都督府铠曹参军。

褚遂良学识渊博，深通文史，尤工于书法。唐太宗在大书法家虞世南死后曾感叹难觅知音。名臣魏征借机极力推荐褚遂良。唐太宗当即把他召为侍书，经常与他讨论书法技艺，颇有相见恨晚之意。当时，太宗为求得王羲之真迹，拿出御府中的财帛，进行收购。于是，大量书法作品络绎不绝，真假难辨。后褚遂良奉命进行鉴定，无一差误。

贞观十五年（641），褚遂良升任谏议大夫，并负责编撰起居注事务。贞观中后期，太子李承乾储位不稳，当时魏王李泰深得太宗宠爱，所得待遇一如太子，由此造成兄弟间为争权而反目成仇，明争暗斗不止。遂良对此十分忧虑，向太宗上言说："太子与各位亲王的名分与待遇应有主次之别。陛下要为后世子孙树立一个榜样。"太宗听后深以为然。

针对当时皇子年幼者多任地方都督刺史的情况，褚遂良又上疏劝谏说："地方官员选任得当与否，事关国家安危。依臣之见，陛下几位幼子，可以暂留京师，接受良好教育。这样一来可以严加管教，二来可以从小接触朝廷典制，对将来治民有益。待到他们长大成人以后再分遣地方任职不迟。"太宗对他这一谏言当即予以采纳。

贞观十七年（643），太子承乾因谋反被废为庶人，诸王争夺储位的斗争便更趋于白热化。朝中大臣以魏王李泰、晋王李治为各自拥立的储君人选，分为两大派系。褚遂良出于自身利益考虑，与长孙无忌等权臣一样，主张立晋王李治（即高宗）为太子。但魏王李泰工于心计，极力博取太宗欢心，使得太宗私下里答应立他为太子。为此，太宗有一次曾试探朝臣们的意见说："昨日青雀（李泰小名）亲口对我说，若得为太子，在他登基百年之后，将杀死自己的儿子以传位于弟弟晋王。"遂良听后立刻进言道："陛下请慎重考虑立储大事。等到您百年之后，一旦魏王执政称帝，他还怎么可能杀死自己亲子，而拱手让帝位于晋王？陛下过去犹豫不决，主次嫡庶不分，才造成太子谋叛之事发生，这个教训不可谓不深啊！若陛下真要立魏王，那么希望能预先安置好晋王，以免将来兄弟相残。"如此以退为进的一番劝谏，终于使太宗下定主意立李治（即高宗）为太子。

经历了立储风波以后，褚遂良以直言敢谏、竭诚事主，深得太宗信赖。贞观二十二年，升任中书令，官至宰相，参决政事。太宗病重弥留之际，他又与长孙无忌同被任为顾命大臣，全力辅佐高宗。

高宗即位以后，褚遂良以辅政之功拜为吏部尚书、同中书门下三品，监修国史，执掌朝政。永徽四年（653），代张行成为尚书右仆射，仍知政事。

永徽六年，唐高宗打算废掉王皇后，改立武则天为后。以长孙无忌、褚遂良为代表的一班元老重臣对此举坚决反对，高宗知道后很不高兴，只得怏怏而罢。第二天，他又于内殿召见了褚遂良等人，将废后之意又重述了一遍。褚遂良坚定地说："陛下若一定要废后，就请在名门闺秀中另择，何必非立武氏？武氏侍奉过先帝（太宗），这是天下人所共知的事实。万代以后，天下人将对陛下做何评价？愿三思而后行。为臣今天违忤陛下，万死不辞。"高宗听后十分恼怒，在武则天的唆使下不久就贬褚遂良为潭州（今湖南长沙）都督。显庆二年（657），又贬为爱州（今越南清化）刺史。第二年，褚遂良病死于任所。

245. 褚遂良在书法方面有什么贡献？

褚遂良不仅是唐初著名宰相，在政治上有所作为，而且在书法方面也颇有成就。其楷书俊美秀丽，自成一体，后人把他与欧阳询、虞世南、薛稷并称为初唐四大书法家。

论唐人书法，以虞世南为南派（以东晋王羲之、王献之为宗），欧阳询、褚遂良为北派（受北魏碑书影响，虽也宗法二王，但笔力更刚劲、硬瘦）。褚遂良在书法上虽宗法二王，却能更成功地将前两派的风格相融合，而别有创新。

在其最为擅长的楷书方面，褚遂良的风格既有传统的清远奇伟、矩度森严之气，又有风流绰约、温雅端丽的风韵。主要代表作有《伊阙佛龛碑》、《孟法师碑》、《房玄龄碑》、《雁塔圣教序》等。《伊碑》为洛阳龙门的摩崖石刻，至今留存，其字体雄浑、秀逸兼具，是他的早年风格。《房》碑是褚书杰作，笔力瘦劲清拔，韵格超绝。

褚遂良的行书也颇有造诣，代表作有《枯树赋》、《临南亭序》等。

246. 孙伏伽地位低下，为什么能够被史官记入史册？

孙伏伽（？～658），贝州武城（今河北清河东北）人，隋朝大业末年，孙伏伽由大理寺史逐渐做到了万年县法曹。唐武德元年（618），以三事上谏唐高祖：一、天子周围应该有谏臣，隋朝就因闭言塞听，不闻其过，两世而亡。二、认为百戏散乐为淫风，此风气在隋朝大兴，不可不改，建议皇帝应取消一些游乐活动，作为后代效仿的榜样。三、太子及皇子亲王应该选择诚实正直的人来辅佐教导，不应用那些无义无赖之人，他们喜好声色犬马，就会把太子和皇子们引上歧途。高祖看完孙伏伽的奏章很高兴，赐帛三百匹，授治书侍御史，希望朝臣官员都能像孙伏伽一样，上书进谏。后来他又奏请高祖改革赋役，减轻农民负担，增置谏官等，都被唐高祖采纳。武德二年，高祖曾评论朝官，说：“我能拨乱反正，全在用人得当。平乱用武将，守成则要交给文吏。现在朝中只有李纲忠正，孙伏伽诚直，其他的人只是人云亦云罢了。”可见唐高祖对孙伏伽之器重。王世充、窦建德平定后，孙伏伽上谏请赦免其部下，以收服人心，也被高祖采纳，对河南、河北一带的迅速稳定起了关键作用。

太宗即位后，孙伏伽封爵乐安县男。贞观元年（627），转任大理少卿。太宗好骑射打猎，孙伏伽认为天子是万民所赖，社稷之本，劝谏唐太宗不要自轻其身，唐太宗看后非常高兴，对自己的行为有所收敛。

贞观五年，他因审判失误被免官，很快又重新起用为刑部郎中，随即升任民部侍郎。贞观十四年，晋拜大理卿，又出为陕州刺史。永徽五年（654）因年老退休，显庆三年（658）去世。

247. 苏良嗣有哪些事迹?

苏良嗣（605～689），京兆武功（今属陕西）人，唐初名臣苏世长之子。

唐高宗在位时，苏良嗣任周王府司马，屡次正色匡谏，爱做点坏事的周王和左右随从都十分怕他，唐高宗却对他赞赏有加。苏良嗣任荆州大都督府长史时，高宗派宦官顺长江而下，采集奇竹，准备移植到内苑里。宦官们乘机勒索船家，欺凌百姓。路过荆州时，苏良嗣把这些害人虫都抓了起来，并上书切谏说：“到远方求取珍奇会使路过的州郡人民疲乏，而且小人又借机欺压百姓，使皇帝的威信受损。”唐高宗看后认识到自己的错误，下诏勉励苏良嗣，把那些搜罗来的奇竹都抛入江中。

永淳年间，苏良嗣任雍州长史。当时关中正闹饥荒，盗贼十分猖獗。苏良嗣执法严明，很快就恢复了正常的社会秩序。武则天称帝后，苏良嗣晋升为工部尚书、纳言（门下省长官）。武则天长期住在东都洛阳，就任命苏良嗣为西京留守。武则天还亲自为苏良嗣饯行，并赋诗相赠，可见对他的器重，后来他的仇家犯了罪，把他也牵连进去了，武则天还特地保他无罪，赦免了苏良嗣。苏良嗣十分感激武则天的恩德，磕头谢恩，结果再没能站起来。武则天派人把他抬回家，还派了两名御医去给他看病。苏良嗣当天就去世了，终年八十五岁。武则天为悼念他，辍朝三日。

248. 阎立德有什么事迹?

阎立德（？～656），名让，字立德，京兆万年（今陕西西安）人。他和父亲阎毗（pí）（564～613）、弟弟阎立本（？～673）同时都以精于绘画和建筑而著称于世。

唐高祖武德初年，他担任秦王府士曹参军，随秦王李世民平定王世充，因功升任尚衣奉御。他设计制作的皇帝的衮冕礼服，既合乎典法，又十分精妙。太宗贞观初，因阎立德主持修造高祖的陵墓有功，升任将作大匠。太宗的长孙皇后死后，他兼任司空，开始主持营造唐太宗的昭陵，因为工程进度缓慢而被解职。后来又受命主持修建襄城宫，这项工程用劳力一百多万人，但建成之后，却因宫殿繁杂干热被废弃，阎立德再次被免官。不久唐太宗征伐高丽，起用阎立德为将作大匠，派他带人到洪州修建了用于航海的大船五百艘，作为水军征伐高丽之用。在攻打高丽时，阎立德充分发挥了他的特长，他先设计了土山帮助唐军成功攻占了安市城，随后在大军撤退过辽泽时，他又修建了浮桥，让大军顺利通过，免受泥泞之苦。由于阎立德的出色表现，唐太宗重重赏赐了他。后来阎立德又主持了修建了翠微、玉华等宫，升任工部尚书。高宗永徽五年（654），他带四万人对长安城进行大规模修缮。

阎立德的绘画作品有《文成公主降藩图》、《玉华宫图》、《斗鸡图》等。他死后，赠官吏部尚书、并州都督，并得到了陪葬唐太宗昭陵的殊荣。

249. 阎立本在绘画方面有什么成就?

阎立本（？～673），京兆万年（今陕西西安）人。太宗时，阎立本官至主爵郎中。高宗显庆时，任工部尚书。总章元年（668）为右相，咸亨元年（670）任中书令。阎立本继承家学，师法张僧繇、郑法士，善于绘画，工于写真。他作画题材广泛，人物、车马、山水、台阁等，都极其精妙，被当时人称之为“丹青神化”，为后世各代画家所师法和称颂。他以画《秦府十八学士图》、《凌烟阁功臣图》等作品著称于时。传世作品有《步辇图》（现藏故宫博物院）、《历代帝王图》（现藏美国波士顿美术馆）等。

阎立本虽然工于绘画，但却不以此为荣，反而以为耻。有一次，唐太宗与大臣们在春苑池泛舟游玩，湖水涟涟，风光明媚，唐太宗非常高兴，随即命随臣们做诗赞颂，并马上召阎立本入宫把它画下来。阎立本当时已任主爵郎中，但是宫人传唤他时，误称其为“画师”，使阎立本非常尴尬。当阎立本急急忙忙跑来时，已汗流浃背，气喘吁吁，还要当着众多官员的面，趴在池边，调墨挥毫，真是狼狈不堪，这让他感到十分羞辱。因此，阎立本以此事为例教育他的儿子，要他好好攻读诗书，日后能跻身士流，千万不要像他一样，以绘画入仕。后来阎立本做了宰相，也被人讥笑为“右相驰誉丹青”，讽刺他不是做宰相的材料。

250. 崔义玄有什么事迹?

崔义玄（586～656），贝州武城（今河北清河）人。隋朝大业末年，天下大乱，他只身投奔瓦岗军，但不被重用，只得依附镇守柏崖的瓦岗将领黄君汉。瓦岗军溃败后，各部残余多投靠割据洛阳一带的王世充。而崔义玄见王世充部下所持刀枪，多装饰有华丽的花纹，料定其必败。就劝说守将黄君汉投靠李渊。降唐后，崔义玄任怀州总管府司马。李世民收复洛阳后，崔义玄升任隰州都督府长史。太宗贞观初年，历任左司郎中、韩王府长史等职。

高宗永徽初年，他任婺（wù）州刺史。这时睦州有一女子陈硕真自称神仙下凡，举兵造反，她自号“文佳皇帝”，派兵攻打婺州。崔义玄马上发兵抵抗，当时百姓及军中多谣传陈硕真为神灵，不可冒犯，恐惧不安的气氛弥漫全营，军心不稳。崔义玄命崔玄籍为前锋，他亲自率军跟进。进攻中，崔义玄身先士卒，不避刀箭，部下士气大振，一举击败义军，斩首数百人。俘虏一万多人。这次叛乱被平定后，他因功晋封为御史大夫。

崔义玄不仅有勇有谋，从小还对经学很感兴趣。对于古代学者的疑问和语句读音不通的地方，他能博采众家之说，对其进行考证解释。后来他还受命与经学博士们一起讨论修改五经，足见其学问之深。

永徽六年（655），高宗要立武则天为后，得到崔义玄的支持，他从中出谋划策，出了很多力。后来他又按照武则天的意思，伙同李义府等诬陷反对立武氏为后的大臣长孙无忌等人，并把他们贬逐处死。显庆元年（656），崔义玄出任蒲州刺史，不久就病死了，终年七十一岁。赠官幽州都督，谥号为“贞”。武则天当政后，又追赠为扬州大都督，赐其家封户二百户。

251. 于志宁有什么事迹传世?

于志宁（588～665），字仲谧（mì），雍州高陵（今属陕西）人。他是北周功臣于谨的曾孙。隋朝大业末年，于志宁任冠氏县长，当时天下大乱，盗贼横行，他遂弃官回乡。后投奔李渊，受到李渊的礼遇，任银青光禄大夫、渭北道行军元帅府记室，与殷开山等人一起参议军事。李世民为秦王时，于志宁任天策府中郎、文学馆学士，成为李世民手下得力干将，颇受宠信。

太宗贞观三年（629），任中书侍郎。有一次太宗宴请三品以上大臣，于志宁因官阶为四品而没能参加，太宗特意下令召他入宫赴宴，并晋升为散骑常侍、太子左庶子、黎阳县公，可见他在太宗心中的地位。

太子承乾喜造宫室，好音乐，宠信宦官，还与几个突厥人交往亲密。于志宁便多次上书劝谏太子守礼度、远小人。曾撰《谏苑》二十卷。太宗知道后很高兴，重重赏赐了他并提升他为太子詹事，后因母丧解辞。太宗派大臣岑文本以“忠孝不两全”的道理劝说他恢复了原职。虽然太宗很满意他的兢兢业业，但太子却很恨他。有一次太子派了两位刺客去刺杀他。但当刺客到了他家后，看到于志宁正坐在破旧的毯子上忙着公务，面色显得很憔悴，刺客不忍心下手就离去了。后来承乾谋反被废，太子东宫上下官员都受到牵连而被罢官，唯独于志宁不仅没被罢官问罪，反而被太宗慰问了一番，并且担任继任太子左庶子，辅佐新太子李治。不久官拜侍中。

高宗即位后，于志宁晋封燕国公。永徽初，监修国史，参撰礼典法令，还与李勣主持修定了《唐本草》（含图集），共五十四篇，后颁行天下。他喜交宾客，但为官谨严有礼，刚正廉洁，不久升任为尚书左仆射、同中门下三品（即宰相）。永徽四年（653），冯翊有陨石降落，高宗很不安，以为不吉利，于志宁却认为这只是自然现象并不代表什么吉凶。高宗要赐给他及另两位大臣张行成、高季辅土地。于志宁不仅坚决不受，还在他的要求下，把他的那一份分成两半又赐给了张、高二人。

显庆四年（659），于志宁因年事已高，请求退休。高宗不同意，还好好安慰了他一番，要他留任。高宗要废王皇后立武则天为后，长孙无忌等大臣坚决反对，于志宁没有表态，因而被武则天猜疑，在长孙无忌等被罢黜后，他也被排挤出朝廷，先后出为荣州、华州刺史。退休后不久就去世了，终年七十八岁。

252. 高季辅是如何当上宰相的？

高季辅（约594～约651），名冯，德州蓨县（今河北景县）人。出身于官宦世家，其父曾为隋朝的万年（今陕西西安）令。他自幼就勤奋好学，苦练武艺。隋末乱世之际，社会动荡不安。季辅以他在当地的名望，聚众保卫乡里，依附于他的人达到数千人之多。李唐政权建立以后，高季辅率众归唐，被授予户曹参军之职。

贞观初年，高季辅累迁为监察御史。不畏权贵的他在任上对不法之事多所纠弹，以刚直不阿深得太宗赏识，不久就擢升为中书舍人。贞观年间（627～649），唐太宗励精求治，虚心任贤纳谏，曾多次召见亲信重臣，问他们对时政的各自看法。高季辅也上疏提出自己的意见。在疏中，他首先指出当时的立法工作违背了宽仁简约的原则，认为治国应以礼义仁怀为先，刑罚次之；其次，诚恳切谏太宗励精求治的作风应善始善终；最后，他还就当时官员的贪污腐败问题、内外官轻重及皇室宗亲的礼仪问题提出改进意见。太宗览疏后大为赞赏，对高季辅更为信重。

贞观十七年（643），高季辅调任太子右庶子之职。太宗特意赐予他一副当时被认为具有医病健体作用的钟乳石剂，并鼓励说：“你的忠言好似良药，所以我以利病的药石作为回报。”第二年，高季辅升为银青光禄大夫，兼任吏部侍郎。主持吏部选举事务期间，他竭力为朝廷选拔有用之才。太宗为此又赠送他一面金背镜以示表彰。二十二年，高季辅拜任中书令，成为当朝宰相之一，并同时主持吏部、监修国史事务。

高宗即位后的永徽二年（651），高季辅以前朝重臣的资格，继续受到新帝的倚重，被授予光禄大夫之衔，改任侍中，兼太子少保。不久他就因病去世，享年五十八岁。唐高宗为表彰高季辅的辅助之功，特追赠他为开府仪同三司、荆州都督，谥曰“宪”。

253. 唐太宗临死前为什么要贬黜功臣李勣？

唐太宗晚年在用人政策上有所后退。贞观前期，他用人不拘一格，不论是关陇士族、山东士族还是普通庶族，他基本上都是量才录用，一视同仁。贞观后期，特别是经过废立太子的曲折斗争之后，他越来越相信和依靠以长孙无忌为首的关陇士族集团，排斥和打击地主阶级中的其他集团，晚年这种倾向尤其明显。

李治被立为太子后，太宗清楚仅仅依靠长孙无忌等少数关陇贵族是不能很好辅佐太子的，所以他仍继续重用关陇集团以外的官员来辅佐太子。可是由于太宗思想中的门阀观念作怪，他对非关陇集团出身的大臣的疑忌日益加深。刘洎、张亮被他借故杀掉，岑文本、马周相继病死，杜正伦被放逐。剩下的一些有威望的非关陇集团出身的大臣他也十分怀疑，贬斥李勣便是这种心理的表现。

唐太宗临终前，对李勣这位一代名将十分担心，怕他将来不能效忠李治，便把他贬为迭州都督。

按照太宗事先的考虑，如果李勣接受任命后立即启程，李治即位后就召他回来任仆射，以做左膀右臂。如果李勣徘徊观望，就立即杀掉他，免得日后李治无法控制，用心可谓良苦。机敏过人的李勣，有刘洎、张亮的先例，焉能不体会太宗的心意？受诏后，不返家立即赴任，终于顺利通过了这次生死考验。

254. 张行成死后唐高宗为什么痛哭不已？

张行成（587～653），唐太宗、高宗二朝的名臣，以直言敢谏而著称。曾任殿中侍御史，纠劾不避权贵，以此为太宗所重，令其参与朝政。后升任侍中兼刑部尚书，辅佐太子李治（即高宗）监国。高宗时升为尚书右仆射、太子少傅，深受信任和敬重。

张行成，字德立，定州义丰（今河北安国）人。自幼勤学不倦，并拜当时著名的学者刘炫为师，成年后博学多才，深得其师器重。隋炀帝大业末年，张行成在当地被举为孝廉，担任过谒者台（掌奉诏出使、巡察地方）散从员外郎。王世充割据洛阳（今河南洛阳），任用他为度支尚书。后来，张行成以在隋为官的资历入唐担任宋州谷熟（今河南商丘）尉，不久又以应制科擢升为雍州富平县（今陕西富平）主簿。在任期间，以办事干练而闻名。

太宗时，张行成官拜殿中侍御史，负责纠劾百官。其刚直不阿，不畏强权的作风给太宗留下了深刻的印象。太宗曾对当时的宰相房玄龄说：“看古今历史上帝王任用贤才，没有不经由宰臣推荐的。像行成这样的人才，朕要亲自举荐他。”在一次宫廷宴会上，太宗曾从容谈到山东（崤山以东）各州与京畿地区的民风差异，言语间多失偏颇。在座的张行成跪谏道：“我听说天子以四海为家，不应有地区偏见。若心怀偏私，那不是向臣民显示自己是个心胸狭窄的君主吗？”太宗听后不禁为之动容。自此以后朝中凡有谋划军国大政，都令张行成参与讨论。

贞观中后期以来，随着四海晏宁、社会发展，太宗不禁有些志得意满起来。有一次，他向身边的侍臣夸耀说：“我现在之所以勤政求治，不贪图享乐，正是为了天下百姓苍生。如此事无巨细地日理万机，岂不是使得做臣子的无事可干了？自古帝王都是得贤才辅佐才得以成大业的，而今我是一个人身负重任，独当一面啊！”为此，张行成上书规劝道：“陛下拨乱反正、拯救万民于水火之中的丰功伟绩又岂能是古代帝王所能相比的？但这是天下人所共知的事实，陛下您又何必当众夸示？难道是要以万乘之尊，与臣下争功吗？”太宗虚心地接受了他的意见，并提升他为刑部侍郎、太子少詹事等重职。

贞观后期，太宗亲征高丽，皇太子李治（即高宗）留京行使监国之责，张行成受命与高士廉等重臣同辅佐他。同年，太宗出巡灵州，并打算让太子陪同前往。张行成劝谏说：“太子殿下应作为储君留京监国，这样不仅可以稳定局势，还可以借此培养他处理政务的能力，为将来继位积累经验。”太宗听后十分赞赏他的忠直敢言，不久就擢升他为侍中，兼刑部尚书。

高宗登基以后，张行成以辅政之功继续受到信重。这时晋州（今山西临汾）连连发生地震，高宗就此询问他的看法，张行成从容回答说：“地震虽是天灾，但也预示着人世间的某些现象，且地主阴，如今陛下原先的封地（晋州）频频发生地震，我担心可能有女子乱政，希望陛下多留意，防患于未然。”高宗深以为然。不久，张行成被授予尚书左仆射之职，兼太子少傅。随着年事日高，精力不继，他曾多次上疏请求解官休息。都没有得到高宗的允准。高宗曾推心置腹地对他说：“爱卿跟随我多年，又是先帝倚重的忠臣，怎么忍心离我而去？”且为之泪下。张行成不得已，又坚持办公，为君分忧。永徽四年（653）九月，他终于因病死于任上，终年六十七岁。高宗闻听他的死讯，痛哭不已，为之停朝三天以示哀悼。张行成死后被追赠为开府仪同三司、并州都督，享有很高的荣誉。

255. 韩瑗为什么反对唐高宗废王皇后？他因何事被贬？

韩瑗（606～667），字伯玉，雍州三原（今陕西三原）人，出身官宦名门。他的父亲韩仲良在唐初曾任刑部尚书、秦州都督府长史，受封为颍川县公。韩瑗从小就胸怀大志，博学而有吏干之才，于太宗贞观年间（626～649）继承了父亲的爵位。他与当时的朝廷重臣长孙无忌乃至李唐皇室都有间接的姻亲关系（其妻为无忌从父长孙操之女；长孙操子娶太宗女新城公主）。高宗永徽三年（652），韩瑗被任命为黄门侍郎。四年，任同中书门下三品，成为参与政事的宰相，六年又升为侍中。

当时高宗想废王皇后而改立武则天，韩瑗身为朝廷重臣，与长孙无忌、褚遂良等人一样，对此都持坚决反对的态度。他曾在高宗面前流着泪力谏说："王皇后是陛下为晋王时由先皇（太宗）选为后的，现在没有什么大的过失就轻言废黜，不知天下臣民听后会作何感想？况且国家在立后立储等重大事务方面已有多次废立之举，此终究不是长治久安之计。请陛下为社稷着想，再慎重加以考虑。"高宗没有听从他的意见。第二天，韩瑗又再次力谏，并为之悲泣不已，惹得高宗很不高兴。

不久，褚遂良因违背了高宗的旨意，被流贬出京。韩瑗上疏为好友申辩，一直都没有结果。于是他以自己的意见不受重视为由，屡次提出辞官归田，高宗都没有允准。王皇后被废后，武则天被立为皇后，她幕后指使其爪牙许敬宗、李义府等人诬告韩瑗与褚遂良图谋不轨。于是韩瑗被外贬为振州（今海南三亚）刺史，于显庆四年（659）死于任上，终年五十四岁。

256. 孙思邈为什么被后世称为"药王"？

孙思邈（约581～682），世称孙真人，京兆华原（今陕西耀县）孙家塬人。孙思邈活了一百零一岁，但少年时却体弱多病，从青年时代就立志以医为业，刻苦研习岐黄之术。成年以后，他曾隐居在太白山（今陕西境内）从事医学及炼丹活动。高宗永徽三年（652），著成《备急千金要方》三十卷。高宗咸亨四年（673），曾担任尚药局承务郎。上元元年（674），即称病辞归。永淳元年（682），著成《千金翼方》三十卷。同年孙思邈去世，遗命薄葬。

孙思邈历经隋唐两代，是一位知识渊博、医术精湛的医家。他诊病治疗，不拘古法，兼采众家之长，用药不受本草之书限制，根据临床需要，验方、单方通用，所用方剂，灵活多变，疗效显著。他对民间医疗经验极为重视，经常不辞辛劳地跋山涉水，不远千里访询，为得一方一法，不惜千金，以求真传。他不仅精于内科，而且兼擅外科、妇科、小儿科、五官科、眼科，并对养生、食疗、针灸、预防、炼丹等都有研究，同时具有广博的药物学知识和精湛的针灸技术。

孙思邈积八十余年医学经验，著成《备急千金要方》和《千金翼方》，较全面地总结了自上古至唐代的医疗经验和药物学知识，丰富了医学内容。他的医学思想和学术成就主要是：发展了张仲景的伤寒论学说，并集唐以前医方之大成。在诊断学上把对疾病的认识提高到一个新水平，治疗学上创用了新的医疗技术；药物学上，重视药物的种植采集、炮制和贮藏；在妇幼保健方面，强调妇幼设立专科的意义，为小儿、妇产建立专科创立了条件；在针灸方面绘制彩色三人明堂图，创孔穴主对法，提倡阿是穴及同身寸法，对针灸发展有促进作用，并且，丰富了养生长寿理论，讲求卫生，反对服食丹药。

孙氏的著作，除上述外，见于史志记载的颇多，大多已散佚无存。主要有：《千金养生方》一卷、《千金髓方》等十八种，此外，现尚存世之眼科专著《银海稍微》乃托名孙氏之作。孙思邈在中国医学史上有崇高地位，受到历代人民的尊敬和仰慕。他死后，被尊为“药王”，为他修庙立碑，直至今日他的家乡陕西耀县孙家塬还有孙氏祠堂，内有孙氏塑像。耀县药王山有药王庙、拜真台、洗药池、太玄洞等孙氏活动遗迹。

257. 阿史那社尔为什么能得到唐太宗的赏识?

阿史那社尔（604～655），突厥族人，其父为东突厥处罗可汗。他是唐太宗时期著名的少数民族将领，为维护唐王朝的统一，保卫唐朝边疆做出了重要贡献。

出身游牧民族的阿史那社尔十一岁就以智勇双全、勇敢善战闻名于诸部落，阿史那社尔统率部落十年，从不加敛赋税于部落人民，他还经常劝说部下：“我所统辖的部落民众都富裕了，就是我最大的满足。”因此，他备受部落人民的爱戴。在与吐谷浑、西突厥的争斗中，阿史那社尔失败，于是在贞观九年（636）率众内附于唐。

阿史那社尔归唐后，唐太宗委以重任，并把自己的皇妹许配给他。贞观十四年，他跟随侯君集平定高昌，侯君集将俘获的战利品遍赏有功将士，但阿史那社尔认为没有皇帝的恩准，不能接受，遂秋毫无取。凯旋班师后，唐太宗对他的清廉谨慎颇为赞赏，特意赏赐很多的战利品给他。在跟随太宗东征高丽时，他冲锋陷阵，频频被流矢射中，但他每次都自拔其箭，毫无惧色，继续杀敌。他的表现深深地感染了其他士兵，顿时军威大振。这样的猛士唐太宗怎能不喜欢呢？第二年阿史那社尔又独自领兵西征龟兹（今新疆库车），大败西突厥，连克七十余城，平定西域，并移安西都护府于龟兹，立下赫赫战功。

班师还朝后，唐太宗病逝，阿史那社尔痛不欲生，感念太宗的知遇之恩，请求以身殉葬，被高宗皇帝劝止。永徽六年（655），阿史那社尔病逝，赠辅国大将军、并州都督，陪葬昭陵，他的坟墓修建成葱岭的形状，以示对家乡的眷恋之情。

258. 契苾何力为唐朝建过什么功勋？

契苾（bì）何力（？～677），铁勒族人，父祖都是部落首领。

契苾何力九岁丧父，跟随母亲几经辗转，于贞观六年（622）归唐内附，被任命为左领军将军。第二年他跟随李大亮、薛万均出征吐谷浑。在危急时刻，他奋不顾身冲入敌营，左右冲杀，所向披靡，把薛万均从死亡线上拉了回来。而后他又偷袭吐谷浑可汗牙帐，成功地俘获可汗之妻，满载而归。后来薛万均与其争功，当太宗欲责罚时，契苾何力深明大义地劝解道：“如果因为我而处分了薛万均，恐怕诸蕃听见会以为陛下厚蕃轻汉，转相讹传，将会加深蕃汉将领之间的嫌隙，有的蕃人还会误以为汉将都如万均之辈，后果将不堪设想。”

九年后，契苾何力省亲途中被薛延陀部劫持，面对敌人的威逼利诱，他持刀割耳，以明忠唐之志。太宗为此许亲于薛延陀，救回契苾何力。契苾何力回朝后，为太宗出谋划策：要薛延陀可汗按娶亲之礼至灵州（今宁夏灵武西南）迎亲。可汗为了自身安全，果然不敢前来娶亲，和亲之事也就不了了之。后随太宗东征高丽。

贞观二十三年（649）太宗去世，契苾何力欲杀身殉葬，被高宗劝阻。后来他率军平定西突厥叛乱，二次东征高丽，最终与李勣会师平壤城，征服高丽，实现了太宗的夙愿。

契苾何力虽为武将，但文才也毫不逊色，深受汉文化熏陶。高宗龙朔年间，司农少卿梁修仁欲在新建的大明宫内栽植白杨，对契苾何力说："此木容易成活，不几年就能树木成阴。"契苾何力不置可否，只吟诗"白杨多悲风，萧萧愁杀人"。梁修仁惊悟，遂改植梧桐树。

仪凤二年（677），契苾何力去世，赠辅国大将军，陪葬昭陵，谥曰"烈"。

259. 泉男生为高丽大莫离支，为什么会成为唐朝大将？

泉男生，字元德，高丽莫离支泉盖苏文之子。莫离支是高丽官名，地位很高，权力很大，执掌国政。乾封元年（666），高丽莫离支泉盖苏文死，其子泉男生、泉男建、泉男产（638～700）争权，泉男生与其子泉献诚（？～692）及其部众向唐朝求救，被唐高宗授为特进、辽东大都督兼平壤道安抚大使，封玄菟郡公。又举哥勿、南苏、旨岩等城以降。高宗遂命西台舍人李虔绎就军慰劳，赐袍带、金扣七事。第二年又授右卫大将军、封汴国公。在泉男生的导引和配合下，唐军大败高丽军，灭亡了高丽。仪凤二年，泉男生奉命安抚辽东，他减少赋税，废除力役，使当地百姓安居乐业。泉男生淳厚有礼，奏对敏辩，善射艺，很得高宗的赏识。仪凤初年，死于长安，终年四十六岁，赠并州大都督。

260. 泉献诚是什么人？为什么被杀？

泉献诚（？～692），唐朝大将。泉男生之子，高丽人。与其父初投唐时授右卫大将军兼羽林卫，赐乘舆、马、瑞锦、宝刀。武后曾出金币，命宰相、南北衙群臣推举善射者五辈，中者赐以金币。内史张光辅举泉献诚，泉献诚推让给右玉钤卫大将军薛吐摩支，摩支坚决辞让。泉献诚说："陛下择善射者，然皆非华人。臣恐唐官以射为耻，不如罢之。"武则天高兴地采纳了他的意见。武则天因其忠，重用在身边。来俊臣认为泉献诚来自高丽，当有财宝，又受过很多赏赐，即向泉献诚索取贿赂。泉献诚居然不理，使来俊臣大为恼怒，遂诬泉献诚谋反，武则天不察，便下令将他缢死。后来武则天知道泉献诚的冤案时，已不可挽回。

261. 论弓仁是什么人？在唐朝立有什么战功？

论弓仁，唐朝高级将领，出身于吐蕃噶氏家族。他的祖父噶东赞辅佐吐蕃英主松赞干布，名垂千古。他的父亲论钦陵则继噶东赞之后，成为吐蕃炙手可热、专统兵马的大论。论弓仁所处的时代，兵荒马乱，狼烟四起，征战无时不有，这种时代促使他从小习武，熟娴刀箭弓马、演兵布阵。成年后，即随父兄驰骋疆场，建功立业。武则天圣历二年（699），论弓仁率千余人投唐后，又率所统领的吐谷浑部七千帐迁入中原。唐王朝对他们待以上宾，施以殊礼。羽林军飞骑郊外迎接，武则天亲自接见，并赐宴武威殿，气氛热烈欢洽。唐朝还赐予他们铁券，论弓仁被封为左羽林大将军、安国公、食邑二千户。所辖军队被安置在凉州兴源谷。

论弓仁到中原后，颇受重用，他也以其所长忠心于唐王朝，当年即在唐蕃争战的前线，动之以情，劝说吐蕃军队数千人放下武器，避免了一场流血恶战。后来，因突厥等部侵扰唐朝，唐廷遣论弓仁率军平乱。中宗景龙元年（707），他受封为朔方军前锋游奕使。景龙二年，又任左骁骑将军。玄宗开元五年（717），兼归德州都督。开元八年，由本卫大将军改任朔方节度副大使。不久，突厥九姓叛乱，论弓仁领兵远征大漠，降服了火拔部喻多真种落。论弓仁戎马倥偬，前后大战数十，小战数百，历仕武后、中宗、睿宗、玄宗四朝，勋业彪炳，名振朝野，为中原地区的安定立下了汗马功劳，成就了唐王朝的光辉事业。

论弓仁因长期在马上生活，积劳成疾，一病不起。开元十一年（723）四月五日，一代骁将不幸病逝，享年六十岁。他逝世后，唐廷追赠其为拨川郡王，谥曰“忠”。由集贤院学士知院事、右丞相、兼中书令张说为其撰《拨川郡王碑》，以示表彰。

262. 尉迟胜本是于阗国王，为什么会成为唐朝大臣？

尉迟胜，本为于阗王。天宝年间来朝，献良玉名马，玄宗以宗室女嫁他为妻，授右威卫将军。归国后与高仙芝击破萨毗、播仙，加银青光禄大夫。安史之乱时，命其弟尉迟曜领国事，自率五千兵赴中原，参加平定安禄山之乱，肃宗待之甚厚。广德年间拜骠骑大将军、于阗王，令其回国。但尉迟胜坚决请求留在京城宿卫，遂加官开府仪同三司，封武都郡王。而将于阗王位让于其弟尉迟曜。尉迟曜曾多次遣使上书请尉迟胜之子尉迟锐回国继位，却都被尉迟胜以其子久居中原，不习于阗事务为由拒绝。他们兄弟之间推让王位之事，在当时传为佳话。

263. 上官仪是什么人？为什么被杀？

上官仪（约608～664），字游韶，陕州陕县（今属河南）人。博涉经史，工于诗文，历仕唐太宗、高宗二朝。

上官仪的父亲上官弘在隋炀帝时官至江都宫副监，后死于战乱。上官仪年幼，侥幸脱险，后私度为僧人。在此期间，他潜心于佛典，同时又遍览经史，善于吟诗作文，尤精于五言古律诗。唐太宗贞观初年，杨仁恭任扬州都督时，久闻其名，深为礼待。不久，上官仪进士及第，太宗将他召为弘文馆直学士，历任秘书郎等职。

贞观二十年（646），上官仪因参与修撰《晋书》之功，升任起居郎。高宗即位以后，历任秘书少监、中书侍郎等职。龙朔二年（662），以西台侍郎加同东西台三品，成为参决政事的宰相。他的五言诗因辞藻华丽、对仗工整，士大夫争相仿效，时称“上官体”。

麟德元年（664）十月，由于武则天大权独揽，作威作福，不胜其忿的高宗密召上官仪，商议废后之事，上官仪乘机进言说：“皇后专横跋扈，一意孤行，天下人早已有议论了，请废后位。”高宗点头称是，当即命他起草废后诏书。这时，闻听消息的武则天迅速赶到。惧内成性的高宗不得已，慌忙间将责任一股脑儿推给上官仪，口不择言地说道：“我原无此心，都是上官仪教我的。”武则天听后大怒，当即指示心腹许敬宗诬告上官仪任陈王李忠（高宗长子）幕僚时，曾勾结李忠图谋造反。同年十二月，上官仪被捕入狱。不久与其子上官庭芝等被斩首，家产抄没，家属全部沦为官奴婢。中宗即位以后，由于其孙女上官婉儿被拜为昭容，备受宠信，因此追赠上官仪为中书令、秦州都督、楚国公，以礼改葬。

264. 刘祥道是什么人？

刘祥道（596～666），字同寿，魏州观城（今山东阳谷）人，唐高宗时宰相。历任中书舍人、御史中丞、吏部侍郎、黄门侍郎、刑部尚书等职。麟德元年（664）拜相，为相时小心谨慎，常忧惧不安，屡请辞职。后封广平郡公，加金紫光禄大夫致仕（退休），同年病逝。

刘祥道出身官僚家庭，其父刘林甫在唐初官任中书、吏部侍郎，因功赐爵为乐平县男，以知人善任著称。祥道从小就承袭了父亲的爵位，在高宗永徽初年先后历任中书舍人、御史中丞、吏部侍郎等职。显庆二年（657），他又升任黄门侍郎，并主持吏部选官事务。

针对当时朝政得失，刘祥道上书高宗，陈述了自己的六点看法：一、现行选官程序过于简易，造成官僚队伍素质难以提高。希望今后选拔考试以成绩分四等：一等交付吏部；二等交付兵部，其余分别由主爵、司勋部门负责选授；二、官缺少而选人日渐增多，应对每年选人数量进行控制；三、儒学是教化之本，升迁奖励应以儒学之士为先；四、采取相关措施保证难度较大的秀才科应试人数；五、为有利于地方治理，应适当延长地方官员的任期；六、责任重大的尚书省二十四司及中书、门下二省都事、主事等吏员应使用文学之士，以加快办事效率。疏奏上呈后，高宗召集有关部门详议。中书令杜正伦极力支持祥道的提议。于是高宗委托刘、杜二人合作负责筹划改革事宜。但由于朝廷上下的因循守旧，此事最后竟不了了之。

刘祥道于显庆四年（659）升任刑部尚书。他为官清正，对刑事案件的审理判决都很慎重。龙朔三年（663）官拜右相（即中书令）。祥道为人严谨，不喜张扬，自居相职以后行事更加谨小慎微，内心常忧惧不安。为此，他多次上疏请求退居闲职。高宗答应了他的请求，改任他为较悠闲的司礼太常伯。处于散位的祥道虽不参与军国大事，但高宗有时还专门派人咨询他的意见。乾封元年（666），他因病退休，不久就去世了，享年七十一岁。死后追赠为幽州都督，谥号是“宣”。

265. 李敬玄为什么要与山东旧士族联姻?

李敬玄（615～682），亳州谯（今安徽亳县）人，唐高宗时宰相。总章二年（669）拜相，任西台（中书）侍郎、同东西台三品。后历兼吏部侍郎、吏部尚书。他讲求门第，婚媾、选才皆以门阀，深为时论所讥。后因领兵征吐蕃战败，被免相。

李敬玄的父亲李孝节曾任谷州长史，良好的家庭条件使敬玄学而多才，对五礼（吉、凶、宰、宾、嘉礼）特别熟悉。太宗贞观末年，由马周举荐为崇贤馆学士，侍读于当时的太子李治（即唐高宗）。高宗即位后的乾封初年，敬玄升任西台舍人、弘文馆学士。总章二年（669）累转为西台侍郎，兼太子右中护、同东西台（门下中书）三品，成为宰相。

为相期间，李敬玄主持吏部选事多年。他办事干练、知人善任、深为时人所称。当时每年参选注官的人都超过万人，而李敬玄每在街上遇见参选者，都能很快叫出他们的名字；选人中有上诉鸣不平者，他也能随口指出其不足之处及一些相关的详情。记忆力之强由此可见一斑。咸亨三年（672），李敬玄因掌选事得力加银青光禄大夫，行吏部侍郎，仍行相权。不久，又升任吏部尚书。

李敬玄久居吏部重职，掌朝廷人事大权，很多官员都趋之若鹜，争相亲近他，而他本人有着浓厚的门阀观念，未免对他的工作造成一定的消极影响。这点主要体现在他的婚姻尚门第及任人唯亲两个方面：

唐人婚姻讲究门第。魏晋南北朝时盛极一时的士族至唐初虽已走向衰败，但他们在社会上的影响力还很大。因此，很多人仍不惜大花血本与这些“世家高族”联姻，借此抬高自己的门第。就连身居相位的李敬玄也不能不流于世俗，他曾前后三次结婚，娶的都是山东（崤山以东地区）士族的女子。不仅如此，他还特意与当时的大姓赵郡（今河北赵县）李氏合宗谱，借机抬高自己的族望。在这种凡事讲求门阀资历思想的影响下，李敬玄所选拔的台省官员，大多都是与其有姻亲关系的家族成员。这种任人唯亲的做法引起了高宗的不满。调露二年（680），本来就与李敬玄有私怨的刘仁轨借机加以陷害，他举荐毫无作战经验的李敬玄任洮河道大总管，以备御吐蕃。李敬玄无法推辞，只有斗胆赴任。不久他就在与吐蕃的交战中因畏敌而败北，被贬为衡州刺史。永淳元年（682）因病去世，享年六十八岁。死后朝廷追赠为兖州都督。

266. 李义琰贵为宰相，为什么却身处陋室？

李义琰（？～688），魏州昌乐（今河南南乐）人。唐高宗时宰相。曾历任太原尉、白水令、司刑员外郎等职。上元年间（674～676）拜相，任中书侍郎、同中书门下三品。敢于直言进谏，后因反对武则天临朝参政而遭其嫉恨，被迫罢相。

李义琰的家族是由陇西迁徙到河北地区的。在当地算得上是一个名门望族。李义琰年纪轻轻就考中进士，补为太原县尉。当时任并州（今山西太原）都督的正是威名赫赫的名将李勣，其僚属都很敬畏其为人，唯独李义琰敢于当庭与之争论是非，因此李勣对他很是器重。高宗麟德年间（664～665），李义琰调为白水令，因治绩突出被朝廷召入京师任司刑员外郎。上元年间，又被提拔为中书侍郎、太子右庶子、同中书门下三品。在此期间，高宗因体弱多病，曾打算下诏让皇后武则天代为处理政务。身为宰相的李义琰与中书令郝处俊对此坚决反对，使高宗打消了这个念头。李义琰也为此得罪了武则天，内心惧不自安。

李义琰身材魁伟，博学多才，高宗每有疑难问题都爱请教他。章怀太子李贤被废以后，仁慈的高宗没有归咎于与太子相关的僚属。任左庶子的薛元超等人都为此庆幸不已；唯独李义琰认为自己没有尽到匡谏太子的右庶子责任，悲泣失声，时人以此重之。更值得一提的是，李义琰虽贵为宰相，生活作风却十分简朴。他的住宅竟没有一间像样的正厅。其弟李义琏得知此事后，特意从外地为他采购了一批上等的木料以事营建。但李义琰不仅没有使用，反而对前来探望的李义琏语重心长地说："以我这样的浅质，竟能高处相位，真是惭愧难当啊！若再大肆营构府邸，张扬出去，只会给我惹来祸端。"李义琏对此很是不解。李义琰耐心地解释道："凡事皆难两全其美。我既然已身居高位，就不应再刻意炫耀张扬了，如此只会惹祸上身。不是我不会享受生活，而是惧怕因此而获罪啊。"最终，营建之事也没有进行。

后来，李义琰以改葬父母而仗势欺压舅族，为人所弹劾。高宗知道后严厉地责备了他。李义琰惶恐不安，被迫辞去相职。武则天掌权后的垂拱初年，曾打算起用他为怀州刺史。但行事谨慎的李义琰害怕因此招祸，坚持拒绝，于垂拱四年（688）在家病逝。

267. 许敬宗与蛮酋冯盎联姻为什么会遭到贬黜？

冯盎（？～646）是岭南的地方实力派人物，他是大宦官高力士的曾祖父。冯盎利用隋末动乱之机，一度攻占了岭南地区二十余州的地盘，所谓"带甲十万，地方千里"，家有僮仆万人，不仅拥有强大的军事实力，而且非常富有。唐高祖派李靖率大军平定萧铣后，又命李靖继续南下岭南时，他派人主动接洽，投降了唐朝，唐高祖在其占据的地盘设置了八个州，以冯盎为高州（今广东阳江西）总管，历封吴国公、越国公、耿国公，继续管辖这一广大地区，冯盎诸子均为诸州刺史。冯氏家族继续在岭南保持着强大的实力。唐太宗贞观五年（631），冯盎来朝，太宗设宴款待，赏赐甚厚。对这位实力派人物极力加以笼络。后来岭南诸洞獠反叛，冯盎率军平定，受到了太宗的奖赏。虽然唐朝对冯氏家族颇为优待，而冯氏家族也极力效忠于朝廷，但按照当时对待少数民族的制度，冯盎仍然送其子冯智戴入京为人质，这就说明唐朝政府仍然把他们作为夷狄看待，并不完全放心。

既然冯氏家族拥有如此强大的实力，所以朝廷对他们也是时时加以防范。唐高宗时，冯氏家族势力仍很强大，而且不乏跋扈者出现。如冯盎的族人冯猷为人豪侠，贞观中入朝，曾随身带了一船金宝。唐高宗曾派御史到岭南巡视，被冯猷扣押不放。高宗急忙又派御史杨璟前去验讯，结果差一点又被冯猷扣押。冯氏家族如此跋扈，还能不引起朝廷对他们的警惕和防备。而许敬宗在高宗时任礼部尚书，算是朝廷的高官，他为了多得聘财，拉拢地方实力派以壮大自己的政治势力，遂将其女嫁给了冯盎的儿子，结果被监察官员弹劾，被贬为郑州刺史。本来婚嫁之事，收取聘礼也是常理，即使多有索取，也不犯法，为什么还会招来贬官之祸呢？根本原因就在于唐朝禁止朝官结交地方豪强，而许敬宗违反了这条禁令，联姻的又恰恰是冯氏家族这样的实力派，所以才会遭到贬黜。

268. 许敬宗为什么支持立武则天为皇后？

许敬宗（592～672），杭州新城（今浙江富阳）人，字延族，唐太宗、高宗二朝宰相。以文学史才为太宗所重，贞观中后期一度掌典机密，高宗即位后免相。武则天得宠时先后任侍中、中书令等职，再度入相。他为人贪渎，品行不端，深为时人所讥，却受武则天、高宗的信重，贵宠无比。

许敬宗的父亲许善心原来是隋朝的礼部侍郎。深受父亲影响，敬宗自幼文采出众，科举及第后任通事舍人。隋朝大业末年的江都（今江苏扬州）之乱中。许善心为叛将宇文化及所杀，许敬宗为保全性命、官职。竟不顾杀父之仇，苦苦向化及哀求，才得以保住性命。太宗做秦王时，慕名将他招入王府麾下，与杜如晦、房玄龄、于志宁、虞世南等人并列，成为秦王府十八学士之一。贞观二十一年（647），加授许敬宗银青光禄大夫，一度掌典机密。

高宗即位以后，敬宗官拜礼部尚书。后因嫁女给南越首领冯盎之子时，索要了很多金宝作为聘礼，被御史弹劾，降为郑州刺史。永徽三年（652），又召回京师，担任卫尉卿一职。

永徽六年，唐高宗欲废黜王皇后，改立武则天为后，却受到宰相长孙无忌、褚遂良、韩瑗和来济等人的极力反对，久之不能得志。敬宗出于私欲的考虑，就与中书舍人李义府等人暗中勾结，支持废立。

他在朝廷扬言说："农夫多收了几石麦子，尚且喜新厌旧，想更换妻子，何况贵为天子？废后之事，与他人有什么关系，为何还要有不同意见！"此话更加坚定了高宗的废后决心。同年十月，高宗力排众议，颁布了废后诏书。接着，高宗又接受了许敬宗的奏请，削夺了废后王氏家属的全部官爵，将原皇太子李忠（高宗长子）贬为外州刺史，将武则天所生子李弘立为太子。

永徽六年（655），许敬宗又与李义府遵照武则天的授意，诬陷长孙无忌、褚遂良与韩瑗、来济等图谋不轨，将长孙无忌等人被贬死岭南。许敬宗以功升任侍中，再度入相。不久，又迁为中书令。乾封初年，他因年老体弱，不能步行，高宗特令他与司空李勣各乘小马上朝理事。其宠遇之重，当朝莫比。

许敬宗不仅贪财而且好色。他的妻子早亡，又纳旧妻侍婢为继室，假托姓虞。敬宗长子许昂与虞氏素有奸情。许敬宗发觉后大怒，将虞氏休弃，并以忤逆不孝的重罪，奏请高宗将许昂流放岭南。许昂虽后来被召回，但不久就病死了。许昂的长子许彦伯也长于文学，许敬宗晚年的著述多由他代笔。但后来敬宗又听信侍妾谗言，奏请将孙子也流贬到岭南。后遇赦才得放还。

咸亨三年（672），许敬宗病死于家中。太常寺在商议其谥号时，博士袁思古认为，敬宗虽有才学，官居宰相，但声名狼藉，才高德薄，应谥为"缪"（名与实不符之义）。敬宗之孙太子舍人许彦伯听后深感羞耻，当众与其争辩起来。武则天与高宗对这个谥号也不满意，于是下诏重议。最后，礼部尚书杨思敬说："谥法中有'既有过能改曰恭'的规定，请谥曰'恭'。"高宗竟然采纳了他的意见。

269. 许敬宗主持修撰国史时是如何歪曲历史的？

许敬宗身为宰相，主持撰修国史以后，著述颇丰，曾先后参与或主持修撰的史书有《隋书》、《晋书》、《西域图志》以及《文思博要》、《姓氏录》等，前后因此所得赏赐，不可胜数。但他所主持编修的国史，却掺杂了大量的个人恩怨于其中。

当初，虞世基与许敬宗的父亲许善心同在江都为宇文化及所害，负责记史的内史舍人封德彝亲眼目睹了当时的情形。后来他便对人说："虞世基被杀时，其子世南匍匐请求替死；许善心之死，敬宗竟然乞求以偷生。"许敬宗对此深为嫉恨，等轮到他为封德彝立传时，便公报私仇，大书特书其罪恶。

许敬宗将女儿嫁与左监门大将军钱九陇。钱家本出身皇奴，许敬宗贪图彩礼的丰厚才与他结亲，在为其立传时为钱九陇曲叙门阀，妄加功绩，大肆抬高他的地位与身份；许敬宗的儿子娶的是尉迟宝琳的孙女，并且获得许多赂赠，等到为宝琳之父尉迟敬德作传时，便将他的过失尽数隐匿。太宗曾作《威凤赋》赐给长孙无忌，而在敬宗笔下则改为赐给尉迟敬德；白州（今广西博白）人庞孝泰，本是少数民族部落的一名普通酋长，高宗时随军伐高丽，由于怯懦无谋，为敌所败。后来敬宗接受了庞孝泰的大量财贿，竟在国史中将庞孝泰写得英勇无敌，歼灭敌军数万，其功绩可与大将苏定方相提并论。

高祖和太宗两朝实录，原来为敬播所修，颇为详直，但许敬宗后来却以自己的爱憎随意删改，大受时人指责。以至于他去世以后，高宗不得不令太子左庶子刘仁轨等人重修国史，以正视听。

270. 李义府是如何登上宰相宝座的?

李义府（614～666），瀛州饶阳（今河北饶阳）人。善文词，工于心计，因支持高宗立武则天为后而受宠信，并入相。在位期间，公行贿赂，卖官鬻爵，并排挤异己，专横跋扈。后因罪流放，死于贬所。

唐太宗贞观八年（634），剑南道巡察大使李大亮发现李义府能写一手好文章，就上表予以推荐。李义府在随后的制举考试中一举及第，被任为门下省典仪。不久，经黄门侍郎刘洎和持书御史马周的举荐，他被擢升为监察御史，并以本官兼晋王李治侍读。贞观十七年，李治被立为皇太子后，义府又迁太子舍人，加崇贤馆直学士，与太子司议郎来济同掌文翰，都以文笔优长而著称，时人号称“来李”。

唐高宗即位以后，李义府升任中书舍人。永徽二年（651），兼修国史，加弘文馆学士。不久，他因得罪了太尉长孙无忌，被贬外任。贬官敕令传至门下省时，李义府已先侦知，仓皇之间，就向同事王德俭问计。德俭劝他投靠武则天以免祸。工于心计的李义府审时度势，连夜上章高宗，请求废黜王皇后，立武则天为后。正苦于在朝官中难觅支持者的高宗与武则天阅表后大喜过望，当即予以召见，并命其留任旧职。永徽六年十月，武则天被立为皇后，李义府以拥立之功被擢拜为中书侍郎，同中书门下三品，监修国史，位极人臣。

李义府任相后，与许敬宗等人成为武则天在外朝的坚定支持者与代言人，为武则天铲除异己，逐步专权立下了汗马功劳。

271. 武敏之为何又被恢复本姓贺兰氏？

武则天永徽六年（655）被立为皇后，显庆五年（660），开始参与朝政。由于武则天权力日渐增大，其亲属也相继获得了巨大的政治利益，而且武则天也需要依靠家族力量来为她进一步扩大权势服务，其外甥武敏之就曾一度深受武则天喜爱和重用。

武敏之是武则天的姐姐韩国夫人与越王府法曹贺兰越石所生之子，原名贺兰敏之，武则天决定培养他，让他从母姓，改姓武。武敏之年轻貌美，富有才学。由于武则天的提携，敏之历任尚衣奉御、左庶子、左散骑常侍、太子宾客、秘书监等清望之职，并继承武则天之父的爵位周国公，位列三品大员，一品爵位，而他此时仅有二十几岁，可谓春风得意，前程无量。

但是武敏之是一个人品极为卑劣而又恃宠骄横目无法纪的人，武则天对他很快就失望了。有一天，亲信太监报告武则天："皇上怀念魏国夫人（武敏之的亲姐姐），密与武敏之共议往事。皇上流着泪说：'你姐姐死得蹊跷，你知道什么吗？'武敏之没有回答，但哭得很伤心，像有什么话不便直说。"

听罢太监的报告，武则天心想："此子必定知道了他母亲和姐姐的死因，一定会记下这些仇恨，看来决不可将其久留！"原来，武敏之的母亲韩国夫人、姐姐魏国夫人确实是死于武则天之手，所以武则天决定除掉武敏之。

不久，武敏之便被揭发出许多骇人听闻的罪行：奸淫太子李弘的未婚妃子，这妃子是司卫少卿杨思俭的女儿，长得极美，被李治和武则天看中，选为太子妃。婚期将近，竟被武敏之逼淫。武敏之不顾人伦，竟与他的外祖母淫乱。武敏之还在荣国夫人（即武则天母亲杨氏）宅中逼淫太平公主的随行宫人，甚至欲对太平公主行不轨之事。他还在荣国夫人丧礼期间，擅自脱去孝服，在家歌舞取乐。根据这些罪状，武则天起草了一份奏疏，历数武敏之罪行，建议处以流刑。咸亨二年（671）六月，武敏之被囚入大理寺，草草审判，处以流刑，复其本姓，押往六千里外的雷州（今属海南）。八月，押送他的人走至韶州（今广东曲江）把他带到一个偏僻的山谷中，"以马缰自缢而死"，然后回京复命。武敏之卒年二十九岁。

272. 武则天家族的渊源情况是怎样的？她为何被视为出自“寒门”？

武则天家族系并州（今山西太原）文水县（今山西文水）人。其八代祖武念，官拜北魏洛州刺史，归义侯；七代祖武洽，官至北魏平北将军，寿阳公；六代祖武神龟为祭酒；五代祖武克己为司徒、越王长史；高祖武居常为北齐镇远将军；曾祖武俭为北周永昌王谘议参军；祖父武华为隋东都丞；父武士彟为唐工部尚书，应国公。

武则天的祖父武华有四子：士稜、士让、士逸、士彟。士稜官至司农少卿、宣城公；士让为太庙令；士逸为始州刺史。武则天之父武士彟原为木材商人，家境颇为殷实，隋大业十一年（615），李渊奉诏讨捕山西起义人民，行军于汾、晋之间，曾住在武士彟的家中，两人得以结交。大业十三年（617），李渊为太原留守，引用士彟为行军司铠，成为李渊心腹之人。李渊太原起兵后，士彟追随入关，成为李唐的建国功臣，武德三年担任工部尚书、晋爵为一品应国公。士彟后历任扬州、利州都督等职，贞观九年去世。

武士彟虽然身为三品大员，可是其家仍被视为“寒门”，至多也就是个“寒门”新贵。即使是武则天称帝之后，圣历元年（698）八月，曾令其侄孙武延秀入突厥和亲，突厥可汗告诉来使说：“我世代受李唐的恩惠，想把女儿嫁给李氏，怎么来个姓武的小子？”还说：“我可汗的女儿应该嫁给天子的儿子，武姓是个小姓，竟然敢来冒名顶替。”

武氏为什么被视为寒素？我国从魏晋南北朝以来，社会上形成了门阀士族，他们世代做官，享有无上的政治经济特权。先世没有连续几代（一般是三代）做到高官（一般是三品）的，便被认为是寒素之门。门阀士族观念在唐代依然具有强大的影响力，人们依然以高门士族相标榜，而鄙视小姓寒门。当时公认的高门大姓有：崔、卢、李、郑、韦、裴、柳、薛、杨、杜、元、长孙、宇文、于、陆等几十家，而武姓不在其列。就武则天的家族来说，自其五代祖以下，除其父为三品大官之外，其余各代所任均为幕佐之官，算不上显宦之家，因此也称不上阀阅高门，故其家族被认为是寒素之门。

273. 李义府是如何贪赃枉法、卖官鬻爵的？

李义府相貌恭顺温和，与人谈话，必笑脸相迎，但内心却阴险狠毒，故时人称其为笑中有刀。又因为他经常用阴柔手段致人于死地，又称其为“李猫”。为相期间，他公行贿赂，卖官鬻爵，并排斥异己，专横跋扈，成为高宗时有名的奸臣。

显庆元年（656）八月，洛州（今河南洛阳）妇人淳于氏因奸情被捕入大理寺狱中。李义府很早就听说她长得很美，便强令大理寺丞毕正义将其释放，准备纳她为妾。大理卿段宝玄发觉此事以后，立即向朝廷举报，高宗只得派人查问此事。李义府为防事情败露，竟逼死毕正义以灭口。御史王义方就此事穷究不止，并上书弹劾李义府。在武则天的干预下，高宗不仅对李义府赦而不问，反将王义方贬官外任。

显庆二年三月，李义府升任中书令。同年七月，他与许敬宗一起按照武则天的旨意，诬告宰相长孙无忌、韩瑗、来济和褚遂良图谋不轨，长孙无忌等被流贬外任。高宗因此追赠李义府之父为魏州刺史，每个儿子都给予官职，又诏令为其建造豪宅，荣宠之盛，无与伦比。而李义府却贪得无厌，与其母、妻、诸子及女婿公然卖官鬻爵，收受贿赂，又结党营私，势倾朝野。宰相杜正伦原为李义府顶头上司，现与其同为相，心中不服。李义府也恃宠骄横，不为之下，因此两人之间矛盾激化。高宗以大臣不和为由，同日将他们贬为外州刺史。不久，杜正伦即死于贬所。

显庆四年八月，贬官不到一年的李义府又被召回京师，任为吏部尚书、同中书门下三品，重登相位。他的贪渎之性不仅没有减退，反而越发不可收拾。当时，只要走通了其门路，无论多大的罪行，都能化为乌有。不仅如此，他还多引心腹、亲戚到中央、地方各部门任职，形成了以自己为核心的一股政治势力，搞得朝廷乌烟瘴气。主持吏部选事期间，本无选官经验的他又凭恃武则天的庇护，专以卖官取财为务，使得吏部工作一度陷入混乱状态，外间物议沸腾、怨声载道。

龙朔三年（663），唐高宗听说了李义府在外的不法事后，便从容对他说道：“我听到外界传言你的一些不法之事，我以爱卿之故，不予追究，但你也要引以为戒。”李义府听后，不仅不俯首请罪，反而横眉怒声地争辩道：“这是谁告诉陛下的？”高宗回答说：“这只是我说说而已，你何必追根究底！”李义府目无君上，竟大摇大摆地缓步而去。高宗心里大为不悦。不久，李义府因受贿罪被逮捕下狱。这次，地位早已巩固的武则天没有再纵容包庇他。李义府最终被判除名，终身流放嶲州（今四川省西昌县）。其党羽也都被流贬外地。消息传开，朝廷上下无不拍手称快，但很多人都担心他会卷土重来，直到后来听说他死于贬所的消息后才安下心来。

274. 李义府为什么要奏请禁止陇西李氏等七家不得互通婚姻？

唐初，士族作为封建地主阶级中的一个特权阶层，已经到了没落、衰亡的阶段，但旧的士族观念、门阀意识仍然在当时社会思想意识、生活习俗中，特别是在婚姻关系中明显地存在着。以崔、卢、李、郑为代表的山东（崤山以东地区）旧士族势力虽已衰微，但在唐初社会仍保持着相当大的影响力。为了抬高门第，许多朝廷新贵大臣仍不惜大花钱财与其攀亲，这些旧的世家望族也借机抬高身价，以索取丰厚财聘，这种现象世称“卖婚”——即买卖婚姻，对社会风俗产生了消极影响。

李义府当上宰相以后，也因循旧例，打算为他的儿子求娶一个门第高贵的妻子，给自己脸上贴金，哪知山东士族并不因为他是当朝权贵而买账。私下里他们都非常看不起李义府小人得志的跋扈行径，谁也不肯将女儿嫁入他家。李义府恼羞成怒，便向高宗建议采取措施，以图彻底改变士族高门自恃门第高贵，买卖婚姻的现状，得到了高宗的认同。不久，朝廷旨意便下达了：强令七大望族即陇西李氏、太原王氏、荥阳（今河南荥阳）郑氏、范阳（今北京）卢氏、清河（今河南商丘）崔氏、博陵（今河北定州）崔氏、赵郡（今河北邯郸）李氏等，彼此间严禁通婚；七大族的子弟娶外姓妇，只能收取和别家一样的财礼，不得索要重金。

然而，这种采取行政强制的做法并没能从根本上改变社会上的门阀意识。七大族间有的将女儿偷偷送到夫家，有的索性终老闺中，始终不肯与外姓通婚。倒是有些日渐衰落的人家，为抬高自己的身价，自称是皇帝禁婚之家，反而通过婚娶收受重金，这种状况一直持续到晚唐时期。

275. 郭孝恪在开拓边疆方面有什么贡献？

郭孝恪（？～约 647），许州阳翟（今河南禹州）人，唐初名将。曾随秦王李世民（即太宗）攻伐王世充、窦建德，献奇策破敌。历任贝、赵、江、泾四州刺史，皆有治绩。太宗贞观末为凉州都督、安西副大都护，先后攻灭焉耆、龟兹二国，功勋卓著。

郭孝恪从小就能文能武，胸怀大志。隋末群雄逐鹿时，曾投靠李密。李密败亡后，他入唐任宋州（今河南商丘）刺史，在秦王李世民麾下为将。武德四年（621），李世民率唐军进攻割据洛阳的王世充，盘踞河北的夏王窦建德领兵前来救援王世充，双方相持不下。当时，郭孝恪审时度势，向李世民提出分兵迎敌，以精锐之士向东进据虎牢（今河南荥阳西北），据险以守，养精蓄锐，待敌援军疲敝时再出其不意地攻击。李世民采纳了他的计策，一举击溃敌援军，生擒窦建德，取得辉煌战绩。

郭孝恪此后历任贝、赵、江、泾四州刺史，所在皆有治绩。不久，被召入京师担任太府少卿，又转左骁卫将军。

太宗贞观十六年（642），郭孝恪以其突出的军事才华被调往西北边陲，负责镇抚西域。他先担任凉州（今甘肃武威）都督，后迁为安西都护、西州（今新疆吐鲁番）刺史。安西都护府所辖地区大多为戈壁沙海，交通不便，条件恶劣，补给十分困难。郭孝恪到任后推诚待士，善抚部众，深得军心、民意，从而很好地稳定了当地局势。后来焉耆国起兵反唐，孝恪领军出银山道，奇袭焉耆，取得胜利，一举擒获了焉耆王龙突骑支。太宗收到捷报后，亲自下玺书以示勉励。

贞观二十一年（647），太宗又命郭孝恪为昆丘道副大总管，出兵攻伐不附唐朝的龟兹国，并借以打击西突厥在西域的势力。在攻克其都城拔换那城后，孝恪奉命留守当地。不久，逃遁入西突厥的龟兹相那利又纠引残兵，调过头来偷袭唐军。当时郭孝恪领千余人驻扎于城外，有当地人告以敌情，郭孝恪不信。当敌军来袭时，郭孝恪急忙率众入城退守。但城中胡人与敌军里应外合，夹击唐军。郭孝恪所率部寡不敌众，最终全军覆没，其本人也中箭而亡。太宗听说败讯后为其举哀。高宗即位后，又追赠他为安西都护，阳翟郡公。

276. 武则天为什么要改契丹首领李尽忠、孙万荣的名字？

唐太宗贞观初年，契丹首领摩会率其部落弃突厥投唐。贞观末，唐于其地置松漠都督府（今内蒙古巴林右旗南），以其首领窟哥为都督，赐姓李。又置十羁縻州，各以其部落首领为刺史。契丹别部酋帅孙敖曹之曾孙孙万荣，武周垂拱（685～688）中为归诚州刺史。万岁通天元年（696）五月，因与其妹婿松漠都督李尽忠（即窟哥之后代）

并为营州都督赵文翙侵侮，遂举兵杀文翙，攻陷营州（今辽宁朝阳），据营州叛乱，有众数万，自号“无上可汗”。武则天闻报大怒，下制改尽忠为“尽灭”，万荣为“万斩”，派左鹰扬卫将军曹仁师、右金吾卫大将军张玄遇、右威卫大将军李多祚等出兵讨伐。

八月，曹仁师、张玄遇等在平州硖石谷与契丹交战，唐军大败。九月，任命同州刺史、右武威大将军、清边道行军大总管、建安王武攸宜讨伐契丹。突厥默啜率众助唐伐契丹，攻袭松漠，虏获尽忠和万荣妻子和儿女而去。李尽忠死后，孙万荣代统其众，在经突厥重创后，收合余众，军势复振，派别帅骆务整、何阿小为前锋，攻陷冀州（今河北冀县），杀刺史官兵数千人。又攻瀛州（今河北河间），河北震动。武则天起用狄仁杰率军讨伐。神功元年（697）三月，清边道总管王孝杰等率十七万兵和契丹交战，唐军再次大败，名将王孝杰战死。

王孝杰战死，军中震骇，武攸宜不敢进军。契丹乘胜进攻幽州（今北京）剽掠财物。四月，朝廷又先后任命武懿宗、娄师德、沙吒忠义等为统帅讨伐孙万荣，均不能奏效。

孙万荣在打败王孝杰后，在柳城西北四百里处依险筑城，将老弱妇女及劫获的物资兵仗留在城中，派妹夫乙冤羽守城。他计划率精兵入侵幽州，又怕突厥袭击后方，遂派人前去联系突厥。突厥假意应允，却派兵偷袭契丹。与此同时，奚人也背叛契丹，与神兵道总管杨玄基夹击孙万荣，孙万荣率轻骑出逃，途中被奴仆杀害，余众又降于突厥。

277. 苏定方在开拓边疆方面有什么贡献?

苏定方（592～667），名烈，冀州武邑（今属河北）人。唐初著名将领之一。隋末天下大乱时，他组织民间兵勇数千人保卫郡县，抗击外来进攻。窦建德割据河北以后，他又主动投靠，因作战勇敢，为窦建德部将高雅贤收为养子。雅贤死后，苏定方回归乡里。

唐太宗贞观四年（630），苏定方以匡道府折冲的身份，随从大将李靖讨伐东突厥的颉利可汗。作为李靖属下的前锋将领，他亲率骑兵，冲锋陷阵，且杀获甚众。全军凯旋后，定方以功迁为左武候中郎将。

高宗显庆元年（656）十二月，苏定方随左卫大将军程知节出征西突厥。在战斗中，身为前军总管，他率军左冲右突，战功赫赫。第二年，为一举歼灭西突厥贺鲁部，苏定方被提拔为行军大总管，独领一军，远征外域。

在战斗中，苏定方运筹帷幄，连续击溃敌军反扑。贺鲁无法抵挡，于是领残余的力量向西逃窜。当时大雪纷飞，众将请求原地休整后再行追击，苏定方力排众议，慷慨激昂地说："敌军眼见天气恶劣，必定以为我们不能前进，所以会放松戒备，这时我们才可能追上他们。若到天晴，他们就跑远了。所以我们要一鼓作气，不怕艰苦，这正是建立功劳的时刻。"在他的激励下将士们踏雪夜行，追敌至伊丽水（今伊犁河）畔。一场血战后，唐军歼灭敌军，生擒了贺鲁。回朝后，定方以功升为左骁卫大将军，晋封邢国公。这场战役的胜利，使唐廷在西突厥故地分置州府，隶于安西都护府治下，西边疆域拓展至波斯（今伊朗一带）。

显庆五年，唐朝为建立攻伐高丽的军事基地发动了对百济（今朝鲜半岛西南部）国的战争。苏定方作为当时名将，再次领兵出征。他指挥若定，率大军水陆俱进，最终平定了百济，并俘虏了百济王。

苏定方在其戎马生涯中前后攻灭三国，都生擒其主，所得赐物，不可胜数，可谓战功赫赫，威名远播。他于乾封二年（667）病逝，享年七十六岁。高宗对他的去世非常伤感，对手下的侍臣感叹道："定方于国有大功，应该赠以美官。"于是下诏追赠苏定方为幽州都督，谥曰"庄"。

278. 薛仁贵是怎样被唐太宗发现和重用的?

薛仁贵（614～683），名礼，绛州龙门（今山西河津）人。唐初名将。出身贫苦农家。贞观十九年（645），朝廷用兵高丽，向民间征募勇士从军，其妻柳氏劝说道："我看你必有出息，应抓住机会求取功名。现在天子亲征辽东，正在招募将士，这是千载难逢的好时机，何不借此一显身手呢?"于是薛仁贵便到将军张士贵部下应征。

同年，唐太宗出兵辽东，御驾亲征。各路兵马依次进军，薛仁贵所在部队于当年六月抵达安地（今辽宁盖县），正遇唐军郎将刘君昂被敌人围攻。薛仁贵立刻跃马向前，不但手刃敌将，还将其首级悬挂在马鞍上，继续拼杀。敌军纷纷败退。仁贵由此闻名于全军。

随后在攻打安地城的战役中，高丽重兵来援，形势万分危急。太宗命众将领分兵四面围攻敌阵，薛仁贵求功心切，穿着一袭白衣，手持长戟，腰挂弓箭，大喊着率先冲入敌阵，所到之处，无人敢与争锋，唐军乘势掩杀，初战告捷。站在高处观战的唐太宗，一眼望见薛仁贵所着的白衣，便特意派人到阵前去问薛仁贵姓名。战后，太宗亲自召见了薛仁贵，并感慨万端地说："以往同我一起征伐的将领都已经年纪大了，难以承担军旅之任，我一直都注意选拔英勇出众的武将，但都不如你。我不因征服高丽而高兴，高兴的是得到你这样一员勇将。"于是擢任薛仁贵为右领军郎将，为其崭露军事才能提供了更广泛的空间。

279. "将军三箭定天山，战士长歌入汉关"歌颂的是谁的事迹？

薛仁贵在太宗朝征高丽之役中一战成名后，入朝任右领军郎将。高宗即位初期，唐王朝对外战事频繁，薛仁贵以其卓越的军事才能，几乎参与了此时期绝大部分的对外战争，立下了赫赫战功。

龙朔二年（662）三月，薛仁贵受命出征突厥九姓部落。出发前夕，高宗设宴饯行，宴会上高宗令人取出甲衣让仁贵试射，并说："据说古时的神射手能射穿七层甲衣，今天让你射五层。"仁贵应命，一箭射贯五层。高宗大惊，又命人取出更厚实的铠甲赐予仁贵。出征后，薛仁贵独领一军抵达天山，突厥九姓闻听唐军来攻，联合十万铁骑迎战。他们先精选出几十名骁勇的骑兵前来挑战，薛仁贵见敌骑近前，身先士卒，连发三箭射杀三人，敌兵士气骤减，纷纷下马请降。薛仁贵恐留后患，将这些降卒全部坑杀，而后安抚其余的敌众，并擒获了突厥首领叶护兄弟三人。此后，突厥九姓部落逐渐衰落，不再为边患。此战后军中流传有："将军三箭定天山，战士长歌入汉关"的歌谣，以称颂薛仁贵武艺超群，勇力过人的事迹。

280. 程务挺是什么人？

程务挺（？～684），洺州平恩（今河北曲周）人。唐高宗、武则天时的名将。父亲程名振，为唐太宗时名将，曾随太宗南征北战，以军功官至洺州刺史。

程务挺出身将门，自幼随父东征西讨，以勇力过人而闻名军旅，任右领军卫中郎将。永隆年间（680），突厥部的史伏念叛乱，屡败唐军。高宗李治下诏命礼部尚书裴行俭率兵征讨，程务挺任副将。当时叛军首领史伏念屯兵于金牙山，听说程务挺率兵先期到达，并向自己逼近，担心自己不能取胜，就向裴行俭投降，裴行俭念其主动请降，将他留于军中。当时的中书令裴炎认为，史伏念是因惧怕程务挺的威名与兵势才被迫投降的，并非行俭之功，于是诛杀了史伏念，擢升程务挺为右卫将军，晋封平原郡公。

永淳二年（683），绥州城平县（今湖北城平）白铁余率众起兵反唐，自立国号，大封百官，并进犯其余州县，所到之处，烧杀抢掠，百姓深受其害。高宗令程务挺与夏州都督王方翼共同出兵平叛。程务挺率部昼夜兼行，迅速克复了绥州，生擒了白铁余，接着一鼓作气扫平了叛军残余势力。程务挺凯旋班师后，以功加封左骁卫大将军、检校左羽林军。

嗣圣元年（684）初，皇太后武则天打算行废立之事，程务挺与右领军大将军、检校右羽林军张虔勗同受武则天密旨，带兵闯入宫廷，以武力逼迫唐中宗李显退位，降为庐陵王，同时拥立豫王李旦为皇帝，是为睿宗。武则天开始临朝听政，掌控朝政大权。事后，程务挺因功受赏，其子程齐之被封为尚乘奉御。

文明元年（684），突厥部落屡犯唐北境，程务挺受诏出征突厥。他严明军纪，每战身先士卒，一马当先，因此所部士气大振，将士们个个奋勇杀敌，锐不可当。突厥军见状，惊恐万分，纷纷逃窜。

同年，中书令裴炎因得罪武则天而下狱，程务挺听说后，上书为裴炎申辩，武则天很不高兴。一些平日里嫉恨他的人便趁机诬告程务挺，说他与裴炎、徐敬业暗中勾结，图谋以武力犯上。武则天为除后患，便密令左鹰扬将军裴绍业急驰至军中，将程务挺斩首，并株连其全家。

突厥人听说程务挺已死的消息后，喜出望外，欢宴相庆。由于十分佩服程务挺的威名，突厥人特意为他建立祠堂，每次出师征战前，必来此祈祷敬拜。

281. 张士贵是什么人？其文学形象与历史事实有什么不同？

张士贵（？～656），本名忽峍，虢州卢氏（今属河南）人。唐初名将之一。他能骑善射，据说能拉开一百五十斤的强弓。隋朝大业末年，天下大乱，他聚集一伙亡命之徒攻掠城邑，人称“忽峍贼”。可能正是基于以上原因，张士贵在民间流传的评书、故事中的形象不佳，说他是一个嫉贤妒能、贪功昏聩的反面人物。实际上他并非如此。

李唐政权建立以后，张士贵率众归唐，以功拜为右光禄大夫，后跟从当时尚为秦王的李世民，参加了讨平割据洛阳的王世充之战。战后，他被封为虢州刺史。

太宗贞观七年（633），张士贵为龚州道行军总管，领军平定了当地獠人的叛乱。在战斗中，他亲帅士众，冲锋陷阵，可谓英勇无敌。贞观十五年，士贵又以庆州道行军总管的身份，率众攻伐薛延陁部，功勋卓著。

贞观十九年，张士贵率领精锐的骑兵，参与了攻打高丽的战争。这支部队在战斗中屡立战功。值得一提的是，一代名将薛仁贵，正是由此战而成名，张士贵的识人之明不可抹杀。

雅州（今四川雅安）、邛州（今四川邛崃）、眉州（今四川眉县）三州獠民不堪重负，又奋起反抗。唐廷立即任命张士贵为总指挥，领兵镇压了这次起义。士贵以军功累迁为右领军大将军，晋封虢国公。他死于高宗显庆初年，朝廷追赠其为荆州都督，并许其陪葬昭陵。

282. 刘仁轨在军事上有什么贡献?

刘仁轨（682～685），字正则，汴州尉氏（今河南尉氏）人。他历仕四朝（唐高宗、中宗、睿宗、武则天），文武兼备，出将入相，屡建功勋，甚被宠任。高宗时他曾领兵攻伐镇抚百济，以功拜为右相（中书令）。他为人刚正，治军严整，且直言敢谏，甚为时论所称。

刘仁轨自幼好学，博涉文史。太宗贞观年间出任新安令、给事中。唐高宗显庆四年（659）任青州（今山东淄博）刺史。

显庆五年，高宗派兵攻打百济（今朝鲜半岛西南部），仁轨统领水军，监督海运，船运因遇风暴而延期，仁轨被免职，高宗特令其随军立功赎罪。

龙朔元年（661），镇守百济都城的唐将刘仁愿被敌军围困，朝廷委任仁轨为检校带方州刺史，领兵前去解围。仁轨的部队军容严整，士气高昂，所到之处，攻无不克，很快就完成了任务。当时，唐将苏定方奉诏征高丽，战败而还。朝廷见势不利，命令百济驻军也撤回国内。仁轨力排众议，激励手下的将士说："我们出兵高丽，本为国家大业，现在一功未成而返，实在有负朝廷重望。作为将士，就应该以死报国！"于是他统兵坚守百济，伺机出击。不久，刘仁轨领兵打通了通往新罗（今朝鲜半岛东南部）的补给线，又连续击溃百济余兵，进一步巩固了唐朝在百济的军事基地，为日后攻灭高丽奠定了坚实基础。

龙朔三年，刘仁轨所率水军及运粮船队与百济、倭国（即日本）

的联合舰队大战于白江口（今韩国忠清南道之锦江），四战皆捷，敌兵大败，百济王仓皇逃遁，余众大多归降了唐军，这就是中古史上著名的“白江口海战”。

战后，仁轨全权负责镇守、经营百济，他在当地重整户籍、设置官长，致力于修复多年来战争给当地带来的创伤，使百济的社会经济得以恢复，政治稳定，百姓安居乐业。不久，仁轨以功升任右相（即中书令）。

咸亨五年（674），刘仁轨任鸡林道大总管，率军东攻新罗，攻破其北方重镇七重城后，引兵返回，随即晋爵为公。仪凤二年（677），随着唐朝与吐蕃关系的恶化，他又被调往临洮军（今青海乐都）以备御吐蕃，稳定了边疆局势。

武则天掌握朝政大权以后的光宅元年（684），刘仁轨被任命为西京（今陕西西安）留守，拜尚书左仆射，加同中书门下三品。面对武则天日益暴露的政治野心，他直言以西汉时吕后专权祸败之事加以规劝。武则天以其声望卓著，没有责怪他，反而亲下玺书慰勉。垂拱元年（685），刘仁轨因病去世，享年八十四岁。武则天特意废朝三日以示哀悼，并追赠他为并州大都督，陪葬乾陵。

283. 武则天为什么宠爱张易之、张昌宗?

张易之、张昌宗兄弟是唐初宰相张行成的族孙，兄弟俩以相貌俊美先后成为女皇武则天的男宠。

张易之以门荫的方式进入仕途，担任尚乘奉御之职，当时年仅二十余岁，他“白皙美姿容，善音律歌词”。昌宗与易之颇为相似，而容貌尤过之。武则天万岁通天二年（697），经太平公主（武则天之女）的推荐，昌宗入侍宫中。不久昌宗又推荐了易之，于是两兄弟都成为侍奉女皇武则天的男宠，深受宠爱。对于二张，武则天颇为倚重。她以昌宗为云麾将军、行左千牛中郎将，易之为司卫少卿，并分别赐予丰厚的财物。因此在短时间内，二张兄弟权势震天下，连武氏家族的成员都纷纷登门拜访，看其脸色行事，称易之为“五郎”，昌宗为“六郎”。甚至有的朝中大臣也前来奉承拍马，如身为宰相的杨再思为讨好昌宗就曾说过：“人说六郎面如莲花般美丽，我却认为是莲花似六郎，而不是六郎似莲花。”其阿谀奉承竟如此。

为巩固张氏兄弟的尊贵地位，武则天于圣历二年（699）设控鹤府官，任命易之为控鹤监内供奉（正三品官）。久视元年（700）又改控鹤府为奉宸府，任易之为奉宸令。控鹤府以及后来的奉宸府成为专供武则天享乐的高级俱乐部，内中任职的人员除专供狎乐的嬖宠外，还有一些文学之士，如当时著名的文人阎朝隐、薛稷、员半千等。每当举行宫廷宴会时，他们就受命以嘲谑与会的公卿大臣为乐。

二张的崛起，使得晚年的武则天怠于朝政，对武周后期政局产生了消极影响。而二张兄弟也恃宠骄横，卖官鬻爵，贪赃枉法，几乎无所不为。朝廷中敢于非议、弹劾他们的忠直之士都为此而得罪，遭受贬诬。作为武周政权中一股举足轻重的新兴政治势力，张氏兄弟对于当时的朝廷政局，包括武则天决定重立庐陵王李显（即唐中宗，又名哲）为皇储这样的重大事务，都起到了不可忽视的作用。然而他们毫无政治才能，一味恃宠专权的作派，越发引起了朝臣的反感。在二张洋洋得意时，他们在朝廷因为树敌过多，已为日后的迅速败亡埋下了伏笔。

神龙二年（705）正月，武则天因病于洛阳宫内的长生院中修养，亲子侄、宰相均不得进见，唯有二张兄弟陪侍左右。朝廷内外议论纷纷，人心思变。当月二十日，以张柬之、崔玄玮等为代表的朝臣势力趁机调兵遣将，以二张谋反为借口发动了旨在恢复李唐政权的政变。此时二张兄弟恰在宫中，因毫无戒备，仓促之间来不及躲避就被斩杀于殿庑之下。二张被诛后，政变集团胁迫武则天让位于太子李显（即李哲），是为唐中宗。

284. 裴行俭在守御边疆，抵御侵扰方面有什么贡献？

裴行俭（599～682），字守约，绛州闻喜（今山西闻喜）人。唐高宗时一代名臣。隋朝光禄大夫裴仁基之子。

裴行俭幼年时就以显赫的家世成为弘文馆学生，太宗贞观年间，以明经科及第，出任左屯卫仓曹参军。当时的大将军苏定方见他才思敏捷，便传授其作战用兵之术，所以行俭文武双全。高宗显庆二年（657），行俭时任长安县（今陕西西安）令。当时，高宗意欲废黜王皇后，而立武则天为皇后，裴行俭认为此举会给国家留下祸患，于是与太尉长孙无忌、尚书左仆射褚遂良等私下议论此事，被人诬陷，外贬为西州（今新疆吐鲁番）都督府长史。

麟德二年（665），裴行俭升任安西大都护，负责巩固唐王朝在西北地区的统治，西域各国纷纷慕名归附。总章二年（669），他调任司列少常伯（即吏部侍郎），以李敬玄为副手，共同主持朝廷铨选事务，时间长达十余年，两人均以称职有为而著称，世人并称之为“裴李”。

仪凤四年（679），西突厥十姓可汗阿史那匐延都支及其别帅李遮匐煽动部落，并联合吐蕃侵犯安西（治今新疆库车）。朝廷多数朝臣主张讨伐，唯行俭建议说：“吐蕃之患，尚未平定，西部边疆又生战事，强行攻讨，恐非上策。现在波斯（今伊朗）王刚刚去世，其子泥涅师师作为人质尚在京师，不如派使臣送他回国册立为王，路经突厥叛乱地区时再见机行事，定有成效。”唐高宗听从了他的建议，任命他为安抚大食使，前往波斯册立。

裴行俭一行到达西州后，休整待命。他把当地豪族子弟千余人召为自己的随从，并扬言说：“现在天气酷热，待到秋凉后，再行出发。”都支等人听说此话后又得知行俭所带人马甚少，更是放松了戒备。裴行俭于是以打猎为名，整兵备装，率招募的部众倍道急进，直逼都支牙帐。都支本与遮匐定好秋后与行俭开战，忽闻唐军已近牙帐，一时措手不及，无计可施，只好率领儿侄、头目出帐迎接。行俭乘机将他们全部生擒。遮匐闻讯，自知势单力薄，也率众投降。裴行俭兵不血刃，就平复了安西之乱。回朝后，以功拜为礼部尚书兼检校右卫大将军。

调露元年（679），归附唐的东突厥再次叛乱，屡败唐兵。高宗又以裴行俭为定襄道行军大总管，率三十万大军予以讨伐，如此大规模的出师，在唐代的历史上还是第一次。在战斗中，行俭用兵如神，率部奋勇冲杀，屡战屡胜，歼敌无数，最终平定了这场叛乱，从而稳定了唐朝北部边疆。

为了彻底讨平突厥余叛，永淳元年（682）初，裴行俭又被任命为金牙道大总管，率军征伐西突厥。不料军队还未出动，一生鞍马劳顿的裴行俭就因病去世了，享年六十四岁。朝廷为表彰其功绩，追赠他为幽州都督，谥曰“献”。

裴行俭不仅文武兼备，还知人善任。后来活跃政坛的王剧、苏味道等人，皆受其提携；作为将帅，他所提拔的副将，如程务挺、张虔勗、王方翼、李多祚及黑齿常之等，后来大多成为名将。行俭一生劳苦功高，声名盖世，却能宽厚待人，不贪财货。每次领兵凯旋归来，他都将朝廷赏赐的金银财宝等全部分与亲故和将士，而自己不取一物，以此深为时人所称。

285. 唐临是什么人？他是如何执法的？

唐临（600～659），字本德，京兆长安（今陕西西安）人。他生性刚正，执法公允，是当时著名的执法官员。

唐临的祖辈居住于北海（今渤海沿岸），南北朝时迁入关中。祖父唐瑾在北周时为内史。唐武德初年，高祖李渊下诏追赠隋朝名将高颎，唐临因是高颎的外孙，以此入仕任官。武德五年（622），刘黑闼引突厥兵南下犯边，皇太子李建成出兵御敌。唐临向建成献策，被授为右卫率府铠曹参军。“玄武门之变”后，因是原东宫僚属，唐临被逐出朝，任万泉（今山西万荣）丞。

当时，县狱中囚禁着十多名轻罪犯人。早春逢雨，农事繁忙，唐临便建议县令将这批犯人放回家去春耕，县令不许，唐临说：“若有差错，由我承担责任。”县令因病休假，唐临便把这些犯人召集起来训话，令他们回家耕种，过后再按时返狱服刑。这些囚犯为其法外开恩而感动，待农活结束后都准时回到狱中。唐临的名声由此传扬开来。

唐太宗闻唐临有才识，将他召回朝任监察御史，迁侍御史。交州（今越南河内）有冤狱，太宗命他南下复查。经其审理，平反了三千余人的冤案。从此唐临以执法平允而著称，返京后，迁为黄门侍郎，加银青光禄大夫。

高宗即位后，唐临升任大理卿。当时高宗亲问死囚案，发现前任大理卿所判之案中囚犯都大呼冤情，而由唐临所定刑者，则无一人叫屈。高宗不解，就询问囚犯。囚犯据实回答说：“唐大人所断公正无冤，所以不上诉了。”高宗赞赏唐临之才，于永徽元年（650）封唐临为御史大夫。历任兵部、度支、吏部三尚书。

显庆四年（659），受武则天宠信的李义府与剑南巡察使张伦产生矛盾，而张伦系唐临所荐，于是在武后面前诬陷唐临荐官有私情，武后便将唐临贬为潮州（今广东潮安）刺史。唐临不久死于任所，终年六十岁。

唐临个人生活节俭，不置家产田宅。他虽为执法官，但受佛教思想影响较深，主张宽法缓刑。他为扬善戒恶，著有小说《冥报记》二卷。书中借荒诞不经的鬼神故事以讽喻现实社会的吏治不清，可惜没有流传下来，但《太平广记》一书有节录。

286. 武则天统治时期酷吏横行，为什么徐有功却能做到严格执法？

徐有功（641～702），字弘敏，洛州郾师（今河南偃师）人。唐武则天时的名臣，以为政宽仁、公正执法而著称。

徐有功出身书香门第，祖父徐文远是唐初著名的儒学大师。武则天垂拱年间（685～688），他以明经及第，累转蒲州（今山西永济）司法参军。徐有功为政宽仁，从不滥施行杖处罚，下属吏员都感激他的恩信，相互告诫说："谁如果犯了徐司法的杖罚，大家要共同斥责他。"所以人人争相效命，恪尽职守，在徐有功任期之内，始终未惩处一人。

武则天载初元年（690），徐有功调入中央担任司刑丞，负责朝廷刑狱事务。当时，武则天为登基称帝，大行酷吏政治。以周兴、来俊臣、丘神勣等为代表的一班酷吏，专以告密陷害无辜为能事，搞得朝廷公卿大臣人人自危，没有人敢站出来仗义执言，主持正义。但身为司刑丞的徐有功却用法宽大，凡诏下大理寺判决的囚犯，大多建议释放，这样前后被救活的有数百家之多。他还经常与武则天在殿廷上争论有关案件的是非曲直，有时武则天对他厉声责问，左右大臣都胆战心惊，但他却神色不屈，与之据理力争不止。不久，他又转任秋官（即刑部）员外郎和郎中等职。

凤阁侍郎（即中书侍郎）任知古、冬官尚书（即工部尚书）裴行本等七人为酷吏陷构，当处死刑。武则天对公卿大臣们说："古人多以杀止杀，朕今天以恩止杀。鉴于你们大多替知古等人求过情，我就当众赦免其罪，并各授予官职，让他们立功赎罪。"来俊臣、张知默等酷吏却上表抗争，请求将知古等人处死。徐有功驳奏说："俊臣违背了明主的再生之赐，有亏于圣人的恩信之道，为臣子的虽应嫉恶如仇，但事君也须顺承其美名。"任知古等人竟以此免死。

长寿二年（693）正月，皇嗣李旦（即唐睿宗）的德妃窦氏之父、润州（今江苏镇江）刺史窦孝谌被其奴诬告，说其妻庞氏深夜违法占卜，图谋不轨。武则天令给事中薛季昶负责审讯。季昶迎合朝中权贵之意，判处庞氏斩刑。唯独徐有功坚持认为无罪。薛季昶等人反而诬陷有功勾结庞氏，奏请付法司定刑，法司将徐有功定为弃市的极刑。当消息传来时，下属知道后流泪相告，徐有功却镇定地说："难道就我一人会死，其他人都能长生不老吗？"说罢不以为意。武则天看到法司的判决后，亲自召见了徐有功，质问他说："你断狱定罪，为何能宽大到如此程度？"徐有功回答道："宽大断狱，这是臣下的小过；好生恶杀，这是圣人的大德。愿陛下能够弘扬大德，则天下幸矣。"武则天点头称是，下旨法司，改判庞氏流放岭南。不久，徐有功迁为司刑少卿。

徐有功曾对其亲属说："大理寺，是掌握人的生死之所，一定不能顺旨诡辞，敷衍塞责。"他任狱官期间，正是以此为恪守不渝的信条，虽三次几乎被陷死罪，但仍泰然处之，敢于坚持自己的原则。因此武则天对他很器重。

长安二年（702），徐有功病逝，终年六十二岁。追赠为司刑卿，中宗神龙时又加赠越州刺史。

287. 裴炎与武则天合谋废唐中宗，为什么仍被武则天流放致死？

裴炎（？～684），字子隆，绛州闻喜（今山西闻喜）人。唐高宗、中宗、睿宗、武则天四朝宰相。

裴炎年轻时即进弘文馆深造，性格宽厚，不苟言笑，唯喜读书，每到学馆休假时，其他学生都外出游玩，只有他从不荒废学业。一年后，有人又推荐他出馆做官，他却以学业未成而婉言谢绝了。这样，他在弘文馆里潜心于钻研学问近十年之久，成为尤其通晓《春秋左氏传》、《汉书》的专家。

后来，裴炎参加明经科考及第，被派往濮州（今山东鄄城）任司仓参军，开始了他的从政生涯。在仕途上，他可谓一帆风顺，累迁至兵部侍郎、黄门侍郎。高宗永隆元年（680）四月，裴炎被任命为宰相，成为朝廷中一颗政治新星。由于他是靠真才实学一步步从基层干起，逐步擢升的朝臣，和任何门系派别都没有什么瓜葛，因此在李哲（即唐中宗）被立为太子后，高宗有意让他辅佐李哲，于是提拔他为侍中。高宗死后，裴炎被召入宫受遗诏辅政。

作为顾命大臣，裴炎本应在国家紧急关头担起重任，以顺利完成最高权力交接。然而书生出身的他却担心自己资历浅，在朝中难以服众，因而在此关键之时，拱手向武则天交出权力。他以太子尚未即位，不宜直接发布诏令为由，请求在遇紧急情况时，由武后直接发号施令，这就为野心勃勃的武则天专权提供了良机。弘道元年（683），裴炎升任中书令，并将宰相议事之所——政事堂由门下省迁至中书省。

中宗即位后不久，大肆滥封官员，并企图任命韦后之父韦玄贞为侍中，裴炎等朝臣对此坚决反对。中宗盛怒之下竟口不择言地嚷道："我就是将天下交给韦玄贞又有何不可？难道还吝惜区区一个侍中吗？"事后，内心忧虑的裴炎迅速将此事密报武则天。两人于是合力谋划废立之事。不久，中宗被废为庐陵王，豫王李旦继位，是为唐睿宗。裴炎以定策废立之功，封河东县侯。

不久，武则天公然临朝称制，降睿宗为皇嗣，进一步掌握朝政。其侄武承嗣请求将武氏先祖追封为王，建立武氏七庙。按封建礼法，只有"天子七庙"，即皇帝才能够为自己的祖先建七庙的祭祀。武则天竟然马上同意了这一冒天下大不韪的提议，其取李唐而代之的野心就昭然若揭了。面对这一情况，身受高宗顾命之托的裴炎予以坚决抵制。他上疏以西汉吕后专权祸败之事加以讽刺，从而引起武则天的不满。文明元年（684），徐敬业纠合一批反武朝臣以匡复庐陵王为名，在扬州起兵叛乱。武则天当即召集宰相商议，裴炎又借机屡次奏请武则天还政于睿宗，两人矛盾迅速激化。

这时，恰巧有人诬告裴炎与徐敬业通谋为逆，武则天为搬掉自己夺位的绊脚石，于是不分青红皂白就将裴炎打入大牢。光宅元年（684）十月，裴炎被斩杀于洛阳都亭驿。睿宗再次登基以后，感其拥立之功，追赠他为益州大都督。

288. 刘祎之为什么被武则天处死？

刘祎（yī）之（？～687），字希美，常州晋陵（今江苏常州）人。唐睿宗、武则天时宰相。

刘祎之的祖上世代为官，其父亲刘子翼在隋唐之际，以孝行闻名一时，先后曾任过著作郎、弘文馆直学士等职。刘祎之生长于这样的书香门第，自幼就受到文学熏陶，因而品学兼优。他与孟利贞、高智周、郭正一等人供职于弘文馆，都以善写华丽的文章而知名，时人并称其为"刘、孟、高、郭"。

高宗上元年间，刘祎之迁左史、弘文馆直学士。当时，武则天为培植自己的势力，以扩大权势，召祎之和著作郎元万顷，左史范履冰、苗楚客，右史周思茂、韩楚宾等人入宫，共同撰写了《列女传》、《臣轨》、《百僚新诫》等书千余卷。同时，武则天又密令这帮学士参与朝政，以分宰相之权。由于他们供职于禁中，多从北门（玄武门）出入，人们称其为“北门学士”。“北门学士”是当时朝廷中的政治派别之一，为武则天逐渐夺取实权立下了汗马功劳。刘祎之作为“北门学士”的骨干，在官场上更是一帆风顺。仪凤二年（677），他改任朝议大夫、中书侍郎，兼豫王（即睿宗）府司马，不久加中大夫之衔。李旦改封为相王后，又转为相王府司马。高宗曾对他亲切地说：“相王是朕的爱子，凭着你的忠孝德行，必定能做好他的表率，好好辅佐他。”祎之的确像高宗所赞赏他的一样，居家孝友，甚为族人称道；他将所得俸禄，尽散于亲属族人。良好的家庭关系，使他在朝中更有威望。

武则天出于对刘祎之才思敏捷、干练非凡的赏识，对其一直十分倚重，每有军国大事，都令他参与决断。等到武则天临朝称制后，刘祎之因曾参与废中宗立睿宗的密谋，因功擢升为中书侍郎、同中书门下三品。当时朝廷所有重要诏敕，几乎都出自他手。武则天曾多次赞赏他说：“祎之竭忠奉主，真是值得表扬。”

刘祎之虽然对武则天忠心耿耿，但封建正统观念在其头脑中仍是根深蒂固，再加上他和睿宗李旦的渊源很深，于是对武则天握有实权，迟迟不归政于睿宗非常不满。他曾私下对其心腹凤阁舍人（即中书舍人）贾大隐说：“太后既然能废昏立明，哪里还用得着临朝称制？不如及早将权力交还给皇帝，以安天下士民之心。”不料，贾大隐立即向武则天密奏了这件事。武则天闻讯大怒，对身边的人说：“刘祎之是我一手提拔的，竟然有叛我之心。”从此不再信任他。垂拱三年（687），有人诬告祎之接受归诚州都督孙万荣的黄金，又有人告他曾与许敬宗的小妾私通，于是武则天借机将他逮捕，并于当年命其在家中自尽。刘祎之神情自若，从容赴死，在场的人无不为之动容。

睿宗复位以后，为了纪念这位恩师兼挚友，追赠祎之为中书令。他生前留有文集七十卷，可惜没能流传下来。

289. 人们为什么称魏玄同与裴炎之交为“耐久朋”？

魏玄同（617～689），定州鼓城（今河北晋州）人。武则天时宰相。以进士出身，历任长安（今陕西西安）县令、司列大夫。高宗麟德元年（664），宰相上官仪因为与高宗密谋废后而得罪武则天，被诬下狱而死。由于平日魏玄同与上官仪相友善，也受到牵连，被流贬到边远的岭南地区，直到上元初年才被赦免放还。当时的工部尚书刘审礼很赏识魏玄同的才华，极力引荐他。不久，他被任命为岐州（今陕西岐县）长史，再迁为吏部侍郎。

作为吏部侍郎，魏玄同曾上书，指出当时所行遴选人才的制度的弊端，他认为："周、汉时是委任各个地方官选拔人才，层层上荐。自魏晋以来，开始专设选官机构。然而天下之大，士人之多，只委派几个人，用刀笔功夫来衡量人才，以文章好坏来查验品行，即使清明如镜，难免力所不能及，况且更有君主委任非人，导致愚弄、欺瞒、徇私舞弊的情况时有发生，所以应当借鉴古法，纠正现行弊端。"可惜此建议没有被高宗所采纳。

武则天临朝称制以后，魏玄同升任太中大夫、鸾台侍郎（即门下侍郎），并参知政事。垂拱三年（687），又加银青光禄大夫，检校纳言，封爵为巨鹿男。

魏玄同与裴炎相交甚厚，两人是始终不渝的好朋友，当时人们称赞他们的友谊是能经得起时间考验的"耐久朋"。裴炎因罪被诛后，武则天也对魏玄同心怀猜忌。酷吏周兴承意旨，上奏诬告魏玄同曾私下与人言："太后老了，不如拥戴皇帝还长久些！"极力要为自己夺位扫清障碍的武则天不仔细推问，就下令将玄同赐死于家。魏玄同临死前，监刑的御史房济不忍见其落得如此下场，劝说他以告密求免。性格正直的魏玄同断然拒绝，从容赴死，终年七十三岁。

290. 李昭德为什么得到旧史家的称颂？

李昭德（？～697），武则天朝大臣，京兆长安（今陕西西安）人。

李昭德的父亲李乾祐在唐初就以精明强干而知名于官场，昭德自幼颇具父风，后以明经科及第，开始进入仕途，累迁为凤阁侍郎。武则天称帝后的长寿二年（693），他为夏官侍郎（兵部侍郎）。当时，统治阶级内部斗争的中心是武则天要巩固自己的地位，武氏诸王要争夺皇位继承权，而李唐宗室和一部分朝臣要维护李氏宗亲对皇位的继承权，双方斗争相当激烈。延载初年（694），凤阁舍人（中书舍人）张嘉福唆使洛阳人王庆之带领数百人到皇宫前请愿，上表要求立武承嗣（武则天之侄）为皇太子，废皇嗣李旦（唐睿宗）。武则天当时还未拿定主意，因厌恶王庆之的狂妄行为，就命李昭德杖责王庆之，以示惩戒。李昭德奉命将王庆之杖责后诛杀，并向众人宣称："此贼想废我皇嗣，立武承嗣。"其余人见状逃散而去。他见武则天仍在立嗣问题上摇摆不定，便向其密奏说："微臣从未听说过有侄儿为姑母立庙祭祀的事例。以亲情言之，天皇（即高宗）是陛下的丈夫，皇嗣（睿宗李旦）是陛下的儿子。陛下应该传位于自己的亲子，况且陛下受天皇的顾命之托才得以有天下的，若立武承嗣为继承人，我担心天皇在地下也不会瞑目的。”武则天采纳了他的意见，放弃了立武承嗣为太子的打算。

武承嗣当时已封魏王，且为宰相。李昭德又向武则天密奏道：“侄子与姑母，可亲得过父与子么？子犹有为篡权夺位而杀父的，何况侄子呢？”一番话使武则天猛然警醒，便立刻罢去了武承嗣宰相的权力，并擢升李昭德为相。武承嗣怀恨在心，此后常于武则天面前百般诋毁李昭德，武则天却不容他多言，反而说：“朕任用李昭德，这才得以安眠，你不用再多说了。”其信重之情溢于言表。不久，李昭德又被加授检校内史，成为武则天的贴身近臣。

为相后，李昭德面对当时酷吏恣意横行的局面，有胆有识，敢于与其做针锋相对的斗争。他反复向武则天面奏来俊臣等酷吏贪赃枉法、残害大臣的罪行，要求宽仁省刑，缓和紧张的政治气氛。酷吏侯思止依靠告密上爬为侍御史，凶残之名昭著。当时被酷吏罗织陷害的囚犯中流传这样一句话：“遇来（俊臣）、侯（思止）必死。”李昭德为了打击酷吏党羽，依法将侯思止捕杀，大挫了酷吏的气焰，“由是制狱稍息”。于是，他被酷吏们视为眼中钉，纷纷攻击他。另外，李昭德行事比较专权，也引起部分朝臣的不满。鲁王府功曹参军丘愔就曾上疏武则天说：“天下重任不可轻易委托于人（指李昭德），要防微杜渐。若大权旁落，再收就难了。”武承嗣一派也不断对他进行诋毁。因此，武则天也对昭德起了嫌恶之心，便在延载元年（649）九月，将他罢官流配。

万岁通天元年（696），政治形势有了新的变化，契丹人李尽忠起兵攻河北，声言“还我庐陵、相王（即中宗与睿宗）来”。形势严重。武则天为了防止在太子问题上内部再起风波，就起用狄仁杰、姚崇等保皇嗣派的大臣为宰相，武承嗣一派失势。在这种气氛下，李昭德又被召回京师，任监察御史。但这时酷吏政治依旧猖獗，来俊臣素恨李昭德，于是勾结秋官侍郎（即刑部侍郎）皇甫文备诬陷昭德谋反。李昭德被斩，士民为之哀恸。中宗复位后，在神龙年间追赠他为左御史大夫。唐德宗建中三年（782），加赠他为司空。

291. 徐敬业起兵反武时发布了什么檄文？为何人所撰？

这篇檄文在史书上称作《讨武曌檄》，文学上叫《代李敬业传檄天下文》，作于唐光宅元年（684）九月。当时武则天已经掌握朝政大权，正积极准备建立大周王朝。统治集团内部新旧势力斗争激烈，矛盾尖锐。徐敬业即李敬业，是唐朝开国功臣李勣的长孙，曾任太仆少卿、眉州刺史等职，后因事贬官至柳州司马。这年七月，他纠集政治上的失意集团以扬州为根据地，起兵反对武则天。他自称匡复府上将，扬州大都督，以骆宾王为艺文令，发布檄文，号召天下起兵反武。这场战争实际上是拥护李唐王室的旧臣势力对武氏新贵的叫板，得到了部分宗室的响应，但不久就失败了，李敬业被杀，被剥夺国姓，复原姓徐氏。

这篇檄文是号称“初唐四杰”之一的大才子骆宾王替徐敬业写的。文章以封建君臣道义为根据，前半篇斥责武则天的罪行，后半篇号召各地起来响应徐敬业起兵。全文行文流畅，言辞犀利，气势轩昂，一时为世人所传诵。檄文历数武则天的罪行，指责她作为太宗的才人勾引高宗，淫乱宫廷，有违伦理；斥责她“掩袖工谗，狐媚偏能惑主”，又说她本性狠毒，残害忠良，杀姐屠兄，弑君鸩母，为天地所不容。武则天初读此文，先是嬉笑继而大怒，但当她读到“一抔之土未干，六尺之孤安在”时，怅然若失，对宰相说：“宰相安得失此人！”可见骆宾王的文才的确过人，连被骂的武则天都不禁拍案叫绝，为失去他这个人才而惋惜。

292. 黑齿常之是哪国人？有什么主要事迹？

黑齿常之（？～689），百济（唐初古朝鲜半岛上有高丽、百济、新罗三国）西部人，唐高宗派兵平定百济时他归附于唐。他骁勇善战，足智多谋，在维护唐朝统一，打击吐蕃、突厥的边患中屡立奇功，先后担任了河源军副使和掌管羽林军的左武卫将军。

仪凤三年（678），他跟随李敬玄征讨吐蕃，唐军失利，李敬玄胆怯，据泥沟自守。在此危急时刻，常之率敢死队五百壮士夜间对吐蕃发动偷袭，敌军溃乱而退。两年后他再次击败吐蕃，因此他被提升为河源军副使。任职七年，多次击败吐蕃进攻，使其不敢再来侵扰。其间他认识到河源（今青海西宁）地区是吐蕃入侵的咽喉要道，想增兵防守，但又担心路途遥远，军需供应困难，于是他沿途设置烽火台七十余所，以便及时报告军情，又开辟田地五千余顷，每年收获大量粮食，解决了军粮运输的困难。嗣圣元年（684）为奖其功，武则天将其升任为左武卫将军，仍检校左羽林军。

两年后，突厥入侵，黑齿常之再次披挂出征。面对敌人的徒步进攻，常之急中生智，率领二百余骑兵，直冲敌营，敌军丢盔弃甲，狼狈不堪。两军主力对垒，恰值日暮，常之令兵士砍伐树木，在军营中燃起篝火，好像报警烽火，适逢东南风大起，突厥疑有援兵到达，惊慌失措，狼狈而逃。

在酷吏横行的时代，黑齿常之亦难逃噩运，永昌元年（689）酷吏周兴诬告他与人谋反，因此入狱，一个月后在狱中自缢而死。

293. 如何评价徐敬业起兵反对武则天?

徐敬业是唐初名将李勣之孙，李勣本姓徐，因功赐国姓李。敬业原亦姓李，因起兵反对武则天而被恢复本姓。敬业曾任太仆少卿，眉州刺史等职。弘道元年（683），高宗病逝，武后控制朝中的一切大权。她先废中宗为庐陵王，继之而立的睿宗也只是个傀儡。武则天追尊其先祖，立武氏宗庙祠堂，起用武氏外戚，结果皇室成员人人自危，群情愤慨。

光宅元年（684）九月，徐敬业和弟弟徐敬猷以及骆宾王、唐之奇、杜求仁等人因事被贬官，心中自然不满，这些人聚集在扬州（今江苏扬州），便以匡复皇室为名起兵反武。他们设计将扬州刺史杀死，假传圣旨，开府库，征发扬州兵马。楚州（今江苏淮安）司马李崇福也举兵响应，队伍很快发展到十万人马。徐敬业还找到一个相貌类似已故太子李贤的人，称李贤逃亡到扬州，命令他们起兵。徐敬业还将“初唐四杰”之一骆宾王所写的《讨武曌檄》散发各地。檄文称武则天“人非温顺，地实寒微”，“秽乱春宫”，“虺蜴为心，豺狼成性，近狎邪僻，残害忠良，杀姊屠兄，弑君鸩母”，简直是人神共弃，天地不容。檄文最后称：“一抔之土未干，六尺之孤安在?”“请看今日之域中，竟是谁家之天下!”雄才大略的武则天读了这样恶毒的文章，并不生气，反而说：“骆宾王这样的人才流落在外，这是宰相的过错啊!”

武则天紧急调动三十万大军，由右玉钤卫大将军李孝逸统帅征讨徐敬业。徐敬业的谋士魏思温力主渡淮河，一鼓作气，直指东都。徐敬业却认为金陵（今江苏南京）有王气，先取金陵，以为立霸之基。李孝逸催动大军沿运河东南而下，掩攻徐敬业。徐敬业迎击，两军在高邮（今江苏高邮），盱眙（今江苏盱眙）一线相持。李孝逸率军猛攻，克盱眙，顺流而下，又用火攻之计，大败徐敬业之军。徐敬业等溃败江都（今江苏扬州），欲出海奔高丽，在海陵（今江苏泰州）因风阻而不得启航，其部将将他们斩首降唐。徐敬业叛乱，前后只用了四十九天就被平定了。这使得初唐以来社会经济持续发展的势头得以保持。

294. 阎立本为什么称狄仁杰为“海曲之明珠”?

狄仁杰（630～700），字怀英，并州太原（今山西太原）人，武则天时的名相。他出身普通官宦之家，从小受到严格的家庭教育，因而养成勤学的好习惯。高宗时通过明经科的考试而步入仕途，首任官职是汴州（今河南开封）判佐。判佐又称判司，是对司功、司仓、司户、司兵、司法、司士等曹参军事的统称，分掌本州各种具体事务。但狄仁杰在此上任不久，就被本部门的吏员诬告而入狱。唐初，每隔一至数年都要派一批朝官任黜陟使，到全国各地巡察，大事要上奏朝廷裁决，小事则可以自行决定，对地方吏治的考察与监督是其重要职责之一。这时，到汴州所在的河南道充任黜陟使的是工部尚书阎立本。阎立本是雍州万年（今陕西西安）人，唐代著名的大画家与政治家。他在接到对狄仁杰的举报后非常重视，亲自负责审讯。经过详细深入地调查后，发现狄仁杰尽管任职时间不长，但政绩突出，且品德高尚，所犯之罪纯属诬告。为此，他立刻召见了狄仁杰，向他当面道歉，并称赞他说：“仲尼（即孔子）云：‘观过而知仁矣。’足下可谓海曲之明珠，东南之遗宝。”对狄仁杰予以很高评价。

阎立本可以说是慧眼识贤才，他是第一个赏识狄仁杰并对其加以提拔重用的人。为他平反之后，阎立本又上奏高宗推荐狄仁杰为品阶、职权更高的并州都督府法曹，以肯定他的德行与才干。这些都为狄仁杰日后的仕途发展打下了坚实的基础。

295. 狄仁杰是如何执法的?

狄仁杰担任并州都督府（今山西太原）法曹期间，执法严明，政平讼理，经手的案子都能及时处理，从不积压。由于能公平执法，没有冤滥，颇受同僚与百姓的赞誉。

仪凤元年（676）初，狄仁杰入京任大理寺丞。这是他首任京官，也是他人生的一个转折点。从此狄仁杰以自己卓越的才干、不凡的政绩，一步步登上高位。大理寺是唐帝国的最高司法审判机关，寺丞地位虽不高，仅为从六品上，但职权颇重。狄仁杰在此任上不辞辛劳，日以继夜，一年内就将历年积压的旧案共计审理了一万七千余人，而且无一人诉冤。如此卓越的政绩，使狄仁杰在朝中很快崭露头角，为以后的仕途通达创造了良好的条件。

仪凤元年九月，武卫大将军权善才、左监门中郎将范怀义误砍了昭陵（唐太宗的陵墓）柏树，按唐律大理寺奏请将二人撤职，削去官爵。但高宗认为判罚太轻，要求判处死刑。当时大理寺内无一人敢于出面抗争，唯有狄仁杰上表反对，认为权、范二人罪不当死。高宗亲自予以召见，对他说："这两人胆敢砍伐先帝陵寝的柏树，我不杀他们就是不孝。"狄仁杰仍然坚持自己的意见。高宗大发脾气，命令他出去。狄仁杰毫不畏惧，苦心进谏说："犯颜直谏，自古以为难。为臣以为不然。在桀、纣等暴君统治时难，逢尧、舜等贤明之君则不难。臣有幸侍奉明君，所以不怕因此得罪。往昔汉文帝时，张释之力劝文帝只诛盗高帝（汉高祖刘邦）庙玉环者一人，不牵连他人；魏文帝想流放一人，辛毗拉着他的衣襟切谏而止。今日陛下若不听为臣的话，为臣死后，将羞见张、辛二人于地下。今日陛下以昭陵一柏而杀二将军。千年之后，人们将会做何评价呢？"这番据理力争，终使高宗改变了决定，将权、范二人除官，免死流放。事后，高宗十分赏识狄仁杰的胆识与才干，于是擢升他为殿中侍御史。不久又改朝散大夫，累迁至度支郎中。

高宗死后，狄仁杰继续受到武则天的器重，被任命为宁州（今甘肃宁县）刺史。他到任以后，恩威并施，使当地政清民安。垂拱三年（686），因为地方治绩突出，狄仁杰被调回朝廷任冬官侍郎（即工部侍郎）。

296. 狄仁杰被诬陷下狱后是如何逃生的？

武则天正式称帝后的天授二年（691），狄仁杰被任命为地官侍郎（户部侍郎）、同平章事，成为宰相之一。武则天曾对他说："爱卿在地方上时很有善政，你想知道是谁诬陷你的吗？"狄仁杰坦诚地回答道：

“陛下认为臣有过失，臣当改之；若无过失，那是臣的幸运，所以我不想知道是谁陷害了我。”这使武则天对他的人品很是钦佩。

然而好景不长，狄仁杰不久就大祸临头。酷吏来俊臣罗织罪名告发他与宰相任知古、裴行本、司礼卿崔宣礼、前文昌左丞卢献、御史中丞魏元忠、潞州刺史李嗣真等七人企图谋反，并把他们都逮捕下狱。在此之前，来俊臣曾奏请武则天下制：“一经审问即承认谋反的人可以赦免死罪。”所以狄仁杰在接受审问初始就说：“大周改朝换代，万物更新，我是唐朝旧臣，甘心顺从诛戮，谋反确是事实。”审判官王德寿受来俊臣唆使，打算借机陷害夏官尚书（即兵部尚书）杨执柔，就让狄仁杰诬告杨为同党。性情刚直的狄仁杰明白其意图后勃然大怒，当即喝斥道：“皇天后土，我狄仁杰岂能为此等卑鄙勾当！”他仰天高呼，以头撞柱，顿时血流满面，吓得王德寿仓皇失措。

狄仁杰承认了谋反，为自己和他人争取了时间，看管的狱吏只等着朝廷治罪的旨意下达，对他不再严加防备。狄仁杰趁机撕下被里的衬帛，在上面写下了自己的冤情，并偷偷塞在棉衣里。一日，他对王德寿说：“天已经热了，请将棉衣给我家里人拆去丝棉。”狄仁杰的儿子狄光远收到帛书后，立即拿着它向武则天申冤。武则天见此诉冤状后将信将疑，于是亲自召见了狄仁杰，并询问道：“既然你没有谋反，为什么要承认呢?”仁杰回答道：“我如果不承认，现在早已死于严刑拷打之下了。”武则天这才稍有醒悟，于是赦免了这七个人的死罪，但仍将他们流贬外任以示惩戒，狄仁杰被贬为彭泽（今江西彭泽）县令。

狄仁杰被贬约半年后，朝廷形势逐渐发生了变化：随着武则天帝位的日益巩固，酷吏政治开始衰落。不久，颇有政治才能的狄仁杰就被重新委以重任，继续在历史舞台上闪耀着光辉。

297. 狄仁杰是如何奉命安抚河北百姓，恢复社会生产的?

唐朝的河北地区是兵家必争的战略要地，在武则天统治时期，更是先后遭到契丹起兵、突厥内侵的破坏。在这两次事件发生前后，狄仁杰都以安抚使的身份巡察过该地区，为恢复当地的生产、生活秩序做出过卓越贡献，深得百姓敬重与爱戴。

第一次是在河北地区遭契丹兵乱后的神功元年（697）。为迅速稳定局势，武则天派遣狄仁杰与另两位重臣娄师德、武懿宗（武则天的侄儿）分道安抚河北。狄与娄二人恪尽职守，召纳流亡百姓，致力于恢复当地社会秩序，不乱杀一人，顺利地完成了安抚任务，这与武懿宗在当地滥杀无辜的残暴行为形成了鲜明对照。

第二次是在圣历元年（698），由于突厥对河北的军事骚扰与破坏，加之官府徭役与赋税繁重，造成百姓流离，河北局势极不稳定。在此危急关头，武则天再次任命当时已为宰相的狄仁杰为安抚大使，前往河北整顿社会秩序。针对曾受突厥胁迫而为其所用的士民，在战乱后担心受到官府追究，因而大量逃亡的现实，狄仁杰先向朝廷报告，请求赦免这批人。在上报的奏文中他认为，河北诸州尤其是曾为突厥占据过的地区百姓，一旦重新归顺朝廷，就应善加安抚，决不能穷加追究，残酷虐待。他说："人犹水也，壅（堵塞）之则为泉，疏之则为川，通塞随流，岂有常性?"因此，他主张对于百姓要以抚为先，防止官逼民反的情况发生。这个建议得到了武则天的赞同与支持。

在确定了安抚的指导思想后，狄仁杰制定出相关的具体措施，并大刀阔斧地予以推行。他首先宣布了皇帝的赦免诏书，稳定了人心，以动员逃亡百姓回乡，同时严禁官吏对其骚扰与追究。其次，大力减轻当地的徭役与捐税负担，赈济贫困百姓。另外，他还整顿军纪，禁止士兵扰民等。在上述精心布置安排下，河北的社会紧张局势渐趋平稳，百姓回归故里，社会生产得以恢复。

安抚河北任务的出色完成，使武则天对狄仁杰更为信任。不久，她就将狄仁杰调回武周政权的政治中心——洛阳（今河南洛阳），重任宰相。

298. 为什么后世之人多认为狄仁杰是匡复唐室的功臣?

神龙元年（705），宰相张柬之等人利用武则天病重卧床不起之机，发动了政变，推翻了武周政权，拥立唐中宗复位，恢复李唐政权。这一事件虽然是在狄仁杰死后近五年才爆发的，但由于政变集团的主要谋划者几乎都是狄仁杰门下的桃李，而狄本人临终时又表达过匡复唐室的愿望，所以这一事件历来被后人视为其门下之人秉承狄公遗愿的大举动，狄仁杰也被视为再造唐朝的功臣，千古以来受到人们的颂扬。

狄仁杰虽身为武周朝的宰相，却始终心系唐室。圣历元年（698），武则天在与其商议皇位继承问题时，他还当面劝谏武则天说："陛下是高宗的皇后，高宗皇帝病重时您权且监国；高宗逝后，陛下于是得有天下，已有十余年了。现在商议继承人的问题，我想除了李唐子孙外，别的人选就不用再考虑了。”这种观点应该说代表了当时大部分朝臣的愿望。

因为心系唐室，狄仁杰为匡复唐朝做出了许多实质性的贡献：首先，他凭借武则天对他的器重，积极劝说其迎回流放在外的庐陵王李哲（唐中宗），为李哲不久重被立为太子奠定了坚实基础。作为正统儒家思想教育出来的知识分子，狄仁杰始终奉唐朝为正朔。他效忠的是身为唐朝太后的武则天，而不是武周王朝皇帝的武则天。面对武则天在选择继承人问题上的犹豫态度，他曾恳切地劝说道：“太宗皇帝栉风沐雨，亲冒锋镝，平定了天下，就是要将天下传之于子孙。高宗皇帝以二子（指李哲与李旦）托于陛下，陛下却要将天下移交给他族，这是不合天意的举动。况且姑侄与母子哪一个更亲？陛下立自己的儿子为储君，千秋万岁之后，祭祀烟火不断；若立侄儿（武承嗣），我还没有听说过侄儿为天子，却祭祀姑母的先例。”在这番亲情加利害关系的耐心劝导下，武则天在立储问题上的态度开始倾向于李氏子孙，这对后来李哲被重立为太子，匡复唐朝迈出了实质性的一步。

其次，狄仁杰为李唐政权的复兴举荐了大批的贤才。作为一名杰出的政治家，他早已意识到，武周政权必将随着武则天的逝世而结束，李唐王朝的复兴势所必然。成功迎回庐陵王只是匡复大计成功的第一步。庐陵王李哲被重立为太子后，为了确保其地位，他身边必须拥有一大批辅佐之才，而这些贤才将成为李唐复兴的中坚力量。为此，狄仁杰不遗余力地举荐，发掘人才，如姚崇、李峤、魏元忠等人都是在他的力荐下成为宰相的；后来发动复唐政变的骨干分子，包括张柬之、敬晖、袁恕己、桓彦范、崔玄玮等人，也都是狄公门下的桃李。狄仁杰所引用的这批贤才，后来大多成为一代名臣。

正是因为上述原因，狄仁杰在历代文人学者笔下都成为匡复唐朝的功臣，因而始终受到后世敬仰。

299. 来俊臣为什么被列入《酷吏传》?

来俊臣（651～697），雍州万年（今陕西西安）人。他是武则天时期臭名昭著的酷吏。其父来操是一个赌徒，与同乡人蔡本为好友，因为赌博赢了蔡本数十万钱，蔡本无力偿还，来操遂将蔡妻拉走抵账。蔡妻入来家之门时，已经怀有身孕，后来就生了来俊臣。

来俊臣为人凶残，不事正业，因为告密而得到武则天的赏识，遂被委任为侍御史。天授二年（691）拜左台御史中丞。后与御史侯思止、王弘义等，大兴刑狱，专门以酷刑逼供，前后被诬陷灭族者达千余家。他有恃无恐，贪赃枉法，结党营私，又编造《告密罗织经》一卷，总结如何罗织害人的经验。来俊臣还发明很多酷刑，凡有人只要落入来俊臣之手，没有不招供的。在酷吏政治最严重的时期，朝臣每次上朝，都要与家人诀别，不知道还能不能顺利地回到家中。宰相狄仁杰、魏元忠等人都曾遭到诬陷，由于武则天醒悟得早，才侥幸逃脱一死。他审理大将军张虔勗、内侍范云仙，张、范两人不堪其酷刑，上告到徐有功处，来俊臣大怒，命卫士以乱刀将张虔勗斩杀。范云仙自言是先朝老臣，被来俊臣割去其舌。后来有人上告来俊臣贪赃，他被武则天下狱，后贬为同州参军。返朝后为了巩固地位，他竟然诬陷武氏诸王及太平公主谋反，在众人的共同反对下，武则天遂下诏逮捕其下狱，处其死刑。

300. 周兴、傅游艺是什么人?

周、傅二人均是武则天时期著名的酷吏。他们是靠告密而身居高位的。二人得势期间，诬陷打击正直朝臣，屠杀李唐宗室多人，其手段残酷，并创造了多种残酷刑法。

周兴（？～691），雍州长安（今陕西西安）人。少以明习法律，为尚书省都事，累迁司刑少卿、秋官侍郎。自垂拱以来，屡兴制狱，被其陷害者达数千人。武则天天授元年（690），升任尚书左丞。次年十一月，与丘神勣一同被捕下狱，本当处以死刑，武则天特免其死，流放岭南，在途中为仇人所杀。

傅游艺（？～约691），卫州汲（今河南汲县）人。武则天载初元年（689），任合宫主簿，升任左肃政台御史、左补阙。上书称符瑞，说武氏应该代唐为皇帝，武则天非常高兴，遂拜给事中。数月，加同凤阁鸾台平章事，成为宰相。天授元年（690），武周正式建立，赐姓武氏。后来自言其梦中登湛露殿，并将此梦告诉了自己亲近的人，为其所告发，以谋图不轨罪被处以死刑。

301. 索元礼是怎样得宠的? 何为制狱?

索元礼（？～691），胡人。武则天临朝后不久，徐敬业在扬州造反，武则天震怒，为铲除异己，鼓励上书告密。索元礼看准了这个机会，上书言事，得到武则天的召见，并授其为游击将军，派他在洛州设置机构，专门审讯“制狱”。所谓制狱，就是皇帝亲自下令要审理的大案。他心狠手辣，每审讯一个人，总要牵连出许多人。士大夫见索元礼如同见到虎狼，唯恐躲避不及。他施行各种酷刑，令受刑人广泛牵引无辜，经他陷害而死者达数千人。这一行径反倒受到武则天的赏赐，受此启发，此后来俊臣、周兴等纷纷仿效，制造恐怖气氛。由于索元礼民愤极大，后来武则天为平众怒，遂将他逮捕治罪，并处以死刑。

302. 吉项贵为宰相为什么却被写入《酷吏传》?

吉项（xū）（？～700），洛州河南（今属河南）人。进士出身，武则天时著名酷吏。初任明堂尉，武则天万岁通天二年（697），他密告箕州刺史刘思礼谋反，武则天命武懿宗审理此案，吉项与刘思礼对质时，他指使刘思礼，只要他能够多牵连一些朝臣，就饶其不死。于是刘思礼便将凤阁侍郎李元素、夏官侍郎孙元通、天官侍郎刘奇、石抱忠、凤阁舍人王处、来庭、给事中周潘、泾州刺史王勔等三十六家牵连进来，最后全部被诬陷有罪而处死，其亲故受牵连者达千余人。天下人皆称其冤，而吉项却因此功升任右肃政台中丞。圣历二年（699），升任天官侍郎、同凤阁鸾台平章事，成为宰相。吉项与武则天的内宠张易之兄弟关系亲密，成立控鹤监时，吉项也被张易之推荐成为控鹤内供奉。这个机构实质上是供武则天玩乐的场所，吉项贵为宰相，却甘心进入这种场所，从而被正直人士所耻笑。后来他与武懿宗争功于朝堂，武懿宗身材短小，而吉项身材高大，气宇轩昂，居高临下，气势逼人。武则天看了以后，心中不悦，说：“我尚在，你们就如此对待武氏家族的人，以后那还了得，这样的人怎么可以依靠呢?”于是，找借口贬吉项为琰川尉，不久吉项就死去了。吉项尽管位居相位，但由于他杀人过多，残暴不法，所以史官将其传记列入《酷吏传》中去。

303. 薛怀义是什么人? 既为内宠为什么又被处死?

薛怀义（？～695），京兆户县（今属陕西）人。本姓冯，名小宝。最初为洛阳街头卖药者，伟岸有力，与千金公主侍女有私情。公主知道后，召来相见，遂入宫推荐给武则天。武则天十分宠爱，因为他不便入宫，便将其度为僧人。又因为他社会地位低下，非士族中人，改其姓为薛，与太平公主婿薛绍合族，命薛绍以季父对待。从此以后，薛怀义出入宫禁，作威作福，朝廷权贵以及武氏诸人都对他十分恭敬，匍匐行礼，呼为“薛师”。

垂拱初（685），薛怀义劝武则天修复故白马寺，修成后以其为寺主。他自恃有武则天为靠山，纵容其下属胡作非为，官府不敢问。右台御史冯思勗曾弹劾薛怀义种种不法之事，有一天两人相遇于道路，冯思勗几乎被他的手下人打死，而武则天则不闻不问。他还拆乾元殿督造明堂，明堂修成后，以功拜左威卫大将军，封梁国公。永昌中，以薛怀义为清平道大总管击突厥默啜，至单于台而还，根本就没有见到敌军，还要刻石纪功。返朝后加辅国大将军，晋右卫大将军，改封鄂国公、柱国，赐帛二千段。薛怀义还与人造《大云经》疏，陈符命，为武则天代唐建周，大造舆论。后来薛怀义不愿多入宫中，常常居住在白马寺，私度僧人数千人。自从侍医沈南璆得宠后，薛怀义恩宠渐衰，遂恼怒而焚明堂。由于薛怀义任意胡行，引起武则天的不满，乃密令太平公主指使人缚而缢杀，将其在白马寺召集的恶徒均流配远州。

304. 武承嗣是什么人?

武承嗣（? ～698），并州文水（今山西文水）人。他是武士彟的孙子，武则天的侄子。武则天之父武士彟先娶相里氏，生两子武元庆、武元爽。后又娶杨氏，生三女，其中第二女即武则天。武士彟死后，元庆、元爽兄弟对杨氏母女很不好。武则天当了皇后，就将武元庆贬为龙州刺史，武元爽贬为濠州刺史。元庆到任后不久病死，元爽后被流放振州而死。于是武则天以其姐韩国夫人之子贺兰敏之为武士彟后嗣，但贺兰敏之骄横不法，与其祖母杨氏通奸，又逼淫太子妃，所以武则天便将他配流雷州，中途自缢而死。这样武士彟又没有了后嗣。武承嗣是武元爽之子，在贺兰敏之死后，他被从岭南流放地召回，作为武士彟的后嗣，继其烟火。

初拜尚衣奉御，袭祖爵周国公。累官至文昌左相、同凤阁鸾台三品，兼知内史事。武承嗣以武氏家族继承人自居，劝武则天革命，尽诛皇室诸王及公卿中不依附自己者。在武则天当了皇帝之后，他又自以为会被立为皇太子，指使人上书陈请。由于群臣反对，加之武则天在这个问题上犹豫不决，所以双方斗争得非常激烈。最后在狄仁杰等大臣的再三劝说下，武则天决定立自己的儿子李显为太子，武承嗣争储失败，怏怏而卒。

305. 为什么河北百姓最恨武懿宗？

武懿宗（？～约706），并州文水（今山西文水）人。他是武则天伯父武士逸的孙子，其父武元忠，高宗时任仓部郎中。武周天授年间，武懿宗被封为河内郡王，历怀、洛二州刺史。武则天万岁通天中（697），契丹首领孙万荣起兵进攻河北，武则天命武懿宗为神兵道大总管，率兵二十万，讨伐孙万荣。官军到达赵州后，武懿宗闻知孙万荣兵将到冀州，就打算弃军而逃。有人劝他说："敌兵虽多，但无辎重，依靠抢掠，只要坚守勿战，敌军必然离散，然后击之，可获全胜。"武懿宗不听，退至相州，人们都嘲笑武懿宗胆小怯懦。由于武懿宗畏敌不战，致使契丹军大掠赵州后从容退去。孙万荣死后，诏令武懿宗与娄师德安抚河北诸道。百姓中有为孙万荣胁从，后来又逃归者，武懿宗均视为通敌反叛，统统处杀，乃至于活剥人胆，然后杀之，十分残酷。契丹起兵之初，孙万荣部将何阿小攻陷冀州，屠杀了许多百姓。由于武懿宗杀人之多与何阿小没有什么区别，所以在河北百姓中流传着一句顺口溜："唯此两何，杀人最多。"因为武懿宗封河内郡王，故称之。

武懿宗自天授年间以来，多次受诏审讯大狱，诛杀王公大臣甚多，当时人将他与酷吏来俊臣、周兴相比。中宗神龙初（705），武氏诸王均降为公爵，武懿宗也被降为耿国公，后死于怀州刺史任上。

306. 王及善为什么反对武则天赦免来俊臣？

王及善（？～699），洺州邯郸（今河北邯郸）人，武则天时的宰相。

王及善的父亲王君愕，是太宗时的左武卫大将军，在征伐高丽之役中阵亡。因为父亲为国捐躯的原因，王及善被授予朝散大夫，并继承了邢国公的爵位。高宗时迁为左奉裕率。当时太子李弘毕竟年轻，难免有时做出孩子气的举动。一次举行宴会时，他命属臣倒立为乐，当轮到王及善时，王及善拒不从命，并劝谏说："倒立为戏自有伶人，臣若奉命，恐怕就不配做辅导殿下的大臣了。"李弘警醒，向他郑重道歉。高宗听说了这件事，十分高兴，赐给王及善财物以示奖励，并升任他为右千牛卫大将军。

武则天垂拱年间（685～688），王及善任司属卿。山东（崤山以东）地区因天灾发生饥荒，他受命为巡抚赈给使，负责赈济、安抚灾民，回朝后官拜春官侍郎（户部侍郎）。神功元年（697），东北的契丹族侵扰山东，为害严重。王及善受命为滑州（今河北大名）刺史。临别辞行前，武则天向他咨询朝政得失，没想到他竟然对答如流，颇得要领。武则天由衷地赞叹说："去滑州抗击外侵是小事，在朝辅政才是国之大事啊，公不可外放。"于是留及善于中央，擢任为内史。后来，酷吏来俊臣犯法被捕，按律当斩。武则天念其爪牙之功，迟迟下不了诛杀他的决心。王及善率先上奏，慷慨陈词，力谏诛来俊臣以谢天下。他说道："来俊臣凶狡贪暴，国家之首恶，不加以铲除，必将为害朝廷。"武则天最终诛杀了来俊臣。

王及善不擅长写文章，但为官清正廉洁，凡事坚持原则，颇有大臣风范。受武则天宠爱的张易之、张昌宗兄弟有恃无恐，在宫廷宴会上毫无人臣之礼，王及善对此行为深加痛斥，却使得武则天很不高兴地说："爱卿年岁已高，不适合再参加这类宴饮了，以后就不要去了吧。"

圣历二年（699）八月，王及善卧病在床一个多月，武则天竟一次也没有派人前往探视。王及善知道是因为自己弹劾二张兄弟，与女皇产生了芥蒂，于是叹息道："岂有中书令一天不拜见天子的，由此可知现在的朝政是什么样子了。"他上疏要求辞官，武则天不许。不久，王及善就病故了，武则天下令为其停止朝会三天以示哀悼，并追赠他为益州大都督，陪葬乾陵。

307. 朱敬则在武则天统治时期曾提出过哪些有益的主张？

朱敬则（635～709），字少连，武则天时期的宰相。亳州永城（今河南永城）人。

其家族世代以孝义著称，从北周到隋唐，屡以此得到历代政府的褒扬与嘉奖。朱敬则受家庭风气的影响，为人诚实有信，十分重义节，许多人都乐于与他交往，不仅如此，他还乐于助人而不求回报。

勤奋好学的朱敬则早年就以文才知名于世，由于与左史江融、左仆射魏元忠等人友情深厚，连高宗也久闻其名，并亲自召见了他，本打算量才予以擢用，但中书令李敬玄因与其有私人恩怨，在高宗面前对他百般诋毁，朱敬则仅被授予小小的县令，过了很长一段时间才迁右补阙。

弘道元年（683），高宗去世，武则天开始临朝称制。为剪除异己，武则天大力推行酷吏政治，一时告密之风盛行，冤狱滥行，很多朝臣都被诬杀。等到武则天建周代唐后，随着帝位的巩固和局势的稳定，酷吏政治已显得不合时宜。为此，身为右补阙的朱敬则大胆上疏，认为当初行酷吏政治是为了严刑以禁异议，现在改朝换代成功，万众归心于女皇，就应该逐步放宽刑限，刹住告密之风。武则天对此很是赞同，于是开始减宽刑狱。长安三年（703），御史大夫魏元忠与凤阁舍人张说为女皇内宠张氏兄弟所构陷，即将被处死。在朝许多大臣都不敢站出来为他们喊冤，唯独敬则上书直谏，魏、张二人因此得以免死外贬，而朱敬则不久就迁为正谏大夫、同平章事，成为宰相。

长安四年二月，二张兄弟请画工绘制太子宾客武三思、纳言李峤、凤阁侍郎苏味道等十八人的图像，号曰“高士图”。张易之企图让朱敬则也参与其事，但刚直不阿的他坚决不同意，为此得罪了二张兄弟，于神龙元年（705）被外贬为郑州（今河南郑州）刺史。后来，驸马都尉王同皎被诬谋反遭诛杀，负责审理此案的侍御史冉祖雍因与敬则有矛盾，借机加以陷害。朱敬则又被贬为庐州（今安徽合肥）刺史，过了几个月后，他就辞职还乡了，临去任时，没有携带任何公物，只有一匹乘马，其余子侄亲眷都徒步跟从他。中宗景龙三年（709），朱敬则去世，享年七十五岁。睿宗即位后，追赠为秘书监，谥曰“元”。

朱敬则为相，对琐碎细事毫不介意，唯以用人进贤为先，有知人善任的美名。经他举荐重用的魏知古、张思敬等人，后来都成为一代名臣。

308. 唐休璟是什么人？为什么吐蕃人对他畏之如虎？

唐休璟（627～712），京兆始平（今陕西兴平东南）人。唐高宗、武则天时名将。唐休璟年少时就博学多才，后以明经及第，初授为吴王府典鉴。高宗调露年间（679～680），单于突厥背叛唐廷，煽动奚、契丹部落，侵扰唐境。不久，羯胡与桑干突厥也起兵反唐。都督周道务派遣时任户曹的休璟领兵征讨，休璟大破叛军，以功升为丰州（今内蒙古固原）司马。

永淳年间（682～683），突厥军围困丰州，唐军难以抵敌。朝廷见状，打算放弃丰州，迁百姓到灵、夏（今宁夏灵武）一带。唐休璟对此坚决反对，他上书朝廷说："丰州据黄河为险，好比衣服的襟带，自秦、汉以来，就列入中央版图，水土丰美，物产丰饶。隋末天下大乱时，曾有一段时间不能坚守，致使敌兵大举入侵，直到唐初才移民于此，重新稳定下来。现在如果要废弃的话，黄河沿岸地区将大部分不为唐有，国家就危险了。"朝廷最终听取了他的意见，丰州得以保存下来。

垂拱年间（685～688），唐休璟任安西副都护。当时，吐蕃大肆入侵，唐军节节败退。休璟收拾余众，抗击吐蕃军，不久就重新安定了西陲。不久，他又调任西州（今新疆吐鲁番）都督，并上表朝廷，请求出兵收复四镇（龟兹、疏勒、于阗、焉耆）之地。武则天览表后，派王孝杰领兵出征，休璟奉命协助谋划，唐军一举击败吐蕃，收复了四镇。圣历年间（698～700），唐休璟调任陇右诸军州大使。

久视元年（700）秋天，吐蕃军在大将麦莽布支的率领下大举入侵，驻扎于洪源谷（今属甘肃）。休璟领兵前往迎战，与敌对峙。他登高远眺敌阵，见吐蕃军衣着华丽，于是鼓励将士说："敌军虽多，但他们大多数是国中富贵子弟，不习战事，看我如何破敌。"于是，亲冒矢石，领兵冲入敌阵。此役唐军六战全胜，杀获敌军两千余人，且斩杀吐蕃副将二人，战果辉煌。

吐蕃战败后，遣使求和。武则天大喜，设宴款待来使。席间，吐蕃使者请求一见唐休璟，女皇很是奇怪，问他们原因，吐蕃使者回答说："前次洪源战役中，这位将军勇猛无比，杀死我方将士甚众，所以我们想一睹其真容。"武则天听后，方知其中详情，立即擢升休璟为右武威、右金吾二卫大将军。

唐休璟熟谙于边境事务，他负责守边时，对西部边陲连绵数千里的山川地形都能暗记于心。长安年间（701～704），西突厥酋长乌质勒与其他部落不和，乃起兵扰唐，暂时断绝了安西与关中的联系道路（即河西走廊）。武则天命唐休璟与宰相一同商量对策。一会儿，休璟便写好表书，立即遣人颁送边境。十余天后，安西各州回书请朝廷遣兵接应，往来时间，与休璟估算的完全一致。武则天不禁叹息道："朕恨自己把你起用得太晚了。"随即任其为夏官尚书（即兵部尚书）、同凤阁鸾台三品，拜为宰相。

中宗复位以后，唐休璟继续受到重用，被擢升为辅国大将军，加同中书门下三品，封酒泉郡公。不久又加特进，拜尚书右仆射、中书令，晋封宋国公，可谓宠贯当朝。

唐休璟晚年仍锐意进取，但表现为极力钻营，攀附权贵。他为自身计，给儿子迎娶了恃宠专权的贺娄氏的养女为妻，以保禄位。这种贪恋权位，老而弥坚的做派，使他威信大减。

延和元年（712），唐休璟因病去世，享年八十六岁。死后被朝廷追赠为荆州大都督，谥曰“忠”。

309. 王孝杰建立了什么边功?

王孝杰（？～696），京兆新丰（今陕西临潼）人。唐高宗、武则天时名将。

王孝杰年少时就以军功入仕，高宗仪凤三年（678），以副总管之职率部随工部尚书刘审礼征讨吐蕃。当行军至大非川（今青海共和）时，由于孤军深入导致全军覆没，王孝杰与刘审礼均被吐蕃俘虏。后来由于王孝杰与当时吐蕃赞普之父相貌酷似，得以不死，被放归唐朝。

武则天长寿元年（692），西州（今新疆吐鲁番）都督唐休璟上表请求收复被吐蕃占据的安西四镇。王孝杰以久居吐蕃，了解虚实而被武则天任为武威军总管，与左武卫大将军阿史那忠节共同领兵出征。同年十月，王孝杰领兵进入西域，大败吐蕃军，连续收复了四镇之地，并于龟兹（今新疆库车）设置了安西都护府，留兵驻守。武则天接到捷报后，高兴地说：“太宗贞观年间唐西境拓展到安西四镇，其后由于守卫不善，为吐蕃蚕食殆尽。今天故土尽复，边境将相安无事了。孝杰身先士卒，立此大功，其忠诚果敢真是值得表扬！”于是提升王孝杰为左卫大将军。长寿二年，又迁为夏官尚书（即兵部尚书）、同凤阁鸾台平章事，封清源县男。证圣元年（695），王孝杰为朔方道总管，领军出击吐蕃，由于战事失利，被削职免官。万岁通天元年（696），契丹反叛，王孝杰重新被起用，率军讨伐，由于后军总管畏敌逃遁，王孝杰孤军无援，力尽而死。事后追赠夏官尚书、耿国公。

310. 桓彦范的生平事迹如何?

桓彦范（653～706），字士则，润州曲阿（今江苏丹阳）人。唐中宗时宰相。

桓彦范早年以门荫的方式进入仕途，历任右翊卫、司卫寺主簿、监察御史、御史中丞等职。武则天长安四年（704）迁为司刑少卿。同年十二月，武则天内宠张昌宗因私召方术之士相面，语多不逊。事发，御史中丞宋璟以张昌宗图谋不轨，力请穷治其罪，但武则天不许。桓彦范见状上疏说："张昌宗无功于国，却宠遇日隆。他包藏祸心，妄测天命，实在是咎由自取，陛下不忍加诛，将有违天命，恐怕将有不祥之事发生。希望陛下不要养虎为患，危害社稷。我坚请您将易之交付法庭，量刑治罪。"武则天没有听从他的意见。

不久，桓彦范又上疏建言，奏请凡被酷吏诬告而判罪的人，除谋反被诛的徐敬业、李贞、李冲外，全部予以大赦。疏文接连奏上十次，武则天才勉强答应。桓彦范曾经对手下僚属说过："大理寺是事关人命的地方，我既然身处其位，就绝不能谄事君上，以求苟免。"因此他每次在朝堂奏事，即使面对女皇的斥问，都据理力争，毫不畏惧。

神龙元年（705）正月，桓彦范与张柬之、崔玄暐、袁恕己、敬晖等五人合谋，策划了诛杀二张、匡复李唐的宫廷政变。事后，他因功拜为侍中，并晋爵谯郡公。中宗复位后，又放纵韦后，任其参决朝政，又宠信胡僧慧范，使他自由出入宫禁，扰乱朝政。对此，桓彦范上书屡谏，但都没有结果。

当年四月，中宗未经吏部而用墨敕任命术士郑善思为秘书监，叶净能为国子祭酒。桓彦范在殿廷上表示反对，但昏庸的中宗却不肯收回成命，彦范力谏说："陛下即位初始，曾下令说要依从贞观之政，当年太宗皇帝以魏征、虞世南等饱学之士为秘书监，以孔颖达为国子祭酒。而如今郑、叶二人皆为庸碌无为的术士，岂能与前贤相比？真要这样做，臣担心天下人会议论陛下您官不择才，请慎重考虑。"但中宗仍不理睬。同年五月，桓彦范因受武三思和韦后的诋毁，被罢去相权，晋爵为位尊权轻的扶阳郡王。不久，又被贬为濠州（今安徽凤阳）刺史。

神龙二年五月，桓彦范被再贬岭南。七月，武三思暗中派人将韦后的"秽行"书写于洛阳天津桥上。中宗闻讯大怒，当即派人追查此事。负责该事的御史大夫李承嘉受武三思拉拢，诬奏说此事是桓彦范、张柬之、敬晖、崔玄暐及袁怒己等五人所行，目的是逼中宗废黜韦后，图谋反叛。在众奸臣的挑拨下，中宗下旨将五人削夺官爵，配流瀼州（今广西上思）。不久，武三思又指使其亲信右台侍御史周利贞巡察岭南，乘机矫旨杀害了桓彦范。唐睿宗即位以后，追复了桓彦范的官爵。

311. 敬晖为什么有匡复大功却惨遭杀害?

敬晖（? ～706），字仲晔，绛州太平（今山西襄汾）人。唐中宗时宰相。

武则天圣历二年（698）敬晖任卫州（今河南汲县）刺史。当时，黄河以北各州官府听说突厥要大举南侵，都纷纷将周围百姓驱赶入城，以坚壁清野。唯独敬晖让当地百姓继续经营农事。他说："城池即便固若金汤，若无粮食也难以防守。哪能让百姓放弃农活儿来修城呢?"百姓十分感激，对他交口称赞。后来敬晖先后历任中台右丞、右羽林将军等职。

神龙元年（705）正月，敬晖因参与诛杀二张、兴复唐室的政变，中宗复位后以功拜为侍中，并赐爵为平阳郡公。不久，又晋封为齐国公。

同年五月，敬晖面对武三思势力日渐坐大的局面，带领百官上表劝谏中宗说："天授元年（690）建周之际，李唐宗室几乎被诛杀殆尽。现在陛下复位，而武氏成员官爵依旧，居于京师，这是没有道理的。请陛下以社稷为重，顺应人心，将他们贬官降爵。"中宗不得已，下令将武氏成员的爵位由王降为公。武三思对此愤恨不已，便与韦后合谋，将兴复李唐的五功臣——敬晖、张柬之、崔玄暐、桓彦范、袁恕己等五人尊为郡王，均罢去相权。外示尊崇，实夺其权。

神龙二年五月，敬晖受武三思、韦后的诬告，被贬官至岭南。不久，又被流放到崖州（今海南琼山）。同年七月，武三思指使御史周利贞，将其杀害。睿宗即位后，追赠敬晖为秦州都督，谥曰"肃愍"。

312. 崔玄暐生平事迹如何?

武则天长安元年（701），崔玄暐被破格提拔为天官侍郎，掌管朝廷选官大权。身处重位的他洁身自律，公正选官，从不接收贿赂。但是这种正直无私的做法，颇为朝中权贵所忌。不久，玄暐就被转为文昌左丞。后来武则天亲自召见，并对他说："自从爱卿调任以后，选司的不法之事屡有发生。听说有些天官令史还为你的调任争相摆宴庆贺呢，这显然是想乘机索贿，贪赃枉法。因此，朕想让你官复原职，以清肃选举部门。"

长安三年，玄暐升任鸾台侍郎、同凤阁鸾台平章事，兼太子左庶子。四年，又迁凤阁侍郎，依旧执掌朝政。这时，玄時还多次为被酷吏周兴、来俊臣诬告而蒙冤受屈者上表鸣冤，言辞恳切，武则天览表后有所感悟，因此而被赦免的平反者有数百家之多。

同年十二月，御史中丞宋璟弹劾张昌宗图谋不轨，请求将其交付法司治以重罪。玄時也直言进谏，声援宋璟。武则天不得已，将张昌宗交付法司，判定其罪。任司刑少卿的崔升（玄時之弟）将张昌宗定以重刑。事情后来虽未成功，但玄時兄弟守法不阿的精神却大受赞扬。不久，武则天病情加重，好久不接见宰相，只让二张兄弟陪侍左右。玄時乘偶然入宫的机会，向武则天进谏："皇太子（中宗）和相王（睿宗）都十分孝顺，足以亲侍汤药。宫禁重地，请不要再让异姓之人随意出入。"话语中暗示请将二张逐出宫中，武则天虽对此表示赞赏，但并没有实行。

神龙元年（705）正月，崔玄時以参与诛杀二张、匡复唐室之功，被拜为中书令，受封为博陵郡公。不久，由于受到武三思的诬陷，被罢去参预政事的权力，并被贬为白州（今广西博白）司马，赴任途中病逝。德宗建中初年，表彰历朝对社稷有功之人，特追赠玄時为太子太师。

313. 为什么说张柬之是推翻武则天统治的首倡者?

张柬之（625～706），字孟将，襄州襄阳（今湖北襄樊）人。武则天、唐中宗两朝宰相。

张柬之从小就进入国子监学习深造，尤其爱好《三礼》，深得国子祭酒令狐德棻的器重，称赞他有王佐之才。后来以进士科及第，被补为青城（今江苏扬中）丞。武则天永昌元年（689），又参加制举的贤良方正科考试，以对策成绩第一，擢拜为监察御史，时年六十五岁。

圣历元年（698），张柬之任凤阁舍人。同年六月，武则天令淮阳郡王武延秀出使突厥，纳默啜可汗之女为妃。张柬之进谏阻止，因不合女皇心意，被外贬为蜀州（今四川崇州）刺史，不久又迁为荆州（今湖北荆州）长史。久视元年（700），在宰相狄仁杰的力荐下，擢任洛州（今河南洛阳）司马，又迁为秋官侍郎。当时另一位宰相姚崇也向武则天极力推荐他说："柬之足智多谋，能断大事，而且此人已老，请陛下立即任用。"武则天接受了这一建议，拜柬之为凤阁侍郎、同平章事。

此时，武则天年老多病，荒废朝政。二张兄弟居中用事，欲谋不轨。张柬之于是将至交——原荆州府长史杨元琰以及敬晖、李湛等人任用为羽林将军，掌握禁军，以备万一。

神龙元年（705）正月，武则天卧病在床。心系唐室的张柬之认为兴复的良机已到，于是与天官侍郎平章事崔玄暐、中台右丞敬晖、司刑少卿桓彦范、相王府司马袁恕己等人，秘密策划诛二张、逼武则天让位于太子李显。张柬之不仅首倡其谋，还几乎全盘参与了政变行动的谋划与实施。他负责联络朝中忠于唐室的文臣、武将，并积极寻求太子、相王（唐睿宗）与宫廷禁卫军的支持与配合，为政变成功立下了汗马功劳。

中宗复位以后，张柬之以首功拜为天官尚书、凤阁鸾台三品，赐爵汉阳公。不久，又迁为中书令，主持监修国史。政变成功后，张柬之等人缺乏政治警觉，没有乘势彻底扫清诸武势力，这为以后的败亡埋下了伏笔。在中宗与韦后的庇护与纵容下，武则天之侄武三思的权势日渐壮大起来。柬之等人这才醒悟过来，多次劝谏中宗斥逐诸武势力。可惜武三思勾结韦后，已成尾大不掉之势，昏懦的中宗没能听取他们的意见。武三思与韦后日夜在中宗面前百般诋毁柬之等人，使其日益与有兴复大功的朝臣疏远。同年五月，张柬之被封为汉阳王，其余四名功臣也依次被封王封爵。这一处置表面上是尊崇功臣，实际上是削夺其权，五人均被罢去参与政事的权力。不久，张柬之便以养病为托辞，回乡避祸。

神龙二年五月，决心斩草除根的武三思指使其心腹郑愔诬告张柬之等人与驸马都尉王同皎通逆谋叛。不明事理的中宗下诏，将他们全部外贬到五岭之外的穷乡僻壤。张柬之被贬为新州（今广东新兴）司马。到任后不久就忧愤而死，终年八十二岁。睿宗即位后，追赠他为中书令，封汉阳郡公。德宗建中初年，又追封他为司徒。

314. 袁恕己为什么落了个悲惨的下场？

袁恕己（？～706），沧州东光（今属河北）人。唐中宗时宰相。

武则天长安年间（701～704），恕己任司刑少卿，兼相王府司马。神龙元年（705）正月，与张柬之等人密谋诛杀了武则天内宠二张兄弟，并与相王统率南衙禁军，以维护治安。事定之后，恕己因功拜为中书侍郎、同中书门下三品，成为宰相，并晋爵为南阳郡公。当时，曾以大兴土木而被武则天宠任的将作少匠杨务廉也为中宗重用。恕己担心杨务廉会诱导中宗行奢靡游乐之事，便上书劝谏中宗说："务廉任职九卿，已经多年了，但毫无政绩可言，只是在营建宫室时，以豪华奢侈取悦君王以邀宠。若不加以斥逐，何以显示陛下圣德?"杨务廉因此被贬为陵州刺史。

神龙元年五月，袁恕己晋爵为南阳郡王，但却被罢去了参与政事的相权。第二年，因武三思与韦后的暗中诋毁，又被流贬到环州（今广西河池）。不久，他就被巡视岭南的右台侍御史周利贞假传圣旨，毒杀于贬所。德宗建中初年，追赠他为太子太傅。

315. 魏元忠在讨伐徐敬业叛乱中发挥了什么作用?

魏元忠（?～约707），本名真宰，宋州宋城（今河南商丘）人。在武则天、唐中宗时任宰相，以忠直敢谏而知名。

魏元忠年轻时仪表堂堂，胸怀大志。后入太学深造，不问外事，多年来潜心于学问。当时的左史江融编撰了《九州设险图》一书，里面的内容都是记载古今用兵成败之事。元忠虚心向他求教，终得其真传。高宗仪凤年间（676～679），西南的吐蕃频繁侵扰唐境。心怀报国热忱的魏元忠亲赴洛阳（今河南洛阳）上书，就选将、用兵、边防等军国大事阐述了自己独到的见解，并建议唐廷取消原有的禁马令，组建强大的骑兵部队以对付吐蕃。高宗览后大为赞赏，授予他秘书省正字之职，值勤于中书省。不久又迁为监察御史，殿中侍御史。

武则天文明元年（684），已逝的英国公李勣之孙——李（徐）敬业纠合一批不满武则天专权的官员，在扬州（今江苏扬州）起兵。他们打着颇具号召力的"复唐"旗号，在叛乱初期声势浩大。面对来势汹汹的叛军，武则天立即任命左玉钤卫大将军李孝逸为扬州道大总管，率兵三十万，讨伐徐敬业。时任御史的元忠以其突出的军事才华被任命为监军，随军南下。

魏元忠精明强干，颇知用兵之术，面对主帅李孝逸的畏敌不进，他极力劝说道："朝廷以公是宗室至亲，所以委任你专兵讨叛。天下安危，系于公一身。国家承平日久，人心思定，叛乱终不得人心，而现在你却按兵不动。这不仅有违民心，而且万一朝廷怪罪下来，公就逃脱不了干系了。"李孝逸觉得言之有理，便率军继续进讨。双方战于都梁山，叛军大败，官兵趁势围困敌军，战争形势有了明显好转。

为了确保胜利，李孝逸召集将佐，商讨下一步作战方案。身为监军的魏元忠力排众议，提出了先攻拔都梁山，再引兵击淮阴（今安徽淮阴）敌军，以逸待劳，攻敌弱点的作战方案。这一方案积极稳妥，为李孝逸采纳。此后，官军势如破竹，直捣叛军巢穴——扬州城。面对叛军的垂死挣扎，魏元忠又主张因势采用火攻。李孝逸于是领兵“因风纵火”，大败叛军。不久，李敬业等人就“传首神都洛阳”，叛乱被完全平定。

官军平叛凯旋后，武则天大为高兴，立即奖励了在镇压叛乱过程中的有功之臣。魏元忠以献策之功被授为司刑正。不久又迁为洛阳令。

316. 魏元忠一生为什么会几起几落?

魏元忠为人刚直不阿，嫉恶如仇。入朝为官后，他不畏强权，敢于同朝中的恶势力做斗争。这种刚正不屈的性格，也使他深为权贵所恶，屡遭陷害和打击，仕途上历经坎坷起伏。

武则天永昌元年（689），任洛阳令的魏元忠与张楚金、郭正一、元万顷等人为酷吏周兴陷害，以“谋反罪”押赴刑场准备处死。临刑前武则天念及元忠在平定李（徐）敬业叛乱中所立的大功，派凤阁舍人王隐客快马赴刑场口传赦令。当赦免的喊声传到刑场时，引颈就戮的人都欢呼雀跃，唯有魏元忠安坐不动，平静地说道：“未知敕令真假，岂可造次。”等到正式宣读完敕令后，魏元忠才慢慢站起来，以跪拜之礼答谢了皇恩。从始至终，魏元忠都镇定自若，观者无不为之动容。事后，他被流贬到贵州。

周兴被诛后，魏元忠被重新起用，入朝任御史中丞。重返朝廷的魏元忠虽历尽磨难，但仍不改其刚直不屈的个性，因此被酷吏来俊臣等视为眼中钉。长寿元年（692），来俊臣诬告他和狄仁杰等人企图谋反，酷吏侯思止负责审讯事务，面对他们的严刑拷问，倔强的元忠始终没有屈服，于是被再次流放到外地。

神功元年（697），来俊臣被诛后，很多朝臣都为魏元忠鸣冤叫屈。惜才的武则天立即将其召回重任肃政中丞（即御史中丞）。魏元忠先后三次被判死刑和流放，但都志节不屈。武则天曾在一次宴会上问他：“你多次遭到诽谤，这是为什么?”元忠自嘲道：“臣好比一只鹿，罗织罪名的人都想以臣肉为羹。这些小人诬陷臣以求功名，臣如何能躲避他们?”

圣历二年（699），魏元忠被提拔为凤阁侍郎、同平章事。不久又迁为御史大夫，兼洛州（今河南洛阳）长史。当时，女皇内宠张易之、张昌宗兄弟权倾朝野，他们的家奴公然在街头欺凌百姓。元忠上任后对这些恶奴毫不留情，统统用刑杖笞杀，沉重打击了二张的嚣张气焰，洛阳百姓拍手称快。庐陵王李显被重立为太子后，魏元忠担任太子左庶子。此时，二张兄弟更加恃宠而专横跋扈，搞得朝政日坏。忠直的元忠当面对武则天进言说："臣自先帝（高宗）以来，蒙受朝廷大恩，得以位列宰相，却不能尽忠死节，使小人在陛下左右逞威，这是臣的罪过。"武则天听后很不高兴，二张兄弟更是怀恨在心。

长安三年（703），张昌宗等人诬告魏元忠与司礼丞高戬私下议论说："太后年纪老了，不如挟制太子作长久的打算。"元忠又被逮捕入狱。武则天召集太子李显与诸宰相到场，令张昌宗与魏元忠当堂对质。张昌宗暗地里威胁利诱当时的凤阁舍人张说作伪证以害元忠，但正直的张说却仗义执言："实无此事。"武则天才明白魏元忠被诬，但因为张昌宗的缘故，还是将他流贬外地，直到中宗复位后才召回朝中任相。

317. 魏元忠晚年时为什么会一改旧日信念？

神龙元年（705），中宗复位的当天，就派驿马急赴外地召回魏元忠，并很快恢复了他的宰相职务，任其为卫尉卿、同中书门下三品，不久又迁为侍中、中书令。武则天逝世后，中宗十分悲伤，曾有一段时间都没有处理朝政，军国大事都交给魏元忠来处理。神龙二年，魏元忠又与武三思、祝钦明等朝臣共同撰写完成了《则天皇后实录》二十卷，因功受重赏。

当时，魏元忠受中宗信重，主持朝廷大政，地位荣显。人们都以为他一向忠直敢言，必能给朝廷带来新气象，谁知道饱经坎坷的魏元忠在重任相后意志开始衰退，再也没有了仗义执言的勇气。面对武三思与韦后的倒行逆施，他不敢站出来斗争，只知道看其脸色而随声附和。此情此景，使朝野人士对他十分失望。魏元忠这种明哲保身的态度也影响了韦安石、李怀远、唐休璟等几位还算正直的宰相，他们也仿效他，遇事都不轻易表态。而杨再思、韦巨源等奸佞之人则乘机投靠了韦后与武三思，干了不少助纣为虐的坏事。

不久，安乐公主倚恃中宗的宠爱，竟然私下里请求中宗废掉太子李重俊，立她为皇太女。昏庸的中宗为此事征询魏元忠的意见，元忠委婉地表示了反对意见，因此遭到了安乐公主与武三思的嫉恨。太子李重俊起兵诛杀武三思，元忠之子魏升也被胁迫参与其间，并最终死于乱兵。事后，中宗因为魏元忠立过大功，又是高宗、武则天倚重的旧臣没有追究此事。但魏元忠内心忧惧，自请辞职，不久以齐国公、特进的身份退休。武三思余党宗楚客等人不甘心就这样放过魏元忠，他们指使人弹劾元忠曾参与了李重俊兵变。因此，魏元忠被贬放外任。老迈的他再遭贬谪后心灰意冷，于流贬途中郁郁而终。睿宗即位后，追赠他为尚书左仆射、齐国公，并陪葬定陵（中宗之陵）。

318. 韦安石在武则天至唐睿宗期间发挥了什么作用?

韦安石（649～712），京兆万年（今陕西西安）人。武则天、唐中宗、睿宗三朝宰相。

韦安石出身于官僚世家，其曾祖韦孝宽是北周名将，其祖父、父亲先后在隋末唐初为官。安石早年应明经科考试及第，被补为乾封县尉。永昌元年（689），迁任雍州司兵参军。宰相苏良嗣赏识他的才干，向武则天力荐。不久，安石被擢升为膳部员外郎，再迁并州（今山西太原）司马。此后又历任德、郑二州刺史。在任皆有政绩，武则天曾亲笔致书予以嘉奖。

韦安石生性敦厚，为人持重，为官严明清正。久视元年（700）迁为文昌丞，不久拜鸾台侍郎、同凤阁鸾台平章事，当了宰相，又兼任太子左庶子。长安三年（703），担任东都洛阳留守，兼管天官、秋官（吏、刑部）两尚书事，并主持纳言职事，可谓是位高权重，贵盛当朝。

当时，武则天为掌握最高权力，组成了以张易之兄弟为中心的新政治势力，将朝政大权多委托于张易之、张昌宗二人。二张也凭恃武则天的宠信，操权弄柄，搞得朝廷乌烟瘴气。韦安石不畏权贵，多次抵制他们的不法行径。一次宫廷宴会上，张易之将一些四川来的商人公然带到殿上与皇帝、朝臣同乐，毫无君臣之礼。身为宰相的韦安石看不过去了，当即指责张易之说：“商贾出身卑贱，怎能参加朝廷盛会?”说完便命左右将这些商人驱逐出场。事后，武则天以其义正辞严不仅没有怪罪他，反而称赞他忠直。当时凤阁侍郎陆元方恰巧在座，他悄悄对旁人说：“韦公真宰相，我等和他相比差远了。”不久，韦安石又检举了张易之的不法之事，奏报武则天，请求予以治罪。武则天迫于舆论压力只好将张易之交由安石与唐休璟推审。但审判还未结束，武则天改变主意，草草了结了对张易之的审讯，并将韦、唐二人调为外官，安石去扬州（今江苏扬州）任大都督府长史。

中宗复位后的神龙元年（705），韦安石被调回京任刑部、吏部尚书，并参与政事。当年又迁为中书令、侍中，兼相王府长史，受封郧国公。

景云元年（710）六月，中宗被韦后、安乐公主合谋毒杀，韦后篡政。同年，李隆基发动政变，杀了韦后及其党羽，拥立相王李旦为帝，是为唐睿宗。韦安石以前朝元老重臣的关系，被改拜为太子少保，改封郇国公。景云二年二月复任侍中、中书令，加开府仪同三司。

当时，太平公主与皇太子李隆基之间矛盾尖锐，打算策动睿宗废太子，就极力拉拢韦安石，多次指使其女婿唐晙邀请安石到自己府第做客。韦安石与李隆基关系密切，告知了太平公主的企图。闻知风声的睿宗曾秘密召见他，语重心长地说道："听说朝臣都亲附于东宫（即太子），爱卿应当留意一下。"安石大胆进言说："陛下怎能说此亡国之言？这一定是太平公主挑拨离间的阴谋。太子有功于社稷，且仁孝忠诚，这是天下人共知的，希望陛下不要听信谗言。"睿宗听后似有所悟，连忙安抚他说："朕知道了，爱卿不要再说了。"太平公主得知韦安石之言，欲加暗害，幸得宰相郭元振全力相护，方得免祸。

在太平公主的一再要求下，韦安石被削相权，改拜为空有其名的左仆射、太子宾客。因其妻打杀了一奴婢，韦安石被御史中丞杨茂谦弹劾，韦安石被降调为蒲州（今山西永济）刺史、青州（今山东淄博）刺史。此后，又屡遭贬谪。年迈的韦安石不堪奔波，长叹道："这不都是要我死吗？"遂忧郁而死，终年六十四岁。玄宗开元十七年（729），追赠他为蒲州刺史。天宝初，又追赠为开府仪同三司、尚书左仆射、郇国公。

319. 唐中宗为何要给太平公主加"镇国"二字的称号？

太平公主（？～713），唐高宗和武则天的幼女，在武则天后期直至中宗复辟、睿宗即位的政治斗争中，起过重要的作用，但也逐渐滋长了她的权力欲望，直至弄权被杀，落得身败名裂。

作为唐高宗与武则天唯一的女儿，太平公主从小就受到了无与伦比的宠爱。长大后，太平公主貌美如花，聪明机智，深得武则天喜爱。

武则天经常说太平公主无论容貌还是才智都像自己，因而经常让她参加一些政事的谋划，这培养了太平公主的政治能力与经验。

武则天晚年宠幸张昌宗、张易之两个男宠，政事多交二人去处理，结果二人的权势如日中天，朝中不少大臣纷纷投靠二张，以期获得利益。二张本为小人，一朝大权在握便暴露出其卑劣本质。由于他们专权用事导致朝纲紊乱、政治腐败，搞得天怒人怨，统治阶级内部不同集团之间的矛盾激化，一场宫廷政变正在悄悄酝酿。

太平公主与其二兄中宗李显和睿宗李旦之间感情深厚，见母亲日渐衰老，暗中为日后做准备。神龙元年（705），武则天病重，只有张氏兄弟能够见到她，宰相、太子（李显）、相王（李旦）多日都不能见到武则天，而张氏兄弟将要谋反作乱的谣言四起，朝野上下深为担忧。宰相张柬之与崔玄玮谋划，请太子派兵入宫，诛杀张氏兄弟。这项计划得到太平公主和相王的大力支持，并积极出谋划策。于是羽林大将军李多祚等率领禁军，拥太子入宫，斩张氏兄弟于廊下，并逼迫武则天退位，中宗复辟，再次登上皇位。

李显复辟，相王与太平公主有预谋大功，故李显对二人大加封赏，相王加号安国相王。太平公主加号镇国太平公主，实封五千户。太平公主的子女，并给实封。其子皆位居三品高官。从这些优待中，可以看出，太平公主在中宗复辟中，的确起过相当重要的作用。

320. 萧至忠为什么会被玄宗诛杀？

萧至忠（？～713），沂水丞（今山东枣庄）人。唐中宗、睿宗二朝宰相。

萧至忠年轻时任畿县尉，以清廉恭谨、待人诚信而闻名。中宗神龙初年，他为攀高位，竟依附擅权乱政的武三思，由吏部员外郎破格提拔为御史中丞。此后萧至忠在仕途上一帆风顺，先后历任吏部侍郎、中书侍郎，最后爬上了中书令的高位，和宗楚客、纪处讷一样，都是武三思和韦后的红人。

萧至忠是个十分有心计的人。武三思被节愍太子李重俊起兵诛杀后，他敏锐地意识到韦后未必能成气候，于是他开始暗中向相王李旦（即唐睿宗）和太平公主势力靠拢，而没有像宗楚客等人那样完全亲附韦后。当时，中宗让萧至忠负责调查相王和太平公主是否参与了李重俊政变，萧至忠向中宗哭谏说：“陛下富有四海，贵为天子，却不能容一弟一妹，而让他们受小人的罗织陷害吗？当初相王为皇嗣时，曾多次诚心向则天皇后请求让位于陛下，这是天下人所共知的，足可证明相王的为人。现在仅凭几个奸臣的诬奏就怀疑相王，臣虽愚昧，以为陛下万不可如此!”他的一席话使中宗逐渐打消了对相王的猜疑。在中宗统治后期的宰相班底中，宗楚客、纪处讷心怀奸计，多树朋党；韦巨源、杨再思、李峤等又唯唯诺诺以自保，不敢担负匡正之责，唯独萧至忠周旋其中，颇有直言敢谏之风，受到时论的赞扬。

不久，韦后毒杀中宗，临朝称制，大唐帝国处于危亡的紧要关头，一向善辨风向的萧至忠却采取了明哲保身的态度，因此睿宗即位后，一度将他贬为外州刺史。

从当朝宰相滑落为地方刺史，这使得萧至忠心有不甘，于是他又主动投靠了太平公主，希望借其提携重回决策高层。正值用人之际，以求扩大权势的太平公主先后提拔他为刑部、吏部尚书。玄宗先天二年（713），萧至忠重为中书令，再登相位。当年，他与窦怀贞、魏知古、崔湜等人共同编撰了《姓族系录》一书。不久，太平公主谋反事败。玄宗派兵清除其党羽势力，萧至忠先遁逃山野，后被捕杀，家产被抄没。他平日以清俭自夸，但在籍没其家产时却抄出大量财物，由此名誉扫地。

321. 宗楚客为什么能官居宰相?

宗楚客（？～710），蒲州河东（今山西永济）人。历任武则天、唐中宗两朝宰相。

宗楚客的兄长宗秦客在垂拱年间（685～688）因上表劝武则天自立为帝，被提拔为内史，后与同时为官的兄弟楚客、晋卿等都以贪污受贿罪而被流放岭南。一年后，秦客死于流放地，而楚客被追还朝任职，累迁为夏官侍郎（即兵部侍郎）、同凤阁鸾台平章事，成为宰相。中宗神龙初年，宗楚客任太仆卿，投靠了专权擅政的武三思，被提拔为兵部尚书、同中书门下三品，再度拜相。不久，节愍太子李重俊起兵诛杀三思，兵败外逃。身为唐臣的楚客竟遣兵捕斩重俊，并以其首级祭拜武三思。事后，宗楚客深得韦后与安乐公主的信重，被擢升为中书令。他虽依附韦后，但别有心计，与侍中纪处讷结为政治小团伙，当时人称“宗纪”。他们在朝狼狈为奸，诬陷忠良，使朝政日趋腐败。

景龙年间（707～710），身为宰相的宗楚客贪图重金贿赂，竟然唆使中宗下令发兵协同西突厥酋长阿史那忠节，共讨与唐通好的娑葛部。娑葛闻讯大怒，起兵侵扰唐境。面对严重边患，宗楚客为推卸责任，竟诿过于边将郭元振。后来，中宗明白了事情真相，让郭元振官复原职，但也没有责罚宗楚客，事情就不了了之。

宗楚客的逍遥法外，令许多朝臣都深为不满。监察御史崔琬挺身而出，上章弹劾宗楚客勾结外族，收受贿赂，导致西北边疆不宁。宗楚客无视君臣之仪，竟然当廷厉声为自己开脱。昏懦的中宗为求息事宁人，没有穷究此事。他下令崔琬与宗楚客约为兄弟，握手言和。如此荒唐举动，使中宗赢得了“和事天子”的称号。不久，临淄王李隆基（即唐玄宗）起兵清除诸韦势力，宗楚客自然难逃。

322. 唐中宗恢复唐朝统治后，为什么不除去武三思等人？

武三思（？～707），武则天同父异母兄武元庆之子。他略通文史，为人乖巧，深得武则天信任，曾极力谋求为太子，因武则天复立其三子李显为太子而未能成功。中宗复位后，张柬之等大臣希望中宗能够吸取多年来政局动荡的教训，贬斥武三思等诸武权贵，实现唐室中兴。但中宗认为武三思等在诛二张的政变中也是有功之臣，不但不应贬斥，而且应当受到奖励，因此他赐武三思等以铁券，享有免死权。这是中宗不杀武三思等人的原因之一。

武三思等在神龙政变中颇为担心会受到打击，可是张柬之等大臣却错过了这次铲除武三思势力的良机，这就使武三思等躲过了一次灭顶之灾。在韦后专权的情况下，武三思深知只有取得韦后的宠幸才能保住自己的权位。武三思是个善于见风使舵、逢迎拍马的高手，再加上他相貌堂堂，仪表非凡，所以很快就取得了韦后的信任，并进而成为韦后的枕上伴侣。为了进一步巩固地位，武三思又让自己的儿子武崇训娶中宗与韦后之女安乐公主为妻。武三思此前还与唐中宗和韦后极为信任且颇有才学的宫中女官上官婉儿建立了非同寻常的关系。如此一来，中宗对武三思的信任并不亚于对韦后的信任。史书说，韦后常与武三思坐在床上玩“双陆”游戏，而中宗则在一旁为他俩计算筹码。

由于中宗的昏庸和对武三思的极端信任，所以他未杀武三思等人。

323. 娄师德官居宰相，为什么还能宽厚待人？

娄师德（？～699），字宗仁，郑州原武（今河南原阳）人。武则天时宰相。

娄师德二十岁时进士及第，被授以县尉之职。高宗上元初年，升任监察御史。这时，由于吐蕃连年入寇，朝廷招募猛士征伐，娄师德毅然应募。在战斗中他屡立功勋，升为殿中侍御史、兼河源军司马，并掌管军中营田之事。从此以后，娄师德便以营田为己任，与士卒同甘共苦，开拓耕种荒地，连年获得丰收。武则天听说后，特下玺书予以表彰，并升任他为左金吾将军，兼丰州（今内蒙古五原）都督，仍主持营田事务。

长寿元年（692），娄师德被召回京，官拜夏官侍郎（即兵部侍郎）、判尚书事，后又升任宰相。由于在营田方面拥有丰富的经验，武则天特委任他为河源、积石、怀远等军及边境各州检校营田大使。万岁登封元年（695），娄师德转任左肃政御史大夫，仍旧行相权。同年三月，吐蕃入侵洮洲（今甘肃临潭），武则天又以他为肃边道行军副总管，与王孝杰共同率兵抵御。唐军轻敌冒进，结果大败。主帅王孝杰以此被免官除名，娄师德也被贬为原州（今宁夏固原）员外司马。

万岁通天二年，娄师德重入京担任凤阁侍郎（即中书侍郎）、同凤阁鸾台平章事，再度任相。后兼任右肃政御史大夫，与狄仁杰、武懿宗分道安抚河北诸州。神功元年（697），娄师德又改任陇右诸军大使，仍旧负责河西营田事务。圣历二年（699），突厥入寇，他改任并州（今山西太原）长史，仍充天兵军大总管，防卫突厥。同年九月，娄师德去世，朝廷追赠他为凉州都督，谥曰“贞”。

娄师德为人胸襟开阔，颇有容人之量。他处事小心谨慎、从不与人结怨。有一次，其弟娄长将赴代州（今山西太原）任御史，辞行前娄师德诫之以待人接物的道理，并语重心长地问道：“我为宰相，你做到御史，君上荣宠过盛，容易为人所妒，你将如何远祸呢?”娄长恭敬地答道：“即使有人吐唾沫在我脸上，我也只是擦去而已，兄长不要担心。”娄师德慨然长叹：“这正是我担心的，千万不要自己擦拭，任由它自行晾干，笑脸相迎才好。”身为宰相，尚能宽厚待人至如此。

娄师德不但忠于职守，还知人善任。狄仁杰未任相前，他就多次向武则天上表推荐，但狄仁杰为相后，却公然排挤他，总让他出任外使。武则天觉察到此事后，便问狄仁杰说：“娄公算是贤能吗?”狄仁杰颇不以为然：“他不过为将尚能谨守边陲，别的臣就不得而知了。”女皇又问：“他算得上知人善任吗?”狄仁杰淡淡地回答道：“臣与他共事多时，未见他有识才之鉴。”于是武则天语重心长地对狄仁杰说：“朕之所以对爱卿特别倚重还是娄公向朕推荐的。这样看来，他也总算是有识人的眼光了。”狄仁杰听后十分惭愧，对人感慨地说：“娄公盛德，胸襟宽广，长久以来一直包容着我，我不及娄公远矣。”

324. 张仁愿一生有什么战功？

张仁愿（？～714），本名仁亶，华州下邽（今陕西渭南北）人。武则天、唐中宗时的镇边名将。他在唐朝与突厥的战争中功勋卓著，又在黄河北岸修建了著名的“三受降城”，使唐朝疆域得以向北拓展。在其苦心经营下，唐北境维持了长期的安定局面。

张仁愿自幼就很有文武韬略，武则天执政时累迁为殿中侍御史，以刚直不阿而著称。万岁通天二年（697），清边道监察御史孙承景在班师回朝后，上表奏报出征战绩，并附以作战地图。图上每阵必画自己亲冒矢石、冲锋陷阵的英勇之状。女皇阅后大为感叹，便擢拜他为右肃政台中丞，并让张仁愿叙录承景手下的立功之人。张仁愿奉命询问孙承景与敌作战的具体过程，孙承景由于并未亲自参战，无法如实应对。张仁愿便奏其欺君之罪，孙承景因此被贬谪外任，而张仁愿以公正强直升任肃政台中丞。

神龙二年（706），唐中宗复位后，由东都洛阳返回长安。张仁愿被调任为左屯卫大将军，检校洛州（今河南洛阳）长史。当时，洛阳城内谷价昂贵，偷盗之徒横行。仁愿赴任后，大力加以捕杀，并将处死的盗贼尸体堆积于府门前，以震慑民心，洛阳治安状况由此得以扭转。

神龙三年，东突厥大肆扰边，击败了唐朔方军总管沙吒忠义。唐中宗令张仁愿以御史大夫之职，代忠义统兵。仁愿到任时，突厥刚刚退兵，于是他立即率部追击，并击破敌众。过去，唐军与突厥一直是以黄河为界的。河北岸有一座拂云祠堂（今内蒙古包头以西），突厥每次入寇前，都会先到祠内祭祀祈福，然后再厉兵秣马，渡河攻唐。这时，突厥默啜部正全力西征，无暇南顾。张仁愿审时度势，亲自入朝，请求乘机夺取黄河以北、大漠以南的空旷地区，并在那里修筑三座城池，首尾相应，以断突厥南侵之路。这一建议遭到许多朝臣的反对，但仁愿力排众议，力争不已，终于得到中宗的首肯。仁愿回军后，立即亲率全军将士投入筑城工程。经过紧张施工，三座城池终于建造完成，并起名为“三受降城”。其中位于拂云祠附近的中受降城，与东、西二城各相距四百余里，遥相呼应，唐朝边境向北拓展了三百余里。张仁愿又在牛头朝那山（今内蒙古固阳以东）以北设置了一千八百所烽火台。从此以后，突厥再也不敢越山游牧，朔方军守边之责相对减轻，镇兵也相应减少了几万人。

张仁愿除有军事才能外，还善于识人。他在朔方先后奏用监察御史张敬忠、何鸾、长安尉寇泚、鄠县尉王易从、始平县主簿刘体微等分管军事，太子文学柳彦昭为管记，义乌尉晁良贞为随机。张敬忠等人均以文辞、吏才而著名，后来很多人都官至高位，所以当时人都称赞仁愿有知人善任之美德。

景龙二年，张仁愿官拜左卫大将军、同中书门下三品，封为韩国公。他春天入朝为相，秋后镇边督军，中宗对他很是信重。睿宗即位后，张仁愿以年老多病而退休，玄宗开元二年（714），因病去世。

325. 李多祚是哪个民族的人？有什么突出事迹？

李多祚（？～707），世代为靺鞨（今满族先世）酋长，骁勇善射，以军功升任右羽林军大将军，前后掌管北门宿卫二十余年，曾率兵平定黑水靺鞨及室韦，万岁通天元年（696），又平定营州（今辽宁朝阳）契丹松漠都督李尽忠、归诚州刺史孙万荣之乱，屡立战功。

神龙元年（705）初，武则天病情加重，身边只有内宠张易之、张昌宗兄弟二人。宰相张柬之、崔玄暐等人害怕大权落入张氏兄弟手中，准备发动政变，诛杀张氏兄弟。于是他们说服了当时是右羽林军大将军的李多祚。控制了羽林兵对于政变是至关重要的。正月二十二日李多祚奉太子从玄武门到武则天寝宫长生殿，杀张氏兄弟，消灭二张同党韦承庆、彦融、崔神庆等。武则天被迫传位太子，二十五日中宗即位。

中宗即位后，宰相张柬之、崔玄暐等五人皆被任为宰相，但大权很快又被武则天的侄儿武三思掌握，武氏将五人先贬后杀。于是神龙三年（707）七月，太子李重俊与李多祚起兵，发动政变，杀掉武三思、武崇训（安乐公主驸马）后，禁军倒戈，太子与李多祚都被杀。李多祚二子、女婿均被杀，全家都被废为奴婢，没入官家。

睿宗即位后，给李多祚予以平反，称赞他是“三韩贵种、百战余雄”、“乃心王室，仗兹诚信，翻陷诛夷”。

326. 郭元振一生有什么赫赫战功?

郭元振（656～约 713），魏州贵乡（今河北大名）人。武则天、唐中宗、唐睿宗三朝名将。他长年镇守边陲，抵御外侵，后以功拜为宰相。

郭元振年少时就胸怀大志，乐于助人。后进士及第，被授为通泉（今四川射洪）县尉。在任上，他任侠使气，为所欲为，前后掠卖部众千余人，以送宾客，当地百姓深受其苦。万岁通天元年（696）九月，吐蕃遣使请求和亲。武则天派遣当时任右武卫铠曹参军的郭元振前往察看真实情况。吐蕃大将论钦陵要求唐朝罢安西四镇（龟兹、焉耆、于阗、疏勒）守军，共同瓜分十姓突厥之地。朝廷对此事犹豫难决之际，郭元振审时度势，上疏分析道：“钦陵要求我们罢兵割地，利害难辨，不可轻率从事。四镇之利远，河西之害近，须有长远的打算。四镇、十姓之地，为吐蕃所欲；而青海、吐谷浑等已被吐蕃攻占之地，也是我朝的战略要地。可以这样答复钦陵：我朝并非吝惜四镇，而是本以此扼守要冲，分外族之力，使其不能东侵扰唐。现在我们可以放弃该地，交给吐蕃，条件是吐蕃也要交还以往侵占的唐青海、吐谷浑故地。这样一来，不仅可以杜绝吐蕃野心，又不会完全断绝两国邦交。”针对吐蕃内部矛盾，郭元振建议：“吐蕃百姓疲于徭役征伐，早有罢兵和亲之心。只是钦陵统兵专制，不愿归附。若国家每年遣使要求罢兵，而钦陵却拒不从命，必可使其上下离心，互相猜疑；钦陵再要兴兵内侵，则不得人心。”武则天对此策深表赞同，于是拒绝了论钦陵的要求。不久，吐蕃赞普就对钦陵专兵不满，诛杀了钦陵及其亲兵，一切果如郭元振事前所分析的那样。

大足元年（701），郭元振迁为凉州（今甘肃武威）都督、陇右诸军州大使。原来，凉州南北不过四百余里，突厥、吐蕃连年兵至城下，当地百姓不胜其苦。郭元振到任后，于南境硖口置和戎城（今甘肃古浪），北境沙漠中置白亭军（今甘肃民勤），控制要冲，开拓州境一千五百里。从此，外寇不敢轻易兵临城下。另外，元振又于边境大兴屯田，尽量发挥当地的水陆资源条件。在他的努力治理下，凉州当地社会生产发展很快，出现“牛羊被野，路不拾遗”的景象。

中宗复位后，郭元振任左骁卫将军、检校安西大都护。神龙二年（706），西突厥首领乌质勒请求与唐通好，郭元振亲赴其牙帐议事。当时恰逢大风雪，元振立于帐前，直接与乌质勒面议。须臾之间，雪深风紧，元振稳立不动，而乌质勒却不胜严寒，回帐后就死了。其子娑葛大怒，打算率军讨杀元振。元振属下获悉消息后，都劝其连夜出逃。元振震惊地说道："我以诚待人，有什么好怕的？况且深在其营，能逃往何处呢？"于是安处其间。次日，他亲入帐中哭悼乌质勒。娑葛深受感动，待他如初。和议告成后，朝廷以元振为金山道行军大总管，全权负责安边事宜。

娑葛执政后，与其父故将阿史那阙啜忠节互相攻战，忠节常处劣势。为牵制西突厥势力，郭元振奏请允许忠节入朝宿卫，迁其部落入唐。忠节在入朝途中，受旁人的怂恿，企图以重金贿赂当时的宰相宗楚客、纪处讷等人，以求得安西唐兵、吐蕃的援助，共攻娑葛。郭元振闻听消息后，立即上奏朝廷说："吐蕃早对四镇、十姓之地垂涎欲滴，近来没有用兵，主要是其国内乱频频，害怕唐乘势进攻，故求自保。现在忠节引吐蕃攻娑葛，则安西四镇必然危急。"宗楚客纳贿后，丝毫没有考虑可能造成严重后果，立即调发唐边兵，会合吐蕃，以攻讨娑葛。娑葛闻讯大怒，分别遣兵向安西四镇的唐军发动进攻。郭元振在疏勒镇（今新疆喀什）势单力薄，坚守不出。唐军损失惨重，安西陷落，四镇与朝廷失去联络。娑葛写信给郭元振，指责宗楚客受贿，违约挑起战端。宗楚客为推卸责任，企图诬害郭元振。元振遣其子亲入京城向中宗上奏实情，才没有遭到诬陷。

睿宗即位后，召郭元振为太仆卿，不久就进位宰相，兼任兵部尚书。开元元年（713），玄宗清除太平公主集团。事发当日，众宰相中唯有元振率兵侍卫睿宗。后来论功行赏，元振晋封为代国公。不久，玄宗为巩固帝位，抑制功臣对皇权的威胁，乃借口训军不整，将元振削职，流放新州（今广东新会），后又起用为饶州（今江西波阳）司马。郭元振以怏怏不得志，病死于途中，终年五十八岁。

327. 李峤为什么要大量设置员外官？

李峤（约642～约712），赵州赞皇（今河北赞黄）人。历任武则天、唐中宗二朝宰相。与苏味道俱以文学知名，号称"苏李"。

李峤出身官宦世家，其父亲李镇恶曾为地方县令。峤早年丧父，对母亲很是孝顺。他从小就勤奋好学，据说十五岁时就十分精通《五经》，二十岁时进士及第，首任长安县（治今陕西西安）尉。后因参加制举考试，成绩优秀，迁为长安县令。

唐高宗时，李峤累迁为监察御史，因以监军身份招降岭南叛民有功，回朝后升任给事中。武则天秉政后，大行酷吏政治。天授年间（690～692），酷吏来俊臣诬告狄仁杰、李嗣真等朝臣下狱，将治死罪。武则天敕令李峤与大理少卿张德裕等人负责勘覆。李峤慷慨直言：“明知他们冤枉而不救，是见义不为也。”于是上书为他们申冤。武则天大怒，将其贬为外州司马，过了很久才召回京师任凤阁舍人（即中书舍人）。当时朝廷的文诰制敕等，大多是出自李峤手笔。针对当时右御史台御史负责巡检地方吏治事繁而时短的弊端，李峤向朝廷建议将全国分为二十道，每道派专门的御史负责巡查事务。武则天非常赞同他的意见，但由于其他官员的反对而作罢。武则天圣历初年，李峤与姚崇俱以本官加同凤阁鸾台平章事衔，成为宰相。

中宗复位以后，李峤以曾亲附武则天内宠张易之而被贬外任，几个月之后才召回京担任吏部侍郎。在吏部他负责官员铨选事务，为了博取声誉，以利于将来再度为相，乃上奏中宗请求大量设置员外官。所谓员外官，即国家正员编制之外的官员，这类官员的大量设置，不仅耗费国家大量资财，而且还败坏了吏风，造成了很不好的历史影响。李峤因此受到当时社会舆论的批评。

神龙二年（706），李峤代韦安石为中书令，后又加修文馆大学士，封为赵国公。睿宗即位后，他被罢去相职，以州刺史退休。玄宗登基之后不久，意外地获得了李峤在中宗驾崩时向朝中权贵所上的请将相王（即唐睿宗）诸子外调出京的密奏。事发后，有朝臣请求将他诛杀，时为中书令的张说劝说玄宗道：“这都是过去的事了，也是身为宰臣的李峤分内之言。”因此李峤免于一死，但被降为庐州别驾，后死于任上，终年七十一岁。

李峤生前以文辞著名，不仅与同乡苏味道号称“苏李”，还与苏味道、崔融、杜审言等文学之士齐名，当时人称“文章四友”。其诗多为咏物、写景、应制之作。

328. 姚崇为什么被称为开元名相?

姚崇（650～721），字元之，陕州硖石（今河南三门峡）人。姚崇本名元崇，后避开元年号，单名崇。其父姚善意在贞观年间任地方都督。

武则天时，姚崇以孝敬挽郎的身份应下笔成章制举考试，因成绩优异，被授为州司仓参军，后迁任夏官郎中（即兵部郎中）。当时契丹李尽忠等在河北叛乱时，姚崇曾上书武则天，对叛乱问题献计献策。武则天对这份文笔流畅、条理清晰的奏折很是重视，于是破格提拔他为夏官侍郎。圣历元年（698），他又被擢升为同凤阁鸾台平章事，成为宰相。

为相期间，姚崇多次向武则天陈说酷吏政治的弊端，深为武则天所重，为武周后期政治走向清明、宽和起了积极的推动作用。此后，姚崇又兼任夏官尚书（即兵部尚书）、春官尚书（即礼部尚书），仍同凤阁鸾台三品。不久，因得罪了武则天内宠张氏兄弟，被贬为灵武道（治今宁夏灵武）大总管。姚崇离京赴任前，向女皇推荐张柬之为相，为后来的复唐政变做了铺垫。

神龙元年（705），张柬之、桓彦范等朝臣谋诛专横跋扈的张氏兄弟，光复唐朝，姚崇曾参与其谋，是政变的重要幕后人物。但在武则天退位，中宗即位后，正当满朝公卿大臣欢欣鼓舞时，姚崇却因感念女皇知遇之恩，独自痛哭流涕。为此他被贬为亳州（今安徽亳州）刺史。睿宗景云二年（710），姚崇再度任相。当时太平公主干预朝政，与太子李隆基矛盾非常激烈，睿宗为了缓和矛盾，遂将亲太子的姚崇贬为外州刺史。

开元元年（713）十月，玄宗即位后，姚崇再度为宰相。玄宗刚刚即位，留心于治道，经常和他商讨军国大事，姚崇遂向玄宗提出了十条建议，其中包括改严刑峻法为施仁政，不妄求边功、穷兵黩武，不让宦官干预政事，罢免前朝滥设的官员，近亲宠臣犯法绝不宽贷，杜绝正式赋税之外的贡献，停造寺观宫殿，君臣间要有礼仪，不许外戚干政等。这些建议受到玄宗的赞同，这就为“开元之治”的形成奠定了基础。姚崇还主持清理了天下佛寺，勒令还俗的僧尼达万人之多；大力开展灭蝗运动，发展农业生产；整顿清理贵族封户，将过多的封户削减下来，并不许封家直接向封户征收租税。

开元初期，玄宗励精求治，许多大事都委托姚崇去处理，姚崇也能够独当重职，以辅佐圣主安天下为己任，为政清明务实，为缔造“开元盛世”的繁荣昌盛局面做出了不可磨灭的贡献。当时人将他与另一宰相宋璟并称为“姚宋”，将他们与贞观名相房玄龄、杜如晦称为大唐名相。

329. 姚崇临死前是如何告诫子孙的?

姚崇为相虽颇有政绩，为“开元之治”的形成做出了很大贡献，但却对其子及亲信管教不严，致使其子光禄少卿姚彝、宗正少卿姚异广交宾客，收受礼物，由此为时人所讥。当时他的亲信赵诲是中书省主书，因受贿事发被依法判处死刑。姚崇出面营救，引起了玄宗的不满。最后赵诲被杖责一百，流放岭南。自此以后，姚崇心怀忧惧，多次请求辞职，并力荐宋璟代己为宰相。开元四年（716），姚崇被罢去相职。

开元九年九月，姚崇去世，享年七十二岁。追赠为扬州大都督，谥曰“文献”。临终前，姚崇分其田产，令子孙各守其分，仍以遗书告诫其子孙。大略为：“古人云‘富贵者，人之怨也。贵则神忌其满，人恶其上；富则鬼瞰其室，虏利其财’。自古以来史书上还没有记载过任何一个德薄任重而能善终的人。所以有远见的人，应如范蠡、疏广等，能审时度势，急流勇退。况且我们的才能远远不及那些古人，而又掌握着极高的权力，享受着无比的恩宠。所以权力越大，荣宠越多，我们就越忧惧。我在相位多年，工作难免有疏漏，如今荐贤才代替自己，能获得圣上恩准，我也就放心了，人的一生，像我这样也就没什么遗憾的了。”

“以前我也曾亲见许多达官显贵的后人一旦失去祖先的庇护，生活就贫困不堪，为了一点点的利益，族人间互相争斗，真是有辱先人。且作为家族共同财产，他们互相推托都不去经营，以至荒废。所以我也吸取教训，仿效他人，将家产分开，让你们各自去经营。”

关于自己死后的安葬，姚崇告诫子孙要从简。他说：“孔子圣明，母墓毁而不修；梁鸿至贤，父亡席卷而葬。古代许多有见识的人都如此主张薄葬。主张厚葬的人，不是不明智，就是溺于俗流，以为厚葬就是对死者的孝顺。殊不知，因为厚葬，死者死后亦不得安宁，为盗墓者‘戳尸暴骸’。多么令人心痛呀！人死后真的没有必要厚葬。我死后，你们给我穿上普通的衣服就行了，若违我意愿，让我受戮于地下，你们怎得安心？你们一定要慎重考虑。”

关于佛教等宗教，姚崇告诫子孙不可断信。他说：“北朝姚兴倾竭府库以译经造寺，而他并未因此长寿，国家也随之灭亡；北齐广置僧徒，以求佛助，北周却抑制佛教，装备军队，两国交战，周胜而齐灭。

祈求佛祖庇护的行为，多么让人蔑视！梁武帝、胡太后、当朝中宗、太平公主、武三思、韦后、张夫人皆是典例，佛经说：‘求长命得长命，求富贵得富贵。刀寻段段坏，火坑变成池。’可这些在现实中都证明是不可取的。佛教教人行善是对的，是可以接受的，但为此佞佛，广建佛像，大抄经卷就劳民伤财，不可取了。”

330. 宋璟为什么能与姚崇并称名相？

宋璟（663～737），邢州南和（今河北南和）人。开元初名相，以刚直无私而著称。为相期间他善于择人，对朝政得失多所匡谏，为“开元盛世”的出现做出了贡献，与姚崇并称“姚宋”。

宋璟是北魏吏部尚书宋弁的七世孙，年轻时就以正直无私、勤奋好学而闻名。后来进士及第，累迁为凤阁舍人（即中书舍人），颇受当时女皇武则天的器重。长安三年（703），武则天内宠张昌宗诬陷宰相魏元忠谋反，武则天下旨逮捕魏元忠，并要魏元忠与张昌宗当廷对质。张昌宗暗中利诱威胁凤阁舍人张说作伪证助己。当时同任凤阁舍人的宋璟力劝张说道：“名义至重，鬼神难欺。阁下切不可依附奸邪小人，陷害忠良。万一不测获罪，我会站出来替你力争的。若不成功，情愿和君同死，万代后的名誉就在此一举了。”有了宋璟的支持，张说当堂怒斥张氏兄弟，反对他们诬害魏元忠。由于武则天的包庇，二张的阴谋虽未得逞，但魏元忠还是被贬外任。为此，宋璟叹息道：“璟不能申明魏公之冤，深感惭愧。”

宋璟不久迁为左御史台中丞。当时二张兄弟专权骄横，许多朝臣都依附于他们。宋璟却很刚直，敢于和他们做斗争。一次，有人告发张昌宗私招术士占相，语多大逆不道。宋璟屡次上书要求将其绳之于法，武则天敷衍说：“昌宗已经自己上奏承认错误了。”宋璟并不退缩，尖锐地指出：“张昌宗是有人通风报信，走投无路才上奏的，并且谋逆大罪，没有赦免之理，请予以治罪，以申国法。臣也知道二张兄弟深为陛下眷宠，此举会招致大祸，但为了伸张正义，虽死无恨。”武则天理屈，被迫同意让张昌宗亲赴御史台受审，但不久又下令赦免他。为缓解宋璟的愤怒，武则天特别让张昌宗到宋府当面谢罪，宋璟拒而不见，并回绝说：“公事当公办，若私见，则法外有私也。”

中宗复位后，宋璟官拜吏部侍郎、黄门侍郎等职，以刚正不阿又得罪了弄权的武三思，屡遭其排挤而赴外任。在外任官期间，他清正严明，属下都不敢犯法。睿宗时，身为宰相的宋璟为捍卫太子李隆基的储位，与姚崇共同反对太平公主专政。太平公主曾私召宰相谋废太子，在场的几位宰相都大惊失色，不敢言语，唯独宋璟厉声质问道："东宫（即太子）有功于天下，乃真正的社稷之主，公主怎能有此奇怪的言论呢?"他因此为公主嫉恨，被贬为外州刺史。

开元初年，玄宗以宋璟为刑部尚书，不久又迁为吏部尚书、侍中，晋封为广平郡公，信重无比，宋璟也竭力辅佐玄宗以成王业。他行事公正无私，为时人所称。开元七年（719）四月，开府仪同三司王皎去世，其子驸马都尉王守一请求按玄宗外祖父窦孝谌的标准，筑坟五丈一尺高。玄宗为表彰功臣，答应了他的请求。对此宋璟坚决反对，他说："俭，是高尚的品德；侈，是大罪过。高坟为贤人所戒，厚葬非君子所为。大家都追求奢靡而自己能够纠革，才是至孝之道。"他又强调不能越制，力谏道："王皎之坟，按制度达到三丈以上、四丈以下高即可。"玄宗非常赞同他的意见，叹息说："爱卿能言别人不敢言之事，且能再三坚持，成就朕的美名，正是朕所期望的贤臣啊!"于是赐予他财物以示奖励。

同年，玄宗因岐山（今属陕西）县令王仁琛是自己为藩王时的旧属，就亲自批准其为五品官。宋璟知道后，劝谏说："皇帝亲故授官，虽有先例，但王仁琛已得过优待了，若再蒙特殊奖励，恐怕就要受舆论的批评了，何况他还是皇后的族人，更要考虑影响了。请委托吏部对他加以考察，若合格，再行授官不迟。"玄宗对此非常赞同。还有一次，有位名叫宋元超的人到吏部，自称是宋璟的叔父，希望能优待为官。宋璟知道后通知吏部，说宋元超是他的远亲，已经很久不往来了，要求吏部对他一视同仁，不能以私害公。

开元八年（720）正月，宋璟对有罪还不断上诉者，统统交付御史台治罪，引起一些人的不满，接着他又与另一位宰相苏颋建议严禁地方私铸钱，并命监察御史荣隐之专管此事。由于荣隐之操之过急，引得百姓怨声载道。宋璟也因此辞去相位，改任开府仪同三司。

宋璟辞职后，玄宗仍对他关爱有加，宠遇甚厚。开元二十五年，宋璟因病去世，享年七十五岁，朝廷追赠他为太尉，谥曰"文贞"。

331. 刘幽求为什么能够迅速当上宰相?

刘幽求（655～715），冀州武强（今河北武强）人。唐睿宗、玄宗二朝宰相。以参与谋划诛诸韦之功，迅速拜相。玄宗即位后，他又参与诛太平公主之谋。后与宰相姚崇有矛盾，被贬外任，郁郁而终。

武则天圣历年间（698～700）刘幽求应制举及第，被授为地方县尉。因与州刺史有矛盾，不久就弃官还乡了。后来，他又被授予朝邑（今陕西大荔）县尉之职。当时张柬之、桓彦范等朝臣发动政变，匡复了唐朝。面对诸武势力尚存的现实，具有敏锐政治头脑的刘幽求曾劝桓彦范说："武周虽被推翻，但武三思尚在。如此斩草而不除根，终为后患。"桓彦范不以为意，后来果然反受其害。

韦后毒杀中宗以后，欲掌控朝政。当时的临淄王李隆基（即唐玄宗）联络朝臣，果断地发动政变，诛杀诸韦势力。刘幽求对政变筹划出力甚多，行动当晚所下的许多关键性文件，都出自其手。平乱后，幽求以功拜为中书舍人，并参与朝政，赐爵中山县男。睿宗登基后又加银青光禄大夫，行尚书右丞，晋封徐国公。迅速拜相的他，一时间贵宠无比。

睿宗景云二年（711），刘幽求以户部尚书被罢去政事。不久，又迁为吏部尚书，荣升侍中。玄宗即位以后，为巩固帝位，任命他为尚书右仆射、同中书门下三品，主持监修国史。当时，太平公主把持朝政大权，在朝宰相多依附于她。中书令崔湜就多次与太平公主密谋废立。刘幽求得知消息后，积极地为玄宗出谋划策，并力劝玄宗先下手为强。可惜保密工作做得不够，密谈内容外泄，玄宗不得已将刘幽求流贬外任，直到太平公主势力被清除后才得以回京任职。

开元初年，朝廷改尚书左、右仆射为左、右丞相。刘幽求以辅佐之功官拜左丞相，兼黄门监。此后，因为与另一宰相姚崇的矛盾，功高震主的刘幽求不久就被贬出京城，担任地方州刺史。他内心不平，抑郁而终，享年六十一岁。

332. 刘知几的生平情况如何?

刘知几（约661～约721），本名子玄，以字称，彭城（今江苏徐州）人。唐代著名的史学家。知几幼时曾与几位兄长随父亲学习《左传》，在短时间内即通览群史，为后来从事史学研究奠定了扎实的基础。他二十岁考中进士，与其兄刘知柔并以文词知名，被授予获嘉（今属河北）主簿之职。

武则天证圣元年（695），曾诏令九品以上文武官员畅言时政得失。

知几在上疏中针对当时种种弊政，大加讽喻，以言词切直深受武则天赞誉。因为对官爵伪滥而法网严酷，士人多陷刑戮的现象非常不满，他特作《思愤赋》以嘲讽。

长安年间（701～704），刘知几升任左史，兼修国史。不久擢升为凤阁舍人（即中书舍人），修史如故。中宗景龙初年，再拜太子中允，依旧撰修国史。当时，在史馆任职的有侍中韦巨源、纪处讷和中书令杨再思、兵部尚书宗楚客及中书侍郎萧至忠等。刘知几认为监修官员人数过多，是国史修撰的一大弊病，加之萧至忠没有管理经验，对史官妄加指责，于是刘知几便请求罢去自己的史官之职。

在给萧至忠的辞职书中，他条列了当时官修国史的种种弊病："古之同史，多为一字之言，未听说过有聚众修史之举。如今史官众多，各以为能，互不相让，导致'头白可期，而史册无日'，空耗时间精力而少有成果；古代史官修史时史料充足，而如今史官撰史，都要靠自己亲自采访。君王起居，大臣行状，因无法及时收集，缺遗无寻；想求风俗于州郡，力所难及；欲探寻朝廷典章制度的沿革，簿籍难见；如今的撰修史官人数过多，众口难掩，一字褒贬，尚未绝口，朝野即知，难以保持史书的公正客观性；秉笔的史官只是奉命下笔，而监修的官员志趣各异，导致史官莫衷一是，难以下手；国家设置监修，本意是为总领史职规划体例，合理分工，成督促检查之功。但现在却使监修官无所事事，史官无所适从，致使争为苟目，互相推卸责任，浪费时间。"萧至忠看完心里很不高兴，但惜其才华，没有批准他的辞呈。宗楚客等人则对刘知几之言大为嫉恨，气愤地说道："此人如此上书，想置我们监修官于何地？"

刘知几自觉修史的个人主张在当时难以施行，便在修史之余，自撰《史通》一书，至中宗景龙四年（710）最终完成。该书篇目繁浩，既论述了史书源流、体例和编撰方法，又阐释了史官的建置沿革和史书得失。更为可贵的是；他在书中详细地论述了他个人对历史学的看法与意见，是一部不可多得的史学理论著作。太子右庶子徐坚阅读此书后，大加赞扬说："职任史官者，应将此书奉为座右铭。"

睿宗景云年间（710～711），刘知几官拜太子左庶子，兼崇文馆学士，依旧修国史。玄宗开元初年，又迁左散骑常侍，修史如故。刘知几等修国史，前后长达二十余年，多所撰述，深为时人所称。礼部尚书郑惟忠曾问他说："自古以来，文士多而史才少，是什么原因呢？"

知几回答说："史才须有三长，但世无其人，故史才少。所谓三长：即史才、史学、史识。如有史学而无史才，就如同良田百顷，黄金满筐，却使愚人经营，终难致富；如有史才而无史学，就像一个能工巧匠，虽是鲁班再世，却手无一件工具，终不能有所为；但最重要的还是史识，若史家具备了正直不阿、善恶必书的修史品质，就会如虎添翼，所向无敌。如果无此三长，切不可尸位史任。"时人都很赞同他的这番议论，视之为至理名言。

开元九年（721），刘知几的长子、太乐令刘贶因罪被判流放。刘知几亲自到宰相那里申诉，玄宗闻讯大怒，立即将他贬出京师，降为安州都督府（今湖北安陆）别驾。不久，刘知几死于任上，终年六十一岁。后朝廷追赠他为工部尚书，谥曰"文"。

333. 窦怀贞为什么被称为"皇后阿奢"?

窦怀贞（？～713），京兆始平（今陕西兴平）人。初为清河令，颇建功名。中宗神龙时，官至御史大夫。为了讨好中宗与韦后，他续娶韦后乳母王氏，为韦后祖先之讳，他改名从一，因此遭到了时人的蔑视。当时人称乳母的丈夫为阿奢（zhē），窦怀贞遂自称"皇后阿奢"，人们戏称他为国奢，他不但不以为耻，反而洋洋得意。韦后在政治斗争失败被杀后，为了避祸，窦怀贞斩其妻、献其首，虽然保住了性命，却被贬为濠州司马，迁益州长史。睿宗景云二年（711），窦怀贞时来运转，进位同中书门下平章事，迁侍中，当上了宰相。他又投靠太平公主，并且结善权贵，讨好宦官，以固权位。睿宗欲为金仙、玉真二公主建造道观，由于花费颇大，群臣纷纷上表反对，唯有窦怀贞坚决支持，并亲自主持工程营建，以讨好皇帝。他对宦官特别畏惧，有时竟然将无胡须的来客误以为是宦官，百般讨好，闹出了笑话。他任御史大夫时，监察御史魏传弓憎恨宦官弄权，欲上书弹劾，窦怀贞极力压制，坚决不让他上表。

唐玄宗即位后，他进位左仆射，封魏国公。先天二年（713），太平公主谋废玄宗，被玄宗诛杀，由于是太平公主同党，窦怀贞走投无路，只好投水而死。皇帝下令戮其尸，并改姓毒氏。

334. 李朝隐任长安县令时因何事得到唐睿宗的赏识?

李朝隐（664～733），字充国，京兆三原（今陕西三原）人。中唐时大臣。一生几度担任执法官，刚正不阿，依法定罪，不畏权贵，深为时人所称。

李朝隐年少时参加明法科考试及第，先补为临汾（今山西临汾）尉，后又累迁为大理寺丞，掌刑狱诉讼。中宗神龙二年（706），光禄卿王同皎以企图谋杀德静郡王武三思被捕，武三思反而诬陷同皎谋废韦后，并乘机将桓彦范等五位郡王牵连进去，五郡王因此被贬为边州司马。当年秋天，武三思又暗中命人将韦后的秽行公布于洛阳街寺，要求中宗将韦氏废黜，中宗听说后大怒，令御史大夫李承嘉大力追查。李承嘉顺承武三思之意，诬陷是桓彦范等唆使人所为，并请中宗加之以灭族之罪。昏庸的中宗不明所以，竟准奏，下敕命大理寺执行。身为寺丞的朝隐据理力争，说没有充分的证据，不可轻易用法，草菅人命，结果得罪了中宗与武三思，被贬放到五岭以南的穷山恶壤之中。宰相韦巨源和李峤认为这很不公正，于是找机会趁中宗高兴的时候替他求情说："李朝隐早以清正闻名，如今无罪被贬，一朝远逐，恐怕会引起天下人的疑虑。"中宗只好让他去山西任闻喜县令。

中宗景龙四年（710）六月，李隆基发动政变，杀韦后及其党羽，拥睿宗即帝位。李朝隐被调回京任侍御史，不久迁为职权甚重的长安（今陕西西安）县令。当时宦官闾兴贵恃宠专横，因私事要李朝隐徇情枉法，以损公肥私。刚直不阿的李朝隐二话没说，就让人把他赶出衙门。这件事在当时影响很大，睿宗得知后十分高兴，特意下制予以褒奖，并亲自召见了朝隐，夸奖他说："爱卿为帝京县令就能如此守法，朕还有什么好担忧的呢？"事后又加授他为太中大夫，升任绛州（今山西闻喜）刺史，兼主持礼部选事。

335. 李朝隐是如何执法的？在法律方面有什么主张？

李朝隐为官奉公守法、廉洁清正，甚有口碑。早在睿宗即位之初，任侍御史、兼吏部员外郎的他就以刚直守法而知名。在此之前，韦后和她的女儿安乐公主大肆卖官鬻爵。针对此弊政，李朝隐一次就罢免了一千四百多人的官。尽管被罢之人与韦氏余党对他恨之入骨，进行攻击和谩骂，他还是一如既往，毫不屈服。

玄宗即位后励精图治，广纳人才。开元二年（714），李朝隐迁为吏部侍郎，在任铨叙平允，受到玄宗玺书的褒奖。此后，他历任地方长官，迁往河南尹时，"政甚清严，豪右屏迹"。皇太子舅父赵常的家奴恃势欺压百姓，朝隐将其绳之以法，抓起来杖责。玄宗知道后，又降敕书予以表扬。

开元十年，李朝隐迁为大理寺卿。八月，武强县令裴景仙索贿求财，事发后弃职逃走。玄宗闻报大怒，令官员抓住即杀。朝隐身为执法官，认为当依法论罪，上奏说："景仙是贪污索贿，罪不至死。"玄宗仍下诏维持死刑的判决，他继续据理力谏道："生杀赏罚之权在于君主，而轻重之别，当由臣下依法评判。现在若仅仅因为索贿求私就处以极刑，将来有犯比这更严重的罪行，当做何处置呢？所以为臣认为应当依法治罪，绝不是要枉法宽赦景仙的性命。"玄宗十分赞赏朝隐忠于职守，依法办案的品质，下制将裴景仙改为杖责流放。

此后，李朝隐又历任大理寺卿、御史大夫、太常卿等职。开元二十一年（733），他奉命任岭南采访处置使，巡视岭南地区，不久就死于当地，享年七十岁。朝廷追赠为吏部尚书。

336. 裴光庭是什么人？所谓"循资格"是什么意思？

裴光庭（675～732），字连城，绛州闻喜（今山西闻喜）人。唐初名将裴行俭之子，玄宗时官至宰相。他自幼丧父，母亲库狄氏在武则天时被召入宫，甚得女皇宠信，光庭也由此累迁为太常丞。玄宗开元初年，又历任清要之职，由司门郎中转为兵部郎中。裴光庭为人沉默寡言，不善交际，因此直到担任要职以后，他的才干才逐渐为人所知。

开元十三年（725），玄宗打算"封禅"泰山，中书令张说认为大驾东巡，京师空虚，担心周边民族趁机扰边，于是召集僚属，商议加兵守边。身为兵部郎中的裴光庭劝说道："'封禅'，正是为了告天地以成功也。何谓成功？即皇帝恩信远播四海，天下百姓安定，周边各族臣服于我朝。如今将告成功之际却害怕外侵，何以昭示圣德呢？且兴兵安边，将惊扰百姓，也有违成功之道。如今之计，不如遣使招突厥派大臣赴会，突厥一来，其他部族酋长必定相率而来，这样我们就可以高枕无忧了。"张说听后，赞叹不已，于是将他的建议奏上而施行之。

开元十七年，裴光庭以才望官拜中书侍郎、同中书门下平章事，成为宰相。不久，又晋升为侍中，兼吏部尚书。

在吏部主事期间，光庭制定并颁行了"循资格"制度，即选人无论才智、贤尚与否，都根据资历来叙迁注官。官员凡是任满后，等若干选（年）后再集中于吏部，委任新职；官卑待选多，官高待选少，必有一定资历方得授官。这种“循资制”从一定程度上缓解了统治阶级内部矛盾，使那些因才智平庸而久不得升迁的官员也有了迁转的机会。此外，裴光庭还引荐了李融、张琪等后进文学之士入直弘文馆，负责撰写《续春秋传》一书。后来由于诸多原因限制，书竟没能完稿。

开元二十年（732），裴光庭以辅弼之功加光禄大夫，进封正平男。可惜不久他就因病去世，终年五十八岁。朝廷追赠他为太师。

光庭死后，与他早有私人恩怨的宰相萧嵩立刻奏请罢停了“循资格”制，并将其生前引荐的官员尽数外贬出京。此后“循资格”制或停或行，至唐后期遂成为定制。

337. 高力士是怎样当上宦官的？为什么要改姓高氏？

高力士（684～762），潘州（今广东高州）人。本姓冯，名元一。后为宦官高延福收为养子，遂改姓高。据考证，冯氏家族本为十六国时期的北燕之宗室，北燕遭北魏进攻，其国灭亡前夕，遣宗室冯业率领四百余人渡海南下，到达番禺上岸，投奔南朝刘宋，冯业被任命为新会太守，从此冯氏家族便定居于岭南，世代为当地郡守、刺史。由于冯氏家族到底不是当地土著，所以很难在岭南发号施令。到冯业之孙冯融时，便为其子冯宝娶当地大族冼氏之女为妻，由于冼氏在岭南势力很大，这两个家族的结合使冯氏家族的地位得到巩固。冯宝死后，岭南大乱，冼夫人命其子冯仆率众归附于陈朝，并消灭了割据势力，维护了国家的统一。隋朝消灭陈朝后，冼夫人又与其孙冯盎力战，逐一扫平当地叛乱势力，归顺了隋王朝。因此，隋文帝授冯盎为高州刺史，封冼夫人为谯国夫人。

隋末岭南大乱，冯盎扫平其他割据势力，占据了岭南十八州之地，成为这里最强大的军事集团。后来冯盎又归顺了唐王朝，被唐高祖封为高州总管、吴国公，后又改封越国公、耿国公。高力士即冯盎曾孙，其父冯君衡，赠潘州刺史。这个家族在武则天时期遭到毁灭性的打击，冯君衡全家妻离子散，高力士之父死去，他又与母亲及两个哥哥失散，当时他年仅十岁。成王李千里任岭南讨击使时，在当地得到了高力士，见他长得聪明可爱，遂献入宫中，当了小宦官。一年后，由于高力士年幼无知，触犯了宫规，被武则天赶出了宫。无所依靠，便认宦官高延福为养父，并改姓名。后来通过养父的关系，他又入宫当宦官。

他前后参加过玄宗平定韦后之乱和太平公主之乱的政治活动，都立有大功，成为玄宗的心腹之人。玄宗命他知内侍省事，四方奏事皆经其手，由于高力士颇能谨慎从事，遂晋封渤海郡公，宠任极专。肃宗为太子时，以兄礼事之。累官骠骑大将军，进开府仪同三司，成为当时最有权势的大宦官。高力士得势以后，岭南的地方官为讨好他，便全力寻找其母，后来竟然找到了。他们母子于开元五年（717）终于在长安会面。安史之乱爆发后，高力士随玄宗入蜀。肃宗即位后，由于李辅国从中挑唆，高力士于上元元年（760）被流放黔中道，两年后赦归，得知玄宗已死，悲愤交加，于途中患病而死。

338. 高力士为什么能够得到唐玄宗的宠信?

高力士入宫后，历任宣教博士、内府令、内给事等职。武则天下台后，他见唐中宗昏庸，韦皇后专权，重用韦氏家族中人，引起了朝野的不满，高力士知道他们不能成大事，便投靠了当时尚是临淄王的李隆基，成为其心腹。他在李隆基铲除韦氏的斗争中出谋划策，并亲自率兵攻入宫中。李隆基当皇帝之初，与其姑母太平公主斗争得十分激烈，高力士又积极参与到这场政治斗争中去。《资治通鉴》卷 210 载："上乃与岐王范、薛王业、郭元振及龙武将军王毛仲、殿中少监姜皎、太仆少卿李令问、尚乘奉御王守一、内给事高力士、果毅李守德等定计诛之。"可以说唐中宗至玄宗开元前这一段激烈的政治斗争中，高力士始终支持唐玄宗，积极奔走，出谋划策，为唐玄宗当皇帝和巩固皇位立了很大的功劳。当玄宗巩固了皇位后，高力士自然受到重用，历任内常侍、内侍、右监门卫将军、内飞龙厩大使等官。此后高力士还立过大功，天宝十一载（752）四月，御史大夫、京兆尹王鉷之弟王焊与邢縡密谋，欲以龙武万骑杀龙武将军，然后率龙武军反叛，他们引兵至皇城西南隅，被高力士所率的飞龙禁军击败，杀邢縡，捕获其党，平定了这次叛乱。以往的研究者都认为宦官掌禁军始于肃宗时李辅国，其实高力士才是最早统率禁军的宦官。

由于高力士对玄宗忠心耿耿，多次立有大功，所以唐玄宗对他十分信任，四方表奏，先呈高力士，小事立决，大事才上奏皇帝。玄宗多次对人说："高力士当值，我睡觉才能安心。"可见宠信之深。由于高力士权势颇大，百官畏惧，连公主、驸马都呼其为爷。高力士之妻吕氏卒，朝野争相致祭，从高力士家至墓地，车马不绝。天宝十四载，内侍省设置内侍监一职，正三品，玄宗首先任命高力士为此官。唐太宗定制，内侍省不置三品官，玄宗此举打破了这一定制，从而提高了内侍省的地位。不过高力士虽然权势很大，但他为人小心谨慎，从不骄横狂妄，所以始终得到玄宗的欢心。

339. 高力士的后裔情况如何?

高力士虽然是宦官，但也有子女，这主要是由于唐朝允许宦官娶妻养子的缘故。当时的高级宦官具有丰厚的财力和较高的政治地位，于是他们无一例外地均娶妻养子，而且还收养女儿，也要像常人一样享受有儿有女的滋味，如果妻子去世，他们还会续弦。高力士到底有几位养子，现在所能知道的有三位，即高承悦、高承信、高承锡。他至少还有一位养女，这位养女在唐德宗时，还冒充过德宗的亲生母亲沈氏，后来被其弟高承悦告发，德宗也没有处罚她，遂命高承悦之子樊景超将她接回家中。

高力士的次子高承信之子名高闳，高闳之子高秀琪，任内给事，也是一位宦官。高秀琪之子高忠政，任内侍省内府局丞、内仆局丞。高忠政之子高克从，历任掖庭令、翰林副使、染坊使、义昌军监军，唐宣宗大中元年（847）死，葬于长安。高克从有二子，即长子高公球（可方），任义昌军押衙；次子高公屿，任行内侍省事，也是一位宦官。高公球不是宦官，宣宗大中二年，授宣节校尉、右羽林军长上，死于大中四年，终年四十二岁。高公球的前妻焦氏早亡，生有一女。后续娶王氏，生二子一女，其夫死时，长子刚刚到了上学的年龄，次子尚在襁褓，女儿尚龆龀，但不知他（她）们叫什么名字。从这以后高力士家族的世系情况便不可考了。

340. 薛讷一生有哪些功绩和败绩?

薛讷（651～720），绛州万泉（今山西新绛）人。唐初名将薛仁贵之子。薛讷任蓝田（今陕西蓝田）令时，有一个姓倪的富商重金贿赂当时的权臣来俊臣，来俊臣让薛讷从官仓中拨数千石粮食给那个富商。薛讷坚决不从，上书给来俊臣说："官仓中的粮食是用以防备水旱灾害的，怎能舍弃百姓的身家性命于不顾，而去充实私家资产呢?"最终也没有供给其粮食。不久，突厥人扰边，武则天想到薛讷出身将门，乃任他为安东道经略，领兵出征。临行前，薛讷入宫谒见武则天，恳求说：“突厥起兵，以兴复唐室为辞。现在陛下您虽将庐陵王（即唐中宗李显）召回京立为皇储，但外间议论的人还有很多，尤其是边远地区至今仍有人怀疑此事的真实性，只要陛下不再变更这一决定，外夷很快就会平定。”武则天答应了他的请求，不久授他为幽州都督，兼安东都护、检校左卫大将军。薛讷领兵久镇边陲，累有战功。

唐玄宗即位后，薛讷以领兵有方，深得赏识。开元二年（714）夏，契丹、奚与突厥侵犯唐境，薛讷奉诏与左监门将军杜宾客、定州刺史崔宣道等统兵两万前去征讨。当时，天气炎热，酷暑难耐，士兵身负重甲，又要携带粮食，难以行进。许多将领都主张待秋凉后再进军，惟薛讷以为天气虽热，但草木茂盛，牛羊繁息，人马皆无粮储之忧，正是用兵之际。众将为此争论未决之际，敌军已做好了充分准备。六月，唐军经长途跋涉，人困马乏，在滦河与敌遭遇，结果全军覆没。薛讷战败归朝后，被削去官爵，成为一介平民。

开元八年，吐蕃大将坌达延、乞力徐聚众十万，攻掠唐境。薛讷又被起用，从平民直接任命为左羽林将军，与太仆少卿王晙一同率兵前去攻讨。薛、王二人互相配合，成掎角之势屡败吐蕃军，斩获万余人。玄宗本打算于十二月御驾亲征，在接到前方传来的捷报后，大为高兴，遂取消了亲征的打算。回朝后，薛讷以功拜为左羽林军大将军，晋封平阳郡公。同年，薛讷病逝。朝廷赠为太常卿，谥曰“昭定”。

341. 唐玄宗为什么常派大宦官杨思勗率军出征?

在我国历史上，唐朝是宦官为祸十分严重的一个朝代，而唐玄宗统治时期则是唐代宦官势力膨胀的重要时期。

唐高祖、太宗、高宗三朝，采取严厉措施限制宦官势力，所以唐初宦官是没有什么势力的。武则天至中宗、睿宗时期，由于宫廷内乱频繁，为宦官势力的扩张提供了机遇。那些参与政变胜者一方的宦官常常能够因功得以升迁。杨思勗就是从一系列宫廷政变中逐步发迹的。

随着宦官日益卷入内廷斗争，其权势与地位也随之增长和提高。唐初所制定的一些限制宦官的措施，已多有突破。例如，唐初规定宦官不得养子，但此规定已名存实亡。杨思勗原本姓苏，后养于杨姓宦官，遂为杨氏。再如内侍省不置三品官的规定，也已经突破。杨思勗因参与平息神龙二年（706）节愍太子李重俊兵变，因功而被授予银青光禄大夫、行内常侍。三年后，又因追随李隆基诛韦氏有功，授右监门卫将军。

玄宗开元、天宝时期，宦官势力进一步膨胀，地位急剧上升。唐玄宗改变了内侍者不设三品官的传统，置内侍监二员，秩三品，提高了内侍省宦官的地位。除此之外，宦官出使、监军制度也逐渐形成。唐初曾禁止宦官出任外使，至玄宗时期，宦官出任监军或其他外任不仅更为普遍，而且逐渐形成制度。

杨思勗（661～740）是玄宗时期著名宦官。他勇武有力，能征惯战，屡立战功，为玄宗所倚重。此人心狠手毒，残忍好杀，杀人手段十分残酷，令人不寒而栗。正因为如此，他手下将士对他十分畏惧，故打仗十分勇敢，所以几乎是每战必胜。开元初，安南首领梅玄成反叛，自称黑帝，攻陷安南三十二州，号称有兵四十万。玄宗命思勗率军征讨。杨思勗出奇兵大败梅玄成，临阵斩玄成，尽诛其党羽，开元十二年、十四年、十六年，杨思勗多次领军出征，平定了多起叛乱，战功卓著，因功而晋封辅国大将军、骠骑大将军等职，封爵虢国公，成为权势显赫的人物。杨思勗对待被俘士卒极为残忍。动辄剥皮、挖心，惨不忍睹。宦官牛仙童出使幽州，受张守珪重贿而为之美言，后事情败露。玄宗大怒，令杨思勗杀掉他。杨思勗将仙童绑了几天，然后挖其心，截其四肢，割其肉而食，肉尽仙童才死去，恐怖至极。开元二十八年，杨思勗死去，终年八十岁。

342. 萧嵩是怎样当上宰相的?

萧嵩（670～749），京兆长安（今陕西西安）人。唐玄宗朝宰相。中宗神龙元年（705），以门荫入仕，补为洺州参军。后历任监察御史、御史中丞。玄宗开元初年为中书舍人，三迁为尚书左丞、兵部侍郎。

开元十五年（727），吐蕃军攻陷瓜州（今甘肃安西）。不久，河西节度使王君㚟又为回纥所攻，军败被杀，河、陇震惊。玄宗急调萧嵩去守河西，擢为兵部尚书、河西节度使，判凉州（今甘肃武威）事。萧嵩乃举荐左金吾将军张守珪为瓜州刺史，修筑州城，安抚百姓，恢复当地生产。当时的吐蕃大将悉诺逻恭禄威名赫赫，萧嵩便智施反间计，派人扬言其与唐廷通牒，吐蕃赞普疑心大起，杀死了恭禄。次年秋，张守珪在瓜州击败吐蕃，鄯州都督张志亮于青海大破吐蕃，萧嵩趁势领兵攻讨，也击败了吐蕃军。玄宗闻报大喜，加授萧嵩为同中书门下三品。十七年，又加授兼中书令。

自张说受宇文融弹劾被罢相以来，中书令一职长期空缺。萧嵩之子萧衡与玄宗女新昌公主成婚，萧嵩一跃成为皇帝的亲家翁，地位骤显，因而加为中书令。随之又加集贤殿学士、知院事，主持修撰《唐六典》。

开元二十一年二月，侍中裴光庭去世，玄宗命萧嵩推荐继任者，嵩于是力荐韩休入相。萧嵩议事，总是顺着玄宗的心意，唯唯诺诺而已。而韩休恰与之相反，刚直不阿，不计名利，敢于对萧嵩处理不当的事提出批评指正。于是两人经常在玄宗面前论是非曲直，韩休毫不相让。萧嵩圆滑，乃以退为进，提出辞呈，玄宗很不高兴，便于当年十二月将二人同时罢相，萧嵩被降为尚书右丞相。二十四年，又改拜为太子太师。

宰相李林甫素来嫉恨萧嵩，于是趁着张守珪贿赂中官牛仙童事败之机，揭发当年萧嵩不法之事，致使萧嵩被贬为外州刺史。过了一段时间后，萧嵩又被追复为太子太师，但此时的他已年老体衰，乃以雅好闲情逸趣为由，要求退休。玄宗答应了他居家养老的请求。天宝八年（749），萧嵩病逝，享年八十岁。追赠为开府仪同三司。

343. 为什么唐玄宗特别看重张九龄?

张九龄（673～740），字子寿，一名博物，韶州曲江（今广东韶关）人。唐玄宗开元年间的宰相，以忠直敢谏而知名于世。

张九龄幼年聪敏，善写文章，名声很早就流传在外。后进士及第，授为校书郎。玄宗为太子时，大举文学之士，九龄因文才迁为右拾遗。

张九龄有识才之能，以知人善任而著称。当时吏部考试选拔人才，常由他与右拾遗赵冬曦负责评定等第，号称“公允平直”。时任中书令的张说很是器重，两人互通谱系，叙为宗亲，成为生死之交。张说常对人说：“九龄将来一定会继我之后成为文坛领袖!”开元十一年（733）张九龄任中书舍人。

开元十三年，玄宗东巡泰山行“封禅”之礼，张说受命奖拔侍从官员，由于他多提升中书门下两省录事主书及自己的亲信，九龄劝说道：“官爵是国家之公器，授官应先凭才德，后与故旧。若两者轻重颠倒，必然引起非议。”张说毫不在意地回答：“事情已决定了，旁人的闲话，何足为虑?”如此一意孤行使他后来大受舆论责难。

在张说主持集贤院时，曾向玄宗力荐九龄为学士，以备顾问。张说去世后，玄宗思文才之士，立刻擢升九龄为秘书少监、集贤院学士，并主持院务。开元二十一年，又升任中书侍郎，同中书门下平章事。次年，为中书令，兼修国史。

张九龄为相期间，大力整肃吏治，以图挽救“开元盛世”光环下日益严重的危机。他认为“任人当才，为政大体”，“国家之败，由官邪也”，即选人用才关系到国家兴亡。基于这样的认识，他极力反对以私权压制人才，同时坚持废止“循资格”、不凭才学奖励晋升官员的制度。为了改变当时重京官轻外任的弊端，他还上奏玄宗说：“欲治之本，莫若重守令”，因为县令与刺史代表国家直接理民，他主张，凡是没有任过地方都督、刺史之职的，即使考核成绩优秀，也不得任侍郎、列聊；没有任县令资历的，虽有治绩，也不得入中央任台郎、给事中、中书舍人。这些主张虽未见全部实行，但对于提高外官地位，整肃地方吏治仍起到积极作用。

开元二十三年，由于范阳（今北京）节度使张守珪破契丹有功，玄宗打算任他为相。张九龄力谏说：“宰相是辅天子理政的，不是赏功之官。”玄宗退一步说：“只给其名不使其任职如何?”九龄反问道：“名与职是国家公器，不可滥授。守珪破契丹，陛下就要奖拔为相；若其尽灭奚与契丹，将以何官赏之?”玄宗才无言以对。一代奸臣李林甫，口蜜腹剑，深受玄宗宠信，在擢为宰相前，玄宗也征求过张九龄的意见，九龄回答说：“宰相身系国家安危，陛下用林甫为相，臣担心将来于国家不利。”玄宗听不进逆耳之言，坚持任李林甫为相，终于酿成惨痛后果。

李林甫为相后，对张九龄极力诋毁、排挤，加之玄宗逐渐怠于朝政，也厌烦直谏之臣。开元二十四年，张九龄迁为尚书右丞相（右仆射），被罢相。第二年，因引荐人不当，被外贬为荆州（今湖北江陵）长史。

开元二十八年，一代名相张九龄去世，享年六十八岁。追赠为荆州大都督，谥曰“文献”。

九龄不仅为官清正，且风度潇洒，玄宗曾对左右说：“我每见九龄，精神顿爽。”以后每有宰臣进用，他总先问：“风度与九龄相比如何?”安史之乱后，玄宗回想到他的忠直，特派使者赴曲江祭奠，并厚恤其家。张九龄还颇有文才，是著名的诗人，他的文集《曲江集》至今流传于世。

344. 王毛仲为什么能得到玄宗的宠信?

王毛仲（? ～731），高丽人。其父因事没入官府为奴，王毛仲遂成为临淄王李隆基的奴仆。因其“性识明悟”，又善骑射，故“伏事左右”，深得李隆基喜欢。王毛仲一个官奴之子，得以扶摇直上，位极人臣，不仅因为他有文韬武略和很强的管理才能，更重要的是他生逢其时，他的角色、他的才能在玄宗登上皇位的过程中起到了巨大的作用。

中宗在位时，妻子韦后、女儿安乐公主干预朝政，大有步武则天后尘之意。为与韦氏母女对抗，李隆基不惜重金培植自己的势力，他把结交的重点放在皇帝的精锐部队——守卫宫城北门的万骑之上。生性聪颖的王毛仲不用告诉就深知李隆基意图，对万骑将士更是“待之甚谨”，亦“布诚结纳”，因此他成为李隆基与万骑之间的实际联系人。所以，虽然在政变中，王毛仲临阵逃脱，数日方归，李隆基没有责怪他，反而任命他为三品的大将军，负责掌管太子东宫驼马鹰狗等坊。

在与太平公主的较量中，王毛仲挺身而出，首先率领三百余兵马控制了羽林军，使政变没有后顾之忧，然后搜索太平公主余党，太平公主被赐死于家。在李隆基诛杀韦氏母女，尤其诛杀太平公主的过程中，王毛仲都立下了汗马功劳，被视为心腹。

升官后，王毛仲奉公正直，不避权贵，人们都很敬畏他。在他的管理下，御马的饲养卓见成效，这一切都使即位后的玄宗对他更为宠爱，加其为开府仪同三司。自玄宗即位后十五年间，只有四人享此殊荣，一是玄宗的岳父王同皎，另两个是名相姚崇、宋璟，第四位就是王毛仲，可见玄宗对其钟爱程度。

345. 唐玄宗为什么要为李杰而执意决杀皇后妹婿长孙昕等人?

李杰（? ～718）本名务光，相州滏阳（今河北滏阳）人。唐玄宗时大臣，明敏而有吏才，甚得当时之誉。他祖籍陇西，自幼就有孝友之名。后以明经及第，累迁为天官员外郎。中宗神龙初年，历任卫尉少卿、河东道巡察黜陟使等职。玄宗开元初年又官拜河南尹，所在皆有能名。

李杰为官恪尽职守，常常为处理政务而废寝忘食，因此深得人心。他为河南尹时，黄河与汴水间的梁公堰因年久失修而崩坏，堵塞了江淮漕运。李杰闻讯立即上奏朝廷，调发当地民众从事修复工作。不久，河堰就整复如初，且节省了大量的人力、物力。百姓为称颂他的治绩，特立碑于河岸边，以示纪念。

此后，李杰入朝代宋璟为御史大夫。当时，朝廷王公贵戚骄横跋扈，皇后妹婿、尚衣奉御长孙昕与其妹婿杨仙玉在路上冲撞了李杰仪仗，不仅不道歉，反而动手打伤了李杰。玄宗闻讯后十分生气，决定杀一儆百以约束王公贵戚的行为，于是下令斩杀长孙昕等人。一些朝臣为之求情，玄宗仍不为所动，乃下敕说："长孙昕、杨仙玉等人身为皇室贵戚，竟无视朝廷礼数，肆意轻侮宪台（即御史台）大臣，情节十分恶劣。为正国法，故令斩决。有些大臣上奏说阳和之月，不宜行刑见血，朕思考再三，为谢百僚，将昕等改施杖刑。"于是，长孙昕、杨仙玉等最后仍被处死。此事在当时颇有影响，那些以往骄恣不法的王公贵戚为之收敛了许多。第二年，李杰以监督桥陵（唐睿宗之陵）工程有功，晋爵为武威子。他依法纠劾侍御史王旭收受贿赂的不法行径，不料反受王旭陷害，被外放衢州（今浙江衢州）刺史。不久又转为扬州大都督府（今江苏扬州）长史，后为御史所劾而罢官，郁郁而终。死后，朝廷追赠为户部尚书。

346. 卢从愿有什么事迹传世？

卢从愿（？～737），字子龚，相州临漳（今河北临漳）人。

卢从愿的家族世为范阳（今北京）著姓，他二十岁时就以明经及第，初任绛州（今山西河津）夏县尉，后参加朝廷制举，以成绩优异拜为右拾遗。不久又转任监察御史、中书舍人等职。

睿宗复位后，从愿以吏才官拜吏部侍郎。自中宗以来，由于权贵擅政，选官伪滥，造成人事选举部门纲纪不振，请托伪冒之风横行。从愿接手选司工作以后，花费了大量精力对其进行整顿。在他的努力下，选司工作效率大为提高，人事选调比起以往更加公平、允当，而过去冒名顶替、虚报考绩的局面也得到了根本扭转。卢从愿典选前后达六年之久，其突出政绩使玄宗对他刮目相看，褒赏有加。

开元四年（716），玄宗亲自考核新除授的地方县令，不合格者一律重新处置和安排，结果不甚理想。卢从愿以选官不精被外放为豫州（今河南汝南）刺史。在外任职期间，他为政严明，取得当年考核天下第一名的好成绩，并获玄宗亲自撰写的玺书褒奖。不久，从愿被调回中央任工部侍郎、尚书左丞，因与相关部门官员合作制定《开元后格》之功，升为中书侍郎。开元十一年，又先后升任工部尚书，加银青光禄大夫，兼东都留守、刑部尚书等职，并充任过京外官考使。

这时，御史中丞宇文融深受玄宗宠信，在全国大力搜括逃亡农户，以邀功固宠。卢从愿对此做法十分反感，于是与宇文融产生了矛盾。宇文融心怀不满，伺机打击报复。他密奏玄宗，说卢从愿广占良田达百余顷之多。玄宗听后对卢从愿稍有不满。不久，玄宗向宰臣询问任相的合适人选，有人以为卢从愿有治才而积极推荐，但玄宗却颇不以为然地说道："从愿广占田园，如此不廉之官，何以为相?"卢从愿竟以此失去拜相的大好机会。

卢从愿后来又历任绛州（今山西河津）刺史、太子宾客，最后以吏部尚书的身份退休，于开元二十五年病逝，享年七十余岁。朝廷追赠他为益州大都督，谥曰"文"。

347. 张旭的书法有什么艺术特点?

张旭（生卒年不详），字伯高，吴县（今江苏苏州）人。在唐玄宗开元年间，曾任过常熟县尉。他性嗜酒，常喝得酩酊大醉，醉后呼叫狂奔，然后挥笔写字，有时竟用头发沾墨汁疾书，酒醒后观赏自己的书法，龙飞凤舞，飘逸万态，以为有神力相助。张旭书法得之于"二王"，而又能独创新意。他的楷书端正谨严，规矩至极，后人誉为"唐人正书无能出其右者"。若说他的楷书是继承多于创造，那么他的草书则是书法上了不起的创新与发展了。韩愈说："旭善草书，不治他技，故旭之书，变动如鬼神，不可端睨。"杜甫在《八仙歌》中写道："张旭三杯草圣传，脱帽露顶王公前，挥毫落纸如云烟"。他能把书法艺术升华到用抽象的点线去表现书法家思想情感高度的艺术境界。在书法艺术中，他的字貌似怪而不怪，关键在于点画用笔完全符合传统规矩。可以说，他是用传统技法表现自己的个性，博大清新，纵逸豪放之处，远远超过了前代书法家的作品，具有强烈的盛唐气象。《古诗四帖》相传为张旭所书，纸本、草书，写在五色笺上，共四十行。前两首诗是庾信的"步虚词"，后两首为谢灵运的"王子晋赞"和"岩下一老公四五少年赞"。原迹现藏辽宁省博物馆。盛唐时期，以张旭为代表的一派草书风靡一时，它打破了魏晋时期拘谨的草书风格，把草书在原有的基础结构上，将上下两字的笔画紧密相连，所谓"连绵环绕"，有时两个字看起来像一个字，有时一个字看起来却像两个字。在章法安排上，也是疏密悬殊很大。在书写上，也一反魏晋“匆匆不及草书”的四平八稳的传统书写速度，而采取了奔放、写意的抒情形式。正如唐代文学家韩愈《送高闲上人序》中所云：“张旭善草书不治它技，喜怒窘穷，忧悲愉佚，怨恨思慕，酣醉无聊，不平，有动于心，必于从草书焉发之”。

348. 柳冲在谱学方面有什么成就?

柳冲（？～717），蒲州虞乡（今山西永济东虞乡）人，隋饶州刺史柳庄的曾孙。其父柳楚贤，在唐太宗时历任交、桂二州都督、杭州刺史。柳冲好学，武则天天授初，任司府寺主簿，封河东县男。中宗景龙中，迁左散骑常侍，兼修国史。

唐太宗时，命诸儒撰《氏族志》，甄别群姓。其后门胄兴替不常，柳冲奏请改修其书，中宗诏魏元忠、张锡、萧至忠、岑羲、崔湜、徐坚、刘宪、吴兢及柳冲等，共同修撰，按照德、功、时望、国籍之家，按等分撰。对于夷蕃酋长授与唐朝官爵者，分品别著。魏元忠等人相继死后，至玄宗先天时，皇帝又诏柳冲及徐坚、吴兢与魏知古、陆象先、刘子玄等继续修撰，终于撰成了《姓族系录》一书。后来他历任太子宾客、宋王师、昭文馆学士等官职，以年老致仕。开元二年，柳冲与薛南金对此书再一次加以刊定，使其成为一部权威性的谱学著作。

唐代研究谱学者皆以路敬淳为宗，柳冲、韦述等次之。李守素也精通姓氏谱学，时人谓之“肉谱”。其此后还有李公淹、萧颖士、殷寅、孔至等，皆因精通谱学而为世所称。

349. 陆羽为什么被称为“茶圣”?

陆羽（733～约 804），字鸿渐，一名疾，字季疵。自号桑聱翁，又号竟陵子。生于唐玄宗开元年间，复州竟陵郡（今湖北省天门）人。陆羽是个弃儿，自幼无父母抚养，被笼盖寺和尚积公大师所收养。积公为唐代名僧，据载，唐代宗时曾召积公入宫，给予特殊礼遇，可见也是个饱学之士。陆羽自幼得其教诲，必深明佛理。积公好茶，所以陆羽很小便得艺茶之术。他在十一二岁时离开寺院。此后曾在一个戏班子学戏。陆羽口吃，但很有表演才能，经常扮演戏中丑角，正好掩盖了生理上的缺陷。陆羽还会写剧本，曾“作诙谐数千言”。

天宝五载（746），李齐物任竟陵太守。在一次宴会中，陆羽随伶人作戏，为李齐物所赏识，便帮助他离开戏班，到竟陵城外火门山跟从邹氏夫子读书，研习儒学。礼部员外郎崔国辅和李齐物一样十分爱惜人才，与陆羽结为忘年之交，并赠以“白颅乌犎”（即白头黑身的大牛）和“文槐书函”。崔国辅长于五言小诗，并与杜甫相善。陆羽得到这位名人的指点，学问又进步很快。天宝十四载（755），二十四五岁的陆羽随着流亡的难民离开故乡，流落湖州（今浙江湖州）。陆羽自幼随积公在寺院采茶、煮茶，对茶学早就发生浓厚兴趣，湖州又是名茶产地，陆羽在这一带搜集了不少有关茶的生产、制作的资料。其间，他结识了著名诗僧皎然。皎然既是诗僧，又是茶僧。陆羽又与诗人皇甫冉、皇甫曾兄弟过往甚密，皇甫兄弟同样对茶有特殊爱好。陆羽在茶乡生活，所交又多为诗人，艺术的薰陶使陆羽自然地把茶与艺术结为一体，构成他后来《茶经》中幽深清丽的思想与格调。

自唐初以来，各地饮茶之风渐盛。但饮茶者并不一定都能体味饮茶的要旨与妙趣。于是，陆羽决心总结自己半生的饮茶实践和茶学知识，写出一部茶学专著。为了潜心研究和写作，陆羽在上元初年（760），结庐于湖州之苕溪。经过一年多努力，终于写出了我国第一部茶学专著——《茶经》的初稿，时年陆羽二十八岁。公元763年，陆羽又对《茶经》做了一次修订。他还亲自设计了煮茶的风炉，把平定“安史之乱”的事铸在鼎上，标明“圣唐来胡明年造”，以表明茶人以天下之乐为乐的阔大胸怀。大历九年（774），湖州刺史颜真卿修撰《韵海镜源》，陆羽参与其事，趁机搜集历代茶事，又补充《七之事》，从而完成《茶经》的全部著作任务，前后历时十几年。

《茶经》问世不仅使“世人益知茶”，陆羽之名亦因而传播，以此为朝廷所知，曾召其任“太子文学”、“徙太常寺太祝”。但陆羽无心于仕途，竟不就职。陆羽晚年，由浙江经湖南而移居江西上饶，至今上饶有“陆羽井”，相传为陆羽所使用过的井。

350. 萧颖士是什么人？为什么能够“名动华夷”？

萧颖士（709～760），字茂挺，梁鄱阳王七世孙，祖籍南兰陵（今江苏常州），颍州汝阴（今安徽阜阳）人。唐玄宗开元二十三年（735），进士及第。初任金坛尉，历仕桂林参军、秘书正字等官。天宝中，任集贤校理，因受李林甫排斥，于天宝八载（749）贬为广陵府录事参军。萧颖士曾说司马迁《史记》之体制“不足为训”，乃效仿《春秋》，撰编年史百篇，但未最后完成。经史官韦述的推荐，他被召入京师任史馆待诏。天宝十载，调为河南府参军事。唐肃宗至德元载（756），山南节度使源洧辟为掌书记。源洧死后，他避居于江左，永王李璘修书相邀，避而不见。“永王之乱”平定后，淮南节度使表奏他为扬州功曹参军。肃宗乾元三年（760），因归葬先人，客死汝南，终年五十二岁。门人共谥为“文元先生”。

萧颖士是盛唐时期的著名散文家，好奖掖后进，名重于时，世号萧夫子、萧功曹。日本国遣使入朝，自述其国人愿得萧夫子为师。他与颜真卿、邵轸、赵骅、陆据、柳芳、贾至、韦建、韦收等友善，独与李华齐名，时称“萧李”。萧颖士提倡古文，尊经重道，自称“经术之外，略不婴心”，“平生属文，格不近俗，凡所拟议，必希古文”。他认为诗赋须有“雅颂遗风”，著论须有“王化根源”。其创作主张与实践，成为中唐韩、柳倡导古文运动的前驱。

351. 张果为什么被赐号“通玄先生”？他的形象对后世的神话传说有何影响？

唐玄宗一生崇道，其崇道活动可分为前后两个时期，从即位到开元末为前期，开元末及天宝年间为后期。前期崇道主要是出于政治上的考虑，即利用道教为其统治服务；后期的崇道活动主要是企求长生不老。而玄宗对神仙发生兴趣，是从与道士张果接触开始的，时约开元二十二年（734）。

张果，本是隐居于中条山的方士，自称有神仙之术，年已数百岁。武则天曾诏其入宫，他装死不去。开元二十二年，玄宗遣使相迎，张果故伎重演，以抬身价。玄宗再次派使相请，恳求再三，张果认为玄宗确有诚意，方才出山。据说，张果入宫后，玄宗曾对其神仙之术详加检验，结果十分灵验，玄宗大为惊奇，深信不疑。玄宗命人取来有毒的堇汁让张果喝。张果连饮三大杯，如醉如痴，牙齿焦黑。但他若无其事，叫左右取铁如意敲断黑齿。从怀中取出一包药，说是神仙药，涂在断齿上。睡了一大觉，居然长出了新牙齿，粲然洁白。由此玄宗尊张果为先生，礼遇甚厚。

玄宗有两个妹妹玉真和金仙公主，皆入道观。为使张果长留宫中，玄宗决定将玉真公主嫁给张果。张果听后大哭，不肯答应，坚辞归山，玄宗无奈，尊张果为“通玄先生”，厚加赏赐送归。

由于唐玄宗对张果的推崇，在唐朝便逐渐形成了关于张果的神话传说。唐人好传奇，把一个齿落发衰的老道士传得神乎其神。到了宋代，道教神仙思想向世俗转化，张果的传说被加入了度化世人的内容，使一个单独的神仙故事开始有了劝化的意义。张果也逐渐演变成民间八仙之一——倒骑驴的张果老形象及其种种传说。

352. 李林甫大兴韦坚、柳勣之狱的目的是什么?

开元二十六年（738），忠王玙被立为太子，天宝三载（744），太子易名为亨，这就是后来的唐肃宗。李林甫当初大力支持寿王瑁为太子，如今李亨得立，李林甫深恐太子即位对自己不利。为了扳倒太子，李林甫在唐玄宗的暗中纵容下连续制造了韦坚、柳勣之狱。

韦坚是太子妃之兄，也是太子集团中的活跃人物。李亨被立为太子后，为了对付李林甫，也在悄悄地培植私人势力。其主要成员有：韦坚、李适之、皇甫惟明、王忠嗣等人。李林甫对太子暗中发展势力深感担忧。天宝五载（746）正月，一场旨在倾覆太子及其党羽的大狱由李林甫猝然发起。是年正月十五，正是元宵佳节。入夜，太子亨出游，途中“巧遇”韦坚。随后，韦坚与皇甫惟明相约夜游长谈。这一切早已为李林甫所侦知。李林甫于是向玄宗告发：韦坚与皇甫惟明等相勾结，欲拥立太子即位。玄宗立即下令对韦、皇甫二人进行讯问。此时玄宗不想把事情闹大，指示尽快结案，韦、皇甫二人被贬官外地。谁知过了半年，韦坚的两个弟弟韦兰、韦芝出面为其兄诉冤，并说太子可以作证。韦坚兄弟此举等于自认他们与太子暗中有联系，遂使玄宗大为恼怒。李林甫马上借机兴风作浪，结果韦坚进一步遭贬，同时遭贬的还有李适之等一批和太子关系密切的官员。太子吓得与韦妃离异，坚决割断与韦氏兄弟的联系。

到了这年年底，一波未平，一波又起。太子良娣（太子姬妾，从三品）杜氏的父亲赞善大夫杜有邻，与女婿左骁卫兵曹柳勣，皆奉事太子。柳勣性疏狂，喜结交。后柳勣与杜氏不和，遂诬告杜有邻“妄称图谶，交构东宫（指太子），指斥乘舆（指玄宗）。”玄宗下令严查，查下来原来是柳勣搞鬼。李林甫在韦坚一案中未能扳倒太子，此次便借杜有邻案穷追猛治，又牵连了一大批官员。杜有邻被迫自杀，太子被迫和杜良娣离异。李林甫又启奏玄宗分遣御史将已贬出京师的太子党羽如韦坚、李适之、皇甫惟明等统统赐死。至此，通过这两大案件，太子本人虽未被扳倒，但其党羽基本上被李林甫肃清了。太子本人身心也受到了极大的创伤。

实际上，韦坚与柳勣之狱虽然是李林甫一手制造的，但这和玄宗的暗中支持是分不开的。玄宗出于加强皇权的目的，对太子戒备甚严，唯恐太子势力壮大，危及己位。所以玄宗暗中支持李林甫清除太子党羽。后来杨国忠为相，继续排斥太子，也是玄宗疑忌太子的结果。

353. 褚无量对整理唐朝内库藏书发挥了什么作用?

褚无量（646～720），字弘度，杭州盐官（今浙江海宁）人。

褚无量年幼时因家境贫寒，励志勤学。成人后，以精通《三礼》、《史记》等典籍而知名。不久以明经及第，累迁为国子博士。中宗景龙三年（709），他升任国子司业，兼修文馆学士。在任期间，对朝廷礼仪事务提出过很多建设性的意见。

睿宗景云初年（710），褚无量以国子司业的身份侍读于当时尚为皇太子的李隆基（即玄宗），与太子结成了深厚的师徒情谊。玄宗即位后，仰慕于无量的学问，立刻召拜他为郯王傅，兼国子祭酒。不久又以师恩晋为左散骑常侍，封舒国公。褚无量博学多才，颇有学者风范，深得玄宗的礼重。身居尊位的他也没有尸位素餐，频频上书，对时政提出中肯的意见，多为玄宗所采纳。

唐朝的内库（皇家）藏书，自高宗以来即收藏于宫中，历经年代久远，有些渐渐遗失。为保存珍贵的书籍图谱资料，褚无量向玄宗奏请对内库书籍进行系统的整理工作。此建议得到玄宗的首肯与支持。玄宗立即下诏命他主持内库藏书的缮写和校刊工作。在褚无量的多年努力下，内库藏书得到了有效的保护与管理，经、史、子、集四部皆备。可以说，褚无量为整理、保存古代典籍做出了突出的贡献。

当时，皇太子与其余四位王子尚年幼，未曾读书就学。褚无量为国家计，亲自缮写了《论语》、《孝经》等典籍献上，作为诸皇子的启蒙读物。玄宗浏览后，深感他用心良苦，赞叹道：“吾知无量意无量。”随后立刻为各位皇子精选了一批饱学之士作为教导他们学习的老师。不久，褚无量因病去世，享年七十五岁。玄宗闻讯很是痛惜，特为他停罢朝会以示哀悼，并下诏追赠他为礼部尚书，谥曰“文”。

354. 徐坚在完善唐朝典制和修撰典籍方面做出了什么贡献?

徐坚（？～729），字元固，湖州长城（今浙江长兴）人。博学善文，历仕武则天、中宗、睿宗、玄宗四朝。曾参与编撰《唐六典》、《初学记》等书。

徐坚的父亲是唐初著名学者徐齐聃，曾任西台（即中书省）舍人。徐坚自幼勤学，博通经史。后以进士科出身，历任汾州（今山西临汾）参军事、万年（今陕西西安）主簿。面对当时酷吏横行，滥施刑狱的弊政，他上书武则天，请求死刑需得覆奏方可执行，且重罪不宜株连过众。武则天虽没有完全采纳他的建议，但对他却颇为赞赏。

后来，他与给事中徐彦伯、定王府仓曹刘知几、右补阙张说等一帮文学之士奉诏共同修撰《三教珠英》一书。徐坚与张说二人用心构思，以《文思博要》为蓝本，附加《姓氏》、《亲族》两部内容，确定了全书的框架和纲领。其他文士循着他们的框架来撰书，大获成功。书成后，徐坚以功升任司封员外郎。

中宗神龙（705～707）初年，徐坚官拜给事中。当时平民韦月将上书告发武三思不法之事，反为武三思诬陷，不明事理的中宗下令立即处死韦月将。徐坚身处纠驳之任，乃上疏切谏中宗，以时令不宜刑杀为由，坚请从轻发落。中宗不得已，改将韦月将流放岭南。

睿宗即位后，徐坚自刑部侍郎，迁为黄门侍郎。当时，监察御史李知古奉诏领兵降服了姚州（今云南姚安）西贰河蛮后，又奏请朝廷在当地筑城课税。徐坚坚决反对道："蛮夷之人只适合羁縻处之，不宜同内地州县一般治理。若因此激起变乱，恐劳师动众，得不偿失。"睿宗没有听从他的建议。不久，姚州各族果然发生动乱，李知古也死于战乱中。玄宗开元时，徐坚历任秘书监、左散骑常侍。十三年（725），玄宗改丽正书院为集贤院，以徐坚为学士，作为宰相张说的副手，以主持院事。徐坚对朝廷典制、故事颇为熟悉，他前后修撰过格式、氏族、国史等典籍书志，深为时人所重。开元十七年，他因病去世，终年七十余岁。玄宗对此深为哀痛，下旨追赠他为太子少保，谥曰"文"。

355. 吴兢在史学方面有什么贡献?

吴兢（670～749），汴州浚仪（今河南开封）人。唐代著名的史官，以撰写《贞观政要》而知名于世。他自幼勤奋好学，博通经史。武则天圣历年间（698～700），魏元忠、朱敬则相继任相，他们以史才荐举吴兢，武则天于是令其在史馆供职，修撰国史。不久，拜为右拾遗内供奉。唐中宗神龙中期，迁右补阙，与韦承庆、崔融、刘知几等撰成《则天实录》，以功转起居郎，又升任水部郎中。

唐睿宗即位后不久，吴兢因父亲亡故而解职守丧。服丧期间，仍在家继续修史。开元三年（715），丧期结束后，玄宗诏令他复职。吴兢乃上疏说："臣所修国史已成数十卷，在家服丧期间，仍笔札未断，请求终其余功。"玄宗答应了他的请求，遂拜为谏议大夫，允许依前修史。后又历任卫尉少卿、左庶子。

开元八年（720），吴兢为了总结唐太宗贞观年间的为政经验，将这段时期的历史分门别类、撮其指要、举其宏纲，编成一本政治教科书，这就是著名的《贞观政要》。书中内容主要是唐太宗与魏征、房玄龄、杜如晦等文武百官的问答，当时朝臣的诤谏和奏疏，以及种种为政之道的讨论等。全书总成十卷四十篇。吴兢将《政要》献给了玄宗，意在规劝。他在上表中婉转地说："为臣曾不断听到朝野之士在论及国家大事时，都认为如果陛下圣明，再按照太宗的方法治理国家，那么就不必去寻求上古的治国之术，也能使天下兴旺发达，长治久安。"从正面鼓励玄宗向太宗学习。同时也尖锐地指出："远古商汤不如尧舜，他的臣属伊尹引以为耻；陛下如果不能继承太宗的祖业，卑臣也以为耻。"遗憾的是，唐玄宗并未理解和接受吴兢的一片苦心，日趋好大喜功和奢靡腐化，致使开元政治日益腐败。

吴兢为人正直，敢于直谏。开元十三年，玄宗东封泰山，在途中驰射为乐，身为太子左庶子的他提了意见，为玄宗所接受。次年六月，吴兢本着忧国忧民之心，又一次上书批评玄宗为政之失。

开元十七年，每事切谏的吴兢终不为玄宗所容，被外放为荆州（今湖北江陵）司马。他临走前仍奏请携带史册，以便在任所续修，得到玄宗的允许。后来中书令萧嵩主持监修国史，大部分收采了吴兢所撰的内容，约六十五卷之多。天宝初年，他入朝任恒王傅。这时的吴兢已年老体衰，但仍坚请为史官，宰相李林甫以其年高而不用。天宝八载（749），他病逝于家，享年八十岁。吴兢先后任史官近三十年，其晚年著述失之太简，且内容多有疏误。